CELUI QUI VOULAIT TOUT CHANGER

DU MÊME AUTEUR

La Bretagne contre Paris, La Table ronde, 1969
Choisir, entretiens avec Pierre Mendès France, Stock, 1974, et Livre de Poche
Parole de patron, entretien avec Jean Chenevier, P-DG de BP France, Le Cerf, 1975
La République mondaine, Grasset, 1979
Un Prince, essai sur le pouvoir ordinaire, Grasset, 1981
Histoire du septennat giscardien, tome I, *Le Pharaon*, Grasset, 1983
Lettre ouverte aux douze soupirants de l'Élysée, Albin Michel, 1984
Toi, mon fils, Grasset, 1986, et Livre de Poche
Bernard Grasset, Grasset, 1989
Louise ou la Vie de Louise de Vilmorin, Grasset, 1993, et Livre de Poche
Un si jeune Président, biographie de Valéry Giscard d'Estaing, Grasset, 1995
Le Bal des vautours, Gérard de Villiers-Jean Picollec, 1996
Des yeux pour voir, entretiens avec Patrick Shelley, Jean Picollec, 1996
Bernanos, le mal-pensant, Grasset, 1989
Le Désir et la Mort, roman, Albin Michel, 2000
Seillière, le baron de la République, en collaboration avec Philippe Sassier, Robert Laffont, 2001
Un terroriste breton..., Calmann-Lévy, 2001
François Pinault, une enfance bretonne, Robert Laffont, 2003

JEAN BOTHOREL

CELUI QUI VOULAIT TOUT CHANGER

Les années JJSS

ROBERT LAFFONT

Couverture : Crédits Photographiques

© J. C. Deutsch / Scoop / Paris-Match : J.-J. Servan Schreiber
© Rue des Archives : J.-P. Sartre, F. Giroud, F. Mitterrand, F. Mauriac, P. Mendes France, A. Camus, G. Pompidou, A. Malraux, Général Bigeard
© Louis Monier / Rue des Archives : M. Chapsal
© Corbis / Kipa Interpress : G. Defferre
© Pelletan / Sipa Press : V. Giscard d'Estaing
© Dalmas / Sipa Press : Général de Gaulle
© Collection particulière : Sabine de Fouquières

ISBN 2-221-10124-3

« Son destin était d’avoir raison sur l’aventure humaine
et de se tromper sur lui-même. »

Claude Imbert, 1991.

Remerciements

Ma chaleureuse gratitude va tout d'abord à Sabine Servan-Schreiber qui m'a donné accès aux archives personnelles – lettres, agendas, textes inédits – de son mari. Elle va aussi à David, Émile, Franklin, Édouard, les quatre fils de Jean-Jacques Servan-Schreiber qui m'ont accordé leur confiance. Elle va à tous les Servan-Schreiber ou apparentés qui n'ont pas ménagé leur temps pour m'aider dans ce travail, en me laissant une totale liberté. Jean-Louis Servan-Schreiber qui a mis à ma disposition les pages de son journal concernant son frère; Bernadette Gradis, gardienne de la mémoire familiale; Christiane Collange; Émeric Gros; Jean Ferniot; Diego Gradis; Yvan Gradis qui a découvert une volumineuse correspondance de son oncle et me l'a communiquée; Madeleine Chapsal qui a bien voulu revenir sur un temps qu'elle a souvent évoqué dans ses livres; Jean-Claude Servan-Schreiber, son cousin, témoin de l'enfance, de la jeunesse et des premières années du journaliste JJSS; Gilles de Fouquières, le frère de Sabine.

Je dois aussi ma vive et amicale reconnaissance à Michelle Gaillard qui m'a confié de nombreux documents dont, en particulier, l'entretien inédit et spontané de JJSS avec Jean-Noël Gurgand.

Je dois tous mes remerciements à l'accueil et à la coopération de plusieurs personnes, sans lesquelles je n'aurais pu écrire ce livre: Claude Abadie, Michel Albert, Irène Allier, Robert Badinter, André Bénard, Jacqueline Beytout, Simone de Bollardière, Paul Camous, André Cardinali, Claude Charmont, Olivier Chevrillon, Michel Coquart, Pierre Corone, André Danet, Jean Daniel, Colette Duhamel, Liliane Dumenil, Christian Dupeyron,

Jacques Duquesne, Laure Forestier, Yves Galland, Alfred Grosser, Philippe Grumbach, René Guyonnet, Jacques Huteau, Claude Imbert, Jean-François Kahn, Sophie Lebrun, France de Malleval, Florence Malraux, Guy Mangenot, Jacqueline Mauroy, Philippe Mayer, René Mayer, Jackie Mignon, Joe Napolitan, Catherine Nay, Jacques Nœtinger, Dominique Peccoud, Samuel Pisar, François Pontet, François Rachline, Jean-Marie Rausch, Jean Riollaci, Guy Sorman, Georges Suffert, Claudie de Surmont, Jean-Louis Théobald, Simone Trouvat, Henri de Turenne, Marc Ullman.

Jean Bothorel
Paris – novembre 2004

«Ce qu'il faut, c'est passer du calcul à la danse. Pour apprendre à skier, on doit, au début, calculer afin d'éviter les fautes de carres. Mais, à partir d'un certain moment, on oublie tout, on passe à la danse. J'ai compris qu'il en va de même en politique après une période d'apprentissage. En politique, je danse, je m'en fous. On n'arrête pas de me bassiner, "Il ne faut pas employer ce mot-là", ou "Votre déclaration est une catastrophe !", ou "Comment avez-vous pu faire une erreur pareille !". Ce n'est pas une erreur. C'est moi. Si je suis une erreur, foutez le camp. Laissez-moi. Je suis une erreur permanente. Prenez vos décisions, je prends les miennes. Je danse. Je hais le conformisme parce que je danse. Je roule peut-être à l'abîme mais je ne fais plus de fautes de carres, puisque je danse[1]*.» Ainsi parlait Jean-Jacques Servan-Schreiber.

Atteint par une maladie neurologique dégénérative, il a quitté la scène publique. On ne peut lui consacrer cette biographie sans évoquer la fin shakespearienne de ce destin contrasté, baroque, funambulesque. JJSS : ces quatre lettres ne furent-elles pas les plus célèbres dans la France des années soixante et soixante-dix ? Aucun autre patronyme, réduit à son sigle, n'a eu, depuis, la même résonance – positive ou négative – auprès de l'opinion. Si tous les Français identifiaient parfaitement le général de Gaulle, entre 75 et 80 % connaissaient JJSS, à l'instar des Premiers ministres et de quelques vedettes du cinéma, de la chanson ou de la télévision – dont Brigitte Bardot, Bourvil et Léon Zitrone.

Le fondateur de *L'Express* représenta la figure embléma-

* Les notes sont rassemblées en fin d'ouvrage.

tique d'un âge d'or de l'information écrite. Il n'est pas facile d'imaginer ce que fut *L'Express* de 1953 à 1974 et de mesurer la liberté d'expression dont surent profiter ses journalistes. Quelle que fût l'importance des sujets, les divergences d'analyse ou d'opinion s'étalaient dans les colonnes de l'hebdomadaire, toujours avec jubilation, parfois avec gravité. Les éditoriaux de JJSS étaient une chose. Le fameux « Bloc-notes » de François Mauriac, les articles de Jean Daniel ou de Pierre Viansson-Ponté en étaient une tout autre, qu'ils traitent du général de Gaulle, de la guerre d'Algérie, de la crise de Suez… Le dessinateur Siné ridiculisait l'Église quand Mauriac la vénérait ; Jean Cau exécutait le « nouveau roman » quand le service littéraire s'attachait à le glorifier ; JJSS soutenait Valéry Giscard d'Estaing, candidat à l'Élysée, quand Françoise Giroud militait en faveur de François Mitterrand. Georges Suffert alla jusqu'à s'inquiéter de la santé mentale de son employeur : « Est-il fou ? Est-il génial ? » On était en septembre 1970. Au printemps de la même année, JJSS avait été élu député de Nancy. Il décidait, trois mois plus tard, d'être candidat contre Jacques Chaban-Delmas à Bordeaux. Son attitude, perçue comme une provocation d'irresponsable, déclencha un hourvari. Elle était, c'est vrai, inédite dans l'histoire de nos Républiques, mais la manière dont il se fit asticoter dans son propre journal l'était plus encore.

Son apparition dans le champ politique avait, il est vrai, surpris, stupéfait, choqué. En un mot, irrité à peu près tout le monde. JJSS, polytechnicien, voulait supprimer les grandes écoles ; JJSS, bourgeois, voulait supprimer l'héritage ; JJSS, patron, partageait ses actions avec son personnel. Il fut attaqué de toutes parts. Mais derrière les anathèmes, remarquables par leur unité de ton, pointait une secrète admiration. Jean Daniel lui reprochait « la candide démesure de sa volonté de puissance », Michel Debré, « l'emploi de l'esbroufe ». De Gaulle le baptisa Zorro, d'autres le qualifièrent de Tarzan, Superman, don Quichotte, Chevalier du ciel… Tous ces sobriquets dont on l'affublera ne cachaient-ils pas des redresseurs de torts épris de justice et animés d'une irrésistible détermination à faire triompher la bonne cause ?

Il ne répondait jamais à ses détracteurs, il laissait courir, absorbé par ses fulgurances.

Aujourd'hui, Zorro a déposé l'épée, le masque et la cape. « Qu'est-ce que je fais là, qui sont tous ces gens ? » s'interrogeait-il à haute voix devant le cercueil de Françoise Giroud, alors que le Tout-Paris se recueillait – se montrait plutôt – sous la voûte du crématorium du Père-Lachaise. Il a de brefs moments de lumière. Par une salutaire ironie, sa conscience s'est réveillée quand Sabine, son épouse, a évoqué la fin du Concorde. Il s'est projeté en arrière, comme s'il avait brusquement renoué avec la raison et la logique. N'est-ce pas lui qui, sans ciller et avec son assurance coutumière, écrivait dès 1972 : « Que le Concorde soit un avion ultra-aristocratique au moment où le monde des transports aériens s'oriente vers la baisse massive des tarifs ; qu'il soit l'exemple le plus frappant de mauvaises gestions et de mauvaises prévisions… ; qu'il risque de priver notre industrie aéronautique de sa chance, qui est la priorité à l'Airbus… ; ce sont là bien des raisons pour poser "la question du Concorde" (…). Plus on examine l'éventail des responsabilités et des charges de l'État, la plus nécessaire de toutes, c'est bien d'avoir l'énergie de changer le cap pour gagner la bataille du ciel[2]. »

Grâce à Airbus qu'il défendait, la « bataille du ciel » a été gagnée. Mais Concorde a perdu. En novembre 2003, le seul et premier supersonique de l'aviation civile prenait une retraite définitive. Ses réacteurs à peine refroidis, il était dépecé tel l'albatros de nos mythologies, et ses plus beaux atours vendus aux enchères.

« Qui était avec toi dans ta croisade contre le Concorde ? lui a demandé Sabine.

« – Personne.

« – Mais, pourquoi ?

« – Formation économique assez faible du public et des intellectuels…

« – Que disait mon père qui fut aviateur* ?

« – Rien.

« – Et Marcel Dassault ?

« – De mon avis, mais pas publiquement.

« – Qui était contre toi ?

« – Le gouvernement, les gaullistes, tous les ingénieurs dont ceux de l'aéronautique, les patrons de l'industrie lourde et de la sidérurgie, les fonctionnaires du Plan, les diplomates et beaucoup d'intellectuels…

« – Mais pourquoi ?

---

* Louis de Fouquières, père de Sabine Servan-Schreiber, fut colonel dans l'aviation et commanda, en 1945, l'escadrille à laquelle appartenait le jeune pilote JJSS.

«– Parce que c'était un bel objet et une performance anti-américaine. Sans parler du lien possible avec les Russes qui ont volé les plans pour construire Tupolev. On disait alors "la laideur se vend mal", mais cela ne prouve pas que le beau se vende bien. Commercialement, c'était une erreur. Est-ce que les gens s'en sont aperçus ? Ont-ils bien vu, à la fin, que j'avais raison ?

«– Tout le monde le pense, mais personne ne le dit.

«– Personne n'ose dire que j'avais raison ?

«– Non…

«– Même pas toi ? Tu te souviens au moins que j'avais dit qu'il ne s'en vendrait pas un ?

«– Tout le monde s'en souvient. Mais pourquoi s'acharner ? Concorde est mort.

«– Oui, mais pourquoi personne ne rappelle ce que j'avais dit ?

«– Parce que tout le monde pense que tu as disparu avant lui. »

Le fondateur de *L'Express* ne s'est jamais cru un homme comme les autres. Il avait raison. Il s'est employé, avec une frénésie exacerbée, un élan à la fois altruiste et orgueilleux, à défendre ses conceptions du progrès, à se construire un destin dont il ne douta jamais qu'il ne s'accomplisse. L'action le dévorait. Il méprisait l'irrationnel son « ennemi intime », le dilettantisme, l'exaltation lyrique du passé.

Il avait une hantise : ne pas perdre une seconde, pas un quart de seconde de son temps. Il en était conscient. « La manie du travail, c'est-à-dire la difficulté de se distraire est un défaut, c'est un manque d'équilibre. Il m'arrive rarement de prendre des vacances, sauf lorsque je trouve une passion comme le ski. C'est alors la recherche de la performance. Tout est performance ou travail. En gros, je travaille tout le temps… C'est un grave défaut pour un homme public… On ne comprend pas bien les hommes lorsqu'on est trop attaché tout le temps à la performance de l'effort[3]. »

Il avait une obsession : l'intelligence. Celle-ci, avant toute autre chose – peut-être exclusivement faudrait-il écrire –, le galvanisait, le stimulait. Dans le monde qui vient, qui est déjà là, le seul combat qui vaille est celui de l'intelligence contre les préjugés. Voilà son credo. « C'est la première guerre sans armes ni armures, écrit-il en 1967. S'il y avait aujourd'hui un autre Malraux, ce n'est plus avec l'héroïsme des combats de Teruel qu'il ferait vibrer l'âme d'une génération, mais avec la lutte fabuleuse pour la conquête de la métallurgie du titane ou, féroce, pour la maîtrise de l'univers mental des circuits intégrés[4]. » Il était lui-même doté d'une intelligence de surdoué. Tous ceux, amis ou adversaires, qui l'ont connu, l'admettent. Son intelligence impressionnait, inquiétait parfois.

« Vous savez, confia Georges Pompidou, alors président de la République à Michel Jobert, secrétaire général de l'Élysée, je connais M. Servan-Schreiber depuis 1950 quand il écrivait dans *Le Monde*. Il est exceptionnellement intelligent, hélas il a un chromosome en trop[5]. » Jean Prouvost, le magnat de la presse de l'après-guerre – *Le Figaro*, *Paris Match*, *Elle*, *Télé 7 Jours*... –, répétait de sa voix nasillarde « ce Jean-Jacques, quelle intelligence ! Un visionnaire, savez-vous ? ». Sa sœur cadette, Christiane Collange, ajoute, avec sa franchise décapante : « Un QI hypertrophié ? Sûrement. Mais si peu de QE ! C'est un infirme de l'émotivité. »

Qui est donc Jean-Jacques Servan-Schreiber ? Il n'est pas facile de cerner un personnage aussi controversé et complexe, qui a suscité autant d'engouements que de détestations. Au moins avait-il une conception très libérale, très décensurée de la biographie, ce qui devrait rassurer ses biographes. Dans un entretien inédit qu'il donna à Jean-Noël Gurgand, alors rédacteur en chef à *L'Express*, il tient ce propos inattendu : « Un des livres que j'aime vraiment beaucoup, c'est le livre d'Henri Guillemin *Napoléon tel quel*, car il démolit irréfutablement le mythe de Bonaparte et de Napoléon. Il montre les motivations réelles de cet aventurier, les dégâts incroyables qu'il a fait subir à la France. Il chiffre, pour la première fois, le nombre de dizaine de milliers de morts qu'on lui doit pour l'ensemble de ses brillantes victoires – sans compter le système centralisateur abominable qu'il a imposé à la France du point de vue administratif. Mais les intellectuels français lui pardonnent tout, parce qu'il est capable, un soir, devant Moscou en flammes, de dicter les statuts de la Comédie-Française. Cela épate nos intellectuels. C'est comme de Gaulle quand il fait un grand discours sans notes. Tous les intellectuels sont à genoux. Dès l'instant où il y a le talent, on pardonne tout. Le livre de Guillemin est un grand livre à lire pour les générations à venir. J'aimerais qu'il devienne un livre de classe. Et si j'ai une influence un jour sur le gouvernement, j'en ferai un livre de classe. »

Lit-on encore Henri Guillemin ? Ce chrétien anticlérical a écrit une cinquantaine d'ouvrages où il s'efforce, avec le souci dévorant du détail intime, d'évaluer la distance qui sépare l'œuvre – politique, romanesque, philosophique – de son auteur. Son zèle à découvrir la faille dans la cuirasse n'a cessé de déclencher les passions. Il fustigea Voltaire, Chateaubriand, les deux Napoléon, Péguy… Il plaida en faveur de Robespierre, Lamartine, Jaurès, Sartre, Bernanos… Dans le blâme comme dans l'éloge, il se livrait à un véritable travail de dissection. Il était le grand inquisiteur des Lettres.

Non que l'on veuille s'essayer à la méthode Guillemin. Elle n'en serait pas moins appropriée pour aller à la rencontre de l'énigme JJSS. Cet apôtre de la modernité, ce prêcheur laïc, était un puritain dans la tradition anglo-saxonne. Il a très peu parlé de lui, il ne s'est jamais, en public, abandonné aux confidences existentielles, alors qu'il a su faire en sorte qu'on parle abondamment de sa personne et pas seulement de ses idées, de ses combats. On ne les compte plus ceux qui, dans un essai, un roman ou des Mémoires, lui ont dressé un portrait bienveillant ou vachard. Ce sont les autres qui le regardent, le jugent. Il est sous leurs projecteurs. S'il ne s'en plaint pas, ce n'est ni lui qui se regarde ni qui exprime ses états d'âme, ses enthousiasmes ou ses désillusions. De nombreuses figures ou stars des cinquante dernières années se sont beaucoup répandues sur elles-mêmes. Lui, non.

S'est-il d'ailleurs jamais livré ? À sa mère, sûrement. Elle est omniprésente. Il la voit, il lui téléphone, il lui écrit. Dans la même journée, il peut la voir, lui téléphoner, lui écrire. À Madeleine Chapsal aussi – à un degré beaucoup plus modeste – il fera des confidences. Elle affirme : « Je me suis toujours sentie sa préférée. » Mais l'a-t-il aimée comme une femme ? Ne l'a-t-il pas plutôt aimée comme une mère de substitution ? Ou comme le double de sa mère dont elle voudra prendre la place quand celle-ci disparaît en 1987 ? Madeleine est son autre bouée à laquelle l'attache une complicité aux accents quelquefois infantiles. Il ne cessera jamais de lui écrire avec les mêmes mots qu'il adresse à sa mère. « Donne-moi du courage »… « Je te crois toujours sur parole »… « J'ai commencé cette lettre pour pleurer dans tes bras, je la termine en te souriant. Merci, mon amour»… «Que nous nous séparions, ou que nous vivions le ciel ensemble, je salue en toi l'un des êtres humains, le plus sensible, divers, proche de la racine du monde… Tu as le génie, et rien ne te l'enlèvera. N'aie pas peur. Tu es libre»… «J'ai besoin de toi, les contours de mon caractère sont encore flous»… Amant de Françoise, Alexandra, Claudie, Anne-Marie, Madette, et les autres, lieutenant en Algérie, mari de Sabine, député de Nancy, professeur à Pittsburgh, où qu'il soit, quoi qu'il fasse, il écrit de loin en loin à sa «chère Mad»… «Je t'aime, c'est une certitude»… «Rien ne nous a séparés»… «Tu as mille aspects qui me ressemblent»… «Tu es mon but et mon fardeau»… Le fil rouge d'un amour inachevé, quasi incestueux, le relie à Madeleine Chapsal qui n'a pas pu lui donner d'enfant.

Aux autres et nombreuses femmes qui ont traversé sa vie, s'est-il quelque peu confié? «Jean-Jacques m'a peu écrit et il m'a un jour demandé de déchirer ses lettres d'amour, avoue Sabine, avec une tendresse clairvoyante. Il était mal à l'aise dans son rôle d'amoureux transi, évitant de vous dire "je t'aime", "merci", "tu me manques", "tu me déranges", "je t'adore", "tu me blesses", tous ces mots qui donnent une densité affective à une relation entre un homme et une femme. Il ne savait pas davantage rompre avec quelqu'un. Il ne savait pas extérioriser ses sentiments. Sinon, en vous envoyant des fleurs. Ça, les fleurs! J'ai essayé d'être le "débrouilleur" de son non-dit affectif. Ce fut difficile, épuisant. Mais Jean-Jacques était aussi l'inverse du macho. Il admirait les femmes et avait besoin de leur présence. Elles n'étaient pour lui ni un objet sexuel ni un objet mondain que l'on promène de cocktail en dîner. Il les aimait d'abord pour leur sensibilité, pour leur intelligence, pour ce qu'elles lui apportaient.»

Et Françoise Giroud? On sait peu, très peu de l'intensité de sa liaison avec JJSS, sinon à travers ce qu'elle en dit dans ses livres. Elle l'adorait, lui pardonnait tout, le trouvait sublime. Voilà ce qui est rapporté. Mais lui? Lui a-t-il confié comme à sa mère ses angoisses, ses attentes existentielles? Si une correspondance existe, personne apparemment ne la connaît.

Écoutons Sophie Lebrun. Elle a vingt ans en 1975 quand

elle devient sa sténotypiste. « Il était plus envoûtant que charmant, il avait une allure, une voix exceptionnelle, cette voix qui fait les grands comédiens. Impossible de l'approcher sans l'aimer. En même temps, il était totalement inaccessible, figé comme une statue de marbre. Il vous mettait mal à l'aise et, comme il en était conscient, il en jouait. Pourquoi ? Parce qu'il était très vulnérable. Il avait une affectivité immature, à fleur de peau, qu'il verrouillait en permanence. Jamais je n'ai reçu un mot tendre de lui. Sans doute aurait-il voulu s'amuser, souffler, mais il ne sortait pas de sa prison intérieure. Celles qui l'ont connu dans l'intimité amoureuse le savent bien. »

Et ses amis ou collaborateurs ? L'avis est unanime : Jean-Jacques ne quittait jamais le terrain de l'utile, de l'action. Il était en mission. Il ne bavardait pas, ne se relâchait jamais. Il ne pouvait pas, comme tout un chacun, baguenauder. « (...) J'ai rarement vu une volonté si tendue et si peu capable de découragement, écrit François Mauriac (...), avec ce jeune patron implacable, il faut travailler comme il fait lui-même : c'est d'ailleurs la force de cette petite équipe qu'il anime[6]. » On est en août 1955, l'auteur de *Thérèse Desqueyroux* collabore à *L'Express* depuis dix-huit mois.

« C'était un brûleur d'hommes qui avait ce génie de canaliser les talents, analyse Guy Sorman. Il vous obligeait à vous dépasser. Il n'était jamais satisfait. On dormait trop, on ne lisait pas assez, on n'était pas créatif... il exerçait une énorme pression psychologique. "Non, le problème n'est plus du tout là, vous n'avez rien compris !" était une de ses formules favorites. Dans cet état de déséquilibre permanent, la relation personnelle avec lui était difficile, voire impossible. Il n'était ni amical ni cordial ni chaleureux mais il dégageait ce quelque chose d'indescriptible qu'on appelle le charisme. S'il ne vous rejetait pas, on ne pouvait s'empêcher d'être séduit. C'est pourquoi on le servait, car il s'agissait de servir Jean-Jacques. Et il fallait dans ce type de rapport que chacun trouve son compte, sauf à tomber de haut. Certains qui ont espéré une relation amicale, intime, ont été très malheureux, se sont sentis exploités, manipulés. Malgré tout, j'en suis convaincu, tous ont retiré un énorme profit d'avoir travaillé avec Jean-Jacques. Il a été le catalyseur de leur destin. » Guy Sorman, après sa sortie de l'ENA, est entré à *L'Express* en 1969.

Dans son autobiographie *Si je mens...* Françoise Giroud qui fut indissolublement à ses côtés, jusqu'en 1974, pour diriger *L'Express* renchérit : « Jean-Jacques Servan-Schreiber a cette façon particulière d'ignorer la "face noire" des autres. De jouer toujours leur face blanche. Leur bon côté, comme on dit, plutôt que leur mauvais. C'est le bon qu'il voit et donc il a mis, souvent, en lumière des richesses que les intéressés eux-mêmes ne savaient pas qu'ils recelaient.

« C'est pourquoi les gens lui en veulent tant quand ils perdent, pour une raison ou pour une autre, le contact avec lui. C'est comme si un phare braqué sur eux cessait de les prendre dans son pinceau (...). Qu'ils se détachent, et oui, d'abord, ça les repose d'être délivrés de lui. Mais, ensuite, ils ne lui pardonnent généralement ni de l'avoir connu ni de l'avoir perdu, et tout le noir remonte, comme une manière d'affirmation d'eux-mêmes contre lui. »

Un phare ? Au début des années soixante-dix, lorsque JJSS est au sommet de sa popularité, il est vrai que rien ne semble pouvoir contrarier ses ambitions. Dans le cercle étroit des classes dirigeantes, la famille Servan-Schreiber a sa place. Un nom que l'on retient, à la fois harmonieux et puissant dans ses consonances. JJSS également claque comme un slogan publicitaire.

Ainsi s'installe la légende d'un destin programmé. Depuis son berceau, pensent les Français qui le suivent dans ses tribulations, JJSS a son chemin tout tracé. Il a de l'argent, il est polytechnicien, il a une belle tête. Lui-même conforte allégrement le mythe : on le voit descendre d'un jet privé, fréquenter les hôtels de luxe, s'entourer d'une cohorte de jolies femmes. Il a intégré tous les mécanismes du show-business. Difficile de l'imaginer autrement qu'il ne se montre.

Pourtant, il n'est pas né avec une cuillère en or dans la bouche. Il s'est fait. Il est devenu ce qu'il a voulu devenir. Les Servan-Schreiber n'ont jamais été une dynastie financière. Ils incarnent, en revanche, une forme de dynastie d'influence sur les terrains politique et culturel. « Je n'ai rien hérité de mon père, qui n'avait aucune fortune, confiera Jean-Jacques. Je ne suis donc ni fils du peuple ni fils de riche. Je suis incontestablement un produit du milieu bourgeois, de son système d'éducation, grâce à mon père qui non seulement gagnait bien sa vie, mais recevait à sa table les responsables politiques, les patrons de presse, les grands journalistes… mes parents ont toujours eu l'intelligence, dès mes neuf-dix ans, de me donner une place dans les déjeuners ou dîners, même importants, pour que je commence très tôt à m'intéresser aux discussions. Voilà le privilège essentiel dont j'ai bénéficié[7]. »

L'histoire française des Servan-Schreiber – les Schreiber à l'origine – commence en 1877 quand Julius-Joseph Schreiber, le grand-père de Jean-Jacques, quitte l'Allemagne pour la France. Schreiber est un nom de la Prusse-Orientale. Avant le règne de Bismarck, les Schreiber se perdaient dans l'anonymat du petit peuple. Julius-Joseph débarquait en terre hostile. Sept ans plus tôt, l'armée prussienne avait envahi notre pays, lui enlevant l'Alsace et une grande partie de la Lorraine. L'originalité de sa famille n'est pas à relier à l'argent. Elle est d'une tout autre nature : les Schreiber ont atteint, en une génération, une notoriété rarement égalée au sein de ce qu'il est convenu d'appeler l'establishment. JJSS dans cette rapide ascension tient une place spécifique qui est aussi, jusqu'à présent, la première place.

1

Plus français que les Français

« Mon père, né français à Paris, écrit JJSS dans *Passions*, est le fils d'un haut fonctionnaire prussien, qui a choisi de s'exiler en France à la veille de la guerre franco-allemande de 1870, voulue par le chancelier Bismarck.

« Mon grand-père était le secrétaire particulier de Bismarck. Quand il apprit de la bouche du Chancelier lui-même qu'une guerre se préparait contre la France, il lui exprima solennellement son profond désaccord sur ce qu'il voyait comme "un enchaînement qui entraînera l'Allemagne, la France et l'Europe dans une longue guerre suicidaire".

« N'ayant pu infléchir les décisions mûries et arrêtées par le Chancelier, mon grand-père décida de quitter son pays et choisit la France[8]. »

Cet épisode bismarckien est très gratifiant pour Julius-Joseph Schreiber et il appartient à la chronique familiale. Si on n'en connaît pas l'origine, on sait qu'il est faux[9]. Le grand-père de Jean-Jacques est né à Gleiwitz, aux confins de la Silésie, entre Moravie, Hongrie et Pologne. Il a probablement fait la « guerre de 70 » dans les rangs prussiens. Quand Bismarck inaugure la Constitution impériale d'Allemagne et le IIe Reich, Julius-Joseph ouvre une poste privée municipale à Berlin et essaye de l'étendre à Vienne. L'entreprise n'est pas rentable et il met la clé sous la porte. C'est ainsi qu'il décide de tenter sa chance ailleurs et qu'il arrive à Paris, investi de la confiance de quelques industriels berlinois et viennois. Notre capitale lui semble la meilleure place pour partir à la conquête des marchés coloniaux et américains. Il a trente-deux ans. Comme beaucoup d'immigrés allemands d'origine juive, il s'installe dans le Xe arrondissement, du côté de la rue des Petites-Écuries et du faubourg Poissonnière. Ce quartier regroupait les « commissionnaires », c'est-à-dire les importateurs-exportateurs.

Petit, brun, sec, la barbe noire et fleurie, Julius-Joseph était le dernier d'une lignée de neuf enfants dont huit garçons. Son père était un rabbin sans rabbinat, comme un curé sans paroisse. Sourcilleux, intransigeant sur le chapitre de la foi, il s'en remettait à la providence divine pour nourrir sa famille qui ne mangeait pas tous les jours à sa faim. Aucun de ses enfants n'entendra l'appel de Dieu. Ils se lanceront dans les affaires, négociants ou grossistes pour la plupart, quelquefois détaillants, rarement industriels. Ils essaimeront à travers l'Allemagne, restant liés et très solidaires.

Habitué à la rigueur, à l'autorité, Julius-Joseph s'était forgé un rude tempérament. Tous les matins, été comme hiver, il prenait une douche froide devant sa fenêtre ouverte. Il aimait dominer et ne souffrait pas la contradiction. Libre penseur agressif, franc-maçon, il avait pris en aversion toutes formes de religion et flirtait avec les idées libérales. Aujourd'hui on le classerait à l'extrême gauche.

Paris va lui sourire. La société « JJ Schreiber » qu'il crée dès son arrivée, démarre bien. C'est le prototype de l'intermédiaire. Il ne voit jamais passer la marchandise. Il fait la tournée des commissionnaires pour leur vendre, sur échantillons, des produits fabriqués en Allemagne ou en Autriche : de la quincaillerie, de la fourrure, du textile, de la confection, de la bonneterie, des colifichets… À la fin du XIXe siècle, les commissionnaires parisiens avaient de gros débouchés en Amérique latine et en Afrique du Nord.

Son avenir assuré, il reviendra à Berlin en 1879 pour épouser sa fiancée, Clara Feilchenfeld – ce qui veut dire « petit champ de violettes ». Les Feilchenfeld, après s'être enrichis dans le domaine du blé à Dantzig, vivaient en rentiers à Berlin[10]. Le couple emménage cité Trévise, à quelques mètres du bureau de la société.

Clara, comme toutes les épouses juives de sa génération, était en dévotion devant son mari. Elle lui donnera trois fils, Robert qui naît en 1881, Georges en 1884, Émile, le père de Jean-Jacques, en 1888.

Une belle réussite familiale et commerciale que rien ne semble pouvoir assombrir. Pourtant, elle ne parvient pas à combler les espoirs de Julius-Joseph. Ses trois fils, contrairement à ce qu'écrit JJSS, sont nés allemands et il s'impatiente d'obtenir la naturalisation française. C'est son aspiration la plus profonde, il se sent intégré, il se mêle aux débats d'idées et participe volontiers à la vie politique de son pays d'adoption. Il est proche d'Henri Brisson, son frère en maçonnerie, député du Xe arrondissement, adversaire farouche des congrégations religieuses, un des chefs les plus influents du parti républicain de l'époque. On lui doit la transformation de l'église Sainte-Geneviève en Panthéon réservé aux « grands hommes de la République ». Mais son engagement auprès de Brisson est celui d'un étranger, d'un non-citoyen. Il lui faudra attendre plusieurs années pour changer de statut, jusqu'en mai 1894, après que le législateur eut modifié quelques articles du code civil. Maintenant, il peut, par une simple démarche devant le juge de paix, demander la nationalité française pour ses fils qui sont nés sur le sol français. Et il s'empresse de le faire. Robert a quatorze ans, Georges dix, Émile six. Lui-même et Clara devront attendre quelques mois. La décision, dans leur cas, relève d'un décret du président de la République. Il paraît au *Journal officiel* du 22 novembre 1894. La famille Schreiber est, enfin, française à part entière.

L'ascension sociale des Schreiber comme leur assimilation à la communauté nationale vont être remarquables, sinon exceptionnelles, par leur rapidité. Certes, le point de départ est solide. Dans ce temps-là, dans le haut du Xe arrondissement, la colline de Montmartre, il existe encore des arrière-cours où des fromagers, des bougnats, des épiciers élèvent qui une vache, qui une chèvre. Bébés, les trois frères Schreiber, en plus de la nourrice bretonne, s'épanouissent au lait des derniers bovins de la capitale. Adolescents, ils grandissent dans le confort, fréquentent le lycée Rollin – devenu Jacques-Decour –, partent l'été au Tréport et passent le dimanche au Bois où ils se rendent par le tramway à deux chevaux qui les dépose porte de la Muette. Ils font du canotage, de l'escrime, de l'équitation. Rien ne manque à leur instruction scolaire et, si besoin est, un répétiteur vient les aider.

Une vie agréable. Julius-Joseph élargit régulièrement le périmètre de ses activités. Quand le ministre des Finances, Paul Doumer, publie le premier tableau des revenus des Français, il découvre avec fierté qu'il est dans le peloton des cent soixante-quinze mille privilégiés qui gagnent entre dix mille et cinquante mille francs par an[11]. Au-dessus de cinquante mille francs, ils ne sont plus que douze mille huit cents*.

Malgré tout il n'appartient pas à la bourgeoisie parisienne qui conjugue l'argent, ou avec l'ascendance, ou avec les diplômes. Il n'a ni ascendance ni diplôme. Il a ses trois fils. C'est par eux que les Schreiber entreront dans le pré carré de la classe bourgeoise. Au tournant du XIX et XXe siècle, il existe un passeport qui permet d'y accéder, le baccalauréat. Sous la Belle Époque – elle bat son plein – seulement quelque sept mille lycéens, une infime minorité, franchissent l'étape du « bachot ». Ils constituent l'élite intellectuelle du pays avant même de s'engager sur la voie royale de l'université ou des grandes écoles. Les trois enfants Schreiber seront bacheliers. Robert en 1898, Georges en 1901, Émile en 1906, et de surcroît lauréat du concours général de philosophie.

Une telle performance est rarissime. Quel parcours depuis que Julius-Joseph et Clara ont quitté leur Prusse natale ! Il y a tout juste une dizaine d'années, ils étaient des juifs allemands. Ils ont désormais résolument tourné le dos à leur passé d'émigrants, s'affirmant plus français que les Français et ils rêvent de quitter le Xe arrondissement pour les beaux quartiers. Julius-Joseph ne sera plus là quand ses espérances commenceront d'être comblées ; il meurt, le 11 août 1902, des suites d'une douloureuse et longue maladie.

Ce drame sera le point de départ d'une véritable métamorphose de la société « JJ Schreiber ». Émile qui se prépare à entrer en classe de troisième n'en sera pas le moteur. Le tournant, c'est Robert qui le prendra, avec la bénédiction de Clara, veuve à quarante-six ans. Il a vingt-deux ans. Diplômé des Langues O., libéré de ses obligations militaires, il veut poursuivre l'œuvre de son père et affiche clairement ses intentions. Il est l'exécuteur testamentaire, l'héritier dont l'avenir est indissociable du passé de Julius-Joseph. Émile est trop jeune pour prendre le relais. Robert se pose en successeur légitime. Émile n'est que le petit frère placé sous la tutelle vigilante de son aîné. Cette différence originelle de statut marquera profondément l'histoire des deux branches de la fratrie, celle de Robert et celle d'Émile. Georges,

* Cinquante mille francs de 1895 représentent environ cent soixante-dix mille euros.

le cadet, deviendra médecin et restera à l'écart de l'arène publique comme de l'aventure schreibérienne.

Si Julius-Joseph n'avait pas de fortune, il laissait un solide fonds de commerce doté d'une centaine de commissionnaires en portefeuille. Conscient de son manque d'expérience et des risques que représentait la concurrence, Robert va immédiatement s'associer avec un négociant d'origine russe, Albert Aronson, une relation professionnelle de son père. La société en nom collectif « Schreiber et Aronson », sise au numéro 50 de la rue des Petites-Écuries, est constituée le 10 septembre 1902. Pour être juste, Robert n'était pas un vrai néophyte. Pendant ses études aux Langues O. qui ne le passionnaient guère, il avait travaillé, à mi-temps, auprès de son père affaibli par la maladie. C'était aussi une façon d'arrondir ses fins de mois. Aimant sortir, adorant les jolies filles, il était toujours à court d'argent. « De petite taille, le poil ras, il se trouvait très laid, et, toute sa vie, il essaiera d'oublier cette sensation à travers la recherche boulimique des femmes », précise, enjoué, son fils Jean-Claude Servan-Schreiber. Ce mi-temps allait surtout l'initier à des méthodes de vente encore balbutiantes qu'on appelait la « réclame » et qu'il n'oubliera plus.

« Joseph Monin, qui a l'âge de son père, écrivent Alain Rustenholz et Sandrine Treiner, vient de relancer le *Bulletin mensuel de la Chambre du commerce d'exportation*, qui ne paraissait plus depuis une dizaine d'années. Il y a là-dedans des renseignements pratiques, des réclames. Robert va voir l'homme, au bureau du journal, place de la Bourse, puis à son domicile de la rue de La Grange-Batelière, discute du métier, de son organisation, l'interroge sur les annonces publicitaires qu'il a vues. Ne serait-il pas temps pour la maison JJ Schreiber de se faire connaître un peu[12] ? »

Quand il prend la direction de Schreiber-Aronson, Robert n'est donc pas complètement dépaysé.

Ses journées se déroulent selon un rituel inchangé. Le matin, il rend visite aux clients potentiels ou il les reçoit pour leur montrer ses catalogues d'échantillons. L'après-midi, il accueille les acheteurs et enregistre les commandes. Il s'emploie également à se construire une notoriété et gagne la confiance de ses pairs. Il est élu au bureau de son syndicat professionnel. Il a le goût des innovations audacieuses, il est fasciné par les techniques nouvelles – le cinématographe, le moteur à essence, l'aéroplane, le télégraphe – qui se multiplient à la charnière des deux siècles. Il voyage en Europe centrale où sa parfaite maîtrise de l'allemand lui facilite les échanges ; il est un des premiers Français à découvrir l'Italie… en automobile. Celle d'un ami, mais il aura bientôt la sienne. Robert engrange, s'agite beaucoup et on devine qu'il ne va pas longtemps se contenter d'une activité d'intermédiaire si florissante soit-elle rue des Petites-Écuries.

Surtout qu'Émile devrait bientôt le rejoindre. Son baccalauréat en poche, Émile n'est pas plus tenté que son frère aîné par les études supérieures. Il regarde ailleurs, habité par le désir de voyager, d'élargir son horizon. Cette passion du voyage, il ne le sait pas encore, ne le quittera plus. Ce sera le sel de sa vie. Il ne cessera plus de parcourir le monde et deviendra un des meilleurs journalistes-reporters de sa génération. Il a dix-sept ans. N'est-ce pas le bel âge pour tenter l'aventure ? Loin de le dissuader, Robert, qui s'était engagé à l'entretenir jusqu'à la classe terminale et pas plus loin, le pousse. Il lui offre l'opportunité de partir pour Buenos Aires comme stagiaire chez MM. Puy et Rey, propriétaires d'un important magasin, avec lesquels Schreiber et Aronson entretient de bonnes relations. Puy et Rey descendaient de ces fameux paysans des basses Alpes qui avaient émigré de l'Ubaye vers l'Amérique latine. Ils en revenaient, parfois, enrichis. On les appelait « les Barcelonnettes » du nom de la petite ville alpine.

Ainsi, en juillet 1906, Émile s'embarque à Bordeaux sur le paquebot *Espagne* en route vers l'Argentine. C'est le début d'une destinée à laquelle rien ne le préparait, à laquelle il ne songeait même pas. « Le voyage a été pittoresque, écrit-il à sa mère et à ses deux frères, aussitôt qu'il a touché le sol argentin. J'occupais une cabine en deuxième classe, à mi-chemin entre le luxe des premières et la misère du pont sur lequel voyagent les plus pauvres, les vrais immigrants qui n'ont comme abri que le fond des cales pendant la tempête. Quel spectacle dramatique !

« En deuxième classe, là où je me trouvais, il y avait des tas d'artistes de music-hall, des Anglais et des Espagnols. L'ambiance était gaie. Une danseuse ne cessait de me faire les yeux doux en m'appelant *Bébé rose*. Je tremblais que son saltimbanque de mari ne me tombe dessus.

« Après quinze jours de traversée, nous avons jeté l'ancre en rade de Bahia, au Brésil. J'ai vite été initié au folklore local... quelle cacophonie ! Je ne me suis pas attardé dans les rues de Bahia. La ville était en proie à une épidémie de fièvre jaune, des cercueils ne cessaient de défiler portés à dos d'homme par des Noirs. À deux mètres devant la procession, un porteur de clochette nous invitait à nous tenir à distance.

« Puis nous avons repris la mer jusqu'à Buenos Aires. Je n'étais pas fâché d'arriver enfin[13]. »

L'habitude est prise. Pendant les deux années qu'il passe en Argentine, il écrira de longues lettres où il relate avec le souci du détail, de la précision, ce qu'il fait, ce qu'il voit, ce qu'il entend. Il a appris l'espagnol et endossé l'habit du représentant de commerce. Il séjourne plusieurs mois dans la province de Corrientes et de Chaco. Il raconte un bal de gauchos, un combat de coqs, une invasion de sauterelles sur le fleuve Paraná, il décrit les *albergues*, les *almacenes*, ces bazars coloniaux. Il se risquera à ciseler quelques nouvelles qui ne sortiront pas du cercle familial. Il est pris par le virus de l'écriture.

Pendant qu'Émile perce les mystères de l'Argentine, Robert affine sa stratégie d'expansion. L'époque lui est favorable. À Paris, à Berlin, à Francfort, plusieurs personnalités du négoce et de l'industrie veulent refermer les plaies de la guerre de 70 et mènent campagne pour le libre-échange entre la France et l'Allemagne. Robert est au cœur de ce mouvement, participe au débat et pressent que l'heure est venue de prendre un virage. Il n'a pas oublié les enseignements de Joseph Monin et de son *Bulletin mensuel de la Chambre du commerce d'exportation.* « La solution, dit-il à son associé Albert Aronson, c'est de parier sur la modernité. Et la modernité, aujourd'hui, c'est la réclame[14]. » Mais sa société n'a évidemment pas les moyens de se payer des annonces dans les grands journaux et, de surcroît, le milieu qu'il veut atteindre, les importateurs-exportateurs, est limité.

Pourquoi ne pas imaginer un petit bulletin qui ferait la promotion de Schreiber et Aronson, et serait envoyé aux clients, aux concurrents et à quelques adresses relevées dans l'annuaire Didot-Bottin ? Le projet est arrêté en février 1908. Robert a décidé du titre : *Les Échos de l'exportation : bulletin mensuel de la maison*

Schreiber et Aronson. Ce sera un quatre pages, format 21 × 27, qui, en plus des réclames pour les produits de la maison, donnera des informations générales sur les marchés de l'exportation. Le premier numéro paraît le 2 avril 1908. Tiré à mille exemplaires, il suscite beaucoup plus de jalousie que d'approbation. Pourtant de ces quatre feuillets allait naître, vingt ans plus tard, le plus important des quotidiens économiques français, *Les Échos*.

Robert ne s'était pas jeté à l'eau sans avoir sérieusement réfléchi. Outre Joseph Monin, il connaissait le Berlinois Leopold Schottlaender, patron du *Der Confectionair*, le meilleur journal économique allemand, et avait envisagé de créer, sur le même modèle, un hebdomadaire français. Si, faute de capitaux, il dut très vite abandonner l'idée, celle-ci ne quitta pas pour autant son esprit. Il était convaincu du caractère inédit de son petit bulletin – il n'avait pas tort – et il était tout aussi convaincu de pouvoir le transformer en vrai journal, même modeste.

Il s'installe donc dans son rôle de rédacteur en chef et cherche des experts, des juristes, susceptibles de lui rédiger des articles sur l'actualité et les problèmes de sa profession. En trois mois, le bulletin passe de quatre à huit pages. Après l'avoir d'abord boudé, les confrères du quartier, les collègues du syndicat, comprennent qu'ils peuvent aussi s'en servir pour faire de la réclame. À sa casquette de rédacteur en chef, Robert ajoute celle d'agent publicitaire et cela marche au-delà de ses espérances. « C'était l'embryon d'un quotidien économique qui allait faire vivre toute la famille, celle de Jean-Jacques et la mienne pendant plus d'un demi-siècle, convient Jean-Claude Servan-Schreiber. Quand ma grand-mère Clara parlait des *Échos*, elle disait "la boulangerie". Tous ses petits-enfants avaient vocation d'y travailler à leur rang, à leur place, de telle façon que chacun pût vivre confortablement. Les débuts ne furent toutefois pas idylliques. La fabrication et la distribution du bulletin coûtaient cher et, en fait, mon père pour tenir financièrement le coup dut s'associer vers 1909 avec Leopold Schottlaender. Épaulé par cet ami allemand, propriétaire d'un groupe de presse, il va pouvoir donner vraiment sa mesure. Terminée la prospection à la petite semaine, c'est de manière systématique qu'il démarche les annonceurs. Il se met également à écrire des commentaires. Mon père, de tempérament anticonformiste, donnait son avis sur tout ce qui le regardait et, de préférence, sur ce qui ne le regardait pas. Il avait horreur du formalisme et de l'administration tatillonne. Il a fait plusieurs campagnes pour faciliter la vie des commerçants et des industriels. C'est également en 1909 que mon oncle Émile publie ses premiers articles dans *Les Échos de l'exportation.* »

Dès son retour d'Argentine, Émile donne des chroniques au journal. Il a rejoint le 72e régiment d'infanterie à Amiens, appelé avec les conscrits de la classe 8. Deux ans, sous l'uniforme d'un « deuxième classe ». De sa caserne, où il se morfond, il envoie ses articles. Sa plume est encore hésitante. Il signe Jean Riflard, un pseudonyme très balzacien, et ses textes ont une tonalité plus littéraire qu'économique. « Croquis du campo », « Impressions d'Amérique », « Tribulations d'un placier »... De retour à la vie civile, le 1er novembre 1911, c'est très naturellement qu'il viendra seconder son frère.

L'économie du pays connaît une croissance sans précédent, au point que Robert et son associé Albert Aronson ont pu racheter les parts de Schottlaender. Seul propriétaire, à égalité avec Aronson, des *Échos de l'exportation*, il se transporte au deuxième étage du 4, rue Martel, un immeuble imposant, où ils resteront très longtemps. Robert a pris une longueur d'avance. C'est le « patron ». Il s'est offert sa première voiture, il dispose d'un patrimoine déjà enviable et de revenus confortables. Émile n'est encore que son salarié, et il a pour toute fortune son talent de journaliste. Georges, médecin, interne des hôpitaux de Paris, chef de clinique, a ouvert son cabinet et ne se mêle pas de la marche des *Échos*.

En dépit de ces différences de situation, ce qu'il y aura d'assez extraordinaire dans les années qui vont s'ouvrir, c'est la fraternelle complicité, envers et contre tout, des frères Schreiber. Ils se voient régulièrement, sortent ensemble, rencontrent les mêmes amis, les mêmes filles. Georges sera le sésame du trio. Fondateur de l'Union des œuvres du VIIIe arrondissement*, il a publié son premier livre, *Le Livret de famille. Pour conserver la famille, pour améliorer la race*, où il défend l'idée d'un « carnet de santé » tel qu'il verra le jour un demi-siècle plus tard. Georges est le seul qui ait ses entrées dans les soirées et les bals de la société.

* Cette « Union » coordonne l'action des dames d'œuvres et des associations familiales.

Il emmènera Robert et Émile qui danseront avec Suzanne Crémieux, la fille du sénateur Fernand Crémieux, Adrienne Jalaguier, la fille du célèbre chirurgien Jean-Louis Faure, Claire et Suzanne Boas, les héritières du riche industriel Alfred Boas… Dans ces soirées, comme dans leur quotidien, les jeunes Schreiber forment un clan très soudé.

Émile aura la chance, un an avant la Grande Guerre, de réaliser un reportage aux États-Unis. Envoyé spécial des *Échos de l'exportation*, excusez du peu, il doit expliquer à ses lecteurs la réforme des tarifs douaniers que les Américains ont décidé d'entreprendre. Il en reviendra avec la matière d'un ouvrage qui paraîtra chez Payot, *L'Exemple américain* où l'originalité de son style très factuel, économe des digressions inutiles, se déploie avec assurance[15]. La prospérité et la liberté new-yorkaises qui s'étalent au grand jour en toute bonhomie l'émerveillent. « Je suis tout impressionné, écrit-il, de l'admirable simplicité des mœurs, même officielles, de ce pays. Pourtant les frontispices des monuments ne portent pas gravée dans la pierre notre belle devise républicaine, que j'aimerais, maintenant que mes yeux s'ouvrent à une lumière nouvelle, voir compléter d'un mot : Liberté - Égalité - Fraternité… Simplicité. »

Son séjour a-t-il été la source de l'attirance féconde et constante des Schreiber pour les États-Unis ? Cinquante ans après qu'il eut reçu cette « lumière nouvelle », son fils Jean-Jacques écrira *Le Défi américain* puis, en 2003, son petit-fils David Servan-Schreiber – le fils de Jean-Jacques – publiera *Guérir* qui s'inspire des dernières psychothérapies américaines.

Très peu d'hommes de sa génération connaissaient, comme Émile, les États-Unis. Il parlait anglais avec un accent épouvantable, mais il le parlait. Il maîtrisait aussi l'espagnol et, très bien, l'allemand. Pour avancer dans la vie, dira-t-il plus tard à ses enfants, il faut trois choses : parler anglais, savoir conduire, savoir nager. Il les élèvera tous dans le bilinguisme franco-anglais et ils recevront une éducation très anglo-saxonne pour l'époque. Bernadette Gradis, la sœur cadette de Jean-Jacques, qui n'a jamais été associée à la vie publique des Servan-Schreiber, n'a pas oublié l'institutrice écossaise, miss MacCormack, qui leur enseignait la langue de Shakespeare et les menait à la baguette. « Quand nous étions adolescents, mon père déjeunait presque tous les jours avec nous et il nous imposait de parler en anglais. Lui, toujours plein de tendresse, était sur ce sujet très intransigeant, sévère. Il souffrait de ne pas parler anglais à la perfection et il ne voulait pas que l'on pâtisse du même handicap. »

Début 1914, quand il revient des États-Unis, Émile est à mille lieues d'imaginer qu'il élèverait cinq enfants dans le bilinguisme. Après New York, il part enquêter à Berlin, Hambourg, Brême, Lübeck, et il s'achète sa première automobile, une Peugeot, en mars 1914. Il est désormais du club des cent dix mille Français qui possèdent une voiture. Mais son esprit n'est plus à la griserie du volant, il se prépare à la guerre qui éclate le 2 août. Pour les Français, c'était la « der des der », pour les Allemands, elle serait « fraîche et joyeuse ». Elle allait durer plus de quatre ans : guerre de mouvements, puis de tranchées, guerre de gaz, puis de tanks, affreuse, épuisante et finalement « mondiale ». On l'appellera la Grande Guerre.

Les trois frères Schreiber avaient pris l'habitude d'immortaliser les événements historiques de leur vie. Comme leurs parents, Julius-Joseph et Clara avaient posé chez un photographe de la place Cadet le jour de leur arrivée à Paris, Robert lieutenant-interprète, Georges médecin-aide major de « deuxième classe », Émile simple soldat du train des équipages, se sont fait photographier le 6 août 1914 dans un studio du faubourg Montmartre avant de rejoindre leur bataillon. *Les Échos de l'exportation* sont fermés. « Que chacun fasse son devoir », a conclu Robert en saluant ses employés. Clara s'est réfugiée à Vichy.

Cette guerre marquera d'un doigt de mort tous les poilus, ceux de l'avant comme ceux de l'arrière, et les souvenirs n'épargneront pas les Schreiber. Ils reviendront chacun avec la croix de guerre.

Georges, après s'être distingué pendant la bataille de la Marne, sera envoyé dans le Pas-de-Calais et la Picardie où les hommes tombaient comme des mouches. Des jours et des nuits à calmer, piquer, amputer, dans des fourgons brinquebalants, des salles de classe transformées en chambres d'hôpital. Aux commandes de son « autochir », l'ambulance automobile chirurgicale, il soignera les grands blessés de Verdun et terminera la guerre avec le grade de médecin-major de « deuxième classe ».

Émile, le simple soldat, vivra l'enfer de Verdun, la bataille de la Somme et sera promu sous-lieutenant d'artillerie. Quand, le

2 avril 1917, les États-Unis entrent dans la guerre, l'éditeur Gustave Payot qui détenait le manuscrit de *L'Exemple américain*, depuis le début des hostilités, décide de le publier et demande à Victor Cambon de le préfacer. L'ingénieur Cambon, neveu des célèbres diplomates Jules et Paul Cambon, s'était lancé dans le journalisme économique avant de devenir un prosélyte du taylorisme. « Ce livre, écrit-il, apporte une riche floraison de trouvailles, de procédés expéditifs, de solutions ingénieuses dont est émaillée la vie courante du peuple américain. Leur ensemble constitue le progrès, ce grand mot que nous employons souvent avec emphase… Lorsque les Américains auront vécu parmi nous, souhaitons que nous fassions plus de choses et un peu moins de papiers. »

En 1917, la consonance allemande du nom Schreiber aurait empêché toute vente. Émile cherchait un pseudonyme. Son frère Georges « lui a soufflé Servan » pour être passé dans ce village où la vicomtesse de Kergariou possède une charmante demeure, où le docteur Charcot a une maison. Servan, ça sent si bon la France, et, la France, les Schreiber la servent dignement depuis bientôt trois ans[16]. Il s'agit de la presqu'île bretonne de Saint-Servan-sur-Mer qui voisine Saint-Malo.

C'est sous la signature d'Émile Servan que fut donc édité *L'Exemple américain*. Les trois frères décideront de donner comme prénom à tous leurs futurs enfants, ce pseudonyme qui fleure le terroir. Est-ce une première étape vers la francisation de leur patronyme ?

En pleine guerre, Robert s'est, en effet, marié et il n'est pas impossible qu'il ait pensé à sa progéniture, inquiet du climat antiallemand et antisémite qui empoisonne le pays. Il avait servi comme officier-interprète auprès du général Franchet d'Esperey qui avait réussi à stopper les Allemands sur l'Oise. Il ne se satisfaisait pas de cette fonction d'interprète trop à l'abri et il avait demandé de suivre la formation des pilotes-aviateurs, alors très prestigieuse.

En se mariant, il perpétuait la hiérarchie non dite du trio Schreiber. N'est-il pas l'aîné ? Il a trente-six ans et il est le premier à convoler. Le 17 février 1916, il épouse Suzanne Crémieux, sa cadette de quinze ans, très brune, fort belle, au sourire paraît-il inoubliable. Le fils qui naîtra de cette union, en avril 1918, est aussi le premier des petits-enfants de Julius-Joseph et le premier à porter le prénom de Servan. Il s'appelle Jean-Claude, Fernand, Robert, Servan Schreiber.

Il faut s'arrêter un instant sur cette union Schreiber-Crémieux, elle ne sera pas sans conséquences sur la vie de Jean-Jacques Servan-Schreiber. Suzanne est la fille de Fernand Crémieux, lui-même petit neveu d'Adolphe, Vénérable du Grand Orient, puissante personnalité de la IIe République et du second Empire. Fernand Crémieux sera, sans interruption, député puis sénateur du Gard de 1885 à 1928, date de sa mort. Quand la papauté dut s'installer en Avignon entre 1250 et 1315, elle accorda sa protection à plusieurs familles juives qui effectuaient à son profit une série de tâches interdites par la religion catholique. On les appela les « juifs du Pape » et ils portèrent les noms des villages du Midi, Carcassonne, Valabrègues, Bédarrides, Monteux, Vidal, et… Crémieux. Suzanne fut élevée dans un milieu parisien très lancé, très mondain. Peu de juifs, dans ces années-là, jouissaient d'une notoriété aussi bien assise que celle de Fernand Crémieux.

« Le mariage de mon père avait une allure de coup d'éclat, confie Jean-Claude. Qu'un juif ashkénaze venant de la Prusse-Orientale s'allie à une juive séfarade issue d'une famille méditerranéenne et française depuis des siècles était une gageure. Mon père qui voulait s'ancrer dans la France a-t-il épousé Suzanne par calcul ? En tout cas, je ne crois pas que mes parents se soient véritablement aimés. Pour mon père, l'amour n'existait pas. Pendant toute ma jeunesse, il m'a formé dans l'idée qu'au fond l'amour n'était qu'un accident qui, en toute hypothèse, se terminait mal. L'essentiel, me disait-il, c'est d'avoir de beaux enfants et, par conséquent, de choisir sa femme suffisamment belle pour qu'elle vous donne plus sûrement de beaux enfants. Une sorte d'eugénisme, en somme. Si l'on peut découvrir des joies à travers ses enfants, me disait-il encore, on peut difficilement en connaître longtemps par sa femme. Mes deux oncles, Émile et Georges, partageaient cette même conviction et nous avons tous été élevés, y compris mon cousin Jean-Jacques, dans cet esprit. D'ailleurs quand j'observe le parcours de Jean-Jacques, qui a épousé Sabine uniquement pour avoir des enfants, j'ai l'impression qu'il a été beaucoup plus sensible aux théories de nos parents que je ne l'ai été moi-même ! »

Entrée riche dans la guerre, la France en sortait ruinée. « L'Allemagne paiera ! » Tel était le leitmotiv. Il ne fit pas longtemps illusion. Rendus à la vie civile, les trois frères observent l'état de leur pays avec une pointe d'angoisse et d'amertume. L'armistice a été signé le 11 novembre 1918 et le retour à la vie normale reprend très lentement. « Chacun, écrit Georges dans son journal, paraît épuisé par ces quatre années d'efforts surhumains… nulle part on ne sent cette joie franche de vivre qui devrait, semble-t-il, être naturelle après la victoire et la fin d'une horrible guerre. Mais non ! On a trop souffert ! On ne voit pas trop où l'on va ! [17] »

Émile et Georges, en dépit d'un âge déjà bien avancé, trente et bientôt trente-cinq ans, habitent chez maman, boulevard Malesherbes. Clara, avec un mélange de souplesse et d'autorité qui la caractérise, ne les pousse pas au mariage. Ce sera toujours assez tôt… Robert a retrouvé son appartement de l'avenue de l'Alma – qui vient d'être baptisée, après l'armistice, avenue George-V – où l'attendent Suzanne et le petit Jean-Claude.

Le résumé de la situation est simple. Georges n'a aucun problème pour reprendre son cabinet et ses consultations. En revanche *Les Échos de l'exportation* n'existent plus et la société Schreiber et Aronson est au point mort depuis 1914. Il faut repartir quasiment de zéro. C'est le moment que choisit Robert, qui greffe l'avenir d'Émile sur le sien, pour se séparer d'Albert Aronson et créer la société Schreiber Frères au capital de trente mille francs. Elle aura pour objet d'éditer l'hebdomadaire *Les Échos*. La mention *de l'exportation* disparaît. Au sein de la société, les deux frères ne sont pas à égalité. Robert a déposé vingt mille francs et prend le titre de directeur-rédacteur en chef ; Émile, avec un dépôt de dix mille francs, a celui de corédacteur en chef.

Le premier numéro des *Échos* paraît le 9 mai 1919. Sa maquette ressemble à celle d'avant la guerre, enrichie de nouvelles rubriques dont une bande dessinée humoristique. Émile reprend ses « propos de commerçant » qu'il signe non plus Jean Riflard mais Émile Servan. Le numéro compte quinze pages de publicité, bon début, sur les quarante-deux, et s'ouvre par un éditorial des deux frères. L'esprit d'indépendance qui les anime est inchangé et ils n'ont d'autre objectif, écrivent-ils, que d'aider la

France afin qu'elle puisse « exploiter économiquement la victoire de ses armes si chèrement payée ». Ils veulent œuvrer pour la liberté du commerce et la paix sociale ; pour protéger la propriété commerciale contre l'ingérence de l'État, les monopoles, les consortiums ; pour un rapprochement entre les patrons et leurs ouvriers et employés.

Ce libéralisme éclairé restera le terreau de la pensée politique des Schreiber. Une idéologie du progrès, qui s'apparentait alors au radicalisme dit tempéré ou « bourgeois ». Anticommuniste, antimarxiste, cette idéologie ne se reconnaissait dans aucun dogme, elle n'anathémisait personne. Si elle combattait tous les abus et les privilèges, elle refusait, même théoriquement, la lutte des classes, et réprouvait toute manifestation violente. Robert et Émile en seront les ardents supporters. Jean-Jacques creusera le même sillon, mais aussi Jean-Louis qui lancera *L'Expansion* ou Jean-Claude qui sera un des fondateurs de l'Union démocratique du travail (UDT), ces « gaullistes de gauche » avocats de la « participation » et de la réconciliation du capital et du travail.

JJSS fera très rarement référence à l'aura professionnelle qui entourait son père et son oncle dans le milieu de la presse. Il n'invoquera pas davantage les racines idéologiques de sa famille. « Sa vie commence avec lui, dit Christiane Collange. Je ne me rappelle pas l'avoir entendu évoquer des histoires que nous racontaient mon père, ma grand-mère ou mes oncles qui furent profondément marqués par la guerre de 14 et les crises des années trente. Ça n'intéressait pas du tout Jean-Jacques. Il était ailleurs. » Il n'en est pas moins le continuateur des idéaux d'Émile et de Robert, avec un langage et des méthodes qui lui sont propres. Ne va-t-il pas soutenir en 1953 Pierre Mendès France, entré en radicalisme à seize ans ? Tenter, en 1964, d'imposer Gaston Defferre – « Monsieur X » pour ceux qui s'en souviennent –, un socialiste aux saveurs très libérales ? Lancer, en 1971, le « Mouvement réformateur » sur les cendres d'un Parti radical qui n'en finira jamais de mourir ?

Dans cette France de 1920, qui sera bientôt celle des « Années folles », le réformisme progressiste des Schreiber répondait à une attente, sinon à un besoin. Les émissions économiques de la toute jeune TSF prendront l'habitude de citer leurs articles et, très vite, *Les Échos* deviendront une référence. Ce prometteur et nouveau départ du journal va permettre à Émile d'affirmer tranquillement sa vocation de journaliste sans nuire à l'harmonie qui règne entre son frère et lui. Le partage des rôles ne posera jamais de problèmes. Robert n'a pas l'âme d'un reporter. Il préfère batailler pour la défense des contribuables, des petites et moyennes entreprises qui constituent le gros de ses lecteurs et de ses abonnés. Il est aussi le gestionnaire avisé et astucieux de la « boulangerie ». Si le tandem occupe le même bureau, se retrouve souvent dans les contacts directs avec la clientèle et se transforme en courtiers pour la recherche de publicité, Émile se concentre davantage sur les éditoriaux qu'il signe, les enquêtes qu'il conduit. Afin d'alléger la charge financière des *Échos* et de lui permettre d'organiser régulièrement de longs et coûteux reportages à l'étranger, il s'est arrangé avec *L'Illustration.* Cet hebdomadaire, fondé en 1843, était considéré entre les deux guerres comme le « premier périodique du monde » tant pour sa qualité que pour sa diffusion. Lu dans cent vingt pays, il tirait chaque semaine à plus de deux cent mille exemplaires. Louis Baschet qui dirigeait, avec son frère René, *L'Illustration*, était depuis les bancs du petit lycée de Janson l'ami le plus proche d'Émile. Durant ses voyages, Émile câblera un article pour *Les Échos*, un second pour *L'Illustration.* Il n'aura, par la suite, aucune difficulté à offrir sa collaboration à d'autres journaux : signer dans *L'Illustration* était un gage de talent et de notoriété.

2

L'enfant surdoué

Denise Brésard est une très jolie jeune femme brune, qui a beaucoup souffert. Elle pourrait être l'héroïne d'un feuilleton populaire. Abandonnée à quinze ans par un père qu'elle adorait, le docteur Paul-Marie-Jules Brésard *dit* Georges, elle ne le verra plus avant ses trente-quatre ans. Un mot courait dans la famille. « Le pauvre Georges n'est jamais revenu de la Grande Guerre... il s'en est allé avec l'infirmière en chef de son régiment. » Georges, né à Gray, appartenait à une famille jurassienne très catholique qui avait de la branche. Son grand-père maternel, le général Mayer, s'était illustré dans l'armée napoléonienne et avait suivi l'empereur à Sainte-Hélène. Son grand-père paternel fut chambellan du cardinal de Rohan. Il avait un frère curé, un autre avocat. De son éducation religieuse, Georges avait tout retenu, sauf le péché d'adultère. Beau, sûr de son charme, chirurgien respecté, il avait la réputation d'un « grand cascadeur » comme on disait alors. Il exerça à Mâcon, Paris et Bourges, avant d'ouvrir, vers 1920, une clinique à Clamecy dans la Nièvre. De son premier mariage avec Jeanne Reynaud, d'ascendance parisienne depuis plusieurs générations, il aura deux filles, Andrée et Denise. L'aînée a épousé, en 1919, Pierre Le Baube. La cadette, depuis le départ de son père, partage l'appartement de sa mère qui n'habitera jamais que la capitale.

Dans sa province, Georges Brésard s'organise une vie agréable. Il flirte avec les milieux politiques. Il est élu conseiller général de son département sous les couleurs du « radicalisme modéré ». « M. Brésard jouit d'une très grande estime dans son canton, écrit le sous-préfet de Clamecy. Très intelligent, serviable en même temps qu'indépendant, il est appelé à jouer un rôle de premier rang au conseil général. Pourrait le cas échéant briguer avec quelques chances un mandat de sénateur. Excellents rapports avec l'administration. » Ses ambitions ne dépasseront pas l'arrondissement de Clamecy.

À Paris, l'existence de Jeanne Brésard est moins riante. Elle s'inquiète de l'avenir de sa fille. Infirmière diplômée, Denise dirige le dispensaire de la cité Jeanne-d'Arc dans le XIIIe arrondissement pour le modeste salaire de deux cents francs par mois. Elle a l'esprit de charité, le dévouement de sa foi chrétienne. Médaillée de l'Assistance publique, elle se dépense, bénévolement, avec d'autres amies, pour les œuvres de la Nouvelle Étoile dont la vice-présidente n'est autre que Suzanne Schreiber-Crémieux. Or le bal de bienfaisance de la Nouvelle Étoile qui a lieu début janvier 1923 est donné, cette année-là, en l'honneur des infirmières bénévoles. Elles sont toutes là, parisiennes et provinciales, émues, impressionnées. Suzanne Gonse, organisatrice de la soirée, les accueille dans son hôtel particulier de la rue Saint-Guillaume. Denise est parmi les invitées. Dans la robe Chanel qu'on lui a prêtée – avec quoi aurait-elle pu se l'offrir ? – elle rayonne, l'allure, le port, d'une infante espagnole.

Écoutons Jean-Claude. « Tous les Schreiber étaient, bien entendu, de la fête. Ils retrouvaient leurs amis Louis Barthou, Stephen Ozuski, l'ambassadeur de Tchécoslovaquie en France, et aussi des industriels, des banquiers, plusieurs ministres ou anciens ministres. Le bal de la Nouvelle Étoile était très couru. Et voilà que mon oncle Émile tombe en arrêt devant Denise Brésard. Le coup de foudre. Mon père m'a souvent raconté la scène. Le coup de foudre n'était pas dans les habitudes familiales. Mais Émile n'avait pas du tout un tempérament de don Juan, comme mon père. Il venait de rencontrer la femme de sa vie et il n'en doutait pas. C'est vrai que Denise sera la femme de sa vie. Il décida aussitôt de l'épouser, ce qui n'allait pas de soi. Denise n'avait ni argent ni relation ; son père avait disparu ; elle était catholique ; enfin son beau-frère Pierre Le Baube aurait préféré quelqu'un d'autre qu'un juif. Ces obstacles seront rapidement surmontés et je soupçonne ma grand-mère Clara d'y être pour beaucoup : son fils Émile n'épousait-il pas une Française de souche, ce qui allait définitivement l'enraciner dans sa terre d'élection ? J'ajoute, et ce n'est pas un propos de convenance, que Denise était très belle et qu'elle lui donnerait, pensait Clara, de beaux petits-enfants. Le 4 mai 1923, cinq mois après s'être rencontrés, Émile et Denise se mariaient à la mairie du VIIIe arrondissement au carrefour du boulevard Malesherbes et de la rue d'Anjou. J'avais cinq ans et je m'en souviens comme si c'était hier, parce que ce fut le premier mariage auquel j'assistais. Émile, Georges et Robert, portant exactement le même costume, sont arrivés dans la même voiture conduite par le chauffeur de mon père. Il y avait entre eux un lien affectif si profond que toute cérémonie leur était bonne pour jouer les trois vieux complices. Pourtant de ce jour allaient naître les premiers tiraillements, puis les drames, entre ma famille et celle d'Émile. Et cela à cause de ma mère, Suzanne Crémieux, qui s'est mis en tête de faire l'éducation parisienne de sa belle-sœur Denise. Elle la tenait pour une midinette, une provinciale. C'était insupportable pour Denise. Une sourde détestation s'installa entre les deux femmes, puis une insidieuse jalousie, car elles étaient aussi séduisantes l'une que l'autre. Je n'ai pas mis longtemps pour m'en rendre compte.»

L'opposition, l'incompatibilité de tempérament entre Suzanne et Denise allaient être, en effet, aussi violentes qu'elles le seront plus tard entre Jean-Claude et Jean-Jacques. Ardente, parlant haut, Suzanne avait le charme et la sensualité d'une séductrice. Quand elle entrera dans l'arène politique, le Tout-Paris lui prêtera des audaces d'enjôleuse qui friseront le scandale. Denise s'auréolait d'une beauté plus froide, presque raide, et elle ne mettra jamais sa réputation en danger. Elle communiait tous les dimanches.

En dépit de sa foi de charbonnier, Denise accepta de se marier civilement. Sa mère en conçut quelque peine. Ses cousins Brésard ne lui cachèrent pas leur sainte colère, mais chacun s'accorda pour éviter toute querelle. Comment et quand Denise pourrait-elle retrouver un aussi beau parti? Le mathématicien et homme politique Paul Painlevé, ancien ministre, ancien président du Conseil, était le témoin d'Émile. Les deux hommes s'étaient connus à travers leur commune passion, l'aviation. Painlevé avait professé, au milieu d'un scepticisme général, la théorie du «plus lourd que l'air» et il fut le premier passager, en 1908, du *Wilbur Wright* au-dessus du camp d'Auvours puis celui d'Henri Farman à Mourmelon. Émile, plus modestement, mais avec le même zèle, croyait à l'avenir de l'aéroplane civil et n'hésitait jamais dans *Les Échos* à prédire l'inéluctable révolution économique qu'il engendrerait. « Quand nous étions enfants, témoigne Bernadette Gradis, mon père revenait toujours de ses voyages aux États-Unis avec les derniers jouets, avec les derniers gadgets, comme on dit aujourd'hui. Il était fasciné par les inventions techniques. Nous avons été parmi les tout premiers à utiliser une machine à laver le linge qu'il avait ramenée, en 1933, de New York sur le paquebot *L'Isle-de-France*. Il a été aussi un des premiers à se servir d'un Dictaphone, à parler de l'électronique devant les patrons des PME-PMI. En 1935, il créa la "Ligue du public", dont l'emblème était une tête de bélier et où il organisait des réunions de brainstorming avant l'heure. Il présidait aussi l'Association nationale des abonnés du téléphone qu'il avait créée dès 1923 avec son ami Ernest Archdeacon. Mon père mettait toute sa foi dans le progrès technologique. »

Les jeunes mariés prennent la route de la Toscane et de la Vénétie. Lune de miel en Italie. Un chauffeur des *Échos* a été mis à leur disposition. La « boulangerie » n'est pas avare de ses deniers. Elle fonctionne sur le principe du *family business* et sert de banque à Robert comme à Émile. Toutes leurs dépenses et celles de Clara sont assumées par l'entreprise. C'est alors une pratique courante et normale. Pour Denise, chaque étape est un émerveillement. Pise, Tremezzo, Stresa, Burano, Venise… on s'attarde aux terrasses des *campi*, on visite les musées, on dîne dans les meilleurs restaurants, on dort dans les hôtels de luxe.

À la fin de ce conte de fées, Denise était enceinte. Émile, pressé de bâtir une famille, a loué un confortable cinq pièces au 20, rue de Longchamp dans le XVIe arrondissement. Sur le même palier il installe Jeanne Brésard, sa belle-mère, qui pourra ainsi s'occuper de sa progéniture quand il emmènera Denise en voyage. Non seulement il n'entend pas renoncer à ses reportages, mais il souhaite que Denise l'accompagne le plus souvent possible. D'ailleurs au retour de leurs pérégrinations italiennes, Émile et Denise repartent pour un tour de France, chaperonnés par Jeanne et Clara. Chacune des deux femmes tient sa place. Clara est la référence matriarcale de la tribu Schreiber, attentive et présente sur les trois fronts, Robert, Émile, Georges. Désormais, seule, elle a quitté le boulevard Malesherbes pour un appartement plus petit, avenue Kléber, où elle est à la fois indépendante et proche de sa nichée.

« Notre grand-mère Clara avait quatre petits-enfants quand mon père s'est marié, dit Bernadette Gradis. Elle en aura douze et les suivra avec affection comme elle continuera de suivre les faits et gestes de ses trois fils. Ça l'occupait beaucoup. Notre grand-mère Brésard, que nous appelions Petit Ma, n'avait, au contraire, que nous. Elle était adorable, la mamie gâteau, comme on en voit dans les publicités. Une vraie grand-mère à qui les parents pouvaient nous confier, un mois, deux mois, en toute tranquillité. Elle était un peu bigote et faisait tous les ans le pèlerinage de Lisieux. Elle avait "son jour" où elle recevait ses amies. Jeanne de Fouquières, grand-mère de Sabine, venait régulièrement. Les relations entre ma famille et les Fouquières remontent à cette époque. Mes parents étaient très liés à André de Fouquières, grand-oncle de Sabine. André, baptisé "l'artiste des élégances", collaborait à *L'Illustration*. La bonté et la présence de ma grand-mère Brésard comblaient les vœux de mon père qui avait tout misé sur ses enfants. En cela il était très différent de mon oncle Robert, un esthète et aussi un jouisseur. Mon père était la morale incarnée. »

Toujours guidé par ce désir d'arrimer sa famille qu'il veut nombreuse, Émile s'achète, dès ses premières années de mariage, une maison de villégiature – on ne disait pas encore résidence secondaire – à Veulettes-sur-Mer, dans le pays de Caux, où Denise, avant le départ de son père, passait tous ses étés. Les Brésard, qui furent parmi les premiers vacanciers de Veulettes, y louaient une villa depuis 1890. Émile jeta son dévolu sur une belle maison normande de douze pièces, *Le Pré-Mesnil*, qui demeure un des hauts lieux de la saga schreibérienne. Elle appartient aujourd'hui aux enfants de Jean-Jacques. En 1935, la propriété s'est agrandie d'une ferme de trente hectares, *La Vallée*, dont a hérité Christiane Collange.

Jean-Jacques vient au monde le 13 février 1924, dans cette ambiance toute pleine d'amour filial. Denise se plia, comme pour son mariage, à la volonté d'Émile et de Clara : le bébé ne sera pas baptisé. Il ne sera pas davantage élevé dans le judaïsme. Celui-ci n'était, pour les Schreiber, qu'un archaïsme n'ayant d'autre but que de renforcer la solidarité interne du Peuple élu. Émile, comme ses deux frères, entend éduquer ses enfants dans l'ignorance de Dieu.

Quarante-six ans plus tard, JJSS revendiquera cette éducation sans référence à Dieu. « Jamais je n'ai eu la tentation de faire appel à Dieu. Je n'ai pas de rapport avec l'idée de Dieu. Il ne m'est jamais venu l'envie de prier dans une église. Pour moi, l'idée de Dieu relève de la poésie. Le seul moment où j'éprouve un sentiment de plénitude dont je pense qu'il s'apparente un peu à ce que d'autres éprouvent avec Dieu, c'est quand je regarde dormir mes fils. Il y a sur leurs visages une sorte de béatitude, d'espoir dans la vie, que je peux contempler longtemps et avec un grand sentiment de chaleur. Je suis donc laïc et, si je ne peux admettre qu'une Église romaine ou autre commande à la politique, je rejette toute forme de sectarisme. Je suis très tolérant, même très touché par les croyants. Beaucoup de mes amis le sont, ma mère l'est profondément[18]. »

Avait-il, ou voulait-il oublier qu'il fut baptisé en même temps que ses trois sœurs et son frère Jean-Louis, le 28 septembre 1938 à la paroisse Saint-Pierre de Chaillot ? La veille, au Palais des sports de Berlin, Hitler a rappelé, devant une foule déchaînée, que les bases de la politique extérieure du national-socialisme étaient le racisme et que l'Allemagne ne céderait jamais sur la question des Sudètes. Deux jours plus tard, Chamberlain, Daladier, Mussolini acceptaient de signer avec Hitler les trop célèbres accords de Munich. Émile conscient des menaces qui s'accumulent ne veut rien négliger pour protéger ses enfants. Jean-Jacques a quatorze ans. Au nom de la fratrie, il a remis à son père une profession de foi : « Cet après-midi, nous serons baptisés. C'est toi qui l'as désiré et je sais le courage qu'il t'a fallu pour prendre cette décision.

« J'ai réfléchi ce matin à l'acte que j'allais accomplir cet après-midi et j'ai essayé de me rendre compte de ce que m'amènera la religion catholique. C'est à cette doctrine que j'adhère parce qu'elle est noble et élevée et qu'elle me procure un idéal magnifique.

« Cependant, en y pensant, j'ai compris que cet idéal chrétien de l'amour des autres, de la bonté, de la charité et de la franchise, n'était pas du tout nouveau pour moi ; c'est celui que tu m'as toujours inculqué. J'ai profondément ressenti que mon christ, c'était toi, que toutes ses vertus tu les avais et que son auréole tu l'as méritée.

« Personne mieux que moi ne peut approuver le dogme chrétien puisque c'est toi qui me le montres par ta vie.

« En devenant catholique je me range sous la bannière du Christ et j'ai conscience d'y être à tes côtés.

« La religion catholique n'apportera rien de nouveau à mon cœur où tu continueras toujours à régner en maître. Tu y seras mon père et mon christ.

« Je t'embrasse de tout mon cœur qui t'adore et t'admire. »

Quand il rédige cette promesse, Jean-Jacques vient d'entrer en première A au lycée Janson-de-Sailly. Il a deux ans d'avance et, depuis sa primaire, il franchit les étapes de sa scolarité avec une aisance exceptionnelle. Ce texte s'ajoute à cent autres qui ont ponctué les moments importants de ses quatorze premières années d'existence. Ces années qui sont, si on en croit les psychologues, fondatrices du caractère, du tempérament et de la vélocité intellectuelle.

Il a commencé à écrire à cinq ans, laissant des pages d'une maturité presque dérangeante. À les lire, on devine, qu'il fut un enfant « à part », très « à part ». Il fait ses « bâtons », il apprend à lire et à compter chez Mlle Lacascade, rue Decamps dans le XVIe arrondissement. Le 1er octobre 1929, il est admis en dixième au cours Fénelon qui se dispute avec Gerson les gamins de la grande bourgeoisie de Passy-La Muette. Il rafle la plupart des prix d'excellence, en particulier en rédaction. Ses bulletins de notes sont tous assortis d'un commentaire prometteur de la part des directrices, Mmes Labarre et Perrot, connues pour leur sévérité. « Son travail, écrivent-elles invariablement, est des plus satisfaisants grâce à une grande application soutenue. »

À six ans, il est vrai, Jean-Jacques, invité à parler de la Russie d'où reviennent ses parents, rédige un petit texte qu'il lit devant ses camarades avec un aplomb peu ordinaire. Mme Labarre en a les yeux humides d'émotion. « La russie est un peuple très en retar visavi de la france. Elle a beaucoup de défaut également par exemple : il n'y a ni routes, ni voitures, ni de bonne nourriture, enfin bref rien n'est bon en russi et rien n'est confortable autant que la france, l'angleterre, etc. Les ouvrier n'on presque jamais de repos, que la moitié du dimanche de 9 heures à midi, ce n'est rien a côté de la france et beaucoup de défaut de se genre. Tous les enfant vole les grande personne dans les trains, même les trains les plus chique de russi. enfin pour terminée, mes cher confrère, je vous répète que la russi est abominable et un pays détestable, aurevoir. finale. » Sans doute, répétait-il ce qu'il avait retenu des discussions à la table familiale. Ce n'est pas moins un morceau de bravoure peu banal pour un garçon de cet âge.

Les meilleurs sujets du cours Fénelon lorgnaient la septième du petit lycée Janson-de-Sailly, le sas idéal pour accéder, en seconde, au saint des saints des beaux quartiers, Janson. Jean-Jacques n'a aucune difficulté à s'y faire admettre, et il termine sa septième comme il l'a commencée, en « bon élève, sérieux, appliqué ».

Durant toutes ses années d'enfance et d'adolescence, il deviendra, discrètement d'abord, puis avec insolence, l'objet d'un culte au sein du clan Schreiber. Aucune de ses trois sœurs, aucun de ses cousins ou cousines ne lui partagera ce privilège. Il est la vedette incontestée des réunions familiales. Il aime tenir ce rôle. Ses petits discours qui ont été pieusement conservés en portent témoignage. À neuf ans, pour le dixième anniversaire de mariage d'Émile et de Denise, il trousse une brève déclaration. « En 1923, vous vous êtes rencontrés et vous vous êtes mariés. Ce ménage si gentil qui, en 24, constituait mes parents, était très content en octobre 31 d'avoir quatre enfants qui, le soir, grimpaient sur leurs genoux et vous embrassaient si tendrement que vous leur rendiez bientôt ce si doux baiser d'enfant qui de la joue vous avait pénétré au cœur. À votre mariage, vous pensiez bientôt avoir six enfants mais quatre qui vous aiment tant en remplacent deux de plus. Le jour de votre mariage, vous ne vous doutiez pas que dix ans plus tard vos quatre enfants vous offriraient ce rosier.

« Papa dit : "On le portera à Veulettes et quand les feuilles tomberont…" Non, les feuilles ne tomberont jamais car les feuilles qui viennent du cœur ne s'en vont jamais. Pas dix ans de mariage. Non, mais la vérité c'est dix ans de vrai bonheur. Vos quatre enfants qui vous adorent. »

C'est l'époque où il prend l'habitude, sans doute pour faire comme papa, d'écrire ses impressions de voyage chaque fois qu'il quitte Paris. Il a laissé plusieurs pages de ce travail très ordonné, soigneusement présenté. « Une journée à Londres », « Un séjour à l'Île-aux-Moines », « Une visite à Rennes », « Ski à Megève »… Il invente des historiettes qui, toutes, se déroulent selon une logique étonnante : « La mort de l'alcoolique », « La vengeance d'une femme de chambre», «Un cri dans la neige»... Cabotin et conscient de sa supériorité, toutes les occasions lui sont bonnes pour se faire valoir. Qu'un prix scolaire lui échoie, il prend aussitôt une feuille blanche et écrit en énormes caractères, «1er EN HISTOIRE ET GÉOGRAPHIE», «1er EN GREC», «1er EN ANGLAIS», et la dépose sur le bureau d'Émile. «Mon père ne manquait jamais de le féliciter et de le fêter pour ses brillants résultats, dit Bernadette Gradis. Un jour, alors que nous étions tous à Veulettes, il dresse un arc de triomphe devant *Le Pré-Mesnil*. Jean-Jacques arrive, debout dans une voiture décapotée, accueilli par nos applaudissements. Après quoi, il porte un toast en guise de remerciements.»

Denise a de plus en plus la certitude d'avoir enfanté un génie. Elle le regarde avec les yeux de la passion amoureuse. Pour son premier anniversaire, ne l'avait-elle pas déjà photographié soulevant un haltère de carton-pâte? Que ne sera-t-il capable de soulever à l'âge d'homme?

En février 1934, comme il souffle ses dix bougies et prononce son discours désormais rituel, la France s'embrase. Place de la Concorde les émeutes du 6 février ont fait douze morts et des centaines de blessés. Le gouvernement d'Édouard Daladier – un ami de Robert et d'Émile – démissionne. Gaston Doumergue, rappelé de sa résidence de Tournefeuille, prend en main un ministère de «salut public». Le Parti communiste appelle à la mobilisation «contre le fascisme et les fusilleurs Daladier et Frot», la CGT ordonne la grève générale.

Jean-Jacques, du haut de ses dix ans, crée son premier journal, une double page d'un cahier d'écolier. Le titre, «Antigréviste»; le directeur J.-J. Schreiber, le prix vingt-cinq centimes. «Ce journal paraîtra tous les jours de grève», précise-t-il. En «dernière heure», il signe un article qui résume la situation dans notre pays. Un exposé sans fioritures. Du JJSS avant JJSS. «À Valenciennes et à Ivry les usines et industries ont continué le travail du lundi avec un personnel restreint. Aux PTT, le travail journalier a continué. Dans la nuit dernière, quinze arrestations ont été opérées. Des manifestants près de la place de la Concorde ont essayé de faire une barricade. Des gardiens de la paix les en ont empêchés. Un manifestant a été tué, trois grièvement blessés. La grève des taxis continue toujours, deux chauffeurs ont été tués hier en essayant de reprendre leur voiture. Ce matin le courrier n'a pas été donné.»

Il a, dès son adolescence, une passion pour la politique et l'actualité. « Il n'était jamais en paix avec lui-même, préoccupé par les événements, par les discussions des adultes, affirme André Danet*, son camarade de Veulettes. Il arrivait de Janson couvert de lauriers, moi du lycée Corneille à Rouen. Il s'isolait et il était difficile d'être son copain. Mon père était médecin à Veulettes et un jour il a soigné un enfant Schreiber et c'est ainsi que nous nous sommes connus. Jean-Jacques était un excellent nageur et il se baignait par tous les temps. Je l'ai même vu faire du ski nautique en pleine Manche. En revanche il ne venait pas à la pêche avec nous et jouait peu au tennis-club de Veulettes. *Le Pré-Mesnil* a eu très vite son propre tennis taillé dans la falaise. Quand Jean-Jacques avait besoin d'un partenaire, sa mère me téléphonait et moi, bonne pomme, j'allais le rejoindre, souvent avec Guy Selle, un autre copain. Si on gagnait il nous jetait la raquette à la figure. Il détestait perdre. Il fallait que ses parents le regardent jouer et il criait : "Tu as vu Papa le beau coup !" "Tu as vu Maman ce smash mais regarde, regarde !"... En tout et pour tout il était le héros, il n'y en avait que pour lui. Parfois, il nous faisait l'honneur de commenter l'actualité puis il nous plantait là, sans que nous ayons pu exprimer le moindre avis. Il était sur sa planète. »

La période était riche d'événements dramatiques et se prêtait aux confrontations d'idées. Jean-Jacques recherchait ou la compagnie des grandes personnes ou la solitude, l'air pénétré, rarement rieur. En août 1936, au début de la guerre civile espagnole qui oppose le gouvernement du Front populaire à une insurrection militaire dirigée par le général Franco, il séjourne à Barton-on-Sea en Angleterre. Il remercie régulièrement ses parents de lui envoyer les journaux. « Je ne peux pas lire les journaux anglais, ils sont très mal informés et mal faits, leur écrit-il. Les Anglais m'étonnent par leur indifférence envers les événements politiques. J'ai un mal formidable à trouver dans un journal quelque chose sur les événements d'Espagne. »

Il a douze ans et se prépare à entrer en classe de troisième.

* André Danet deviendra conseiller général de la Seine-Maritime et présidera aux destinées des Républicains indépendants – les giscardiens de la Haute-Normandie.

C'est un petit homme qui réfléchit gravement au « sens du devoir », à « l'utilité de l'âge », « au manque d'expérience ». Les excès de modestie ne le fatiguent pas. « À mon âge on a presque toutes les qualités d'un homme, on a toute sa raison, on est maître de ses actes et de ses pensées. On se sent responsable quand on fait du mal, on a le cœur soulagé quand on a fait du bien. »

Au fil de ces années, les relations entre les Émile, les Robert et les Georges sont des plus affectueuses. Jean-Claude, l'aîné des petits-enfants de Clara, est d'une nature heureuse, taquine. Un chef de bande qui tranche étonnamment avec son cousin. « Jean-Jacques était pour moi un petit frère. Quand il est arrivé en septième à Janson, j'étais en seconde et comme j'habitais avenue Montaigne je passais le prendre tous les matins rue de Longchamp. Notre cousin Philippe, le fils de mon oncle Georges, était également à Janson. Nous étions comme les trois doigts d'une main. Il se dégageait de Jean-Jacques une certaine gravité, mais il n'était pas taciturne. Les héritiers Schreiber formaient une petite colonie et quand nous étions tous entre nous, Jean-Jacques participait à nos jeux, à nos distractions et il ne manquait pas d'imagination. Que sa mère le porte au pinacle, lui passe tout, au fond ça ne nous dérangeait pas, même si ça nous agaçait. Entre les cousins-cousines, c'était vraiment l'osmose, la "macédoine". »

Singulière alchimie. Elle transcende l'antagonisme entre Denise et Suzanne qui inquiète de plus en plus Clara. Chez les Robert, ils sont trois, Jean-Claude, Marie-Claire, Marie-Geneviève ; comme chez les Georges, Philippe, Francine, Marianne. Émile a vite rattrapé ses frères. Denise lui donnera quatre enfants en six ans. Brigitte naîtra quatorze mois après Jean-Jacques, en juin 1925. Elle sera la sœur tendrement aimée, la confidente dont il sollicitera sa vie durant les conseils. Guy Mangenot, qui rencontre Brigitte en 1946 lorsqu'il est à Polytechnique avec Jean-Jacques, est frappé par cette complicité que rien ne laissait prévoir. « Brigitte était très délurée, vive. Elle avait son franc-parler. Elle a été, je pense, le seul homme politique de la famille... Jean-Jacques, sur son quant-à-soi, toujours péremptoire, était impressionné et l'écoutait sans l'interrompre. C'est tout dire ! » Après Brigitte, arrive Bernadette en mai 1928, puis Christiane en octobre 1930. Jean-Louis, le dernier qui voit le jour en octobre 1937, est d'une autre génération, celle qui n'a aucun souvenir de l'avant-guerre.

La « macédoine » prend d'autant mieux que la tribu dispose de plusieurs propriétés, ces territoires magiques où l'on se retrouve pour les week-ends et les vacances. Il y a bien sûr *Le Pré-Mesnil* à quelques heures de Paris. Il y a le chalet de Megève qu'Émile, pariant sur l'avenir des sports d'hiver, a fait construire en 1926 et qu'il baptisa *Nanouk*, le titre francisé d'un film de Robert Flaherty, *Nanook of the North*, sorti à Paris en 1922. Une manière d'affirmer son américanophilie. « Mon père recevait beaucoup à Megève, se rappelle Bernadette, pleine de nostalgie. Des tablées de trente personnes. Les jeunes avaient leur dortoir, *la hutte*. La station démarrait et nous avons été parmi les pionniers avec Maurice de Rothschild, Jean et Marcelle Bréaud, Pierre et Madeleine Richy. *Nanouk* a été vendu en 1990. C'est ce que nous avions de plus merveilleux. »

Il y a le château de Montfrin dans le Gard que Robert s'est offert en 1925. Le Gard est le fief de son beau-père, le sénateur Fernand Crémieux dont la maison de famille *Les Cigales* est à Remoulins. Le château de Montfrin, une belle bâtisse de soixante-quinze pièces, admirablement proportionnée, a été construit au XVIIe siècle sur les ruines d'un fortin militaire qui dominait la vallée du Rhône. N'ayant pas été entretenu depuis des décennies, c'était une ruine, et Robert entreprit, tambour battant, de le restaurer. Électricité, eau courante, sanitaires, chauffage central, rien ne manque. Chaque chambre dispose d'une salle de bains et une vingtaine d'entre elles du… téléphone. Par-delà une immense cour, un jardin descend en terrasses, bordé par une balustrade Louis XV, des arbres centenaires et deux grands bassins. Robert aménagea un tennis dès 1927. « On menait grand train dans cette maison et, aujourd'hui, Montfrin prend quelque peu l'allure d'un mirage, dit Jean-Claude. Je garde de tout ce temps le souvenir d'une jeunesse radieuse. C'était l'endroit où nous, les enfants, pouvions inviter qui nous voulions. Jean-Jacques bien sûr était des nôtres. Dans un tel espace nous nous adonnions à tous les plaisirs, nous faisions les quatre cents coups et nous étions aussi attentifs au ballet des invités. Nous avons vu défiler l'ensemble du personnel politique de la troisième République, Édouard Herriot, Pierre Cot, Jean Montigny, Guy La Chambre, Édouard Daladier, Gaston Bergery, Joseph Caillaux, Émile Roche, etc. »

Il y a, enfin, la villa des Georges à Hossegor qui porte un nom basque, *Etche Maïtea*, « Maison chérie ». Le clan s'y retrouve moins souvent.

C'est peu d'écrire que Jean-Jacques vit dans un monde protégé. Émile, très patriarche, d'une grande aménité, est le ciment de l'unité familiale tandis que l'amour dévorant de Denise pour son fils chéri n'a pas encore atteint l'ébullition. Claude Abadie, qui passait tous ses étés à Veulettes, se rendait chaque jour au *Pré-Mesnil*. Brillant élève, il était aussi excellent joueur de tennis, très bon pianiste et doué pour le saxo comme pour la clarinette. Un *must*. « J'avais quatre ans de plus que Jean-Jacques. Denise s'était prise d'affection pour moi et ne cessait de vanter mes mérites. Quand je donnais des leçons de maths à Jean-Jacques, je l'avais derrière le dos qui répétait : "Prends exemple sur Claude, c'est le meilleur. Comme lui, il faut que tu fasses Polytechnique." J'ai intégré l'X à dix-huit ans. Quelques jours après en juillet 1938 je perdais mon père. Denise et Émile devant mon désarroi et mon chagrin m'ont proposé d'habiter *Le Pré-Mesnil* jusqu'à la rentrée de septembre. J'étais de la famille et plus que jamais un modèle pour Denise. Bien des années plus tard, Jean-Jacques m'avoua : "Je t'ai détesté car ma mère te montrait en exemple." Avec Émile, c'était différent. Notre bande de Veulettes l'appelait "gros Mimile", mais en réalité nous le respections beaucoup. Excellent conteur, il nous relatait ses nombreux voyages toujours avec humour et une grande patience. Il faisait parfois des conférences au casino de Veulettes. Si Jean-Jacques adorait sa mère, je suis convaincu qu'il admirait son père. Le point de vue, le jugement d'Émile comptait énormément pour lui, même si l'omniprésence de Denise semblait le submerger. »

Émile est devenu une personnalité du monde de la presse. Le statut qu'il partage avec Robert au sein de la SARL *Les Échos* tend de plus en plus vers la parité. Elle sera effective le 1er juillet 1938 et couronnera vingt ans de collaboration étroite et sans ombre. La réussite des *Échos* est aussi exemplaire que l'affection et la confiance qui lient les deux frères. Le 10 janvier 1928, l'hebdomadaire s'était transformé en quotidien dans le plus grand secret. L'effet de surprise fut total et pour la première fois figurait la mention « Robert et Émile Schreiber, directeurs ». Le succès des *Échos* entraîne une substantielle augmentation des revenus du tandem.

Au milieu des années trente, Émile dispose, sans compter

ses « notes de frais », de quelque vingt mille francs de revenu par mois. Très confortable*. En plus de ses responsabilités aux *Échos*, c'est une « grande plume » du journalisme. Chaque année, il continue d'effectuer pour *L'Illustration* une enquête qui le mène, deux ou trois mois durant, en URSS, en Inde, en Chine, au Japon, en Israël, dans tous les pays d'Europe et, bien sûr, en Amérique. Il donne aussi des articles au *Petit Journal* qui sera repris en 1937 par des amis du colonel de La Rocque, chef du Parti social français (PSF) ; à *Vu*, un hebdomadaire illustré fort bien fait, orienté à gauche et considéré comme l'ancêtre de nos magazines d'actualité politique ; enfin, dans une trentaine de grands journaux étrangers. À partir de ses reportages, il publie pratiquement tous les ans un livre de vulgarisation sur les problèmes économiques et sociaux, ce qui lui confère une réelle influence auprès du patronat. *Comment on vit en URSS* ; *Rome après Moscou* ; *Cette année à Jérusalem* ; *L'Amérique réagit* ; *On vit pour 1 franc par jour* ; *Heureux Scandinaves* ; *Suisse, pays d'hommes libres* ; *Portugal de Salazar*...

Dans tous ces ouvrages, Émile exprime inlassablement sa foi dans le libéralisme, dans le progrès, sa confiance dans les États-Unis où « l'homme n'est pas un ennemi pour l'homme ». S'il est lucide sur la montée du nazisme et du fascisme, il n'emboîte jamais le pas aux courants antiparlementaires ou catastrophistes qui polluent l'opinion. Il croit en la France, en dépit de la crise, des incertitudes politiques, des menaces extérieures. « Nos souffrances, nos privations, si réelles soient-elles, écrit-il, ne sauraient se comparer à celles des autres peuples, et il n'est rien de tel, en définitive, que de parcourir le monde pour savoir apprécier tout ce que nous offre notre admirable pays, celui où logiquement les devoirs sociaux devraient être les plus faciles à organiser, les moins difficiles à supporter... Si notre Constitution rajeunie, si notre énergie réveillée nous permettent de participer au mouvement général et d'y prendre à temps la place que la France n'aurait jamais dû perdre, si nous apportons bientôt au monde qui l'attend une formule sociale plus humaine, plus supportable, plus moderne que celle des peuples qui réalisent la leur

---

* Environ douze mille euros actuels. Or les « notes de frais » couvraient comme on sait la voiture, le chauffeur, le personnel de maison, le loyer de l'appartement, les charges comme le téléphone, l'électricité, etc. Tous ces frais étaient payés par *Les Échos*.

dans la dictature et dans l'écrasement de l'individu, notre avenir peut être encore ce que tant d'entre nous espèrent[19]. »

Jean-Jacques fait son apprentissage de la vie et de l'histoire du monde dans cet environnement riche de savoirs et très tolérant. À une époque où l'antisémitisme se déploie ouvertement dans de nombreuses gazettes, Émile autant que Robert s'efforcent de perpétuer autour d'eux ce climat d'ouverture et, tout en étant très vigilants, évitent de laisser paraître la moindre peur ou angoisse. Ni *Les Échos* ni les Schreiber ne sont la cible de cet antisémitisme revendiqué. Les vents mauvais viennent d'ailleurs, de l'autre côté du Rhin. Après l'Anschluss et l'entrée triomphale de Hitler à Vienne, le 14 mars 1938, un antisémitisme radical va se déployer avec une violence glaçante dans toutes les manifestations allemandes, le moment que va choisir Émile pour baptiser ses enfants.

Jean-Jacques, qui entame sa première A à Janson, concentre l'essentiel de ses efforts et de ses préoccupations sur sa scolarité. Ses résultats sont toujours excellents ; s'il est très attentif à l'évolution dramatique des événements, il n'est engagé dans aucun des mouvements en « isme » qui agitent et déchirent les lycéens, fascisme, communisme, nationalisme, socialisme, socialisme national, personnalisme… À la sortie de Janson, des hordes de « nationaux » bastonnent la poignée de « pacifistes », d'« internationalistes » et d'émules d'Henri Barbusse. Il arrive qu'un excité lance « Mort aux juifs ». Jean-Jacques ne se sent pas concerné, personne dans sa famille de libres penseurs n'ayant jugé utile de l'informer de ses origines juives. Il observe, comme en témoigne sa correspondance, il ne milite pas. Au lycée, ses professeurs soulignent ses performances en mathématiques, en physique, en dissertation et en anglais.

Revenant, en 1991, sur cette époque, il s'inventera un voyage en Bavière, et ouvrira son autobiographie, *Passions*, par un chapitre intitulé « Hitler au fond des yeux ».

« J'avance sur le grand pont de Munich, capitale de l'Allemagne du Sud, la Bavière. J'ai treize ans… Ce premier voyage dans ce pays, si proche et devenu mystérieux, est un cadeau de mon père pour une bonne année d'études au lycée Janson : il m'a invité à l'accompagner dans son reportage. Nous sommes aux premiers jours sombres de l'année 1938... Là-bas, à l'extrémité du pont, s'avance lentement une longue Mercedes découverte. Les regards convergent vers elle et les corps se figent. Déjà la foule, d'un geste immédiat, mécanique, a levé le bras droit dans sa direction et ne le baissera plus, le temps de la lente traversée de la Mercedes gris acier : *celle d'Adolphe Hitler.*

« Je reste sur place, les bras ballants. Le Führer, debout dans son coupé, est arrivé à ma hauteur. Un hurlement : la voix de Hitler.

« Il ordonne à son chauffeur de stopper. La voiture freine brutalement. Hitler me fixe. Les yeux de Hitler à deux mètres... Je les vois encore !... Il a vu que je n'ai pas levé le bras !... Hitler rugit trois ou quatre phrases... Je ne songe toujours pas à lever le bras, le corps glacé, les yeux rivés aux yeux fascinants de Hitler.

« Nouveau hurlement à l'adresse du chauffeur : la voiture redémarre...[20]. »

Le dernier voyage de son père en Allemagne date du 16 juin 1937. Venant d'Autriche avec Denise, il a passé incognito une journée à Munich. Comment aurait-il pu, huit mois plus tard, prendre le risque d'un voyage d'agrément avec son fils dans un pays que *Les Échos*, dès l'été 1934, appelaient à boycotter ? « Le danger qui menace les juifs allemands est plus grand que nous pouvons le concevoir et si les hitlériens continuent, des centaines de milliers de juifs mourront lentement de faim ou seront poussés au suicide... les juifs de l'Allemagne ont contribué à rendre l'Allemagne grande... Frappez l'Allemagne partout où vous le pouvez.

« 1. Ne dépensez pas d'argent si un Allemand (hitlérien) en bénéficie,

« 2. En aucun cas ne voyagez sur des bateaux allemands,

« 3. Ne visitez pas les villes d'eaux ni la foire de Leipzig qui est devenue célèbre grâce aux juifs, ni aucun établissement allemand quel que soit l'endroit où il se trouve[21]. »

Il est probable que Jean-Jacques ait fini par croire à cet épisode qu'il raconte dans *Passions*. C'est là un trait essentiel de son caractère qui, surtout durant sa brève carrière politique, déroutera ses ennemis et les commentateurs : il croit à ce qu'il dit, même si ce qu'il dit n'est pas vrai. Il y aura au fond, chez lui, beaucoup plus de naïveté que de cynisme, une naïveté qui peut se nourrir d'une panoplie de mensonges délibérés, lesquels dans son esprit deviennent vite synonymes de véracité. Il n'hésitera jamais pour appuyer son raisonnement, pour servir une cause qu'il estime noble, digne ou juste, à inventer des faits et à les mettre en scène sans le moindre souci d'authenticité. Et s'il était, avant toute autre chose, un maître de la mise en scène ?

Jean-Jacques, en 1938, n'est ni en face d'Adolphe Hitler ni dans les tourments de l'histoire, il est tout à ses études. Comme il a deux ans d'avance, il a rattrapé son cousin Philippe en retard d'un an. Jean-Claude, son autre cousin, s'est inscrit après le baccalauréat en sciences politiques et économiques à l'Exeter College à Oxford.

Depuis le début de sa scolarité à Janson, il a, en dehors de ses cousins, trois amis, Pierre Corone, Bertrand Dreyfus et Philippe Mayer. Ils venaient aussi souvent chez lui qu'il allait chez eux. Pierre Corone, ancien « patron » de la cardiologie à la Pitié-Salpêtrière, a pris sa retraite. Il sculpte le bronze, le bois ; il invente et dessine des rébus qui illustrent de dictons, aphorismes et autres proverbes de notre belle langue. « Schreiber ? C'est les années Janson. Nous étions assez copains, je suis même allé à *Nanouk*. Il parlait au-dessus de son âge. Il avait des opinions tranchées sur tout. Un jour, ça devait être en première, il m'a expliqué que la France devait abandonner toutes ses colonies, que la colonisation n'avait plus de sens… J'avais été si choqué que je m'en souviens encore ! Il discutait beaucoup, mais uniquement avec ses amis, le cousin, Dreyfus, Mayer ou moi. Il ne se mêlait à aucun groupe. »

Bertrand Dreyfus était connu pour être le « grand matheux » de Janson. Jean-Jacques jugeait qu'il « manquait de carburant intérieur, un beau voilier sans vent ». Philippe Mayer, ancien élève d'HEC, lancera, en 1959, la poupée Barbie en France et portera longtemps le titre d'« empereur du jouet ». Engagé volontaire pendant la guerre, il retrouvera Jean-Jacques à Barcelone en 1943.

Nous n'y sommes pas encore. Entre Janson et la rue de Lonchamp, les cinq copains, Jean-Jacques, Philippe, Corone, Dreyfus et Mayer, discutent de l'Allemagne nazie, des cafouillages du gouvernement français, des accords de Munich, de la guerre d'Espagne… On monte, parfois, dans l'appartement. Mais Jean-

Jacques n'est nulle part aussi bien que seul avec lui-même, au sein du cocon familial. « Victor Hugo, lance-t-il avec emphase en levant un toast, n'est jamais plus touchant que dans *L'Art d'être grand-père*, car tous les hommes éprouvent au plus profond d'eux-mêmes ce sentiment qui est le plus noble, le plus naturel, le plus beau de tous : "l'amour de la famille". »

Rien non plus ne vient troubler les habitudes de la tribu ni les rendez-vous périodiques à Veulettes, Megève ou Montfrin. Avec son père, il s'est mis à skier sur les pentes du mont d'Arbois. Une heure de montée, trente minutes de descente, la bouille badigeonnée de crème Nivéa. Le 13 février 1939, il fête ses quinze ans devant une cinquantaine d'invités qui ont préparé, à l'initiative de sa mère, une petite comédie, un sketch, une chanson et l'esquisse d'un ballet. Une semaine plus tard, dans une chapelle de l'église Saint-Eustache, il reçoit des mains du père Marie-André Dieux, sa première communion. Fin avril, quelques jours avant le concours général de composition française, le 1er mai 1939, il passe une semaine à Veulettes et c'est de là qu'il écrit à Émile, la première fois peut-être, son pressentiment d'une tragédie. « Ici tout le monde a peur des Allemands. Je ne manque aucun des articles de Kerillis*. Il pense comme toi. Que va-t-il se passer si Hitler envahit d'autres pays comme il a envahi la Tchécoslovaquie ? La guerre ? J'ai hâte de parler avec toi qui vois toujours si clairement les choses. Je n'ai pas l'esprit à concourir, pourtant j'aimerais que tu sois fier de moi comme je suis fier de toi. »

Dans cette France du printemps 1939, la vieille Europe vit ses derniers beaux jours et commence à glisser dans une ère étrange, brutale. Le sujet du concours général va tomber comme un cheveu sur la soupe : « Quelles réflexions vous inspirent ces lignes écrites en 1822 : "la poésie n'est pas dans la forme des idées, mais dans les idées elles-mêmes. La poésie, c'est ce qu'il y a d'intime dans tout" ? » Devant sa page blanche, Jean-Jacques avec beaucoup d'autres élèves devait se sentir à mille lieues de l'inspiration et des états d'âme de nos poètes. Il n'obtiendra pas le premier prix et devra se satisfaire d'un accessit, mais l'histoire qui s'emballe ne lui laissera guère le temps de méditer sur ce demi-succès.

* Henri de Kerillis avait créé en 1937 le quotidien *L'Époque* où il dénonçait avec férocité la lâcheté de la classe politique qui croyait encore à la paix.

C'est durant l'été de 1939 qu'il fera son premier grand voyage. Il a passé brillamment son premier bac et, pour le récompenser, Émile, qui part pour *L'Illustration* en Afrique-Occidentale française – l'AOF –, décide de l'emmener avec lui. Denise redoute les fatigues d'un tel périple et ne souhaite pas accompagner son mari. Afin de multiplier les plaisirs, Émile a choisi l'avion pour l'aller et le bateau pour le retour. Le 2 août, le père et le fils atterrissent à Casablanca, début d'une aventure de trois mille kilomètres à travers le Sénégal, le Soudan français, la Haute-Volta, la Côte d'Ivoire, la Guinée française... Un fabuleux voyage pour un garçon de quinze ans. « Maintenant que ce splendide voyage est terminé, écrit-il à son "papa chéri", je peux te dire combien tu m'as fait plaisir en me donnant cette joie immense. Ce voyage était comme un rêve, je ne pouvais y croire tellement c'était merveilleux... aucun papa n'aurait fait ce que tu viens de faire pour moi... » Jamais, curieusement, JJSS n'évoquera ce mois qu'il a passé en Afrique. C'est d'autant plus surprenant que son père et lui ont failli être bloqués à Dakar : l'imminence de la guerre ne faisant plus de doute, le gouvernement français ordonna, le 27 août, à tous les navires de rester au port. Émile s'est aussitôt présenté au bureau d'Air France et a pu obtenir deux places sur le vol Dakar-Toulouse du lendemain.

Quand les deux voyageurs se réveillent à Paris, un seul titre en grosses lettres noires barre la une de tous les journaux : LA GUERRE. Depuis le 3 septembre à onze heures pour l'Angleterre, à dix-sept heures pour la France, l'Europe se retrouve plongée dans un conflit généralisé, vingt-cinq ans tout juste après le début de la Grande Guerre. Si l'idée même de subir deux fois la même épreuve leur semblait inconcevable, Robert, Georges et Émile se sont mentalement préparés, voilà plusieurs mois, à revivre des jours tragiques. Et ils sont prêts à revêtir leurs anciens uniformes. Robert, qui a cinquante-neuf ans, se propose pour le 2e Bureau de l'armée de l'air et attendra, en vain, son affectation. Georges prend le commandement d'un hôpital de réserve installé près d'Orgeval. Émile est versé à la Commission de censure, rétablie depuis le 27 août ; cocasse pour un journaliste !

Le front français, sous réserve de quelques opérations de faible envergure dans la région de Longwy, restera parfaitement calme et le pays va s'installer dans ce que l'on baptise la « drôle de guerre ». Bien qu'il ne se passe rien, Émile malgré tout préfère que Denise et les quatre derniers enfants restent au *Pré-Mesnil* à Veulettes. L'attentisme apparent de Hitler l'inquiète et il s'en explique plusieurs fois dans *Les Échos*. Il garde, en revanche, à Paris Jean-Jacques qui n'a rien changé à son programme : il est en terminale à Janson. Paris vit dans une atmosphère d'irréalité qu'il ressent comme tous les lycéens de sa génération. « La société parisienne, écrira JJSS, connaît l'existence de la guerre entre la France et l'Allemagne. Mais c'est comme un rêve. Rien de concret, rien de pesant, rien qui touche à la vie de chacun... Au côté de ce beau monde, qui vit dans une euphorie où toute réalité est gommée, il existe une toute petite élite éclairée : quelques hommes et quelques femmes qui pressentent l'imminence du drame. Ils se retrouvent entre eux, presque clandestinement, pour tenter par tous les moyens de déchirer le voile. C'est parmi eux que j'ai la chance de vivre. C'est ce qui me forme, c'est ce qui me sauve[22]. »

À ce tournant de notre histoire, il avait en effet le privilège, grâce aux relations de son père et de son oncle Robert, d'entendre les principaux responsables de l'État. Édouard Daladier était au pouvoir depuis avril 1938. Lui-même et plusieurs de ses ministres figuraient parmi les invités réguliers d'Émile ou de Robert. Lorsque Paul Reynaud succéda le 23 mars 1940 à Daladier – celui-ci conserva le ministère de la Défense nationale – le nouveau gouvernement comptait également plusieurs intimes des Schreiber dont Raoul Dautry, ministre de l'Armement, et Georges Mandel, ministre de l'Industrie. Il ne semble pas néanmoins que ce bouillon de culture ait incité Jean-Jacques à s'investir, avec d'autres élèves de Janson, dans le débat politique. Son nom n'est jamais cité parmi les quelques trublions de l'époque. Il est, comme il était durant sa première, à l'écart de toute agitation. Il n'a décidément aucune attirance pour le militantisme et, au milieu du tourbillon qui l'entoure, il préfère se replier dans sa solitude. « L'idée d'être en groupe, en bande, lui était insupportable, dit André Danet. Il avait pourtant une conscience politique aiguisée et je l'entends encore, aux vacances de Pâques en 40, m'expliquer la faiblesse de nos armées. Lisant plusieurs journaux il avait son opinion sur tout et, si sa haine des nazis ne m'étonnait pas, son anticommunisme virulent, je m'en souviens, me frappait. Nous n'avions pas l'habitude, entre nous, d'avoir ce genre de discussions très élaboré. Il avait seize ans et intellectuellement il était un adulte. »

L'offensive des forces terrestres allemandes lancée par Hitler le 10 mai 1940 surprend Jean-Jacques et Émile au 22, rue de Longchamp. La grande bataille est désormais engagée : le Führer l'a annoncée dans une proclamation solennelle à ses troupes auxquelles il indique que cette bataille « décidera du sort de la nation allemande pour le prochain millénaire ». Émile avait prévu de passer le week-end à Veulettes, en famille, mais chaque heure qui sonne a fini par le convaincre d'une probable occupation de la France.

Il faut déménager le plus rapidement possible *Les Échos*. Le 15, Robert a téléphoné à son ami Maurice Sarraut, directeur de *La Dépêche du Midi*, pour lui demander de l'accueillir à Toulouse et de tirer *Les Échos* sur ses rotatives. Sarraut accepte et la tribu Schreiber se met aussitôt en branle. Émile, avec Jean-Jacques, prend la route de Veulettes où il récupère Denise, les trois filles – Brigitte, Bernadette, Christiane –, le petit Jean-Louis, la grand-maman Clara et Petit Ma, Jeanne Brésard. Il ne s'attarde pas au *Pré-Mesnil* et met le cap sur Rennes où le beau-frère de Denise, Pierre Le Baube, a été récemment promu secrétaire général de la préfecture et s'offre à l'héberger avec tout son monde.

L'entracte rennais sera court puisque, le matin du 14 juin, des soldats du IIIe Reich entraient dans Paris et défilaient l'après-midi sur les Champs-Élysées. Le même jour, après l'abandon par le gouvernement français du projet d'organiser un « réduit breton » qui avait été un moment envisagé, l'ennemi avance, implacable, vers l'ouest et se trouvait aux portes de Rennes le 17 juin. Émile a déjà rejoint son unité à Agen. Dans l'affolement, Denise se charge de convoyer la famille – elle a son permis de conduire depuis 1923 – et met le cap sur Hossegor. Normalement si tout se passe bien a téléphoné Émile, tous les Schreiber devraient se retrouver dans la villa de Georges. Tous s'y retrouveront, même Jean-Claude qui, après avoir été soigné au fort du Hâ à Bordeaux, put rejoindre Hossegor. Il s'est battu en Flandres, puis dans la poche de Dunkerque comme officier d'une des rares divisions blindées de l'époque, la 1re DLM, et il revient avec la croix de guerre.

Les nouvelles qui tombent jour après jour sont de plus en plus funestes, et les retrouvailles chaleureuses d'Hossegor ne pourront se prolonger. Les conditions de l'armistice signé le 21 juin dans la clairière de Rethondes, en forêt de Compiègne, augurent mal du sort qui sera réservé aux Français d'origine juive : environ les deux tiers du territoire sont occupés, dont une partie de la côte atlantique jusqu'aux Pyrénées et notre administration est mise à la disposition des autorités allemandes. « Nous allons être séparés peut-être pour longtemps, annonce gravement Émile à ses enfants. Je suis juif, votre mère ne l'est pas et vous allez partir avec elle sous le nom de Servan, à Sare, un village à la frontière espagnole où j'ai loué une ferme. Personne là-bas ne vous connaît sous le nom de Schreiber. » Sare est un bourg pittoresque et typique du Pays basque. Denise, en robe noire, le visage marmoréen, un bandeau noir lui enveloppant les cheveux, est ici comme chez elle. Mais à Sare, aussi, elle ne fera que passer : la commune, après le tracé définitif de la ligne de démarcation, est en zone occupée.

C'est dans cette confusion anxieuse où se trouvent alors beaucoup de familles, que tous les Français rappelés en septembre 1939 sont démobilisés. Ils peuvent choisir l'endroit où ils entendent se domicilier après leur démobilisation. À Agen, Émile est dans cette situation. Il déclare qu'il se retire à Megève, en zone dite libre, la solution la plus simple et la moins périlleuse. Il a encore des réserves d'essence et il n'aura pas de problème pour se rendre à Sare et ramener Denise et les enfants au chalet *Nanouk*. Sur sa lancée, il effectue, avec Denise, un aller-retour à Nîmes où il va être baptisé, puis religieusement marié dans l'église Sainte-Baudile.

Officiellement, la guerre est finie. À Megève, totalement à l'écart de l'exode, la vie se déroule paisiblement, les boutiques sont approvisionnées et la montagne est belle sous le soleil de l'été. On en oublierait presque le cauchemar des dernières semaines. Jean-Jacques, quant à lui, est à Toulouse où il doit passer le second baccalauréat qui n'a pas été annulé. Le mercredi

25 juillet, à sept heures trente, il est devant la faculté des sciences avec tous les candidats. Physique le matin, philosophie l'après-midi, mathématiques le lendemain. Il n'est pas mécontent des épreuves. « Entre "réfugiés", écrit-il à ses parents, nous commentons nos nullités toutes plus totales les unes que les autres. Le bruit court que l'université de Toulouse a été très dure dans tous les examens et concours qu'on vient d'y passer. Tout cela me laisse bien froid et je n'aurais jamais cru que je pourrais regarder le *bachot* avec autant d'indifférence… Malgré tout, je crois que le plus sage est de me mettre à travailler l'oral, car il y a de fortes chances pour que j'en aie besoin. » Il sera, en effet, admissible et obtiendra son baccalauréat avec la mention « bien », ce qui lui permet d'intégrer une hypotaupe et de préparer l'X ou Normale sup sciences.

Il avance, comblant tous les vœux de Denise qui le vénère, tout simplement, comme une idole. « Ce n'était pas "tout pour Jean-Jacques", c'était "jamais assez pour Jean-Jacques", ce qui est pire ! s'esclaffe Christiane Collange. Un jour à Megève, ma mère revient au chalet avec une tablette de chocolat. Elle en donne d'abord plusieurs carrés à Jean-Jacques, puis à mon père, enfin à Jean-Louis et nous les filles, tintin ! Cette tablette je l'ai encore sur le cœur ! Ma mère était une pasionaria qui ne transigeait pas. Elle avait choisi Jean-Jacques et chacun devait s'incliner. »

3

Loin du *Diable au corps*

À l'abri des restrictions, l'exil de Megève prit rapidement les apparences d'une quiétude retrouvée. En réalité, un problème obsédait de plus en plus Émile : son ascendance juive. Les Schreiber et *Les Échos* n'avaient jamais été, on le sait, visés par les brûlots antisémites, si on oublie un billet signé Jean Drault paru dans *La Libre Parole* le 28 février 1916, au lendemain du mariage de Robert et de Suzanne. *La Libre Parole* se proclamait nationaliste et antisémite. Ce journal avait été fondé par Édouard Drumont, l'auteur du best-seller *La France juive*, et un des idéologues les plus prolixes de l'antisémitisme. Rien d'étonnant qu'à l'heure où les poilus français et les soldats allemands s'étripaient, *La Libre Parole* n'ait pu se priver du plaisir de distiller son venin. « On a publié récemment, dans les échos "mondains" de divers journaux qu'un monsieur Robert Schreiber épousait la fille de M. Crémieux, sénateur, et que M. Viviani était témoin de ce mariage youpino-boche, écrivait Drault.

« M. Viviani n'ignorait pas, pourtant, la qualité de Robert Schreiber, commissionnaire en marchandises allemand, naturalisé français, directeur d'un journal de chantage… Que le sénateur Crémieux donne sa fille à un Schreiber, cela n'a aucune importance. Une juive épouse un juif, voilà tout. Il se trouve que la juive est née en France et le juif est né en Allemagne, mais tous deux ne sont ni allemands ni français, ils sont de Jérusalem…

« Et voilà le mariage que M. Viviani a rehaussé de sa présence ! En pleine guerre ! Et quand les compatriotes de Schreiber sont à Noyon[23] !… »

Robert ne s'émut pas outre mesure de ces calomnies. Depuis, rien de cette veine nauséeuse n'a été écrit contre les Schreiber.

L'occupation allemande et l'attitude du gouvernement du maréchal Pétain modifiaient singulièrement la donne. Quand le *Journal officiel* du 19 octobre 1940 publie une ordonnance du gouvernement de Vichy qui définit le « statut des juifs », Émile, Robert et Georges ne peuvent plus masquer leur inquiétude. Les juifs sont exclus de l'administration, de l'enseignement, de l'armée, de la presse, de la radio, des spectacles, à l'exception de ceux qui ont rendu des services au pays, soit pour faits de guerre, soit dans le domaine littéraire, artistique ou scientifique. Le trio s'arrange pour se retrouver autour de grand-maman Clara et aviser.

Clara va sur ses quatre-vingt-cinq ans. Prise parfois d'une profonde lassitude, elle sent venir la fin et se décide à révéler à ses trois fils un secret qui n'a rien de bien grave, mais qui peut les aider. Elle va d'abord les sidérer : « J'ai été baptisée en Pologne, comme l'ont été mes parents, leur annonce Clara. Votre arrière-grand-père Feilchenfeld avait épousé sa maîtresse qui était chrétienne et il fut émancipé par Napoléon en même temps que les autres juifs de Pologne. En signe de reconnaissance, il baptisa son fils qui, lui-même, épousa une chrétienne d'origine juive, Sara Perels, ma mère. Quand je me suis mariée, votre père m'a tout de suite prévenue que nos enfants ne seraient pas baptisés et ne recevraient aucune éducation religieuse. »

Dans la terrifiante ambiance de « chasse aux juifs » qui n'allait plus tarder à infester le pays, la confession de Clara était quelque peu rassurante. C'est la conclusion du trio qui va immédiatement s'employer à récupérer les actes de baptême restés en Pologne. Dans le même temps, les trois frères – bien qu'ils puissent arguer de leurs croix de guerre – adoptent la prudence et se déclarent à l'Administration « réputés juifs », tout en précisant qu'ils ne sont pas sûrs de la judéité de leurs grands-parents maternels.

Les chances de retrouver les précieux papiers dans la Pologne occupée sont minces. Émile et Robert vont se tourner vers Mgr Baudrillart, archevêque de Paris, qui acceptera de les aider dans leurs recherches. Il confiera cette délicate mission à un prélat qui fait le lien entre le Vatican et Varsovie. Au début du mois d'août 1942, les documents authentiques apportant la preuve du baptême de Clara et de ses parents Feilchenfeld arrivent enfin entre les mains d'Émile. Un soulagement. Clara n'est plus là pour se réjouir de ce rayon d'espoir ; elle est morte le 16 juin 1941. Émile peut maintenant constituer le dossier d'« aryanité » des Schreiber et le déposer à Vichy, au service de Louis Darquier de Pellepoix, le commissaire général aux questions juives. Le certificat d'aryanité sera signé à la mi-décembre 1942. Il permettait aux Schreiber de reprendre des activités commerciales. À cette date, ils n'en auront ni le temps ni l'occasion.

Il nous faut revenir au bachelier Jean-Jacques, abandonné l'été 40 sur les pentes de Megève. À la rentrée d'octobre, il a été admis en Spéciales 1, « Spé 1 », pour les initiés, au lycée Champollion de Grenoble. Il loge à la Maison des étudiants et les vicissitudes, la pénurie, les malheurs qui s'abattent sur la France semblent avoir galvanisé cet esprit de camaraderie qui lui était peu coutumier. Il aura, en effet, plusieurs copains, dont Christian Beullac, futur ministre du Travail puis de l'Éducation nationale dans le gouvernement de Raymond Barre entre 1976 et 1981 ; Beullac qui habite chez ses parents l'entraîne dans des réunions « jécistes » (Jeunesse étudiante catholique) où il se rase. Il a retrouvé Patrice de Fouquières, le jeune frère de Louis, qui termine son cursus universitaire. Il se lie avec Claude Charmont qui réussira le concours de l'X un an avant lui et qu'il retrouvera auprès de Pierre Mendès France puis à *L'Express*.

« J'ai très bon moral, écrit-il au terme du premier trimestre, d'abord parce que je vois beaucoup de copains, et que surtout avec ces copains nous préparons le moral de la France de demain. La vérité est de plus en plus claire et ceux qui n'en ont jamais douté commencent à parler haut.

« Hier à “Comme chez soi”, P. était à une table avec deux copains qu'il avait emmenés, et à la table à côté deux garçons de dix-huit et vingt ans. P. commence à parler à ses copains en disant que Henri de Kerillis est un salaud ainsi que ses confrères, et que tous ceux qui sont partis en Angleterre ne méritent plus d'être français. Ceux de la table d'à côté entendent cela, les traitent de sales petits bourgeois qui parlent de ce qu'ils ne connaissent pas et qu'ils feraient mieux de la fermer que d'injurier des hommes qui se battent pour leurs peaux.

« Voilà la génération qui monte et qui a la foi. Non pas du fétichisme pour un de Gaulle ou autre, simplement du patriotisme clairvoyant…

« Beaucoup de mes copains sont ainsi et, faute de mieux, ils transforment leur énergie en travail qui servira toujours pour l'avenir. Il y a aussi les autres. Hier j'ai passé une heure à la présentation "D'art et jeunesse", le groupe d'étudiants dont fait partie M. et qui se réunissent pour jouer du piano, danser et jouer des pièces.

« Je ne les blâme pas, car je ne suis pas sectaire, mais je les plains seulement car leur rôle est bien mince dans la rénovation qui arrive. Ils ne le savent pas, tant mieux !... »

Cette lettre à ses « parents chéris » est du 12 décembre 1940. À tous ceux qui s'interrogeront des années plus tard sur l'antigaullisme viscéral de JJSS, elle apporte un premier élément de réponse : à seize ans et demi, Jean-Jacques n'observe-t-il pas le Général avec une pointe d'insolence ? « (...) du fétichisme pour un de Gaulle. » Est-ce la source de ses anicroches avec son cousin Jean-Claude, qu'il jalouse, par ailleurs, pour ses succès féminins et ses décorations militaires ? Jean-Claude est lui aussi à l'université de Grenoble et achève un doctorat en droit. Il fraye avec la Résistance, songe à se marier et n'a qu'un rêve, rejoindre « les Français libres » de Londres ou d'Alger. De Gaulle est déjà son « Grand Homme » et il ne cessera jamais de l'être. Cette conception héroïque de l'histoire que revendique Jean-Claude n'est pas du tout celle du jeune Jean-Jacques qui écrit, toujours en 1940 : « Évidemment je préférerais avoir une mitrailleuse entre les mains plutôt que des chiffres dans le crâne, mais je suis certainement plus utile en emmagasinant des notions constructives pour l'avenir, qu'en me trompant moi-même sur la valeur de mon rôle à l'aide de l'uniforme. Car le courage militaire n'est, me semble-t-il, qu'une forme dégradée du courage civique et l'avenir ne demandera pas tant des héros de légende que des apôtres et des chefs. » N'est-ce pas, exactement, l'idée qu'il développera en 1967 dans sa préface du *Défi américain* ?

Grenoble, qui dépend du gouvernement de Vichy, était le chaudron de la France vaincue. Tous les meilleurs élèves du Dauphiné et plusieurs venus de Paris s'épuisaient dans les classes préparatoires, ces phalanstères de la rigueur. Jean-Jacques travaille beaucoup. « En ce moment je boulonne à une moyenne de treize à quatorze heures par jour. (Où est la semaine de quarante heures ?) Je peux vous assurer que les types qui font l'X n'ont pas volé leur réputation. On ne peut pas se rendre compte de ce que c'est. »

Il apprend, sur l'« injonction » d'Émile, à se servir d'une

machine à écrire et envoie quelques lettres dactylographiées. Il se déplace à vélo, il monte parfois à cheval, va au cinéma et au théâtre, prend des leçons de boxe et fait vingt minutes de gymnastique tous les matins… S'il dort peu, il ne souffre pas trop des restrictions. Un copain reçoit des colis de perdreaux tout cuits et il les déguste avec lui ; un autre, originaire de Montélimar, le fournit en nougats. Et lui-même partage les confitures d'abricots que lui apporte Denise qui vient souvent le voir. Il rencontre aussi une amie de ses parents, Mme Kraemer, qui le fera déjeuner deux fois avec le savant Jean Perrin, prix Nobel de physique, fondateur du palais de la Découverte. « Quelle veine ! » écrit-il. D'ailleurs, il ne se plaint de rien, il raconte son quotidien, ses cours, ses « colles » – concours blancs –, d'une plume alerte et détachée. Tout va bien. Tout va même très bien. Le 31 juillet 1941, il termine la Spé 1 avec le prix d'excellence et tente le concours de l'X. Il échouera à l'oral. « D'avoir été admissible épate beaucoup mes copains et leur en bouche un coin », écrit-il, toujours modeste.

L'été 41 qu'il passe d'abord à Megève, ensuite en Corse, n'a pas le goût amer de l'été 40. À Sainte-Marie, chez Agathe, la cuisinière de Denise qui accueille les enfants Schreiber dans sa maison près d'Ajaccio, la France occupée lui paraît soudain si loin, presque irréelle et il se laisse porter par cette existence de privilégié. « Temps splendide, boustifaille inouïe (le mot est faible), atmosphère délicieuse et tout le monde très gai. Des couleurs extraordinaires et un décor de montagnes brunes sur une mer bleu intense, absolument féerique. » Mais il n'oublie rien, il n'oublie pas la guerre, le pays coupé en deux, les vichystes.

Et puis, voilà que sa famille elle-même est confrontée à des dissensions dont elle n'avait pas besoin : son oncle Pierre Le Baube le beau-frère de Denise, un partisan de la Révolution nationale, s'apprête à être nommé préfet d'Eure-et-Loir. Son oncle lui a exposé, dans plusieurs lettres, les raisons pour lesquelles il a choisi le national-socialisme français – il n'aime pas les Allemands, il déteste les Anglais – contre le bolchevisme. Dès qu'il évoque son « tonton Pierre », Jean-Jacques se déchaîne. « Je ne connais rien de plus méprisable que tout ce qu'il nous sort sur un ton de pitié et de supériorité qui ajoute encore au tableau. Qu'il se taise – mon Dieu – on ne lui demande rien… Il ne craint pas la mort apparemment, mais il est prêt à faire n'importe quoi pour conserver son gagne-pain et sa vie… Pouah ! J'ai envie de cracher par terre. Ravissante la "morale révolutionnaire". On se sent enfin un idéal de Français grand et noble. Heureusement qu'il ne représente pas la France mais une minorité d'hommes, aux instincts de chacal et qui paieront plus cher qu'ils ne le pensent cette attitude et cette lâcheté. »

Quand Pierre Le Baube prend ses fonctions à Chartres, Jean-Jacques griffonne, rageur : « Vive le préfet ! Vive Pétain ! Vive la France !… Après tout la Révolution nationale exige de temps en temps des sacrifices. (Qui élèvent l'âme, nous rendent plus mâles et autres c… de ce genre.) Malgré tout, c'est un grand jour dans la famille ; et rantanplan ! »

Lorsqu'il revient à Grenoble en taupe, la promiscuité de la Maison des étudiants lui pèse, bien qu'il s'y soit fait de nombreux camarades. Il aura dix-huit ans en février 1942, sa sexualité le chatouille et il rêve de conquêtes féminines. Surtout, de rivaliser avec Jean-Claude, de plus en plus cavaleur, qui vient justement d'aménager place Grenette, chez Jacques et Marcelle Crespelle, amis des Schreiber-Crémieux. Il y a, s'il le souhaite, une chambre pour lui et il pourra donner des cours de maths au fils des Crespelle, Alain, qui trime en cinquième. Il ne se fera pas prier deux fois. Mi-novembre, il débarque. « Je suis magnifiquement installé. Mon bureau n'est pas mal du tout et j'ai pu y fixer ma lampe noire flexible qui m'éclaire merveilleusement et y poser ma TSF… Nous sommes magnifiquement chauffés. »

Il est comme un coq en pâte. Marcelle a les faveurs de Denise qu'elle tient pour une icône qu'on a envie d'adorer ; ce à quoi Jean-Jacques lui a répondu qu'il était inutile de le convaincre sur ce point. Jacques et Marcelle, très lancés dans le Tout-Grenoble, forment un couple charmant, bien qu'ils s'engueulent tous les quarts d'heure. « Il faut dire que Marcelle est un peu infatuée de sa petite personne et que, selon son propre aveu, elle a besoin de "dominer" son entourage. Aussi s'essaie-t-elle sur nous à grands renforts de flatterie et de douceur, mais minute… À mon égard particulièrement, elle se voit un peu dans le rôle de Mme de Warens vis-à-vis de Jean-Jacques (avec 2 grands J). Rien ne dit d'ailleurs que je n'en prendrai pas la… substance. »

Il la prendra et Marcelle sera beaucoup plus que sa Mme de

Warens. Elle sera sa Mme de Beauvais, initiatrice de Louis XIV « enfant-roi ».

Son dépucelage par une jeune femme de trente-cinq ans, commencé comme un jeu, tournera au drame. « Les délices et le sentiment de puissance qu'elle parvient, dès cette première fois, à me faire éprouver, vont sceller pour toujours mes rapports avec les femmes. J'en attends chaque fois le meilleur. Et je resterai toujours disponible pour ce meilleur. Les femmes sont, à mes yeux, la race des seigneurs. Je les crois appelées à devenir maîtresses du monde... Au cours des nombreux entractes imprévus qu'elle m'impose, Marcelle déploie tout son talent, telle une grande musicienne... mais l'instrument, c'est moi. Et ses vibrations sans fin m'ôtent toute concentration pour les mathématiques supérieures. Bref, c'est la folie... j'imagine bien que tout jeune homme, ou presque, est passé par là. Mais, pour moi, cet ouragan intervient en pleine guerre et en pleine préparation du concours de l'X. Vers quels abîmes suis-je en train de rouler[24] ? »

Il n'y aura pas d'abîme. Emporté par la nostalgie d'un temps lointain ou par la plume de Madeleine Chapsal qui l'aida à écrire son autobiographie, JJSS exagère grandement ses transports de post-adolescence. Il se dégagea au bout de deux mois de la chaleur amoureuse de Marcelle qui, loin d'être une « maîtresse du monde », sera sa première victime. Elle s'est mise à l'aimer passionnément. Eh oui ! Et elle n'a plus que son mouchoir pour pleurer. Mais, lui, a-t-il aimé d'amour « cet ouragan », a-t-il eu du mal à « tenir la barre dans cette mer déchaînée » ? Ce sont les aveux contraires et d'une déconcertante froideur qui traversent ses lettres. « Je ne dis pas que je suis redevenu comme je n'aurais jamais dû cesser d'être mais je ne regrette rien car mon expérience est féconde, d'abord parce que toutes les formes de la vie doivent m'être connues (*nihil humani a me alienum puto**) mais ensuite parce qu'il vaut mieux se vacciner soi-même (malgré certains risques) que d'être à la merci des coups de l'extérieur. En ce sens j'ai beaucoup plus d'assurance qu'avant et, si je conçois la vie comme je le fais, je sais maintenant exactement pourquoi, alors qu'auparavant c'était faute d'en connaître un autre aspect. »

Sur la rupture elle-même qui a lieu un jour où il revient de Megève, remonté par Denise qui veille, il écrit : « Marcelle très

---

* Terence, poète comique latin (v. 185-159 av. J.-C.). « Le bourreau de soi » servit d'exemple aux classiques français, en particulier à Molière.

bien disposée (je dois dire) le soir de mon arrivée est devenue plus amère quand elle a vu qu'il y avait *en fait* quelque chose de changé, ce qu'elle se refusait à croire et continuait à ne pas vouloir. La journée du lendemain a été lourde, d'une atmosphère pénible, absolument inévitable. Le soir l'orage a éclaté sous forme d'une crise de larmes, pleine de reproches sur mon attitude actuelle trop dure et définitive. Je suis persuadé que le temps aura sur tout cela un très heureux effet. Toujours est-il que je ressens une impression de liberté morale qui rachète de loin toutes les autres conséquences de cet état de fait. Ceci me sert d'excellente leçon que je ne suis pas près d'oublier. »

Des premières amours réduites à « un état de fait ». On est loin du *Diable au corps* de Raymond Radiguet. Derrière Jean-Jacques, une fois de plus, pointe JJSS qui ne se laissera jamais déborder par la passion sentimentale, surtout si elle entrave son action. Il a épinglé au-dessus de son bureau une phrase de Kipling, une autre de Sénèque qui le remplissent d'énergie chaque fois qu'il les lit : « Rencontrer la défaite ou la victoire, et accueillir ces deux imposteurs d'un même front » ; « Il n'y a pas de vent favorable pour celui qui ne sait pas où il va. »

Sept ou huit semaines d'égarement dans les bras de Marcelle, et tout est rentré dans l'ordre. Rien ne compte en dehors de son travail. À six heures, il est sur le pont, que le calorifuge des Crespelle marche ou ne marche pas. Il s'abrutit de travail, habité par le temps qui passe terriblement vite. Il a les yeux rivés sur la ligne d'arrivée, le concours d'entrée à Polytechnique. Quand il lève le pied pour se distraire, il s'en accuse aussitôt et prévient qu'il se rattrapera par des « jours-taupins », c'est-à-dire seul dans sa chambre avec sa pile de cahiers et de bouquins à réviser. « Aussi, écrit-il à Denise, ne jouerai-je plus au tennis que j'offre en sacrifice au dieu X, qui est diablement accaparant. »

Il a élargi son cercle de copains et quelques noms reviennent en plus de Christian Beullac et de Claude Charmont dans ses lettres. Jean Nora, le cadet de Simon, Rigaud « très brillant », Glotz « l'esprit le plus original de tous mes camarades », Gérard Blum « le plus sympathique », Lévy « très intelligent », Brunschweig « extrêmement fort en maths »... Bien sûr, les événements sur le front de l'Est, l'attaque de Pearl Harbor par les Japonais, l'entrée en guerre des États-Unis, le retour au pouvoir de Pierre Laval le sollicitent et il écoute la BBC sur sa TSF. Mais sa liaison avec Marcelle et son travail – « Ô puissance du travail ! » – l'ont visiblement éloigné des discussions, des réunions d'étudiants.

Le concours se déroule fin mai 1942. Denise est descendue de Megève pour être là. De la savoir auprès de lui lui fait « un bien fou ». À la stupéfaction de ses professeurs et de ses condisciples, il échoue. Il était en hypotension, lessivé. « Il avait poussé la machine trop loin, dit Jean-Claude. Chez les Crespelle, certains soirs, il tremblait, il était au bord de la crise de nerfs tant il avait bossé durant la journée. Que voulez-vous, pour sa mère c'était le dieu vivant et il ne pouvait la décevoir. »

Après un tel parcours de marathonien, il aurait pu s'effondrer. Pas du tout. « Au fond, cette année de taupe, conclut-il, n'a pas été si terrible et, en dépit du résultat, singulièrement formatrice ; j'ai appris ce qu'est la valeur d'un plan de travail, d'une méthode de combat, et de la rigueur dans l'action. »

Il s'en va se reposer à Megève. Il n'y a rien, affirme-t-il, qui lui manque plus que *Nanouk* et son atmosphère électrisante, toute spéciale. Le chalet est posé sur les pentes du mont d'Arbois, un peu au-dessus du village, et voisine avec un petit cercle de Parisiens huppés. L'homme d'affaires Jean Bréaud, ses trois enfants et sa femme Marcelle, belle, la crinière rousse, drôle et peu farouche ; les Mantoux, propriétaires de *Rouge Baiser* ; Fernande et François Hesse, locataires du chalet *Les Jonquilles*... Les Hesse sont souvent accompagnés de leur nièce, Madeleine Chapsal, qui, fragile des poumons, vient reprendre des forces sur les hauteurs alpines. Madeleine est la fille de Robert Chapsal et de Marcelle Chaumont, jeune créatrice d'une maison de haute couture. Les Hesse et les Chapsal, amis d'Édouard Herriot, de Paul Doumer, appartiennent à la *gentry* radicale et fréquentent depuis longtemps Suzanne Schreiber-Crémieux. C'est à *Nanouk*, cet été 1942, que Madeleine remarque Jean-Jacques. Elle n'est pas la seule. L'élégante et accorte Marcelle Bréaud lui trouve aussi un charme fou et succéderait volontiers à Marcelle Crespelle. Jean-Jacques doit être frappé du syndrome des Marcelle.

Au mont d'Arbois, il y a aussi le patron de l'Oréal, Eugène Schueller, un des fondateurs du Mouvement social révolutionnaire, avec sa noria de domestiques et sa maîtresse. On n'entretient guère de relations avec cet activiste patronal, théoricien de la Révolution nationale, mais on ne dédaigne pas sa concubine.

Nanouk est comme à l'écart des fureurs de la planète, une oasis où Émile accueille tous les Schreiber qui le souhaitent et quand ils le souhaitent. Robert et lui n'ont plus d'activités professionnelles. Après avoir déménagé *Les Échos* à Toulouse, les deux frères, pour régulariser la situation, les ont vendus à Pierre André-Farcy, demeurant à Grenoble avant de dissoudre la société en février 1941. Un article de l'organe antisémite spécialisé dans la délation, *Au Pilori*, qui dénonçait les « intrigues » de la tribu Schreiber et exigeait une « condamnation implacable » de leurs « agissements judéo-maçonniques », les avait incités à agir vite. Ce qu'ils ont fait, tout en mettant à l'abri le fichier des abonnés, sage précaution qui leur permettra, peut-être, de relancer le quotidien économique le jour où finira la guerre. En attendant, Émile, aidé de Robert et de Georges, a défriché un coin de montagne pour cultiver des pommes de terre. Il s'est arrangé avec quelques paysans pour des coupes de bois. Ses trois filles sont inscrites à l'Institut Florimontane. Brigitte ratera son bac en 1942, Bernadette s'y prépare, comme Christiane ; Jean-Louis entame sa primaire.

Après son repos megévan, Jean-Jacques s'installe à Montfrin, se met à l'escrime, à la boxe et il est fin prêt, en septembre, pour repartir à l'assaut de la citadelle polytechnicienne. Indomptable appétit de gagner, de vaincre l'adversité. Son professeur de mathématiques, Jauffret, lui a toutefois conseillé de prévoir beaucoup plus de loisirs que l'an passé et de mettre plus de souplesse dans son travail, ce qui est son intention, a-t-il promis à sa mère.

Il n'habitera plus chez Marcelle mais continuera de lui rendre visite en ami. Il logera Pension Bayard. Une chambre et un coin cuisine très convenables. À l'automne 1942, Grenoble, comme Lyon et plusieurs villes du Sud-Est, grouillait d'une foule de réfugiés. Tous les hôtels affichaient complet. Les trottoirs étaient noirs de monde. Les restrictions alimentaires commençaient à peser durement. À l'écart de ces milliers de gens qui allaient, qui venaient, à la recherche d'une lueur d'espoir, la Pension Bayard était un havre d'une exceptionnelle qualité. Elle avait un caractère de simplicité familiale ou familière. On y mangeait correctement. Il y avait de la viande trois fois par semaine et parfois même des pommes de terre. La plupart des étudiants, surtout les Grenoblois qui vivaient comme Christian Beullac chez leurs parents, subissaient de plein fouet le régime des restrictions. Jean-Jacques mesurait sa chance et il invitera souvent ses camarades à dîner Pension Bayard. Il a retrouvé le goût des débats d'antan. « Ma promotion de taupe me paraît très différente des années qui ont précédé. Pour la première fois, je sens dans cette génération des esprits plus ouverts et non façonnés par la rigidité extérieure de l'époque. Aucun rapport déjà avec ce que je notais l'année dernière : conformisme, discipline irréfléchie, amour du discours, recherche des valeurs secondaires et ignorance totale des vérités humaines les plus simples... d'autre part, en plus des profondeurs, un mépris certain pour tout ce qui ressemble à de l'antisémitisme ou autre. Les trois ou quatre zigotos, dont je vous ai parlé, ont très rapidement compris qu'ils n'auraient pas le nombre pour eux, ce qui est l'inverse de ce qui se produisait il n'y a pas si longtemps.

« Bref, pour la première fois (tu le sais mieux que tout autre) je reprends peut-être espoir dans ma génération que je voudrais si pleine de force et de foi. »

De cette force et de cette foi, il en aura besoin au début de l'hiver 1942 où brusquement l'occupation allemande se raidit. Le 11 novembre les forces de l'Axe ont envahi la zone sud et si, officiellement, il y a toujours deux zones, l'Allemagne règne sans partage sur l'ensemble du territoire. *Le Temps*, *Le Figaro*, *Le Progrès*, quotidiens édités à Lyon, suspendent leur parution. Les films anglais et américains sont interdits. Tous les Français d'origine juive risquent de subir le sort jusque-là réservé à ceux qui vivaient en zone occupée : ils devaient porter, depuis le 12 juin 1942, une étoile d'étoffe jaune à six pointes sur laquelle était écrite en caractères noirs la mention « juif ».

À Grenoble, l'atmosphère s'est tendue. Parmi les taupins, même les plus timides, chacun perçoit la terrible irrésolution, la lâcheté du gouvernement de Vichy qui a conduit le pays de catastrophe en catastrophe, d'armistice en colonisation. Jean-Jacques, secoué par cette évolution dont il redoute le pire tout en étant, avoue-t-il, dans le brouillard, ne veut pas compromettre toutes ses chances d'intégrer l'X en pliant bagage. « Pour le moment, j'ai encore un bon bureau, un stylo, des livres et une robe de chambre. Ce qui ne durera peut-être pas éternellement, alors j'en profite ! » Plusieurs de ses copains ont choisi ce qu'il appelle la

« solution Autrot* ». « Parmi ceux que je connais Claude C., Jean-Louis B., Pierre W. et Robert A. ont rejoint Autrot depuis dix jours. Maurice S. s'apprête à en faire autant. »

Lui ne partira pas. Les informations qui arrivent d'Algérie, du front de l'Est et du Pacifique compensent, juge-t-il, la torpeur qui s'est abattue sur la France et il a décidé de rester confiant. Coup sur coup l'armée allemande a dû capituler à Stalingrad et les troupes américaines ont mis en déroute les forces nipponnes à Guadalcanal et en Nouvelle-Guinée. Quelques semaines auparavant, la BBC avait annoncé que le général Giraud prenait la tête de la dissidence en Afrique du Nord après le débarquement des troupes du général Eisenhower à Sidi-Ferruch. L'espoir renaît.

Est-ce les prémices d'un tournant de la guerre ? Il veut le croire et il partage sur ce point l'analyse de son père dont l'optimisme reprend toujours le dessus. Au moment le plus noir de l'hiver 40, jamais Émile n'accepta de s'embarquer pour l'Amérique où un cousin était prêt à l'accueillir. Il ne voulut pas davantage passer en Suisse, ce qui lui aurait été facile. Jean-Jacques est dans les mêmes dispositions. « Je dois rester prêt à plaquer tout à la moindre alerte sérieuse, écrit-il à sa mère… mais je pense comme Papa. Les décrochages des Allemands en Russie doivent nous encourager à tenir bon. Ici, ils sont vigoureusement commentés à haute voix partout. Une atmosphère d'avant-veille de grand jour ! Bon, restons calmes ! Mais je n'ai pas non plus de raison de m'affoler, ni toi de t'affoler. »

Après la « drôle de guerre », il vit dans sa réserve grenobloise une « drôle d'occupation », ne baissant jamais sa garde à propos du but qu'il s'est fixé, l'X. Il s'accommode des rigueurs du temps avec, il faut en convenir, un dédain courageux. Il est vrai qu'il a de nombreuses relations grenobloises, qu'Émile ou Denise viennent le voir le plus souvent possible et que lui-même monte à Megève.

Avec les conscrits de sa taupe, il a défilé devant le conseil de révision. Il est bon pour le service. « Dans le cas actuel des choses, ma carrosserie présente les caractéristiques suivantes : taille 1 m 70 ; poids 65 kg ; périmètre thoracique 83 cm… une classe de taupe à poil est un spectacle à déconseiller aux esthéto-

* Selon Philippe Mayer, il doit s'agir d'une filière d'évasion vers l'Espagne, qui a été organisée au début de 1943, c'est-à-dire bien avant celle qu'utiliseront Jean-Jacques et son père en septembre de la même année.

manes ; il est tout de même consolant de voir que (physiquement du moins !) je suis nettement parmi les moins intellectualisés. » Sous-entendu, il n'a ni des bras de fillette, ni des creux au sternum, ni un ventre relâché... Il lui est pourtant de plus en plus difficile de pratiquer ses sports favoris qu'il tient davantage pour une hygiène nécessaire que pour un plaisir. Plus guère d'escrime, peu de tennis. Heureusement il y a la boxe et il s'y donne à fond. Les bons films se raréfient. Il lit « ce qui lui tombe sous la main », Bertrand de Jouvenel, Julien Benda, Paul-Émile Victor, André Maurois, Guy de Pourtalès, Jean-Paul Sartre et, dans leur version anglaise, Rudyard Kipling, Ernest Hemingway, William Faulkner. Il s'est remis au saxophone, se rappelant les cours que lui donnait Claude Abadie à Veulettes.

Le 13 février 1943, il a fêté ses dix-neuf ans à la Pension Bayard. Denise lui avait envoyé de *Nanouk* un koulibiac et un gâteau confectionnés par Agathe, la cuisinière. Ce fut « brillant ». Il y avait trois ou quatre jolies filles. Mais il n'a pas l'esprit aux conquêtes féminines. Il croit que son « radsocdoncle* » a parfaitement raison quand il appelle l'amour la pire des maladies. Plusieurs « taupines » ont succombé à son charme et, plutôt que de répondre à leurs tourments, il préfère disserter sur les inconvénients de la mixité dans les classes préparatoires. Il disserte beaucoup dans sa correspondance et ce qu'il dit annonce, de façon étonnante, une philosophie de l'histoire et du progrès qu'il resservira toute sa vie. « Il n'est pas de plus grande supercherie que le prétendu "enseignement de l'histoire" qui, du plus élémentaire point de vue scientifique, est une ineptie. Qu'on le veuille ou non, le monde évolue, matériellement tout au moins, et le fameux "recommencement" n'est qu'une théorie philosophique facile qui dispense d'approfondir les problèmes modernes.

« D'après la conversation que j'ai pu avoir avec mon prof (assez jeune), les idées de la nouvelle école française (en dehors de tout conformisme officiel) sont extrêmement nettes. La primauté de la nation a vécu. L'Europe se coagulera ou disparaîtra du monde politique. Cette dernière hypothèse étant, à mon avis, la plus probable. Malheureusement pour les Européens.

« Quand on voit des imbéciles faire des incantations à Jeanne d'Arc ou à Napoléon on sent une grande pitié. Ce sont des morts vivants. »

---

* Il s'agit de Robert Schreiber, qui est proche du Parti radical-socialiste.

Un autre jour, il écrit à ses parents : « J'ai lu *Électre* de Giraudoux où il y a beaucoup de choses bonnes. Qu'est-ce que vous pensez de ça ?

Le mendiant : C'est le genre de réveil que nous réservent habituellement nos mères, nos femmes et nos sœurs. Il faut croire qu'elles sont faites pour cela.

Électre : Elles ne sont faites que pour cela. Épouses, sœurs, mères, toutes, quand les hommes au matin ne voient plus, par leurs yeux engourdis, que la pourpre et l'or, c'est elles qui les secouent, qui leur tendent, avec le café et l'eau chaude, la haine de l'injustice et le mépris du petit bonheur.

« Je suis tout à fait d'accord. Il y a quelque chose de plus brûlant chez une femme extraordinaire que chez un homme extraordinaire. »

En dépit des bonnes dispositions qu'il a prises et des promesses faites, il est de nouveau happé par le travail dès qu'arrive la « dernière ligne droite », pour lui les deux mois qui précèdent le concours. Pourra-t-il jamais respirer un air de fantaisie, d'imagination vagabonde ? « J'ai l'impression d'avoir un torticolis intellectuel qui m'empêche de poser les yeux sur quelque chose de stable, de paisible, toujours rivé sur le concours, sur mon cours, sur les progrès en cours. Et pourtant je suis heureux, c'est troublant ! »

Et c'est vrai qu'il arrivera en forme aux épreuves écrites début juin, même s'il passe de sales moments. Cette fois, croit-il, il tient la corde. « Demain je liquide mon actif grenoblois, enfin !... cet après-midi j'ai pris mon billet pour Paris (curieuse impression !). Six cent cinquante francs. Cinquante francs de bénéfices sur ce que j'avais calculé... Aux dernières nouvelles, l'oral de l'X doit se passer conformément à ce qui avait été prévu, c'est-à-dire pour moi vers le mois d'août, ce qui me permet quelques jours de repos maintenant. »

Paris. Trois ans exactement depuis qu'il n'a plus revu la capitale. Il a voulu, mais en vain, plusieurs fois s'y rendre, pour passer un week-end avec sa « Chouchou » Brigitte qui habite rue de Longchamp l'appartement de Petit Ma depuis son échec au bachot. Émile s'était résolu à la laisser partir en décembre 1942 après qu'il eut reçu son certificat d'aryanité de l'administration vichyste. Le 8 juin, Jean-Jacques arrive gare de Lyon. Son père, Brigitte et Jean-Louis l'attendent sur le quai. Ils ont trois jours à passer ensemble avant de reprendre le train pour Megève. Trois jours dans un Paris méconnaissable où, à chaque carrefour, Jean-Jacques est saisi d'une émotion qu'il veut aussitôt transmettre à Denise dans une longue lettre.

« Imagine les Champs-Élysées avec trois voitures de l'Étoile au Rond-Point, des épiciers et des marchands de songes s'y pavanent de long en large, des magasins qui font semblant d'avoir des choses à vendre, des cinémas qui font semblant d'avoir de bons films, un drapeau nazi sur la Chambre des députés, le jardinet du Conseil de la guerre qui n'est même plus entretenu ; une affiche monstre *Langsam Einfahren* sur le palais du Sénat, des Allemands partout (Paris ressemble à un camp d'Allemands, il n'y a qu'eux qui paraissent civils et encore !) et les Parisiens (pardon, *des* Parisiens) qui te disent : "Vous en voyez tellement, vous, des Allemands ? Tiens ! Ce doit être que je m'y suis habitué" ou "La guerre ? Oh ! Oui, tout de même il faudrait mieux qu'elle finisse cet été : on commence à en avoir assez, et puis ces queues ! Vous avez vu le temps qu'il faut pour avoir un billet ? Figurez-vous qu'on ne peut plus retenir de places à l'Athénée que pour dans trois semaines, c'est épouvantable."

« Un incroyable souci du détail, une désertion de l'intelligence.

« Paris occupé ce n'est rien. Mais Paris a été tué.

« Tu te rappelles le Paris que nous quittions tous deux le 16 mai 40. Paris mourait. Ceux qui disent que la vie a repris n'y voient rien. Rien n'a repris. Il reste un Paris de carton-pâte dont on a l'impression que, sur l'ordre des Allemands, il essaie d'imiter l'ancien, avec de mauvais acteurs.

« Si Paris est mort, ta fille vit. Depuis le matin, huit heures, jusqu'au soir, elle me fait tourbillonner dans tous les sens, ça commence par des coups de téléphone et ça finit par des coups de téléphone. Pas une minute à nous…

« Je suis allé à l'X, rue Descartes. Grenoble est la dernière ville à passer l'oral et on commence par la lettre A. Je dois donc passer vers le début août… »

Il est, en effet, admissible. La bonne nouvelle lui arrive à *Nanouk*. Il a deux semaines avant les oraux et il se met « à buriner dur » dans la chaleur orageuse de la Savoie. En cet été 43, la guerre a enfin nettement tourné à l'avantage des Alliés. La situation de l'Italie fasciste est désormais tragique, et sa défense ne peut plus être assurée que par une aide massive des troupes allemandes, elles-mêmes soumises à une pression de mieux en mieux organisée de l'armée soviétique et à la menace d'un débarquement anglo-américain en France.

Si cette évolution ne peut que réjouir Émile, l'angoisse grandit à Megève où les nazis pourraient prendre le relais des occupants italiens. Plus les forces de l'Axe accumulent les défaites, plus les autorités allemandes prennent des mesures de répression sauvage. Ne vont-ils pas devenir fous, s'interroge Émile ? Un nouvel aller et retour de Jean-Jacques à Paris pour les épreuves orales n'est-il pas risqué ? Lui-même, qui a donné quelques articles à *Combat* – journal clandestin de la Résistance – que dirige Georges Bidault, est convaincu qu'il faut quitter la France pour l'Afrique du Nord et il souhaite que son fils l'accompagne. Georges Bidault devrait pouvoir organiser leur départ.

Le voyage de Jean-Jacques à Paris se déroulera, heureusement, sans catastrophe. Une fois encore, et on ne sait trop pourquoi, il a écrit, avec son sens aigu de la dramatisation, des fariboles sur ses journées d'examen qu'il passe rue Descartes, à l'École polytechnique.

« L'oral se déroule en deux jours. Course d'obstacles d'une matière à l'autre, d'une salle à l'autre… Le lendemain mes camarades et moi, nous nous rendons tous ensemble, en fin de journée, pour découvrir, sur un tableau, les deux cent cinquante noms de ceux qui sont "reçus à l'X" et dont la vie est ainsi changée pour toujours. Avec mes quatre ou cinq plus proches camarades, j'y figure. Nous décidons de nous retrouver, le soir, chez moi pour parler de nos décisions d'avenir. Il commence maintenant… Comment allons-nous, maintenant, rejoindre les forces combattantes soit en Angleterre, soit en Afrique du Nord ? Question simple, que je pose tout simplement.

« Réaction immédiate de mes camarades : quelle rêverie romanesque s'est emparée de moi ? Ils ont préparé l'X pour faire l'X et devenir ingénieurs… Pas pour aller, comme le dit brutalement l'un d'entre eux, approuvé par les autres, "faire le guignol pour des médailles". L'évidence m'apparaît soudain : cette guerre, ils ne la ressentent pas comme *la leur*[25]. »

Il poursuit, mettant en cause Christian Beullac qui, lui aussi, n'aurait pas voulu le suivre. « J'embrasse Christian. À ce moment et à cet endroit, nous n'avons qu'à nous dire adieu[26]. »

Cette réunion qu'il évoquera dans diverses circonstances, avec conviction, n'a jamais eu lieu. Pas plus que cet « adieu » solennel. Christian Beullac rentrera à l'X et, dès février 1944, lorsque Denise, ses trois filles et Jean-Louis auront pu regagner Paris, il leur rendra régulièrement visite, rue de Longchamp. « Ça a dû être pour Maman une sacrée émotion de voir cet X chez elle, d'autant qu'il me ressemble un peu, écrira Jean-Jacques à son père. Il doit sortir Brigitte, ce dont je suis bienheureux. C'est un bon copain qui fera tout ce qu'il pourra pour les aider. Si nous retrouvions Brigitte mariée ? Tu ne trouves pas que, de si loin, Brigitte a beaucoup de reliefs ? C'est sans doute celle qui en a le plus… »

Christian Beullac entretiendra toujours des relations amicales et professionnelles avec Jean-Jacques. Il le verra régulièrement quand il deviendra ministre durant le septennat giscardien. Il ne lui pardonnera jamais cette prétendue réunion qui aurait eu lieu à l'issue du concours. À la messe d'enterrement de Beullac, sa veuve confiera à Claude Charmont : « Si JJSS ou quelqu'un de sa famille se présente, je fais un esclandre. »

Ce qui est vrai, en cet été 43, suffisait à l'honneur de Jean-Jacques : il se refusait d'être enrôlé avec les élèves de sa promotion dans un chantier de jeunesse comme en avait décidé le gouvernement Laval pour forger l'élite de la Nation. Après le chantier de jeunesse, n'aurait-il pas été envoyé en Allemagne dans le cadre du STO ? Il va donc partir avec Émile qui a mis au point tous les détails de leur évasion vers l'Espagne, puis le Maroc. Jean-Jacques, de son côté, s'est informé des conditions d'admission à l'École de l'Air dont une partie a quitté Salon-de-Provence et s'est repliée à Marrakech. Il y songe depuis octobre 1942. Il avait alors consulté, à Grenoble, un oculiste, redoutant, comme sa sœur Brigitte, d'avoir une mauvaise vue, ce qui lui aurait interdit de s'engager dans l'armée de l'air. Le temps de formation dans l'aviation de chasse est d'un an, au minimum ; dans les chars, il est de quatre ou cinq mois.

« Je devrais évidemment choisir les chars, j'en ai conscience… pour participer à la lutte contre l'armée nazie et contribuer, à ma place, à la libération de la France, le plus tôt sera le mieux. Donc, les chars… mais je choisis l'aviation.

« Ce n'est pas le panache de l'aviation de chasse, bien qu'il m'attire – comme je le sais depuis longtemps –, qui me détermine. C'est autre chose : la peur de me retrouver dans un char. Le risque évident, dans un char au combat, est de mourir brûlé. J'ai une terreur irraisonnée : celle de brûler. C'est aussi simple et bête que cela. Et j'en ai honte. Prétendre faire la guerre, comme il le faut, et appréhender les risques physiques est proprement absurde. C'est pourtant ce que j'éprouve. Je choisis ma mort : abattu en l'air, oui, mais grillé dans un tank : non ! Rude leçon d'admettre que la peur vit en moi et peut avoir le dessus[27]. »

La mort, il y songe. Reviendra-t-il vivant de son engagement ? Il écrit dans son carnet-journal un message destiné à Jean-Louis, si jamais le pire advenait lui rappelant une de ses maximes favorites, « il n'y a pas de vent favorable pour celui qui ne sait pas où il va ». Et il ajoute : « Il faut aller vers Dieu. »

Le 9 septembre, les larmes au bord des yeux, jetant un dernier regard vers *Nanouk* et le mont d'Arbois, le père et le fils embrassent ceux qui vont rester, Robert, Jeanne Brésard, Brigitte, Bernadette, Christiane, Jean-Louis. Denise veut les accompagner jusqu'à Saint-Girons, à la frontière espagnole. L'autocar les conduira du Fayet à Annecy où ils prendront le train de nuit pour Toulouse.

Ils voyagent sous le nom de Servan. Les wagons fourmillent de militaires allemands mais la chance est avec eux. Après une nuit au Grand Hôtel de Toulouse, il faut sauter le pas, sac de montagne au dos : le passeur les attend à Saint-Girons le samedi 11 septembre à 22 h 30. Émile note sur son cahier : « Je deviens à mon tour un errant et mon fils aussi ; mais un errant au cœur satisfait. L'heure est venue d'affronter de nouveaux destins. » Denise, retenant un sanglot, enlace tendrement son mari, serre son fils dans ses bras et, altière, comme à l'accoutumée, regarde s'éloigner ses deux hommes.

4

Pilote de chasse dans l'Alabama

Jean-Jacques ne fera pas la guerre. Pas celle-là. Après toutes ces années laborieuses, dopé par son ego, et soutenu par une mère en dévotion, il a rendez-vous avec une nouvelle course d'obstacles à laquelle il ne s'attendait vraiment pas. En compagnie d'Émile, il avait sans aucun problème franchi les Pyrénées. « Nous voilà, Jean-Jacques et moi. Sommes arrivés à Barcelone aujourd'hui et y avons été reçus par Philippe*, parti six semaines avant nous ! ! ! Nous habitons la même excellente pension que lui. Note l'adresse : Pension Morales 76 rambla de Cataluña », écrit Émile à son « vieux coco de Jean-Claude » qui se trouve en Algérie. Émile demande à son neveu de l'aider à gagner Alger où siège le Comité français de libération nationale, CFLN, que préside de Gaulle. Il mettra près d'un mois pour faire Barcelone-Alger. Reçu par de Gaulle dans son bureau des *Glycines* le 18 octobre 1943, il est mis à la disposition du général Cochet, alors chef de l'état-major chargé de préparer la participation française aux opérations de débarquement. Il sera vite nommé directeur séquestre de l'Agence Havas pour tous les territoires placés sous l'autorité du CFLN et il interviendra souvent sur les ondes de la France libre**. Il a pris une chambre à l'hôtel Alleti, une des meilleures adresses d'Alger.

---

* Il s'agit de son neveu, Philippe Schreiber, le fils de Jacques.

** L'Agence Havas était alors une agence d'information et une agence de publicité. Pendant l'Occupation elle passa sous le contrôle des Allemands et du gouvernement de Vichy. À Alger, le CFLN considérait cette mainmise comme nulle et l'Agence Havas information poursuivit son activité sous la forme juridique d'un « séquestre ». À la Libération, l'Agence Havas information deviendra l'Agence France-Presse, l'AFP. Émile Schreiber était par conséquent au centre d'un dispositif qui allait déterminer le paysage politique de l'information de l'après-guerre.

Pendant ce temps Jean-Jacques s'impatiente Pension Morales. Beaucoup de volontaires français ont échoué à Barcelone et dépendent officiellement de la Croix-Rouge espagnole qui doit les diriger sur Casablanca via Málaga. Jean-Jacques retrouve Philippe Mayer, l'ami de Janson, mais aussi André Bénard qui a réussi le concours de l'X en 1942 et qui est un copain de Jean-Claude. Ils vont aux corridas, déambulent sur les *ramblas* en mangeant des *bollas*, et passent leurs soirées dans les bars. Au Molino, une boîte du Barrio Chino, Jean-Jacques s'était acoquiné avec une danseuse de flamenco, se souviennent amusés Philippe Mayer et André Bénard. « Il ne ratait jamais une occasion de faire de l'épate, de donner un coup de cymbales, précise Bénard. À la pension Morales, il nous expliquait le sens de notre combat et pourquoi nous étions là ! Ça nous laissait pantois. Mais on l'écoutait… Il était brillant et on sentait qu'il aimait les débats d'idées, la politique. Déjà ! » Il est resté deux mois à Barcelone avant de gagner Casablanca qui était une espèce de gare de triage. Chacun des volontaires devait choisir de rejoindre ou les troupes proches du général Giraud, ou celles proches du général de Gaulle ou un centre de formation. Philippe Mayer et André Bénard choisiront de s'engager côté de Gaulle, le premier à la 2e DB du général Leclerc, le second à la 2e DIC (division d'infanterie coloniale).

Jean-Jacques prend, lui, le chemin de la base aérienne de Marrakech où on l'attend à l'École de l'Air. Mais avant qu'il ne quitte Casablanca, plusieurs Schreiber vont, par un heureux hasard, s'y retrouver : son père, ses cousins Jean-Claude et Philippe. On prend, bien sûr, une photo de la réunion familiale en territoire libéré. Une bouffée d'affection, un bref instant de bonheur. Jean-Jacques en aura besoin. Marrakech, ce sera le début d'un mauvais rêve.

Arrivé le 16 novembre, avec l'enthousiasme de sa jeunesse, il va vite déchanter. En soi, le Marrakech de 1943 n'a rien de l'actuelle cité touristique et sa base aérienne, rien d'un Club Med. Il y a pire : à l'École de l'Air, on déteste les polytechniciens. La manière dont il est accueilli n'est pas réservée, elle est glaciale et elle n'ira pas en se réchauffant. Simple soldat de première classe, en uniforme de grosse laine bleue, il devra serrer les dents avant d'accéder au grade de sous-lieutenant, grade qui lui revient de droit comme polytechnicien en herbe, après quelques mois de formation. « Je rencontre partout une franche hostilité, écrit-il à son père. À tel point que hier j'ai eu une conversation avec le major de la promo. Je lui ai dit que je m'en foutais et que s'il croyait me forcer à partir en me faisant la vie dure comme en ce moment, il se trompait complètement. Je ne quitterai jamais cette École avant d'avoir fini... S'ils continuent à m'isoler, comme ils le font, je me ferai très rapidement une raison et ils le regretteront un jour...

« Depuis, d'ailleurs, rien n'a changé. Alors je n'y fais plus attention, et je travaille plus que n'importe lequel d'entre eux, pour qu'ils comprennent bientôt qu'il faut compter avec moi. »

Il a, il aura toujours, cette capacité à s'extraire de son environnement. Chez lui, le désir de reprendre contact avec la vie, de renouer avec l'effort – les mots effort et travail sont ceux qui reviennent le plus souvent dans sa correspondance entre ses dix et vingt-cinq ans –, ne peut venir que de soi.

L'École s'est réfugiée dans des bâtiments vétustes et le matériel est d'une médiocrité exemplaire. En dehors des cours théoriques, on joue davantage au fantassin qu'au pilote de chasse. Rien de la sainte culture du bidasse ne lui sera épargné : les corvées de patates ou de chambrées, les défilés au pas cadencé et, bien sûr, les marches forcées, paquetage sur le dos, manteau en bandoulière, bidons, musette, cartouchière, baïonnette et fusil sur l'épaule. Un cauchemar dont il ne voit pas le bout.

En vérité, il aurait pu se morfondre à Marrakech. De Gaulle, en effet, réclama durant l'automne 1943 la révision des accords Clarck-Darlan de novembre 1942 qui plaçaient sous contrôle américain l'ensemble des militaires français en Afrique du Nord. Dans ces accords, les Américains, entre autres choses, acceptaient d'accueillir chez eux des volontaires français pour les former à l'aviation de chasse. Jean-Jacques, une fois terminées ses classes à l'École de l'Air, avait l'intention de saisir cette opportunité. Les places étaient chères. Il ne ménagera pas sa peine pour « river le clou » à ses « détestables compagnons » et être parmi les mieux notés. Il gagnera et, nommé sous-lieutenant, il sera admis dans un des centres d'entraînement de l'US Air Force.

On est déjà fin janvier 1944 quand il s'embarque pour les États-Unis, méditant quelques phrases d'André Maurois sur l'Amérique. Il les a recopiées dans un carnet Hermès qui le suit depuis Grenoble. « Je me suis senti plus jeune en Amérique. Il y avait dans cet automne admirable une vigueur fraîche qui m'emportait... leurs défauts ? *L'ennui* et *l'absence de sens critique*. Un ennui qu'ils masquent sous leur effroyable activité, mais dont cette activité est le signe. »

Le journaliste Henri de Kerillis, souvent en communauté de pensée avec Émile qu'il connaît, recevra Jean-Jacques à Washington et lui fera découvrir « la capitale mondiale de la guerre, le cerveau central des décisions stratégiques ». Kerillis fut des tout premiers, en juin 40, à suivre de Gaulle à Londres, s'en éloigna très vite et s'exila aux États-Unis. Il fonda une publication française, *La Victoire*, dans laquelle il ne cessera de pourfendre, et le Général, et Pétain. Il publiera en 1945, chez un éditeur québécois, un violent pamphlet contre l'homme du 18 juin, *De Gaulle dictateur*.

L'admiration de Jean-Jacques pour Kerillis, qu'il reverra plusieurs fois durant son séjour américain, n'est certainement pas étrangère à sa vindicte envers de Gaulle : il a vingt ans, son jugement sur les événements et les hommes s'arrime à quelques opinions tranchées dont il ne se départira plus. Deux d'entre elles en particulier, l'antigaullisme, l'anticommunisme, appartiennent à l'évangile de Kerillis. Il y a dans l'existence de chacun des « fondations » intellectuelles qui ressemblent aux fondations d'un immeuble ou d'une maison que l'on ne peut ébranler, sauf à mettre tout l'édifice en péril. Plusieurs des thèmes que défendra l'adulte JJSS sont revendiqués, voire déjà conceptualisés, par le jeune Jean-Jacques. Sur ce point, celui des fondements de sa pensée, il ne mentira pas, lui si prompt à fabuler.

Sa présence à Washington n'a pas grand-chose à voir avec « le cerveau central des décisions stratégiques ». Il est là, comme ses camarades, pour se présenter au colonel Ponton d'Amécourt, responsable des Centres de formation du personnel navigant en Amérique. Jean-Jacques, avec une dizaine de Français, est dirigé sur la base de Craig Field, près de Selma dans l'Alabama, le sud profond des États-Unis. Paperasseries, contrôles médicaux, tests, le temps file, et il arrive à Craig Field le... 13 février 1944, jour de ses vingt ans. Si la coïncidence le réjouit, il commence surtout à s'impatienter : six mois exactement qu'il a quitté *Nanouk* et il n'a pas encore mis les pieds dans un avion de chasse.

En Europe, les forces aériennes alliées poursuivaient la destruction méthodique des centres vitaux de l'Allemagne. Plus de quinze mille tonnes de bombes étaient déjà tombées sur Berlin. L'armée soviétique, après avoir délivré Leningrad, atteignait la frontière roumaine et, dans l'Alabama, Jean-Jacques patientait. « Ici l'attente est beaucoup moins morne qu'en Afrique. Les conditions matérielles sont hors ligne. Nos chambres sont correctes. Notre équipement est magnifique et adapté à toutes les températures, très agréable à porter. Les repas pour les sous-lieutenants se prennent au mess des officiers par petites tables : la nourriture est variée et tout est merveilleux (jambon – lait tout le temps – maïs – corn flakes – œufs bacon – gâteaux – glaces – beurre – pain de mie – poulet, etc. enfin, tout ce que nous avions oublié). Nous pouvons aller en ville et dans le camp ; et, contrairement à ce que l'on pourrait supposer, le camp présente beaucoup plus d'attraits. Il est conçu pour que toute la vie puisse s'y dérouler (travail et plaisir) et que l'on n'éprouve absolument pas le besoin d'en sortir. Le but est atteint : on y trouve pour les officiers un club genre anglais incroyablement confortable (salle de lecture – salle de jeux – piscine) où l'on prend les repas (en chemise à déjeuner, et en tenue le soir) ; des courts de tennis, des salles de ping-pong et de bowling (un jeu de quilles), un magnifique stade de sports, un gymnase très complet où je passe plusieurs heures par jour (aviron – bicyclette – extenseurs – boxe, etc.), trois cinémas et un théâtre dont les spectacles changent tous les jours. Et enfin une fois par semaine il y a un bal dans le camp. »

Il a été chargé de la direction des cours pour tous ses camarades de la base. La salle de conférences, très confortable, arbore un drapeau français sur l'un des murs. Tous les cours se font en anglais, sans interprète, et sa maîtrise de la langue lui sert beaucoup. Les Américains sont cordiaux et agréables. Il s'est acheté, en copropriété avec un copain, une Chevrolet décapotable six cylindres. Le rythme de préparation est intense. Lever six heures ; couvre-feu vingt-deux heures. Il passe sa matinée à préparer l'organisation des cours. L'après-midi, deux heures de sport avant les conférences. Après le dîner, une heure d'athlétisme au gymnase, puis douche chaude et froide. « Je veux garder ce programme bien ordonné autant que possible pour être en parfaite forme physique pour le début de notre entraînement. Car, d'après tout ce que l'on entend dire ici, c'est sur les premières heures de pilotage que l'on juge les élèves et il y a une seule catastrophe à éviter, c'est l'élimination. »

Drôle de situation, tout de même, que la sienne, lui qui voulait se battre et qui est maintenant si loin de la guerre. Grâce aux liaisons régulières qui ont été rétablies entre les États-Unis et l'Afrique du Nord, il peut correspondre avec son père. Si les lettres qu'il reçoit le réconfortent, elles lui font surtout prendre conscience du fossé qui sépare son existence de celle des Européens. « Tu ne peux pas imaginer ce que ce souffle de là-bas peut paraître étrange dans ce pays. Après avoir lu, relu et pensé ta lettre, j'ai pris mon déjeuner habituel au club des officiers et j'ai clairement saisi qu'il y avait un gouffre entre notre guerre et la leur : qu'il est même inutile d'essayer de leur faire, je ne dis pas comprendre, mais entrevoir ce que c'est qu'une privation ou qu'une angoisse morale. Ce sont des enfants, et nourris comme poulets à l'engrais. Peut-être mûriront-ils, beaucoup plus tard. »

Elle est loin la guerre. Un abcès, chopé à Casablanca et mal soigné, l'obligera à passer sur la table d'opération. Là encore, il va pouvoir mesurer ce luxe et ce confort qui n'avait, même en temps de paix, pas d'équivalent en France. Il devra rester trois semaines à l'hôpital. « Une belle barbe, mais ça ne me gêne pas du tout pour le pilotage qui ne commence que dans un mois, sauf que je serai peut-être un peu fatigué. Absolument pas à t'en faire ; tout est maintenant en parfait état et j'ai très bonne mine.

« Je suis soigné merveilleusement, comme officier, j'ai une ravissante petite chambre avec salle de bains. On me change mes draps et mon pyjama tous les matins. Jus de fruits, toute la journée. De charmantes nurses qui viennent me maintenir le moral, et entretenir mon anglais. Tous les deux jours, un cinéma parlant portatif vient donner un film dans une salle de l'hôpital, à côté de ma chambre. Les copains de l'école viennent me voir très souvent, ils sont très chic.

« Je travaille la littérature américaine dans d'excellents livres et je lis quelques romans modernes, en anglais bien entendu. »

Plusieurs fois il demande à Émile de rassurer sa mère. « Dis-lui surtout que je ne commencerai la bagarre en aucun cas avant neuf mois d'ici, c'est-à-dire au début de 45. Ça serait trop bête qu'elle ajoute inutilement à ses inquiétudes. »

Aidé par son bilinguisme, Jean-Jacques a pu facilement se mêler à la population locale. Il est toujours disponible pour monter une pièce de théâtre, une revue de music-hall, une vente aux enchères, pour offrir des cours de français aux Américaines de la base… Et tournez manège ! « *What an incredible guy !* » s'est exclamé, devant une telle énergie, le colonel McDuffle, son chef, qui l'a promu *master of ceremonies*. Il fréquente les notables de Selma, jolie ville de vingt-cinq mille habitants, dans un décor de verdure qui lui rappelle sa Normandie. Hors son travail, il nourrit ses jours de distractions, bientôt ses nuits. « Tu t'y attendais, j'ai connu il y a un mois (en dehors des cours de français) une femme adorable, dont j'ai été et suis encore très amoureux. Elle est idéale. Trente ans, mariée, remarquable, ravissante, de grands-parents français et irlandais. Je ne peux pas non plus te donner son nom, mais elle connaît tout le monde à Washington et ailleurs. Elle est passionnante. Elle a commencé par me faire faire des progrès terribles en anglais, et puis à m'apprendre à connaître et à aimer l'Amérique. C'est tout ça que je cherchais.

« Je ne peux pas mieux te la définir que par ce que j'ai mis dans son carnet d'autographes qu'elle m'a demandé de signer : "Si je ne connaissais pas ma mère vous seriez la femme la plus remarquable que j'aie rencontrée", et, qui plus est, je le pense. »

Depuis la découverte de la *chose* dans le lit de Marcelle Crespelle, on ne lui connaît pas de liaisons avec des jeunes filles de son âge dont il parle toujours avec un zeste de condescendance. Il n'est attiré, avoue-t-il, que par les femmes d'expérience, auxquelles, visiblement, il a l'heur de plaire. L'autographe à sa belle Américaine laisse rêveur. Sa mère est et restera la femme de sa vie, il le dira, il l'écrira tout au long de son existence. Mais Denise était-elle une mère aimante et altruiste ou était-elle une mère aimante et castratrice ? Jean-Jacques aurait-il choisi de faire ce qu'il a fait, d'être celui qu'il a été, si sa mère avait été seulement aimante et altruiste ? La réponse à ces interrogations n'appartient qu'à lui. Toutefois, depuis que nous sommes sur ses traces, celles précisément où se forge un individu, l'ombre tutélaire et amoureuse de Denise prend toute la lumière. S'il écoute, s'il aime, s'il admire Émile, son cœur semble-t-il ne s'emballe vraiment que pour sa mère. « C'est le seul personnage fabuleux de la famille. Mais elle existe : elle donne de la dignité à la famille. Sans ma mère, cet aspect des choses n'existerait pas[28]. »

Il effectuera son premier vol, avec un moniteur, le 26 avril 1944. Pour tous les débutants, cette étape appelée *Primary Training* est difficile et exige de pouvoir soutenir une tension nerveuse extrême. Comme ses camarades, il est obsédé par la menace d'être éliminé. Mais, égal à lui-même, ce défi le galvanise, il a trouvé ce qu'il cherchait. « Comme dirait Montherlant, je ne me sens aucun instinct de "midinette", je n'ai aucun remords, aucun regret, aucune amertume. Je suis tout à l'avant. Tout le temps perdu, les déceptions, les égarements, je les ai oubliés. »

Jacques Nœtinger, historien de l'aéronautique, membre de l'Académie de l'air, était alors instructeur à Craig Field. « J'ai bien connu Schreiber. Il était assez baratineur. Un côté hurluberlu. Mais, dans le groupe des volontaires français, il tranchait par son intelligence et son courage physique. À partir de septembre 1943, entre cent et cent cinquante volontaires arrivaient tous les mois sur les bases américaines. Ces élèves pilotes étaient soumis à une discipline de fer. À la moindre fantaisie, vous étiez renvoyé. Quarante pour cent seulement des volontaires passaient le *Primary Training* et devenaient "pilotes civils américains". Et sur ces quarante pour cent moins d'un tiers accédait à la qualification de pilote de chasse, donc pas plus d'un volontaire sur dix. Schreiber appartiendra à cette minorité. »

Le cheveu en brosse, l'esquisse de quelques rides sur le front, il a déjà cet air sérieux que n'atténuent pas ses deux fossettes. Il lui faudra deux mois pour obtenir le grade de « pilote civil américain ». Son premier vol en solo, sans moniteur, ne lui fait pas « une impression extraordinaire », contrairement à son attente. Mais il « adore ça ». Il travaille également l'acrobatie, loopings, tonneaux, renversements, ce qui l'amuse follement.

Il apprendra le Débarquement du 6 juin par la radio et il écrit aussitôt à son père. « Pourvu que tout cela aille vite et sans la casse effroyable qu'il y a eu en Italie. Quelle atmosphère extraordinaire il doit y avoir en France ! Et nous en connaissons plus d'un qui ne doit pas dormir bien tranquille. »

Aller vite : ce pourrait être sa devise et la presse américaine ne parviendra jamais à combler son impatience de connaître la marche exacte des Alliés. « Je sais bien qu'il ne faut pas s'attendre à la vitesse de la lumière, mais ce début d'invasion est bien lent... Les journaux ici sont toujours assez béni-oui-oui sur les nouvelles militaires qui sont toujours conformes au plan prévu ; par contre tu n'imagines pas ce que la controverse sur la Perche tient de place. À peu près trois colonnes tous les matins dans chaque journal. La majorité reproche amèrement au Président sa politique personnelle vis-à-vis de la Perche, ce dernier, disent-ils, étant un grand patriote et qui a toute la France derrière lui. Les autres traitent la Perche de fou et de traître (à propos des histoires pour le débarquement), d'ambitieux, de dictateur en herbe, etc.

« Voilà le son de cloches ici. À mon avis, tout ça est inutile, car la voie est toute tracée et d'un autre côté. Mais nous n'en sommes pas encore là... »

« La Perche », c'est, bien entendu, le général de Gaulle. Quant à cette « voie toute tracée d'un autre côté », c'est la voie qui conduira, après la victoire, Georges Bidault ou Édouard Herriot au pouvoir. L'une ou l'autre de ces solutions avait sa faveur et celle d'Émile. Bidault était président du CNR (Conseil national de la Résistance). Il avait succédé, en juillet 1943, à Jean Moulin, arrêté et torturé à mort par la police allemande. Livré à la clandestinité, Bidault, jusqu'à la libération de Paris, se réfugia plusieurs fois rue de Longchamp pour y tenir des réunions clandestines, aux risques et périls de Denise et de ses enfants. Georges Bidault était alors parmi les rares personnalités qui disposaient d'une organisation – le CNR – susceptible de s'opposer à de Gaulle, et qui en même temps, sur le sol français, représentait le pouvoir du Général. Une telle position, selon de nombreux observateurs dont Émile, devait le conduire très naturellement à la tête du pays, dès après la guerre.

Quant à Édouard Herriot, c'est la vieille amitié radicale, le creuset des Schreiber. « J'ai lu un article dans une revue américaine qui parlait du dernier livre de Léon Blum. Il indiquait que les milieux politiques français avaient été très impressionnés par ce livre et attendaient Léon Blum comme leader au cas où il reviendrait. Je pense qu'aussi intelligent et clairvoyant qu'il soit, l'opinion publique a contre lui un préjugé qu'elle ne pourra pas surmonter. Édouard Herriot a plus de chance. »

Le pronostic de Jean-Jacques sur l'avenir de Georges Bidault et d'Édouard Herriot est à relier au regard qu'il porte, dès ce moment-là, sur de Gaulle et qui, au fond, variera peu. Le Général, à ses yeux, est un « grand chef », un « homme exceptionnel » au sens militaire ; le conflit terminé, il n'aura pas « les talents de liberté intellectuelle » pour assurer la transition et devra s'effacer devant les dirigeants politiques.

Jean-Jacques décroche le grade de pilote civil américain le 26 juin, le jour où les Alliés reprennent Cherbourg. « Cette semaine se termine bien puisque j'ai été gradué et je viens d'entendre à la radio la prise de Cherbourg. C'est du billard ! Il est probable que finalement ce seront les Américains qui entreront les premiers à Paris et peut-être même à Berlin. Ils font collection de capitales européennes. »

Il a terminé son *Primary Training* et entame le *Basic Training*, deuxième étape de sa formation. S'il reste dans l'Alabama, il change de camp pour passer sur une base strictement militaire. « C'est phénoménal, comme tout ce que fait l'armée américaine ! Je loge avec deux camarades dans des chambres très confortables d'officiers célibataires, un peu comme une cabine de première classe sur le *Normandy*. Soirées dansantes deux fois par semaine en robes du soir… »

Il s'est mis à étudier Aristote dans une traduction anglaise. Il découvre et s'entiche de Flaubert et de Montherlant. Ses journées sont sans répit. Trois heures de cours, une heure de sport, cinq heures et demie de vol sur un nouvel appareil plus puissant, qui se rapproche d'un avion de guerre. Maintenant, c'est du sérieux : vols de nuit ; vols « aux instruments » durant lesquels il doit utiliser exclusivement les manettes du tableau de bord sans regarder à l'extérieur, sauf pour l'atterrissage.

Si, dans ses lettres à son père, il n'oublie rien de sa course d'obstacles, il ne laisse guère transparaître ses états d'âme. Affleure simplement son regret de n'avoir rien vécu des « batailles de France ». Le 25 août, il assiste à la libération de Paris dans une salle de cinéma à Selma. Il ignore tout de sa mère, de ses sœurs, de Jean-Louis. Sont-ils restés rue de Longchamp ? Il apprendra, beaucoup plus tard, l'engagement de Brigitte auprès des résistants. À dix-huit ans, elle a rejoint le maquis. Après être passée par le réseau de Léo Hamon, elle s'était engagée comme photographe dans l'armée du général de Lattre, et avait obtenu la croix de guerre. Arrêtée à Melun, par les Allemands, alors qu'elle distribuait des tracts, frappée à coups de crosse, elle ne parlera pas et sera relâchée. Puis, elle a pris part à la bataille de Paris et passé plusieurs jours à défendre l'Hôtel de Ville. Quand de Gaulle y entrera, c'est elle, choisie pour son courage, qui aura l'honneur de lui remettre au nom des Parisiens le bouquet de fleurs de la Libération.

« À quand Paris ? À quand ? » se désespère Jean-Jacques. Plus ses qualités de pilote s'affirment, plus les jours passent et plus les chances d'une paix se rapprochent. La probabilité qu'il participe à la guerre s'éloigne. Mais il fait un métier dont il est « fier », qui le passionne, qu'il réussit et il n'oublie pas le précepte de Sénèque : « Il n'y a pas de vent favorable pour celui qui ne sait pas où il va. »

Il sait, lui, où il va. Meilleur élève de sa promotion *Basic Training*, il accède à la troisième étape de sa formation, le stage *Advanced* qui, s'il réussit, lui donnera le titre de pilote militaire dont il a « rêvé toutes les nuits pendant un an ». Ce stage, qu'il commence après dix jours de permission à Washington et New York – il revoit Henri de Kerillis dans sa ferme de Long Island –, l'obligera à passer plus de deux mois à l'intérieur du camp, sans aucune autorisation de sortie. Sa correspondance avec Émile va se ralentir. Il a lu dans un journal que ses amis Baschet – propriétaires de *L'Illustration* – étaient accusés d'avoir mis en danger la sécurité intérieure de l'État. Mais *quid* de sa mère, des projets d'Émile avec Bidault, de Brigitte, de Jean-Claude, des Le Baube, des *Échos* ? « Enfin, bon Dieu, je voudrais des nouvelles », lance-t-il dans une lettre du 30 décembre 1944 alors qu'il s'apprête à quitter l'Alabama pour son quatrième et dernier stage, celui de pilote de chasse.

Après le huis clos du cours *Advanced*, il a été, en effet, promu pilote militaire et, à la mi-janvier 1945, il fait ses bagages pour la base d'Oscoda dans le Michigan, à la frontière du Canada. C'est à l'autre bout des États-Unis. Il a décidé de s'y rendre en voiture avec trois camarades. Un voyage de deux mille deux cents kilomètres dans d'excellentes conditions, puisqu'il a changé sa Chevrolet pour une Chrysler Imperial.

La base d'Oscoda n'a rien à envier à celle de Craig Field et il effectuera son entraînement sur un Thunderbolt P 47, le chasseur bombardier le plus puissant de l'US Air Force. « Ce monoplace de deux mille chevaux, explique Jacques Nœtinger, volait à six cent cinquante, sept cents kilomètres/heure et, dans nos piqués, nous avons sûrement atteint le mur du son sans nous en rendre compte. À Oscoda, comme ailleurs, Schreiber, qui appréciait de plus en plus le style prussien de la discipline américaine, s'est révélé un pilote très performant. »

Il lui faudra deux mois pour être définitivement prêt au combat. « Je fais du sport, beaucoup de sport (basket-ball, volley-ball, tennis, cheval, aviron, boxe, etc.) et j'y trouve de plus grandes joies que nulle part ailleurs. Je dors neuf heures par nuit, je bouffe comme quatre (pour toute la famille), je monte à dix mille mètres et je vois la Terre toute petite et facile à conquérir ; je suis prêt aussi à la conquérir par en bas… »

Il s'est débrouillé le 13 février, jour de ses vingt et un ans, pour retrouver à New York Suzanne Magyar, une adorable Américaine d'origine hongroise, sa dernière conquête. Suzanne a trente-deux ans, mais, à l'inverse de ses précédentes dulcinées, elle est célibataire sans enfant.

Aux commandes de son Thunderbolt, ce nouvel amour « démultiplie son ardeur » affirme-t-il à Émile et au début du mois d'avril 1945, il reçoit, enfin, son brevet d'aptitude à l'aviation de chasse.

Le rideau tombe sur un couronnement et il se voit déjà mitraillant les Stukas sur un des fronts français. C'eût été trop beau et trop simple. Non content de l'avoir tenu en laisse depuis plus de douze mois, le commandement américain ne lui permettra pas de rentrer en France avant fin juin. Lorsqu'il écrit à son père le 5 avril, pour lui annoncer qu'il a terminé avec succès sa formation, l'effondrement du IIIe Reich était désormais inéluctable sans que l'on sache, toutefois, quand et comment finirait la guerre. « Je ferai tout ce que je pourrai pour ne quitter l'Amérique que vers un théâtre d'opérations ; et je suis sûr que Maman me comprendra, bien qu'elle m'ait fait promettre de revenir le plus rapidement possible. »

Il ne reviendra pas avant la signature du traité de paix, le 8 mai 1945. La mort du président Roosevelt, le 12 avril, a, il est vrai, quelque peu modifié les priorités de l'administration militaire américaine qui a d'autres soucis que celui de rapatrier les *French Fighters Training,* selon l'appellation officielle. Émile, en revanche, fera le chemin de la France vers les États-Unis. Son ami Georges Bidault lui a proposé de suivre, en qualité d'expert économique, la Conférence des Nations unies qui se tient à San Francisco et qui allait être à l'origine de l'OMS, Organisation mondiale de la santé. En réponse à sa dernière lettre, Jean-Jacques reçoit un câble – le courrier télégraphique a été rétabli – qui le comble de bonheur : « Serai à New York le 16 avril. Pitche*. »

Le père et le fils vont s'y retrouver quelques jours plus tard. « Maman chérie, écrit Jean-Jacques le 24 avril, je suis maintenant revenu à ma base du Nord, après une très courte (36 heures) mais merveilleuse permission passée à New York avec Papa. Tu imagines ma joie quand je suis rentré dans sa chambre d'hôtel et que je l'ai trouvé en pyjama. Quel petit déjeuner ! Il m'a d'abord montré ta photo qui est magnifique (et qui est maintenant à la tête de mon lit), et celle de Bernadette (que je n'ai pas réussi à garder, car tous les jours il y a un copain qui vient me la chiper), il n'en avait pas d'autres à me donner, mais j'ai aussi vu celle de Jean-Louis, et je me demande si je l'aurais reconnu dans la rue ! Ensuite nous avons parlé de vous pendant deux heures, lui dans son lit et moi en bras de chemise dans son fauteuil. Tout me passionnait, et nous ne sommes pas arrivés à trouver un ordre logique... Maman chérie, tu ne vas pas retrouver un fils que l'armée ou les milieux étrangers auront transformé bien profondément. Leur influence est de surface, et souvent d'ailleurs très utile. Fais-moi confiance jusqu'au retour, et je me charge du reste !

« Papa t'aura probablement parlé aussi de ce que Bernadette appelle dans son code "la demoiselle de Jean-Jacques". Il m'a fait d'elle (après m'en avoir dit tout le mal possible avant de la connaître) le plus bel éloge puisqu'il l'a comparée à toi. Je n'en espérais pas tant. Ceci dit, il n'a jamais été question de mariage entre nous (je me répète peut-être mais tu sembles en avoir besoin) et s'il en est question un jour (ce qui est possible) ce ne sera pas avant au moins deux ans ; et d'ici là... »

Cette idée qu'il puisse se marier avec Suzanne Magyar et s'établir aux États-Unis a sérieusement inquiété Denise comme l'ensemble de la tribu Schreiber durant le printemps 1945. « Je crois que la vérité est ici et pas là-bas », écrira-t-il un jour à sa

* Émile signait Pitche les lettres à ses enfants.

mère. Évoquant l'engagement de Brigitte et de son cousin Jean-Claude dans la Résistance, il lui dira : « Quelles expériences, et quels souvenirs ! Oui, je regrette de ne pas être avec eux à certains moments ; mais j'apprécie aussi d'avoir vu vivre l'Amérique pendant cette période si décisive et intéressante. Je crois que ça me servira très utilement, et déjà j'en ai été très influencé. » Dans toutes ses dernières lettres du Michigan, il cherchera à dissiper l'inquiétude de sa famille, tout en dévoilant le fil rouge qui le relie aux États-Unis et qu'il ne coupera jamais. Qu'il ne reniera jamais.

On ne peut pas comprendre JJSS sans avoir toujours en mémoire la place occupée par sa mère ; on ne peut pas non plus le comprendre si on oublie les empreintes que les États-Unis ont laissées dans son esprit encore jeune. « Je ne sais pas comment tu as pu penser une minute que j'aurais envie de rester en Amérique pour y faire carrière », écrit-il à Bernadette, son « ange gardien ». « La vie quotidienne, ordinaire, en Amérique est effroyablement banale, terne et facile. Ce que j'admire ici, c'est la base de la morale sociale et les principes qui régissent les rapports entre individus. Les principes de la démocratie (c'est-à-dire les principes chrétiens), qui paraissent souvent en Europe du domaine des rêves et de l'utopie, sont ici profondément passés dans les mœurs et les esprits. Les Américains tout en étant courageux et entreprenants, restent bons, tolérants, confiants et serviables.

« Tout cela est excellent, mais loin d'en déduire que c'est ici que je dois vivre, j'en conclus seulement qu'il faut lutter en France pour développer la même atmosphère morale ; plus que jamais au moment où une philosophie toute différente, et ennemie, veut transformer notre civilisation.

« C'est cette lutte, dans un sens beaucoup plus exact encore que tu ne le crois, qui me passionne et sera la base même de mon existence. »

Cette « philosophie ennemie » contre laquelle il n'entend plus désarmer – maintenant que le nazisme est vaincu –, c'est, bien sûr, le communisme. Jamais, en effet, il ne relâchera son combat.

Émile séjournera aux États-Unis plus de six semaines. Jean-Jacques, qui le rejoindra plusieurs fois à New York ou Washington, espérait repartir en France avec son père. Hélas la date du rapatriement sur une base française ou nord-africaine – il ne sait pas – est régulièrement reportée. Il lui arrive de ne plus y croire.

N'ayant désormais que peu d'obligations militaires, il est souvent à New York, monte à cheval dans Central Park, passe ses week-ends à Long Island chez Henri de Kerillis avec qui il parle du devenir de la France, du sort de de Gaulle, de l'Europe.

Et lui-même, comment voit-il son retour au pays? Va-t-il entrer à Polytechnique? «Je ne cherche pas à faire de projets, alors que l'avenir est si imprévisible, confie-t-il à Bernadette. Je prendrai les décisions au moment où elles deviendront nécessaires, surtout quand elles sont de détail. Polytechnique ou pas, je m'en fous complètement. Je sais que sortir de l'X classe un type dans la société française actuelle mais ce genre d'étiquette perd rapidement sa valeur et ensuite je me soucie fort peu d'être classé. Enfin, l'X n'est plus une école de chefs, ni même de cerveaux clairs. Ne conclus pas de ce qui précède que j'ai déjà pris la décision de ne pas y mettre les pieds.»

Quand il embarque – ouf! – à New York sur un navire militaire, il n'est pas au bout de sa peine. Pendant les huit jours de traversée, la destination finale ne cessera d'être modifiée. Croyant atteindre Cherbourg ou Brest, il sera débarqué le matin du 5 juillet 1945 à Alger. Là, avec tous les officiers du *French Fighters Training*, il est placé en dépôt sur la base aérienne de Baraki où il… attendra. La guerre est terminée et les pilotes de chasse relèvent du ministère de l'Air en pleine réorganisation. Chacun d'entre eux sera dirigé vers une unité aérienne française selon le bon vouloir du nouvel état-major qui ne se presse pas…

Durant toutes ces semaines d'ordres et de contrordres, à Paris la vie des Schreiber a repris son cours. *Les Échos*, qui reparaissent depuis novembre 1944, ont renoué avec les abonnés d'avant la guerre. La «boulangerie» est en plein essor. Émile et Denise ont déménagé de la rue de Longchamp dans le XVIe arrondissement, vers la rue Clément-Marot dans le VIIIe. Denise avait prévu de pendre la crémaillère le soir du 14 juillet et d'organiser une belle fête. Jean-Jacques serait là. Tous en étaient convaincus. Eh bien, non. Il est en Algérie sur cette terre d'Afrique du Nord qu'il déteste. «Si je pouvais faire un vœu, écrit-il, ce serait celui de ne jamais remettre les pieds en Afrique du Nord de ma vie. Rien que d'y penser me donne la nausée… Il faut travailler à partir de demain matin à ce que le très bien se réalise… il faut travailler tout court. C'est le seul programme. »

Singulière proclamation pour un garçon de vingt et un ans. Au terme d'une épopée de dix-neuf mois, il aurait pu, à Alger, poser son sac comme disent les marins et se donner du bon temps. Pas du tout. Son plaisir : se retirer seul sur une plage et « réfléchir pour avancer ». Si parfois l'amertume de n'avoir été que le spectateur d'une pièce qu'il aurait voulu jouer le dérange, la froide lucidité toujours l'emporte : « de toute façon, il faut jouer avec son jeu qu'il soit bon ou mauvais ». Le doute en général, la faculté de douter de soi et le relâchement sont des denrées que l'on ne trouvera pas sur les étagères de Jean-Jacques…

Son affectation lui parviendra, enfin, le 20 juillet. Il est attendu le 6 août comme chef d'escadrille dans le groupe de chasse I/V – le GC I/V – qui stationne sur une base près de Strasbourg, avant de rejoindre celle de Trèves en Allemagne. Il a pu obtenir une permission pour une visite éclair à Paris où, sur le conseil insistant et enrobé d'amour de sa mère, il arrête sa décision d'entrer à l'X. Sa promotion y est attendue à la mi-octobre. Son compagnonnage avec les « vieux loups de l'air » du GC I/V qui sont ensemble depuis des mois, voire des années, sera très bref. Pourtant il lui laissera un souvenir aussi unique qu'inédit, et lui donnera l'occasion de découvrir Louis et Betsy de Fouquières qui deviendront en 1960 ses beaux-parents. Louis de Fouquières – Loulou pour les intimes – commande en effet le GC I/V. Le nom des Fouquières ne lui était pas inconnu puisque, on s'en souvient, Denise Brésard du temps où elle était infirmière à la Nouvelle Étoile des petits-enfants de France avait noué des liens très affectueux avec Jeanne de Fouquières, la mère de Loulou.

Le souvenir ? « Pour la première fois de ma vie, j'ai été ivre mort, et je commence seulement à reprendre un peu goût à la vie verticale. Ces vaches-là m'avaient préparé une petite réception au groupe de la plus pure et de la plus violente tradition. D'abord le commandant de Fouquières et deux autres officiers s'étaient déguisés en serveurs pour le dîner et jouaient aux Allemands (prisonniers) qui ne comprenaient rien. Tous les autres, à table, avec moi, avaient échangé leurs galons pour la soirée. Enfin, j'étais à la droite de Mme de Fouquières qui se chargeait du reste.

« Atmosphère incohérente et bruyante, fort sympathique d'ailleurs, qui me donne une certaine assurance. Je commence à parler beaucoup… Chacun me porte des toasts, dont je ne m'aperçois déjà plus que je reste le seul à les boire. Le tout devient très vague… Je tombe sous la table en leur disant "Attendez je vais chercher des crabes et des crevettes".

« Ils m'ont ramené sur mon lit de camp (je n'avais pas encore de chambre) où j'ai dégobillé tout ce que j'ai pu pendant deux heures…

« Inutile d'ajouter qu'en l'absence feinte de Fouquières j'ai flirté avec sa femme, même, paraît-il, d'un peu trop près. Ah, ils en ont eu pour leur argent ! »

Les Fouquières ? Il s'entend très bien avec le commandant Louis de Fouquières. « Il est ici le type le plus intelligent et cultivé du groupe. Il est aussi très actif, et c'est lui qui crée toute l'atmosphère du groupe qui tombe très à plat quand il part. Il a ce trait de caractère qui consiste à parler avec la même franchise de ses supérieurs que de ses inférieurs : ce qui est toujours très étonnant. » Il n'est pas non plus insensible au charme de Betsy de Fouquières dont l'âge et la situation maritale correspondent exactement à ses critères de séduction : elle a vingt-sept ans et trois enfants.

Sabine, l'aînée, avait six ans et elle a gardé des flashes, des images de ce temps-là, probablement les plus lointaines conservées dans sa mémoire. « Mes parents habitaient un pavillon de plain-pied. Ils organisaient dans leur salon des fêtes à tout casser, pleines de cette euphorie de la Libération et de la paix. Ça dansait, ça buvait, ça chantait. Les femmes portaient alors des chaussures à semelle compensée et des jupes coupées en biais qui découvraient le haut de la jambe quand elles marchaient ou dansaient. Ma mère, avec ses sourcils en hirondelle, avait une allure, un entrain fou. Elle dansait tout, le charleston, la valse, le boggie-boggie, le fox-trot… Parfois elle se mettait au piano. Assise dans un coin, je regardais le spectacle avec mes yeux d'enfant. C'est ainsi que je me souviens très bien d'avoir vu Jean-Jacques. Pourquoi l'ai-je vu, lui ? Parce qu'il était le seul qui se tenait totalement à l'écart de la fête, vraiment le seul. Il était là, il ne buvait pas, ne dansait pas et ça devait m'intriguer car, encore aujourd'hui, je le vois seul au milieu de cette java. »

Jean-Jacques, en effet, s'ennuie. Il n'a d'yeux que pour

Betsy de Fouquières. Cette fois, notre Roméo n'enjambera pas la rampe du balcon. Il ne se souvient pas d'avoir été aussi oisif depuis plusieurs années, peut-être même depuis vingt et un ans.

Comme si le sort s'acharnait, il va lanterner près de Strasbourg jusqu'au début de septembre et son séjour à la base aérienne de Trèves se réduira à cinq semaines. Cinq semaines inutiles. Il a hâte de « reprendre le fil de sa vie », de revoir Paris, sa famille, d'intégrer l'École polytechnique. Il apprend que son escadre a reçu l'ordre de se préparer pour s'envoler vers l'Extrême-Orient où le Japon n'a pas déposé les armes. « J'ai d'abord hésité mais finalement je maintiens ma décision de rentrer à l'X », écrit-il à ses parents le 7 août. La veille, les États-Unis avaient lancé la première bombe atomique sur Hiroshima. « Il ne pourrait y avoir de changement de ma part, poursuit-il, que si le départ était très rapide (improbable) et si le commandant de l'X me conservait mes droits pour un an encore. De plus, les nouvelles d'aujourd'hui sur la bombe atomique ne laissent pas beaucoup de doutes sur la durée du Japon ; si je partais même bientôt j'arriverais probablement trop tard. »

Il quittera Trèves sans aucun regret, traversé par une curieuse impression de parenthèse, sans qu'il sache s'il s'agit d'une parenthèse d'un mois, d'un an, ou de cinq ans. « Mes parents chéris, je vous écris juste avant de monter dans l'avion pour Paris. Je ne sens rien, sauf mon amour pour vous, ma joie de vous revoir. Je veux surtout oublier la guerre. Je vous l'ai dit souvent : ne jamais regarder en arrière. Pourtant ce matin je pensais à octobre 40, à la Maison des étudiants de Grenoble, à Claude Charmont, à Christian Beullac. C'est peut-être de là qu'il faudra repartir pour reconstruire. Pour oublier la guerre. »

5

Le virus de la politique

Lorsque Jean-Jacques Servan-Schreiber se souviendra, quarante-cinq ans plus tard, de son retour à Paris au début de l'automne 1945, il en donnera une version idyllique et flatteuse, mais assez lucide. Pour une fois, le metteur en scène a laissé son imagination au vestiaire. « Je sais, de longue date, que ma vie sera une succession de luttes, de défis, d'assauts et par conséquent de blessures. Il ne peut pas en être autrement. C'est sans doute dans mon caractère. Que ce soit bon ou mauvais n'est pas une question qui se pose.

« (...) D'ailleurs, jusqu'ici, ma vie a été aussi *facile* que ma mère le souhaitait pour son enfant gâté !

« Une guerre exigeant, certes, l'excellence, mais après tout *facile*. Un concours de l'X contraignant, mais *facile*. Une petite gloire, qui ne me trompe pas, au moment du retour à Paris de l'enfant prodigue, là aussi *facile*. Et, maintenant, la délicieuse récompense – dont j'ai été privé depuis trois ans –, celle des jeunes femmes de la société parisienne qui accueillent, *facilement*, heureuses de les voir de retour, les jeunes Français qui rentrent de la guerre[29]. »

Parmi ces jeunes Françaises Colette Duhamel, la veuve de l'ancien ministre Jacques Duhamel, enflammera quelque temps son cœur. Elle s'appelait alors Colette Rousselot, et appartenait à une puissante famille d'industriels. Elle avait dix-huit ans et croisait dans la bonne société parisienne. Elle a gardé la grâce et la beauté des femmes qui n'ont jamais redouté de vieillir. « Jean-Jacques a romancé notre rencontre. C'est très gentil de sa part. Je l'ai rencontré l'hiver 1945 et nous avons skié ensemble à Courchevel, à Noël. Il était fougueux, excessif. Il descendait les pentes tout schuss comme on disait alors, indifférent au risque. Il savait aussi comme aucun autre garçon de son âge mettre les jeunes filles en valeur. Entre deux descentes, il m'a demandée en mariage. J'ai éclaté de rire. Était-il sérieux ? Dans l'instant, sûrement. Mais trois jours après ?... Nous sommes restés bons amis. Un peu plus tard, en 1950, jeunes mariés, Jacques Duhamel et moi, avons loué une maison à Orgeval avec Jean-Jacques qui venait d'épouser Madeleine Chapsal. Nous nous sommes vus très souvent, et je dois dire que, dès cette époque, il était fasciné par la politique. »

Après Colette Rousselot, il y aura quelques autres jeunes filles dont Marie-Pierre de Brissac, qui épousera Simon Nora. Des amours platoniques, bien éloignées des liaisons avec les maîtresses femmes qui furent et continueront d'être ses initiatrices, ses éducatrices. À l'en croire, sa conception des relations amoureuses a été définitivement scellée dans ces années-là. « J'ai désormais compris et décidé ce qui va devenir la règle de ma vie amoureuse : aucune femme n'aura le droit de propriété sur moi, ni moi sur elle[30]. »

Force est d'admettre que les récits ou impressions qu'il donne de ses rapports avec la gent féminine, dans sa correspondance de jeune homme, s'accordent avec cette affirmation sans appel. Laquelle est également en parfaite conformité avec son attachement à sa mère et réciproquement. Jean-Claude Servan-Schreiber – un homme qui aime les femmes, s'il en est – se refuse à entrer dans le labyrinthe de la psychanalyse et va au plus simple : « Mon cousin n'a jamais aimé une femme. Non pas qu'il en était incapable, il n'en avait absolument pas besoin. Il avait sa mère et ça lui suffisait. » Et de rire en levant les bras, comme s'il avait envie d'ajouter : « C'est tout de même incroyable, non ? »

Sa règle de vie amoureuse n'est pas non plus sans conséquences sur sa manière d'aborder le mariage. Dans l'idéal, on se marie par amour, on se jure fidélité, on promet de subvenir aux besoins de son épouse et de sa famille. Pour Jean-Jacques, le mariage n'a qu'un seul but : avoir des enfants. En 1971, Jean-Claude Vajou, un brillant journaliste, aura avec lui ce dialogue très éloquent :

« – Est-ce que le père passe avant le mari ?

« – Ah oui, sûrement ! expose M. Jean-Jacques Servan-Schreiber qui ajoute cependant : Ne croyez pas que ma réponse soit désobligeante pour ma femme, mais le mariage est un contrat

Certes, il y a affection réciproque, c'est évident, mais il s'agit d'un contrat passé entre deux adultes qui, de toute manière, ont leurs centres d'intérêt et possèdent déjà un tempérament. Ma femme est plus jeune que moi, elle a sa vie à elle que je respecte*. J'ai ma vie à moi, qu'elle ne peut pas complètement suivre... je ne me sens pas responsable de ma femme ; ça serait absurde ; elle n'est pas colonisée. Elle est très émancipée et s'intéresse à beaucoup de choses, ce que j'apprécie. Il s'agit d'une autre nature, pas d'une chose sacrée, mais d'une réalité importante. Le mariage est un contrat, je le répète, mais l'existence des enfants pose des problèmes infiniment plus difficiles et plus graves.

« Mon interlocuteur garde quelques instants le silence. Ses yeux se fixent dans le vide et, à l'estuaire de sa réflexion intérieure, il dit simplement à haute voix :

« – Je suis un bon père, j'espère... je ne suis pas un bon mari[31]. »

Vingt-cinq ans plus tôt, il semble déjà tellement fâché avec l'idée traditionnelle du mariage qu'il écrit, dans ses lettres, le mot et ses dérivés avec toujours deux « r ». Marriage, la marriée, se marrier... Drôle. Surtout qu'il fait peu de fautes d'orthographe. Certes, il est bilingue et en anglais mariage se traduit *marriage*. Mais pourquoi justement n'a-t-il anglicisé que ce mot-là ?

En octobre 1945, sa préoccupation première n'est pas le mariage. Il est à Polytechnique. Il a vingt et un ans. L'École située montagne Sainte-Geneviève, derrière le Panthéon, comptait deux corps de bâtiment, le casernement Foch en bon état, et le casernement Joffre, démoli. Pour faire face au manque de locaux, l'X avait annexé la caserne Lourcine, située au bas du boulevard de Port-Royal où les élèves étaient regroupés par chambrées. Cette rentrée d'octobre 1945 fut très particulière. L'École accueillait, d'une part, les deux promotions des concours de 1942 et 1943, d'autre part, la promotion du concours de 1944. C'est-à-dire sept cent quarante-trois élèves qui venaient de traverser des épreuves très variées. Beaucoup avaient connu le STO,

* Sabine de Fouquières, née en 1939, a quinze ans de moins que Jean-Jacques.

certains les camps de prisonniers, la Résistance, les combats de la Libération, d'autres, la vie, sans plus, des Français sous l'Occupation. L'expérience de Jean-Jacques, pilote de chasse sans avoir fait la guerre, était unique. Il retrouvait ses amis grenoblois, Christian Beullac et Claude Charmont. Il allait se lier avec Paul Lepercq et Guy Mangenot. Il y avait aussi Valéry Giscard d'Estaing mais ce n'est pas à l'École que Jean-Jacques et lui vont se découvrir et s'apprécier.

Paul Lepercq était le fils d'Aimé Lepercq au destin brisé. Cet homme de confiance du groupe Schneider avait rejoint la Résistance en 1943 et fut nommé ministre des Finances dans le premier gouvernement provisoire du général de Gaulle. En novembre 1944, il se tuait dans un accident de la route. Paul Lepercq s'était, de son côté, engagé chez les marins de la France libre. Après son passage à Polytechnique, il fera sa carrière aux États-Unis. Homme d'affaires, aussi entreprenant qu'original – passionné d'art lyrique, il avait créé sa compagnie de ballets – il sera jusqu'à sa mort en 1999 un proche de Jean-Jacques.

Guy Mangenot n'a rien perdu de la nonchalance de ses vingt ans et n'a pas oublié ces deux années marquées par le climat de l'immédiat après-guerre. Après avoir rallié la Résistance, puis la 2e DB, il participa à la libération de Paris avant d'être blessé pendant la prise de Strasbourg. « Jean-Jacques était un ami extraordinaire, très fidèle. Son mariage avec Madeleine Chapsal, que je connaissais bien, nous a encore rapprochés. Madeleine est la marraine de ma fille Stéphane, née en 1949. Ensuite la vie professionnelle nous a éloignés mais je l'ai toujours revu avec plaisir, conscient toutefois de la dimension surréaliste de son existence, et de l'impossibilité de le conseiller en quoi que ce soit. Sa mère lui a collé le virus du génie, du christ vivant. Austère, belle, toujours dans une élégante robe noire, Mme Schreiber impressionnait tous ses camarades. Elle attendait tellement de lui, qu'il a fini par se ramasser. Je crois qu'il y a une part de souffrance dans tous ses défis et, au fond, il n'assumait pas ses succès. Il avait toutes les cartes en main, mais une, sûrement, lui échappait. Il me disait souvent d'une drôle de façon, “j'ai un trou quelque part dans ma tête”. Il était incapable de gérer ses pulsions, ses impatiences. À l'X, il avait ce don dans une réunion de polariser toute l'attention sur lui et il avait un besoin obsessionnel de s'affirmer, de s'imposer. Dès qu'on écornait son image de jeune homme d'exception, on risquait le clash. Il se braquait et pouvait réagir violemment. C'était son côté enfant gâté, héros de la famille. "Je suis Jean-Jacques Servan-Schreiber, j'ai droit à des égards." Nous étions quelques-uns, il est vrai, qui avions le sentiment d'avoir vécu des moments exceptionnels et, si nous n'avions pas comme Jean-Jacques une haute idée de nous-mêmes, nous étions de fortes têtes, des révoltés qui supportaient mal le règlement de l'École. D'ailleurs, Lepercq, Jean-Jacques et moi avons écopé de vingt-huit jours d'arrêt pour indiscipline. Dans ces circonstances, malgré sa gravité naturelle, il gardait un esprit potache qui détonnait. Je le revois à poil s'agitant comme un clown sur le toit de la maison d'arrêt ! Follement amoureux de Colette Rousselot, il faisait le mur pour aller la rejoindre. L'ambiance à l'École était, je dois dire, spéciale…

« En tout cas, dès l'X, c'est indéniable, il se pensait en homme politique. Quand j'ai envisagé, l'été 1946, de créer une revue, il a tout de suite adhéré à mon projet parce que c'était, pour lui, un moyen de faire passer un message, de "changer les choses", une de ses formules. Il en avait, comme ça, quelques-unes, "dans le droit fil", "penser en ligne droite", "il faut prêcher"… On le chambrait, et il n'appréciait pas du tout.

« Durant l'été 46, j'ai fait deux séjours à Veulettes pour mettre au point la revue. On était debout à sept heures, on allait piquer une tête dans la Manche glaciale, et on se mettait au boulot. Son père nous conseillait pour trouver de la publicité. Marcelle Bréaud, Nicole Deschars*, Jean-Jacques et moi sommes même allés, en septembre, à la foire de Milan puis à Turin pour essayer d'obtenir des contrats publicitaires ! Marcelle avait une magnifique décapotable verte et on a sillonné l'Italie du Nord. Jean-Jacques ne cachait jamais ses aventures féminines ni à sa mère ni aux maris trompés. C'était admis. Pourquoi ? Je n'ai pas de réponse. Il prétendait ne pas connaître la jalousie. "Être jaloux, c'est perdre son temps", nous disait-il. Pour moi, ce n'était pas du tout ce qu'on appelle un homme à femmes, il n'avait pas cette sensualité contagieuse du jouisseur. C'était un séducteur qui aimait se regarder dans les yeux de ses conquêtes. Séduire était un acte d'auto-admiration, ce qui ne l'empêchait pas d'être très prévenant avec les femmes, très plaisant pour leur ego. Je dirais qu'il était plus envoûtant que charmant. »

Il est revenu d'Italie avec un contrat publicitaire. « Maman

* Nicole Deschars était la fille d'un des principaux actionnaires d'Air Liquide.

chérie, je veux te dire que je t'adore même quand j'ai seulement le temps de le penser et pas de te l'écrire. Je veux te dire aussi que mon premier contrat (ci-joint) t'est dédié, comme mes Ailes*, comme tous les efforts de volonté que j'ai réussi à faire parce que tu m'as appris à les vouloir. »

Ce contrat et quelques autres glanés à Paris ne suffiront pas à lancer la revue dont il rêvait. Son modèle c'était le *Times Magazine* qu'il lisait toutes les semaines. Il devra s'accommoder de la formule plus modeste conçue par Guy Mangenot : *Affluents, revue mensuelle des Grandes Écoles.* Le premier numéro – il y en aura cinq – compte trente-deux pages et sort en avril 1947. L'éditorial est signé J.-J.S. Il annonce son style dépouillé, sec, son mode de raisonnement, sa philosophie de l'action et du concret. D'ailleurs, il l'a intitulé : « Nous nous préoccuperons surtout des moyens d'Action. » Avec un A majuscule, s'il vous plaît…

« Nous ne sommes pas contre les discours ou les exhortations. Ils propagent, au contraire, le désir d'action et le goût d'entreprendre… À cela près, nous voulons surtout concrétiser, bâtir, organiser. Nous chercherons les moyens d'agir, le plus vite et le plus complètement possible. Nous sommes des architectes, non des théoriciens.

« L'une des idées que nous examinerons souvent ensemble, et qui nous passionne le plus, nous servira d'exemple : les États unis du Monde.

« Mon but actuel n'est pas de vous convaincre des bienfaits de cette solution. Je crois, du reste, que peu d'hommes peuvent intellectuellement lui opposer une résistance sérieuse…

« (…) Voyager, apprendre à connaître, rencontrer. Toujours plus souvent et plus profond. Rester à l'étranger, vivre en gagnant son pain comme ceux qui vous entourent, parler dans leur langue, oublier lentement que l'on vient d'ailleurs, s'apercevoir un jour que l'on réagit avec eux, que l'on partage leurs impressions, jusqu'à leurs intérêts, sans effort.

« Et puis, retourner chez soi, avec une vue tellement plus

* Il s'agit de son brevet de pilote de chasse.

juste de l'importance réelle de telle ou telle collectivité, et singulièrement la sienne.

«(...) C'est la seule base solide à l'avènement, en notre siècle, des États unis du Monde. C'est à quoi, dès maintenant, nous voulons employer nos moyens.»

En 1969, quand il se lancera, sabre au clair, en politique, il affirmera: «Je n'ai jamais eu un tempérament de journaliste. D'ailleurs, je n'ai jamais écrit d'article de journaliste.» L'aveu fut reçu comme une provocation, une de plus. Ne disait-il pas la vérité? Il a commencé sa carrière par un éditorial, il l'a poursuivie en écrivant des centaines d'éditoriaux et un de ses derniers «papiers» dans la presse – *Le Figaro Magazine* du 17 décembre 1988 – est un long éditorial de plusieurs pages sur «les nouveaux défis mondiaux».

«Mon père était un vrai journaliste, dira-t-il. Qu'est-ce que le vrai journaliste? Celui qui va dans un pays, fait de longs voyages, enquête, revient et écrit. C'est l'observateur. Mon père ne délivrait pas son opinion, il décrivait ce qu'il voyait en étant le plus fidèle, le plus précis possible. Il s'est efforcé avec un grand talent de rapporter le plus objectivement possible l'URSS de Staline, le Portugal de Salazar, l'Allemagne de Hitler, l'Amérique de Roosevelt... Or cela n'a jamais été mon tempérament. J'ai toujours voulu changer les choses et non pas rapporter objectivement ce que je vois. Je ne suis pas un bon journaliste. Je suis un bon éditorialiste[32].»

Affluents lui a révélé sa véritable nature, sa vocation: s'adresser aux autres pour les convaincre et pour changer les choses. À sa sortie de l'X, il ne sera pas, certainement pas, ingénieur. «Il nous le répétait, dit Guy Mangenot. Il voulait voyager, tenter sa chance dans les affaires pour ensuite se lancer en politique. C'était clair. Le combat politique, l'actualité politique étaient ses thèmes de prédilection. Il y revenait toujours.»

D'ailleurs, par le biais d'*Affluents*, il organisa quelques conférences qui dépassaient le cadre de l'X et auxquelles étaient conviés les élèves des grandes écoles. En 1947, à la veille de recevoir le titre d'Ingénieur diplômé de l'École polytechnique, il délivra sa vision de la France devant une centaine d'étudiants. Comme un professionnel des meetings, il fera dactylographier son intervention pour la distribuer aux participants. Au milieu de 1947, l'atmosphère dans le pays était étrange, lourde d'incertitudes. De Gaulle avait abandonné le pouvoir en février 1946 et créé le RPF, le Rassemblement du peuple français. Il parcourait l'Hexagone, réunissant des foules à Strasbourg, à Lille, à Bordeaux, à Rennes... Coup sur coup, il y eut deux référendums constitutionnels et des élections législatives. Les élections municipales étaient attendues en octobre 1947. Le poids du PCF, les grèves et les affrontements dans la presse, bientôt dans tous les secteurs d'activité, inquiétaient. Quant aux crises ministérielles, on ne les comptait plus. En quelques mois, on avait vu défiler les gouvernements de Gaulle, Félix Gouin, Georges Bidault, Léon Blum, Paul Ramadier... Confronté à ce bouillonnement politique et social, Jean-Jacques pose la question : « Où va la France ? »

Morceaux choisis : « À la tête du gouvernement de coalition (rassemblement des gauches, MRP, socialistes) est le Parti *socialiste* de plus en plus divisé, de plus en plus hésitant sur les mesures à prendre. Obligés à chaque instant au choix d'un compromis entre le programme socialiste pur et la réalité gouvernementale, ses chefs ont mené le pays à un état de semi-dirigisme et de semi-liberté qui achève de détruire ses chances de stabilité. » « Le général de Gaulle est à peu près unanimement respecté comme un homme clairvoyant et personnellement honnête, très patriote. Ce qui ne veut pas dire que son règne serait fait de justice car les hommes qui l'entourent et qui dirigent son action politique sont loin d'avoir la même réputation. » « Le Parti communiste français se contente d'attendre en espérant l'échec du plan Marshall, échec auquel il essaie de contribuer en montrant aux Français – toujours sensibles à cet argument – combien l'Amérique est d'abord décidée au relèvement de l'industrie allemande. » « Contrairement à de Gaulle, les communistes n'auront pas besoin d'un coup d'État pour accéder au pouvoir. Avec l'appui de l'aile gauche du Parti *socialiste*, qui se joindra presque forcément à eux dans un avenir proche, ils disposeront au Parlement d'une force très suffisante pour s'imposer légalement, ce qui est en France toujours très apprécié. »

Cette fascination pour la politique s'accompagne, selon ses amis, d'une réelle volonté de rébellion qui tranche avec la plupart de ses pairs de l'École. « Schreiber, affirme Claude Charmont, était en rupture non pas avec sa famille, mais avec les élites et la classe politique qui dirigeaient le pays dans les toutes premières années de la IVe République. Il portait un jugement très sévère sur la bourgeoisie française qu'il tenait pour responsable de notre marasme. Nous en discutions souvent. En fait, Schreiber était aussi moderne, aussi libéral dans son approche de la politique qu'il l'était dans ses relations avec les femmes. Il avait été impressionné par le fonctionnement de la démocratie américaine, sa référence. Sans le savoir, il représentait la modernité, un mot auquel à l'époque nous ne donnions pas le sens qu'il a aujourd'hui. »

La rébellion de Jean-Jacques va en effet se manifester à sa sortie de Polytechnique. Il n'a pas, pour une fois, cherché la performance scolaire comme si l'X n'était que le pis-aller d'une promesse faite à sa mère. Il est polytechnicien, cela suffit, qu'importe le rang de sa sortie. Quatre-vingt-troisième, il est loin de « la botte ». Le Génie maritime, les Ponts, les Mines, même l'ENA, sauf à passer le concours, lui sont fermés et il n'a jamais envisagé l'une ou l'autre de ces voies sacrées.

« J'avais vingt-trois ans, j'étais en révolte. Au même moment, Giscard, Jacques Duhamel, Jean de Broglie ou Jean d'Ormesson qui ont mon âge et qui étaient des amis à ce moment-là ne pensaient qu'à déposer très convenablement et intelligemment leurs pions sur l'échiquier d'une grande carrière dans la classe dirigeante… Ils ont d'ailleurs tous réussi. Le seul révolté authentique que j'ai connu, bien qu'un peu plus âgé que moi, mais que j'ai connu par son frère Jean, c'est Simon Nora qui était communiste à la Libération, après une très brillante résistance dans les maquis de l'Isère. Il a épousé une autre révoltée, Marie-Pierre de Brissac. Pendant vingt ans, très courageusement, Simon a refusé de composer avec le pouvoir établi, bien qu'il soit à coup sûr l'un des esprits les plus féconds et l'un des techniciens économiques les plus forts de sa génération. Mais même Simon, avec l'âge, a fini, non pas par capituler car il est resté très intègre, mais par se résigner à améliorer un peu l'ordre établi, sans plus espérer parvenir à le changer vraiment. Et le voilà conseiller de Chaban-Delmas. C'est l'un de ceux qui, de cette génération, a été cassé par l'échec communiste[33]. »

Mais, lui, que va-t-il faire de son prestigieux parchemin ?

Aux *Échos*, il serait évidemment le bienvenu. Émile et Robert qui signent maintenant Servan-Schreiber et se partagent le pouvoir dans une parfaite égalité ont déjà commencé à accueillir leurs aînés. Marie-Claire, la première à pousser la porte des *Échos* dès mai 1945, est en charge des abonnements et de la publicité. Son frère Jean-Claude, qui s'engagea en mai 1943 dans les chars, avait débarqué en Provence, mené les campagnes d'Alsace et d'Allemagne. Affecté comme aide de camp à Berlin, il ne reviendra à Paris qu'au mois de mars 1946. Il a vingt-huit ans et derrière lui six mois d'internement en Espagne, quarante semaines de combat. Il a envie de souffler. Quand son père lui propose d'entrer aux *Échos*, il accepte tout de suite. Brigitte, sa cousine, est recrutée à la même époque. Jacques de Fleurieu et Alain Tabouis, les premiers maris de Marie-Claire et de Brigitte, sont également des salariés de la « boulangerie ».

Quand Jean-Jacques arrive sur le marché du travail, cinq membres de la tribu – sans compter Émile, Robert et René Bomio* – sont déjà employés aux *Échos*. Les autres héritiers sont trop jeunes pour briguer un poste au sein du *family business*. Bernadette termine les Arts déco, Christiane vient d'obtenir son second bac et Jean-Louis entre chez les jésuites à Saint-Louis-de-Gonzague.

Jean-Jacques ne se presse pas. D'autant que son oncle et son père ont établi une règle à laquelle ils ne dérogent jamais. Les enfants Schreiber qui optent pour *Les Échos* se doivent d'effectuer un stage dans tous les services, le standard, la comptabilité, le travail au marbre, les abonnements, la publicité… des tâches souvent ingrates. Au service abonnements, on ne connaît pas encore les techniques modernes de sélection d'adresses et il faut les relever à la main dans les annuaires ou les catalogues. Pour la prospection publicitaire, chacun se transforme en VRP et s'en va visiter les patrons des petites et moyennes entreprises de la France entière. Un tel apprentissage, au ras du terrain, n'est pas du goût du sémillant polytechnicien.

Il y a autre chose dont nous n'avons pas encore parlé : Jean-Jacques peut brusquement plonger dans des phases dépressives.

* René Bomio était le fils naturel de Robert Servan-Schreiber.

Cet été 1947 n'est pas sans rappeler celui de 1942, à Grenoble, lorsqu'il s'effondra, épuisé d'avoir tant trimé : s'il ne s'est pas, cette fois, effondré, il ne parvient pas à « décompresser » comme disent les commentateurs sportifs. Combien même le débat politique le mobilise, la sortie de l'X sonne aussi la fin du bachotage, des cours, des « colles », de la compétition exacerbée. Il est dans l'attente d'une direction nouvelle. Un entre-deux qu'il supporte mal. Il a toujours cultivé une forme de monoïdéisme, l'esprit occupé de façon quasi exclusive par un seul objectif, une seule idée. Ce qui lui donne une énergie exceptionnelle. Ce qui parfois le casse quand, le but atteint, il est envahi par une sensation de vide. Il dévisse, enfoui dans ses abîmes intérieurs. Cette oscillation entre des mois d'exaltation intense, de triomphe et de brefs moments de profonde déprime a été baptisée « hypomanie » par les psychiatres. Ce type de comportement serait très fréquent et ne présenterait aucun caractère majeur de gravité.

Pour la première fois, semble-t-il, Denise s'est inquiétée de l'état de Jean-Jacques. « Maman chérie, il n'y a que toi, que toi, qui me comprennes », lui écrit-il, tel un naufragé. On l'imagine se pelotonnant, enfant perdu, dans les bras de sa mère. Celle-ci a-t-elle jamais eu, pour autant, conscience de la fragilité psychologique de son fils ? C'est peu probable. Jean-Jacques saura dominer ces instants d'abattement qui vont le poursuivre toute sa vie. « Quand je l'ai connu en 1969, il avalait une quantité de médicaments qui m'impressionnait, avoue Guy Sorman. Un jour je lui ai dit : "Vous êtes une pharmacie ambulante !" Il m'a répondu d'un haussement d'épaules en me fusillant du regard. »

La torpeur qui l'a saisi durant l'été 47 a été, comme ce sera toujours le cas, assez courte puisque le voilà qui convole en justes noces avec Madeleine Chapsal. La date de l'événement est arrêtée : ce sera le 18 septembre. Depuis son retour à Paris, son cœur et son corps balancent entre plusieurs jeunes filles ou jeunes femmes de la bonne société. Il a revu Madeleine qui caracole dans les mêmes milieux. Elle n'a pas oublié ce garçon impétueux de dix-huit ans, croisé à Megève en 1942, qui discourait sur les affaires du monde. Elle avait dix-sept ans. Elle le retrouve quatre ans plus tard, devant l'église megévane – coïncidence prémonitoire ? – à l'occasion d'un mariage. Dans son uniforme de polytechnicien, Jean-Jacques tranchait sur la gaieté de l'assemblée, à l'écart de tous, plus sévère que jamais. Ce jour-là, aucune étincelle ne viendra réchauffer les relations très conventionnelles entre les deux jeunes gens. Madeleine a conté, avec une pointe de marivaudage dix-huitièmiste, le cheminement qui, d'une indifférence feinte, la conduira jusqu'à l'embrasement amoureux. Plusieurs anecdotes émaillent sa carte du Tendre. Depuis la question de Jean-Jacques, « Vous êtes intuitive ou déductive ? », jusqu'au plongeon dans les eaux froides de la Manche qui aurait pu tourner à la tragédie. Madeleine ne connaissait guère la Normandie. Encore moins Veulettes, sa digue, ses vagues et ses galets. C'est là que se nouera l'idylle. Elle a voulu rejoindre Jean-Jacques, nageur aguerri qui s'est précipité dans la mer sans l'attendre. « À peine suis-je à mi-mollet, écrit Madeleine, qu'une haute vague me renverse avec une violence telle que je ne puis me relever. Une seconde se fracasse sur moi et commence à m'assommer avec les galets qu'elle charrie. Impossible de nager… Je manque d'air et j'ai conscience que je suis en train de me noyer… Une poigne vigoureuse m'agrippe et me sort de cet enfer. Jean-Jacques est venu à mon secours… Noyée, je le suis, mais dans une autre tempête, invisible cette fois : je suis amoureuse[34]. » Dès ces heures épiques, Madeleine fera ce qu'il faut pour apprivoiser ce lovelace impénitent. Denise l'y aidera. Elle apprécie l'éducation infuse de Madeleine, son élégance aussi sûre que discrète. N'est-elle pas la fille d'une femme du monde, Marcelle Chaumont, dont la griffe brille désormais dans le ciel de la haute couture et d'un conseiller maître à la Cour des comptes ? La petite-fille de Fernand Chapsal, sénateur et ministre, sous la IIIe République ?

Jean-Jacques était pris. Il adresse à Madeleine des mots enflammés où les « Mon amour », les « Je t'aime », les « Toujours » s'entremêlent à ces formules sérieuses et ambiguës dont il ne peut se départir. « Tu es mon but et mon fardeau »… « Tu es mon chemin, ma vérité, ma vie »… « Je t'aime ce qui compense tout ou à peu près »…

Madeleine n'oubliera jamais cet après-midi devant Veules-les-Roses nimbé de brumes. Voulez-vous m'épouser ? lui a demandé Jean-Jacques sans autre commentaire. Un déjeuner de famille rue Clément-Marot, en décembre 1946, réunira toute la famille Schreiber et quelques intimes des futurs époux, dont Christiane Laroche, la meilleure amie de Madeleine. À dix-huit ans, Christiane vient d'être engagée aux *Échos*. Elle est de ces jeunes débutantes dont la beauté défraie la chronique du Tout-Paris d'alors. Jean-Claude est ébloui. À l'issue des agapes tout le monde a compris : si le mariage de Jean-Jacques est officiellement annoncé, celui de son cousin le sera bientôt. Quatre mois plus tard, le 16 avril 1947, Jean-Claude en effet épousait Christiane Laroche.

Jean-Jacques attendra la fin de ses études à l'X. Il passera juillet et août entre Veulettes et le Limousin, chez la mère de Madeleine. C'est durant ces mois d'un été qui fut caniculaire, qu'il devait connaître, on le sait, quelques jours de langueur.

Le 18 septembre, rien n'y paraissait plus. Jean-Jacques dans un élégant et sobre *spencer* blanc, Madeleine dans une magnifique robe créée par sa mère, se promettent amour, fidélité et assistance, devant le maire du XVIe arrondissement. Jean-Jacques a choisi comme témoin Georges Bidault, alors ministre des Affaires étrangères dans le gouvernement de Paul Ramadier ; son amitié pour l'ancien président du CNR qui est, à quarante-huit ans, un des principaux leaders de l'adolescente IVe République, n'a cessé de se renforcer depuis son retour à Paris. Une amitié qui ne survivra pas aux positions de Georges Bidault contre la décolonisation.

Ce n'est pas un mariage mondain. Du clan Schreiber, Robert et Suzanne manquent à l'appel. Jean et Simon Nora, Jacques Duhamel et Colette Rousselot, Bertrand Dreyfus, Guy Mangenot, Claude Charmont sont parmi les invités. Après la cérémonie religieuse célébrée église de l'Annonciation sur la colline de Passy, Marcelle Chaumont a reçu dans son hôtel particulier, près du palais de Chaillot. Le soir même, les jeunes mariés ont pris, en wagon-lit, le Train bleu pour Marseille, puis le bateau pour Ajaccio. Ils passeront leur voyage de noces dans le village d'Agathe Massimi, ce lieu même où Jean-Jacques vint se réfugier l'été 1941. « J'ai, écrit Madeleine, le sentiment enivrant d'être dans l'irréel, de vivre l'un de ces romans que j'ai tant lus et tant aimés…[35]. »

L'île de Beauté est propre à ces chancellements de quelques jours, au vertige de la volupté. Mais Jean-Jacques, pas plus ici qu'ailleurs, ne se laisse guère bercer par ce romantisme enchanteur. Ce qui le meut ne l'émeut pas. Le matin du 20 septembre, comme le soleil se lève sur Propriano, il écrit à sa mère, au dos de son diplôme de polytechnicien : « Maman chérie, c'est tellement naturel mais c'est si dur. Tu m'as toujours fait sentir que la meilleure façon de t'aimer c'était de grandir, de continuer en avant. De travailler, de voyager, de partir en Espagne, de voler et maintenant d'attaquer la vie avec le maximum de bonheur. Comme tu m'as montré le véritable amour, qui saigne en acceptant, qui s'enrichit toujours, je suis parfaitement heureux.

« (...) Maman chérie, ce matin en communiant, je penserai à toi et demanderai d'avoir la force ou la chance de parfaire, parmi tout ce que tu m'as donné, ce que j'ai choisi, l'amour chrétien de la vie et des autres. Par toi et pour toi, je sais pour qui nous combattons. Je ne te remercie pas, je t'aime. Ton fils. »

Au retour de leur lune de miel, Jean-Jacques et Madeleine vont vivre à l'hôtel, le nouveau marié n'ayant encore rien décidé de son avenir, sinon qu'il ne rejoindra pas *Les Échos*. Bien plus tard, il affirma à Jean-Noël Gurgand qu'il ne pouvait supporter l'atmosphère de son pays, « paralysé depuis l'échec de de Gaulle qui avait eu cette idée saugrenue d'un gouvernement tripartite ». Entre le premier gouvernement du général de Gaulle en août 1944 et celui de Paul Ramadier en janvier 1947, tous les gouvernements – il y en eut cinq – comptaient des ministres des trois grandes formations politiques, le PCF, la SFIO et le MRP. Or, à la suite d'une grève très dure aux usines Renault, Paul Ramadier décida le 4 mai 1947 de poser la question de confiance devant la Chambre des députés. Les élus du PCF votèrent contre. Par décret, publié le lendemain dans une édition spéciale du *Journal officiel*, Ramadier congédia froidement les ministres communistes et remania son équipe. Ce fut un coup de tonnerre. Sa décision transformait fondamentalement l'équilibre partisan et allait donner à notre vie politique une nouvelle direction.

Cette mise à l'écart du PCF qui écumait de rage commença par engendrer un mouvement giratoire de grèves, et c'est vrai que l'impression qui prévalait était celle du désordre, de l'incertitude, de la pagaille. « J'ai donc décidé de quitter la France, dira Jean-Jacques. Pour aller où ? Mon père avait des relations au Brésil et m'a proposé, afin de me verser quelque temps un salaire, de réaliser un numéro spécial des *Échos* sur ce pays en pleine mutation. Va pour le Brésil ! Mon but était de trouver là-bas un travail, me sentant incapable de faire tranquillement une carrière dans la bourgeoisie française. Je suis parti sans esprit de retour. Ma mère était désespérée[36]. »

Qu'il ait eu envie de prendre le large, cela ne fait aucun doute. En revanche, il ne se serait probablement pas envolé vers le Brésil s'il n'avait revu, par hasard, Jacques Nœtinger, son camarade de Craig Fields. Après la guerre, Nœtinger avait pris la direction d'un groupe de presse et d'édition spécialisé dans l'aéronautique. Il s'était acheté, avec un ami, un avion civil très performant, le SUC-10 « Courlis », construit par la Secan, une filiale de Chausson. Cet appareil, d'un rayon de mille kilomètres, était conçu pour les transports légers – quatre personnes et leurs bagages – à la vitesse de deux cents kilomètres à l'heure. « Un matin, je rencontre par hasard Schreiber sur les Champs-Élysées. Il sortait du journal *Les Échos*. On évoque nos souvenirs américains, et on en arrive naturellement à nos activités réciproques. Il envisage, me dit-il, d'aller au Brésil, mais il est très indécis. Je lui parle de mon travail, du Courlis que je viens d'acquérir. C'est alors qu'une idée a jailli : "Au fond, pourquoi je n'essaierais pas de vendre des Courlis aux Brésiliens ?" Il a fallu, dans la seconde, que je le mette en contact avec la Secan et j'ai dû passer ma journée avec lui ! Il n'avait pas changé ! Pilote aguerri, le Courlis était un jouet entre ses mains. Il n'eut pas de mal à impressionner les dirigeants de la Secan et à les convaincre qu'il serait un représentant exceptionnel. Ils acceptèrent de mettre à sa disposition un appareil qui fut transporté par cargo jusqu'à Rio de Janeiro. On lui donna aussi un mécanicien. Le Courlis deviendra, très vite, l'avion personnel de Schreiber. Essaya-t-il de le vendre ? Je n'en suis pas sûr. Quand il quitte brusquement le Brésil, la direction de la Secan reçut du mécanicien un télégramme qui provoqua l'hilarité dans la profession : "Je suis seul avec l'avion. Stop. Schreiber a disparu. Stop." Par la suite, je l'ai vu de loin en loin, mais je n'ai jamais su ce qu'il a fait au Brésil. »

Il n'y a pas fait grand-chose. Le 6 novembre, il embarquait avec Madeleine sur le vol Paris-Rio, via Casablanca et Recife. « Oui ! Rio de Janeiro tu résistes à tout avec ton extraordinaire beauté », s'exclamait Oscar Niemeyer. Le Rio qui réveillait la nostalgie du célèbre architecte brésilien est celui que découvrent, en 1947, Jean-Jacques et Madeleine. On n'avait pas encore taillé dans le vif et la baie de Guanabara offrait son visage de carte postale : rues étroites bordées de maisons à deux étages ou d'immeubles 1900, églises baroques qui brillaient de tous leurs feux comme la Candelaria, jeunes femmes insouciantes et langoureuses. L'avenue Rio Branco, l'artère principale de la ville, conduisait aux plages de Flamingo et Botafogo. Copacabana, que n'avaient pas encore détrônée Ipanema et Leblon, abritait les magasins les plus chic, les banques et les premiers cinémas.

L'hôtel Serador où ils campent en attendant l'arrivée des malles, et l'hôtel Vogue où ils s'installent dans la suite 802, sont au cœur de ce Rio mondain et fortuné. Jean-Jacques trouvera difficilement ses marques dans cette ville qui respire au rythme d'une ancienne colonie mais où, déjà, l'opulence provocante côtoie l'extrême misère, où la douceur paisible du jardin Botanico flirte avec la violence sourde des favelas. Ce n'est pas son rythme et, pendant plusieurs semaines, ses lettres témoigneront d'un flottement auquel il ne nous a pas habitués. Il ne parle pas portugais, et ni son français ni son anglais ne lui servent beaucoup. C'est un lourd handicap. Ici, il ne peut plus s'imposer avec cette aisance qui bluffait les Américains de l'Alabama ou du Michigan. Pour couronner le tout, il sera cloué plusieurs jours au lit avec quarante de fièvre, victime d'une typhoïde. Il a le mal du pays, ce qui n'est pas non plus dans ses manières. Sur son bureau, il a posé les photos de sa mère, de son père, de sa marraine et aussi de Brigitte, Bernadette, Christiane, Jean-Louis, les « quatre bêtassons » dont il demande, comme jamais, des nouvelles. Nostalgie… Nostalgie. Émile a vite deviné les états d'âme de son fils. « Maintenant que vous êtes loin, il faut vous habituer à ne pas vous dévisser la tête pour nous. C'est absolument indispensable – même pour notre propre tranquillité. Vous avez vos problèmes – en ce qui me concerne du moins je ne m'inquiète en aucune façon car vous êtes assez grands pour les résoudre. La réciproque est vraie. Faisons-nous confiance réciproquement, et tout le monde dormira bien. »

Au moins Madeleine s'est-elle trouvé une occupation. Tous les soirs dans la boîte de nuit de l'hôtel Vogue, elle présente des robes signées Marcelle Chaumont et Jacques Fath qu'elle a ramenées de Paris. Le directeur de l'hôtel, le baron Max von Stukas, qui a quitté l'Autriche en 1936 la soutient et commente la présentation sur une radio locale. Madeleine cherche à vendre ses robes à des particuliers mais également à des maisons de couture.

Si elle réussit à séduire les Cariocas, elle souhaiterait que sa mère, une ou deux « petites mains » et des mannequins viennent trois ou quatre semaines à Rio. « Ici, c'est comme ça, écrit Jean-Jacques à ses parents. Rien ne se fait et puis soudainement l'occasion se présente et tout est simple. »

Simple ? Le Courlis, arrivé en pièces détachées, ne pourra pas voler avant la mi-mars 1948. Deux mois d'attente qu'il va tenter de combler par une aventure dans l'hôtellerie, à Campos do Jordão, près de São Paulo. Avec un certain Jean Perroy, il dirige l'hôtel Rancho Allegre. Il s'en dégagera rapidement. « La principale raison, explique-t-il, est que nous avons maintenant accompli nos premiers pas dans le monde brésilien (langue, psychologie, connaissance du pays, des possibilités...) et que je suis en mesure de commencer autre chose de plus intéressant. Ceci est seulement un peu en avance (d'un an) sur les plans prévus. La seconde est que Perroy est un homme précieux, dynamique et qui a de gros moyens (donc à ne pas lâcher) mais très lunatique et difficile (aucune stabilité) dans le travail quotidien. Mon plan est donc de l'intéresser à des affaires éventuelles dont je serais chargé, mais de n'avoir que des rapports personnels assez vagues. Tout me semble se passer assez bien car Perroy est le premier à s'apercevoir que, pour son hôtel, il vaudrait mieux des gens un peu plus calmes et un peu plus "animaux domestiques" que nous. Nous continuons à être en très bons termes et il est tout prêt à m'aider financièrement pour d'autres entreprises. C'est surtout le groupe dont il fait partie qui est très puissant et qui m'intéresse. »

Il a, en effet, un projet sur le feu qui va pendant quelques semaines relancer toute sa fougue et son énergie. Albert Monestier, un industriel de la chimie, lui a demandé de monter au Brésil une usine de produits à base d'urée-phénol – plastiques, colles à bois, etc. Il lui faudrait trouver dix à quinze millions de francs*, construire un bâtiment et recruter du personnel. Monestier lui enverra un ingénieur chimiste, un contremaître et les machines adéquates.

« Ce projet m'intéresse cent pour cent. C'est exactement ce qu'il faut faire ici, et ce dont j'avais rêvé. Tous les éléments sont en main pour le réaliser, et je vais m'y atteler. » Si cette perspective de jeter les bases d'une affaire industrielle le séduisait vraiment, elle n'eut aucune suite concrète. Il ne construira pas plus

* Entre trois cent mille et quatre cent cinquante mille euros.

d'usine chimique qu'il ne saura gérer un hôtel à Campos do Jordão ou promouvoir la mode française à Rio.

Et la vente des avions Courlis ? La chance ne va pas davantage lui sourire. La Secan qui n'est pas une entreprise nationalisée sera boudée par les services de l'ambassade de France à Rio. Ceux-ci loin de l'aider vont lui mettre les bâtons dans les roues. À la vérité ce n'est pas vraiment son problème. Le commerce des avions ne l'intéresse ni financièrement ni comme travail. Seulement, depuis qu'il dispose de son Courlis, il y a pris goût et ne s'en cache pas. « J'aimerais réussir au Brésil, pour la Secan, l'avantage que j'en retirerais étant d'avoir toujours ici et en France un appareil à ma disposition, ce qui est énorme (je m'en aperçois tout le temps). Il est aussi stupide à notre époque de ne pas se servir continuellement d'un avion, que d'écrire avec une plume et un encrier au lieu d'un stylo. Une fois qu'on a commencé ça paraît si normal et si simple qu'on ne peut plus s'en passer. Je vous montrerai ça en France. »

Il ne s'en passera plus et prendra l'habitude d'avoir en permanence un jet privé à l'instar d'un P-DG d'une puissante multinationale américaine… Un autre domaine où il fut en avance d'un quart de siècle, ce qui ne compta pas pour rien dans sa débâcle financière des années quatre-vingt.

Sa pêche dans les eaux brésiliennes ne lui rapportera rien de ce qu'il avait pu imaginer. C'est au Brésil, pourtant, qu'il prendra définitivement conscience de sa vocation de journaliste-éditorialiste. Grâce aux *Échos*, il avait en effet des contacts dans la presse locale et il s'était mis à donner régulièrement des articles à deux quotidiens, *Correio da Manha* de Rio, et *Folha da Manha* de São Paulo. « Je les rédigeais en anglais pour qu'ils soient plus facilement traduisibles. Après cinq ou six mois au Brésil, quand j'ai voulu revenir en France, j'ai proposé à ces quotidiens d'être leur correspondant à Paris, ce qui m'assurerait mon indépendance financière sans rejoindre *Les Échos*. Ils ont accepté. Je suis donc rentré et je n'ai jamais travaillé aux *Échos*, sinon comme pigiste[37]. »

Émile en concevra une certaine tristesse, et dans une lettre envoyée à Campos do Jordão, il lui écrivait : « Je suis encore d'attaque et les gitanes de Grenade m'ont prédit, une fois de plus, une très longue vie et une excellente santé. S'il faut attendre dix ans, j'attendrai, mais mon ambition personnelle est que mon fils occupe un jour mon fauteuil. Il est très confortable[38]. »

Le 22 juin 1948, il dit adieu à Rio de Janeiro sans un regret. Son équipée brésilienne restera une curieuse parenthèse dans sa destinée, si curieuse qu'il va la gommer. Il a le sentiment d'avoir perdu son temps et s'il est une chose qu'il déteste par-dessus tout, c'est de perdre son temps. La France aussi lui manque ; la France et le débat politique français. « Seuls le journalisme et la politique me passionnaient, voilà ce que j'avais compris au Brésil. »

6

« Premier journaliste français d'une imposante stature »

Le jour se lève sur l'aéroport d'Orly quand le haut-parleur annonce l'avion de Rio de Janeiro. Lorsque le Constellation s'est immobilisé sur la piste, Émile, Denise et Marcelle Chaumont, débordants de joie, se sont précipités pour être les premiers auprès de la passerelle. Denise, inondée de larmes et de bonheur, s'est jetée dans les bras de son fils. Comme il a changé ! Son visage s'est émacié, sa peau s'est tannée, ses traits sont plus virils. Avec ses yeux bleus, il ressemble à ces jeunes premiers des westerns américains.

Denise a la certitude que tout a retrouvé sa place. Elle s'occupera de l'intendance. Jean-Jacques et Madeleine, avant d'habiter un appartement qui leur convienne, resteront rue Clément-Marot. Bien que son fils ne le lui ait jamais dit clairement, Denise sait qu'il ne repartira plus. Elle pense de plus en plus qu'elle est son ange gardien, qu'elle sera désormais toujours auprès de lui, qu'elle l'accompagnera dans une extraordinaire proximité. Ne lui écrivait-il pas, la semaine précédant son retour : « Chaque soir j'imagine maintenant te revoir bientôt, ce qui est extrêmement doux et indispensable. Je crois que plus je vieillirai, moins ça changera. Je suis nourri de ton lait, il n'y a rien à faire. »

Jean-Jacques est de nouveau à l'extrême de sa lucidité, de sa vitalité intérieure, happée par l'actualité française et mondiale. Le blocus de Berlin vient, il est vrai, de provoquer un brusque regain de tension sur la scène internationale. Le 23 juin, les Soviétiques qui contrôlent la zone orientale de Berlin ont décidé d'interrompre les fournitures d'électricité et de charbon aux zones occidentales placées sous l'autorité des États-Unis, de la Grande-Bretagne et de la France. Les Américains ripostent en créant un pont aérien entre Berlin-Ouest et les pays occidentaux. Le 1er juillet, le commandement quadripartite – URSS, USA, Royaume-Uni, France – cesse de fonctionner. La rupture entre les régimes communistes de l'Est et les démocraties de l'Ouest est consommée. Pendant plusieurs jours, toute la presse, spéculant sur la gravité de la crise, agitera le spectre de la « troisième guerre mondiale » ; ce sera quinze ans de guerre froide*. On devine aisément l'état d'excitation d'un Jean-Jacques débarquant au milieu de ce maelström.

Son titre de correspondant de journaux brésiliens lui permet d'écrire sur l'actualité. Il donne aux *Échos* quelques papiers dont une analyse du plan Marshall qui a commencé d'être appliqué ; parfois, il pige dans *Paris-Normandie* que dirige Pierre-René Wolf et auprès duquel l'a introduit Jacques Duhamel, jeune conseiller d'État. Ces différentes collaborations n'apaisent pas du tout – on s'en doute – son impatience d'exposer ses idées aux Français à travers les journaux les plus influents. Si les Schreiber ne manquent pas de relations dans la presse, c'est une époque où les réseaux de pouvoir dans les grands quotidiens sont encore très liés aux multiples clans de la Résistance. Beaucoup de ceux qui occupent des postes clés n'appartiennent pas à la bourgeoisie parisienne, encore moins à cet *establishment* où évolue Jean-Jacques. Or il veut écrire dans *Le Monde*, ce sanctuaire alors aussi redouté que respecté. Du Brésil, il avait brièvement évoqué ce désir dans une lettre à son père.

Depuis son lancement le 18 décembre 1944, un homme de quarante-six ans, déjà légendaire, dirige *Le Monde*, Hubert Beuve-Méry. Son biographe, Laurent Greilsamer, le baptisera « le Solitaire ». Jean-Jacques ne le connaît pas et ne connaît d'ailleurs personne au *Monde*. C'est Madeleine qui lui ouvrira la porte de la rue des Italiens, le siège mythique du journal. Son père, Robert Chapsal, est un ami du rédacteur en chef, André Chênebois, l'allié inconditionnel, le confident de Beuve. « Chêne, écrit Greilsamer, semble tout droit sorti d'une toile de Derain. Il a pour lui la prestance, la courtoisie, cet art de vous parler grands vins et grandes chasses avec science et détachement. » Ce séducteur est le contraire de Beuve. Il recevra Jean-Jacques avec

* Commencée avec le blocus de Berlin, la guerre froide dans toute son intensité s'achève, pour les historiens, en 1963 quand, après la crise de Cuba, Kennedy et Khrouchtchev renouent le dialogue.

l'aménité d'un diplomate et lui conseillera de se jeter à l'eau. « Faites-moi un papier et je vous introduirai auprès de Beuve-Méry. »

Envoyé à Londres par ses journaux brésiliens pour dresser un bilan des travaillistes au pouvoir, il commencera par écrire à Beuve-Méry pour lui donner son opinion sur la situation internationale. Sirius lui répond et s'explique sur leurs divergences de vue, en particulier, sur cette fascination qu'éprouve son jeune épistolier pour les États-Unis et qu'il est loin de partager. Encouragé, Jean-Jacques lui adressera alors une lettre en forme d'article sur un sujet qui suscite chez nous de nombreuses interrogations : les relations entre la balbutiante « Union européenne » et les Anglais. Il envoie un double à Chênebois qui tient sa promesse et lui fixe un rendez-vous avec Hubert Beuve-Méry. Un privilège ? Presque un miracle. Comme JJSS l'avouera, « à vingt-quatre ans, "être ou ne pas être" publié dans *Le Monde*, c'est la différence entre la vie et le néant ». Quant à Beuve, note de son côté Greilsamer, « il est cet homme singulier que beaucoup aimeraient rencontrer, parmi les ministres et les chefs d'État, et qui se mure derrière la façade du *Monde*. Une timidité non exempte de hauteur lui rend les contacts difficiles parfois pénibles[39] ». Jean-Jacques saura le séduire. Sa gravité naturelle, sa propension à débattre des grandes idées, son anticonformisme et son profond dédain pour les petites choses intimes ont dû plaire à cet Alceste de la République, lui-même porté vers les sommets. N'a-t-il pas choisi le pseudonyme de Sirius ? En tout cas, le courant est passé. Beuve, affectant un pessimisme détaché, n'aura jamais le compliment positif. Il lui dit en substance de sa voix lente et faubourienne : « Votre article n'est pas si mauvais. Je me propose de le publier si vous l'améliorez et si vous acceptez de le raccourcir. » Il n'eut pas à se répéter. Pour Jean-Jacques un « pacte tacite » est scellé. « Je ne saurais émettre un jugement modéré à propos de Beuve-Méry. Il est bien plus qu'un grand professionnel, il a une vraie vision du monde. Vision surtout de ce qui est *dû* à chacun en matière d'informations, par conséquent de liberté de jugement, de données vraies pour l'avenir.

« Il a mesuré l'ampleur de sa fonction et de sa responsabilité ; rien d'autre désormais n'existe pour lui. Il n'admet comme arbitre que ses lecteurs. Eux seuls peuvent peser sur son jugement. Il lit personnellement chaque soir chacune de leurs lettres. Ce qu'aucun directeur de journal ne fait, car c'est trop long et bien souvent ennuyeux*. Mais, pour Beuve, c'est essentiel : le lecteur est son maître[40]. »

Le 10 septembre 1948, son article est à la une du *Monde* : « L'Union européenne vue de Londres », par Jean-Jacques Servan-Schreiber. Pour la première fois, un homme réputé « incorruptible » totalement étranger aux influences de sa famille – Denise en particulier – reconnaît son talent, le prend au sérieux et lui offre les colonnes de son prestigieux journal. Il aimera, il admirera Beuve, son mentor.

Son analyse est aussitôt remarquée pour sa froide clairvoyance. Il se refuse, écrit-il, à toute approche « puérile » ou « sentimentale » des réticences que manifestent les Anglais envers l'Europe, pour ne s'en tenir qu'à des « faits ». Et de comparer, chiffres à l'appui, l'évolution de l'économie britannique avec celle de notre économie. « Les exportations de Grande-Bretagne ont atteint ce mois-ci le total remarquable de 120 % de 1938. Pendant le même temps la politique d'austérité, dirigée par sir Stafford Cripps, a réduit les importations à 75 % de 1938.

« Quelles sont nos performances ? À peu près l'inverse. Nos exportations sont à 74 % de 1938 et nos importations à 150 % !

« Nous ne parlons pas de l'indice des prix qui est dix fois plus élevé en France qu'en Grande-Bretagne… Les Anglais ont développé jusqu'aux limites du possible leur ravitaillement de poisson. En 1947 ils ont pêché un million de tonnes de poisson… Dans la même période, nous ne livrons à la consommation que trois cent mille tonnes de poisson… »

Comment, devant une telle distorsion, pourrait-on « militer pour cette œuvre d'Union européenne, sinon en travaillant sur les faits et rien que sur les faits », conclut Jean-Jacques.

L'« Union européenne » n'était pas celle que nous connaissons. Après la guerre, de nombreux mouvements s'étaient fixé pour objectif d'unifier l'Europe occidentale. Le 16 avril 1948 naîtra l'OECE, l'Organisation européenne de coopération économique. En mai suivant, à La Haye, un « Congrès de l'Europe » réunira près de mille personnalités qui se retrouveront autour de

* JJSS se trompe. Georges Hourdin, patron de *La Vie catholique* et de *Télérama*, lisait et répondait personnellement à toutes les lettres de ses lecteurs.

Léon Blum, de Paul-Henri Spaak, Churchill, Alcide de Gasperi. Cette rencontre sera un tournant décisif vers la longue marche de l'unification de l'Europe. Impressionné, Georges Bidault, toujours ministre des Affaires étrangères, proposera que la France, la Grande-Bretagne et le Benelux* créent une Assemblée européenne à laquelle seraient invités d'autres pays. Ce bouillonnement d'idées – qui sous-tendaient ses articles d'*Affluents* – n'avait pas échappé à Jean-Jacques. Et, dès son retour à Paris, il revoit Bidault, son témoin de mariage, et entame un dialogue qui se poursuivra jusqu'à sa rencontre avec Mendès France. Il est également – atout considérable – un lecteur assidu de la presse anglaise et américaine. Bref, il a de bonnes cartes en main pour aborder les questions de politique étrangère et de défense. Il s'y jettera avec passion. Ce sera la passion d'un moment. D'autres aussi vibrantes suivront.

En effet, s'il faut retenir quelque chose de ses premiers pas dans le journalisme, ce n'est pas tant sa compétence ou sa passion, c'est son assurance, son aplomb, son culot, qui ont sidéré tous ceux qui le croiseront. « Dès la première seconde, on oubliait son âge, alors qu'il avait un physique de play-boy ! s'exclamera Philippe Vianney qui ne l'aimait guère. Je l'ai connu dès ses débuts, à *France-Soir*, où il est passé nous voir. C'était un personnage brownien. Il vous prenait dans le tourbillon de ses analyses. On était médusé**[41]. »

D'emblée, dès ce moment-là, il s'installera dans un rapport de parfaite égalité avec ses interlocuteurs, qu'il s'agisse de Beuve, de Bidault, de Robert Schuman, de Jean Monnet, de Pierre Mendès France, d'Adenauer ou de tout autre dirigeant de la planète... Au premier étage du journal, celui où Sirius a son bureau, il est chez lui. Partageant avec Maurice Duverger, engagé quelques mois avant lui, le titre d'éditorialiste, il a brûlé toutes les étapes de la hiérarchie.

Il a vingt-quatre ans. Il entre, avec la bénédiction de Beuve-Méry, dans la cour des grands. Après le coup d'envoi du 10 sep-

---

* La France, la Grande-Bretagne et les pays du Benelux appartiennent au pacte de Bruxelles signé le 17 mars 1948 dans le but de coopérer en matières économique, sociale, culturelle et de défense.

** Philippe Vianney, administrateur de *France-Soir* en 1945, fut un des fondateurs de *France-Observateur*, ancêtre du *Nouvel Observateur*. Il soutiendra Claude Perdriel quand celui-ci rachètera *Le Nouvel Observateur* en 1964 et lancera *Le Matin de Paris* en 1977.

tembre, il n'attendra pas longtemps pour se propulser sur le devant de la scène politique en développant ses thèmes de prédilection, la guerre froide, qu'il appelle souvent la «paix belliqueuse», la construction européenne, les relations entre les États-Unis et l'Europe. Il le fera avec un double souci qui lui vaudra sa réputation : expliquer et provoquer.

Alors que les risques d'un conflit Est-Ouest sont sous-jacents à tous les débats sur la guerre froide, il renverse l'ordre des priorités et affirme : « le danger de choc militaire n'est plus la préoccupation dominante en Europe. C'est un changement essentiel dont les chefs politiques de l'Occident, américains en particulier, auraient tort de ne pas tenir compte». La guerre froide n'est pour lui que le «prolongement de la révolution d'Octobre», et pour faire face à l'impérialisme russe ou bolcheviste il revendique la naissance d'un socialisme occidental de libertés. Son anticommunisme – qui n'est pas primaire – est aussi net que sa foi dans la démocratie américaine. Une position courageuse quand les intellectuels français – à de rares exceptions – n'ont pas de mots assez durs pour dénoncer la position de Washington ou les visées du parti américain, des suppôts du capitalisme comme on disait dans le jargon d'alors. Il écrira, plusieurs fois, qu'il n'y a pas de parti américain», s'appliquant à défendre l'Alliance atlantique. C'était un sujet brûlant qui provoquait des affrontements d'une brutalité verbale – parfois physique – dont il n'est pas facile, aujourd'hui, d'imaginer le sens et la portée.

L'Alliance atlantique, plus exactement l'Organisation du traité de l'Atlantique Nord (OTAN), fut signée le 4 avril 1949 à Washington par dix-neuf pays qui décidèrent d'organiser leur défense mutuelle et collective. Aussitôt la classe politique se déchira. D'un côté les partisans de l'Alliance atlantique – le MRP et la gauche non communiste –, de l'autre les adversaires – les gaullistes et le PCF – enfin, les «neutralistes» parmi lesquels se rangeait Hubert Beuve-Méry. Cette divergence entre Jean-Jacques et Sirius les conduira bientôt à se séparer, ce qui témoigne de l'importance du sujet. Pour l'instant, les relations entre les deux hommes sont au beau fixe et Beuve-Méry laisse la bride sur le cou à son poulain.

Il travaille ; il est tel qu'en lui-même et ne fait que travailler. Il habite provisoirement chez ses parents. Madeleine qui ne vit pas dans la même frénésie du travail est souvent seule. Le couple, la vie de couple, ce sont là des notions qui n'ont pas l'heur d'exciter l'imagination de Jean-Jacques. Derrière la mosaïque bariolée de ses sentiments, de ses émotions, on verra toujours poindre sa raison et sa conception « moderne » du couple : « (...) Nous réussirons ou nous nous séparerons. Tu le sais aussi. En tout cas tu peux compter sur moi pour respecter cet engagement, je ne vivrai pas avec toi dans l'indifférence ou la vie de ménage. Pas la peine d'essayer... Aucune femme ne me touche autant que toi... C'est en cela que je sais que je t'aime. Cherche si tu crois aussi m'aimer autant... Si tu ne m'aimes pas assez pour refuser d'être attirée par d'autres ; ou bien si, étant attirée, ton amour pour moi en est abîmé ou rendu plus pâle ; alors aie le courage de le reconnaître... Je peux parfaitement vivre sans toi. Je serai différent. Mais je serai. Et tu peux aussi exister et vivre dans d'autres conditions... »

Madeleine a besoin de s'évader, de s'échapper. Heureusement Jean-Jacques s'est beaucoup rapproché de Jacques et Colette Duhamel. C'est ainsi qu'ils vont louer ensemble, avec un troisième couple – Jean et Micheline de Broglie –, une maison à Orgeval. « Bâtie sur trois étages, avec colombages, véranda, la villa s'élève au milieu d'un parc planté de grands arbres, à mi-pente d'une colline qui domine la Seine...[42]. »

Jean-Jacques y viendra peu. A-t-il fallu, comme Madeleine, qu'il aille à Rio, à São Paulo, dans le Sertão, pour mesurer à quel point il est attaché à sa terre natale ? Il baigne dans l'univers dont il rêvait, l'univers politique. Dans les allées du pouvoir, on s'interroge sur ce Servan-Schreiber qui prend sans vergogne des postures de mandarin. Vincent Auriol l'invite à l'Élysée, Robert Schuman, ancien président du Conseil, le convie à déjeuner, Georges Bidault, bien sûr, le voit régulièrement. Dès ces mois-là, il rencontre François Mitterrand qui hante volontiers les couloirs du *Monde* ; à trente-cinq ans, le futur président de la République est un routier des palais nationaux, trois fois secrétaire d'État et quatre fois ministre ! Georges Pompidou, directeur à la Banque Rothschild, conseiller du général de Gaulle en exil à Colombey, lui écrira à propos d'une enquête qui fit quelque bruit : « Une nouvelle situation internationale est-elle créée ? »

Après la réélection d'Harry Truman à la Maison-Blanche en

novembre 1948, Jean-Jacques devint en effet le chantre d'une initiative américaine baptisée le « quatrième point de l'Alliance atlantique » et présentée par le secrétaire d'État, Dean Acheson. Il s'agissait d'un prolongement et d'un renforcement du plan Marshall. Les États-Unis se déclaraient prêts à reconstruire le monde libre avec leurs capitaux, leurs industries et leur technologie. Dans le même temps, Truman lançait dans son pays le *Fair Deal* : une loi sur le logement populaire ; une loi sur l'augmentation du salaire horaire minimum ; une loi sur la sécurité sociale. Jean-Jacques triomphait. L'ère Truman offrait une alternative au bolchevisme et inventait le socialisme occidental. Il ajoutait : « C'est une nouveauté révolutionnaire dans la guerre froide. Une nouvelle idéologie peut-être est née, acceptée par une partie du monde. » Sa thèse dut, sinon séduire, en tout cas, piquer la curiosité de Pompidou.

Singulier jeune homme, tout de même. Quand la machine Jean-Jacques se met en branle, il faut convenir qu'elle est impressionnante. Armé d'une méthodologie acquise à Polytechnique, il estourbit les invités d'Orgeval. Jusqu'à Valéry Giscard d'Estaing, venu par ses amis Jacques Duhamel et Jean de Broglie, qui le tient pour le plus intelligent de sa génération. Simon Nora et sa femme Marie-Pierre sont aussi parmi les habitués. Les discussions vont bon train, les sensibilités sont plutôt libérales, Simon Nora, drapé dans une grande pelisse, se distinguant par ses penchants marxistes. « Le capitalisme va s'effondrer », disait-il. Tous partagent la réputation d'être très brillants. Jean de Broglie est au Conseil d'État, Simon Nora à l'inspection des Finances, Jacques Duhamel au cabinet d'Edgar Faure, secrétaire d'État aux Finances. Le benjamin Giscard, stagiaire à la Banque de France – il sort de l'ENA –, a encore une chevelure épaisse et brune. Ils aiment les joutes verbales, les confrontations.

Dire que Jean-Jacques discute serait hasardeux. Il développe des thèses, il écoute, il ponctue par quelques formules bien à lui, « c'est nul », « comprend rien », « quel con », il tranche. Madeleine désespère qu'il parvienne un jour à bigarrer ses jugements… Orgeval n'est qu'un endroit comme un autre. Pas plus qu'ailleurs, il n'y vient pour se détendre. Un bolide qui passe, voilà tout, entre deux rendez-vous, entre deux voyages. « Je suis tout le temps, explique-t-il à sa mère, en train d'essayer de comprendre ce que je vois. C'est très sérieux et très difficile. »

Il est toujours à l'affût, doué de ce flair qui vous conduit à la rencontre des événements. Être là quand il faut et savoir se mettre sans complexe en avant. Tout un art. Il le possède. Il n'est plus seulement un journaliste, il est une personnalité qui participe à des conférences, des colloques et dont Matignon, le Quai d'Orsay, le ministère des Armées sollicitent le point de vue. Mais il lui manque d'avoir franchi la frontière qui sépare la notoriété du vedettariat.

L'occasion va se présenter et il va allégrement sauter cette barrière, en avril 1950. Un sujet des plus épineux – le sort réservé à l'Allemagne vaincue au sein de l'Europe – agitait les Français, et nos gouvernements depuis 1946 affichaient une vigilance obsessionnelle sur la « question allemande » qui leur semblait centrale. Un bref rappel historique est nécessaire.

Il n'existe alors qu'une seule institution européenne, sans pouvoir réel, le Conseil de l'Europe qui siège à Strasbourg et auquel n'appartient pas l'Allemagne*. Sa première session avait eu lieu en août 1949 dans l'indifférence de l'opinion publique. En revanche, dès que l'idée d'y intégrer ou non l'Allemagne était évoquée, le débat s'échauffait. De surcroît, la question allemande se confondait avec la question sarroise : Paris entendait réaliser l'union économique franco-sarroise et doter la Sarre d'un gouvernement autonome. Enfin, de leur côté, les Américains à travers les déclarations de Dean Acheson avaient clairement exprimé leurs positions : l'Allemagne doit retrouver une place prépondérante dans l'Europe. Mais le même Acheson disait aussi à Robert Schuman, notre ministre des Affaires étrangères : « Dans ce domaine, nous devons laisser à la France le leadership. » En d'autres termes, et non sans habilité, il lui refilait la patate chaude de la question allemande. Pour enfoncer le clou, il lui adressa une note comminatoire en forme d'ultimatum : le gouvernement français doit fixer une fois pour toutes son attitude à l'égard de l'intégration de l'Allemagne de l'Ouest dans l'Europe. Sa réponse est attendue à la Conférence des ministres des Affaires étrangères alliés, prévue le 10 mai 1950 à Londres. Une course

* Le Conseil de l'Europe comptait à sa création dix États membres : Royaume-Uni, France, Belgique, Pays-Bas, Irlande, Luxembourg, Italie, Danemark, Suède et Norvège.

de vitesse s'engageait, la France étant brutalement placée devant ses responsabilités. Or le président du Conseil à ce moment-là n'était autre que Georges Bidault.

On devine la suite. Jean-Jacques a suivi dans le détail les tribulations diplomatiques qui secouent les capitales occidentales. Il multiplie ses rendez-vous avec Bidault, avec Beuve, avec le général Billotte, un des membres de la délégation française à l'ONU. Il informe ses parents qui sont à Veulettes : « Vu Billotte deux fois », « passé trois heures avec Bidault », « Beuve toujours aussi sceptique mais me laisse carte blanche »... Il a l'impression grisante d'être dans l'histoire, de faire l'histoire.

Georges Bidault, atlantiste par tempérament, témoin engagé de l'effondrement et de l'occupation de son pays, redoute cette Allemagne renaissante et répugne à lui concéder quelque rôle. Certes, le chancelier Adenauer a exprimé son souhait d'entrer au Conseil de l'Europe et il est sensible à l'appel de cet homme qu'il admire, qu'il respecte. Il lui faut trouver une solution. Le 16 avril 1950 il doit inaugurer la foire de Lyon et prononcer un discours. Jean-Jacques lui suggère de saisir cette occasion pour répondre à l'ultimatum américain en le contournant. Comment ? « Vous devez arriver, lui dit-il, à la Conférence de Londres, non pas avec une réponse à la "question allemande" mais avec un contre-projet sur la paix, par exemple, en lançant l'idée d'un Haut Conseil atlantique pour la paix. » Au demeurant, il a écrit dans *Le Monde* du 4 avril un article où il rappelle, une fois de plus, les leçons qu'il tire de la guerre froide. Tout neutralisme européen serait dangereux et il faut par conséquent que l'Europe et les États-Unis s'associent étroitement et mettent en place un nouvel organisme de coopération qui pourrait être un « Comité atlantique ou un État-major général pour la paix ».

Georges Bidault n'avait plus qu'à le recopier. De fait, dans son allocution lyonnaise, il propose, sans en avoir averti ni son gouvernement ni l'Élysée, la création d'un Haut Conseil atlantique pour la paix qui sera chargé de coordonner les efforts des États-Unis et de l'Europe dans les domaines de la défense et de l'économie. La proposition a l'effet d'une bombe. Très vite, Washington va la rejeter. Selon les commentateurs, Bidault a abandonné l'idée européenne au profit de l'idée atlantique. En Angleterre, on ne cache pas sa satisfaction. En France l'accueil est défavorable. Vincent Auriol, président de la République, est vert de rage. « J'ai lu le discours de Bidault et j'ai été stupéfait par le passage qu'il a consacré à la politique extérieure, note-t-il dans son *Journal*. C'est la première fois qu'un chef de gouvernement se permet une telle incursion dans la politique extérieure sans avoir auparavant communiqué ses idées au Conseil des ministres... La création du Comité atlantique pour la paix tel qu'il le définit sur le terrain économique, politique et militaire, c'est la fin du Conseil de l'Europe, c'est la fin de Strasbourg... En outre, c'est la fin de l'ONU. C'est la fin de l'ONU, car c'est l'Amérique prenant la tête d'une communauté atlantique et, par la force des choses, cette communauté aura un caractère anticommuniste... Mais le danger essentiel, c'est l'Amérique prenant la tête du monde, c'est la coalisation certaine entre l'Amérique et l'Angleterre... Tout cela est grave[43]. »

Grave pour Jean-Jacques ? C'est sa consécration. Il a les honneurs du *Canard enchaîné* qui le qualifie de « père du Haut Conseil atlantique pour la paix » à quoi il rétorque : « Je ne suis pas le père, je suis l'accoucheur et mes articles à la une du *Monde* m'ont servi de forceps. »

Pour *L'Humanité*, il est devenu « le valet des Américains à Paris » et il aurait quotidiennement Dean Acheson et son adjoint Foster Dulles au bout du fil... Geneviève Tabouis, une figure de l'époque, lui consacre sa chronique sur Radio-Luxembourg. Le meilleur l'attend. Le *New York Herald Tribune* le gratifie d'un portrait sur trois colonnes et lui tresse une couronne de lauriers : « À vingt-six ans, Jean-Jacques Servan-Schreiber est le premier journaliste d'une imposante stature que la France ait produit depuis la guerre. » Rien que ça !

Cette agitation autour de sa personne flattait, évidemment, son ego et sans doute aurait-il été un homme comblé s'il n'avait eu à ce moment-là justement des besoins d'argent. *Le Monde* est une tribune fantastique, mais *Le Monde* paie mal ; son poste de correspondant de journaux brésiliens l'ennuie ; ses piges aux *Échos* se font de plus en plus rares. Dans sa situation, il n'aurait pas dédaigné une poignée de dollars. Elle lui tombera du ciel. Une relation de son père au Quai d'Orsay, Marc Blancpain, lui propose de donner deux fois par an des conférences aux États-Unis dans le cadre de l'Alliance française et de la Smith-Mundt Foundation. Il sera très bien rémunéré.

L'exercice qui débute au printemps 1950 – chaque tournée de conférences dure sept à huit semaines – se prolongera jusqu'en 1955. Parfois, Madeleine – qu'il appelle Mad ou Pussy dans ses lettres – l'accompagne. Véritable coqueluche de la presse américaine, il signe rapidement dans le *Washington Post*, l'*Herald Tribune* et *Fortune*. Dès que les vents soufflent dans la bonne direction, il ne manque jamais d'élargir sa voilure. « J'ai déjeuné, écrit-il à ses parents, le 20 mai 1950 avec le directeur de l'*Herald Tribune* et il est d'accord pour publier régulièrement mes articles en même temps que le *Washington Post*. Ce serait sensationnel. D'autre part, après une période d'essai, il commencera à me constituer un syndicat de journaux de province pour reproduire mes articles simultanément avec New York et Washington. Je n'ose pas encore trop me réjouir, mais si ça avance selon les plans, inutile de vous dire que Walter Lippmann soi-même n'aura plus qu'à bien se tenir ! N'en parlez pas... D'autre part, j'ai pris le petit déjeuner avec le directeur de *Fortune* qui avait lu mes articles, et entendu parler de moi de différents côtés. Il me demande d'écrire un long article sur l'unité de l'Occident, les principes d'une communauté atlantique, et l'avenir de la guerre froide ! Il veut en faire l'article de tête de son numéro devant paraître en juillet. Il me donne cinq cents dollars de garantie à l'avance, plus deux cent cinquante si l'article est publié comme prévu. J'ai demandé trois jours pour réfléchir. Je crois que j'accepterai malgré tout le travail que j'ai déjà à faire en dehors. Ça vaut la peine, car c'est le numéro un aux USA. »

Quel autre journaliste français, de son âge, aurait pu, avec la même aisance, s'immerger dans la société américaine, qui plus est, la *high society* ? Si ses conférences à l'Alliance française lui sont une corvée, elles vont l'amarrer un peu plus à ce pays qui préfigure dans son esprit le monde de demain. À Washington, à New York, à Los Angeles, à Chicago, à Boston, il a ses entrées partout. Il découvre Harvard. « L'atmosphère y est d'un calme extraordinaire comparé à New York et Harvard devient dans tous les domaines un centre formateur de la jeunesse américaine. Il y a, réunis autour de Boston, la Law School, la Medicine School, la Diplomat School, la School of Government, le MIT, et ils sont dans leur spécialité considérés comme les premiers du pays. Le consul de France à Boston, Albert Chambon, nous a logés chez lui et a été très amical. Il dit qu'il vient, chaque année, de plus en plus de fils des grandes familles d'industriels et d'intellectuels françaises faire leurs études à Harvard. Je crois que c'est là l'avenir et je commence à poser des jalons pour que Jean-Louis puisse y venir s'il le désire. »

Entre ses séjours aux États-Unis, ses voyages pour *Le Monde*, dans la plupart des capitales européennes, il « tourne à toute vitesse comme un écureuil à la surface du globe », écrit-il, sans éprouver le besoin de se poser et, s'il remercie sa mère de lui chercher un appartement, ses exigences se résument en une phrase : « Qu'il soit grand pour que je puisse m'isoler et pas très loin de Clément-Marot. » Denise lui trouvera ce qu'il souhaite, avenue Pierre-Ier-de-Serbie dans un bel immeuble, propriété d'une compagnie d'assurances.

Lorsqu'on essaie de le suivre à la trace, le quotidien – cette ennuyeuse gestion du quotidien – n'a, semble-t-il, aucune prise sur lui. Il n'atterrit jamais, ne serait-ce qu'une petite demi-journée sur la terre ferme des choses de la vie ; il est dans un constant dialogue, réel ou imaginaire, avec les dieux qui s'occupent des affaires du monde. Il est aussi un M. Sans-Gêne ignorant le protocole, volontiers péremptoire et toujours sur la brèche. Quand, par exemple, Robert Schuman, ministre des Affaires étrangères, pose, le 9 mai 1950, les bases de la future CECA, la Commission européenne du charbon et de l'acier, il est à Washington. Aussitôt, il télégraphie à Émile : « Impossible joindre Bidault, Schuman et Monnet, vois ce que tu peux faire. » Il connaît Jean Monnet, le concepteur de ce fameux pool charbon-acier, et Robert Schuman, le bras politique ; il est, on le sait, proche de Georges Bidault, chef du gouvernement, la caution de cette initiative qui fut une étape fondamentale sur la voie de la construction européenne. A-t-il un message à leur communiquer ? Veut-il les interroger avant d'écrire, à chaud, un papier pour *Le Monde* ? Ni l'un ni l'autre. L'impatience d'être partie prenante à l'événement le dévore. Il ne lui suffit pas, il ne lui suffira jamais d'être un « spectateur engagé », à l'instar d'un Raymond Aron. Il se pense dans l'action et, plus tard, quand il reviendra sur ses débuts au *Monde*, on ne saura jamais s'il est autour de la table avec les dirigeants politiques dont il parle, sous la table, ou dans l'antichambre distribuant des conseils. C'est son côté Malraux, sans le génie romanesque et le sens de l'épopée.

Il n'en est pas moins très souvent à la bonne place au moment où il faut, ayant un sens aigu de la hiérarchie des événements. Il a compris que le 9 mai 1950 sera une date clé de l'histoire du vieux continent et il est de ceux qui, aussitôt, populariseront le plan Monnet à travers ses articles dans *Le Monde*, en particulier sa série « L'Europe peut-elle exister? ». Plus qu'au hasard ou à la chance, il doit cette intuition à sa brûlante impétuosité. Celle-ci, d'ailleurs, ne sera pas toujours sa bonne étoile puisqu'elle fut la cause de son premier et sérieux accrochage avec ses confrères du *Monde*.

Il est toujours à Washington le 26 juin 1950 quand tombe une dépêche qui annonce : « Hier, dimanche, 4 heures du matin, les troupes nord-coréennes ont attaqué la Corée du Sud le long du 38e parallèle qui constitue la frontière entre les deux zones. » Après la capitulation des Japonais en 1945, une cruelle déception attendait les Coréens, leur pays fut divisé. Au nord, la République populaire de Corée, soutenue par Moscou, au sud, la République de Corée, placée sous la tutelle américaine. Personne, néanmoins, ne s'attendait à une crise dans cette partie du Sud-Ouest asiatique que Foster Dulles venait de visiter. Comment allaient réagir les États-Unis? Sur place, Jean-Jacques fait le siège de Dulles, voit des conseillers de la Maison-Blanche, des experts du Pentagone. Il en retire une impression qui devient une certitude : les États-Unis, malgré la déroute sud-coréenne – en deux jours Séoul est pris –, n'interviendront pas. Bien que le service Étranger du *Monde* émette des doutes sur l'argumentation de son article, Beuve-Méry décide de le publier et il paraît à la une le soir du 27 juin : « L'Amérique ne fera pas la guerre à la Corée (...). Malgré eux, quelques avions ont participé au combat. Mais il semble acquis que, même si des pilotes américains étaient tués au combat, l'Amérique ne déclencherait pas la guerre générale. » Le jour même, le président Harry Truman déclarait : « Les forces américaines vont entrer en action aux côtés de l'armée sud-coréenne », et le 1er juillet, les premières troupes débarquaient à Fusan. La guerre de Corée commençait.

Un rude coup pour le prestige de Jean-Jacques. On ricane. On espère surtout que sa grosse boulette va sérieusement émousser la confiance et l'affection que lui porte Beuve-Méry. En réalité, Sirius va couvrir son collaborateur, refusant de mettre en cause ses qualités professionnelles. Que celui qui ne s'est jamais « planté » se lève... Les différends qui vont bientôt s'aggraver entre le « maître » et l'« élève » touchent à des questions plus fondamentales que nous avons plusieurs fois esquissées : Jean-Jacques est un atlantiste, Beuve ne le sera jamais ; Jean-Jacques refuse le neutralisme, Beuve y adhère.

D'ailleurs – et bien qu'il se soit trompé sur les intentions des États-Unis – maintenant que l'US Army est engagée sur le front coréen il faut, explique Jean-Jacques, choisir son camp. La neutralité n'est pas une attitude responsable, et la guerre de Corée va, chaque jour un peu plus, creuser le fossé qui le sépare de Beuve. Usant de raccourcis dont il a le secret, épiçant sa démarche pédagogique d'une bonne dose de polémique, Jean-Jacques fait souvent mouche. Le directeur du *Monde* finira par se lasser de ses incartades. La séparation aura lieu début 1951 en douceur. La signature de Jean-Jacques Servan-Schreiber se fera plus rare avant de disparaître. Officiellement, il n'a pas quitté *Le Monde.* Il pourra y revenir quand les temps seront plus sereins et les opinions moins tranchées.

Léon Blum s'était retiré à Jouy-en-Josas, après avoir présidé, en 1946, un éphémère gouvernement. Il voisinait avec Suzanne Crémieux-Schreiber, locataire d'une maison de week-end en bord de Bièvre. Il connaissait aussi l'avocat Philippe Schreiber qui avait épousé la fille de son ami Samuel Spanien. Philippe lui vouait une admiration sans ombre. Son cousin Jean-Jacques ne partageait pas ce même culte et n'avait guère de liens avec Léon Blum. Il vint, toutefois, à Jouy-en-Josas quand mourut le 30 mars 1950 la grande figure française du socialisme.

Ce sera le point de départ du tournant le plus important de son destin. Le ban et l'arrière-ban de la classe politique défilèrent devant la dépouille. Vincent Auriol, Félix Gouin, Daniel Mayer, Édouard Daladier, Paul Ramadier, Édouard Herriot… Curieusement Jean-Jacques n'entretenait aucune relation privilégiée avec l'une ou l'autre de ces personnalités. Il les croisait de loin en loin et elles le renvoyaient à ses souvenirs d'adolescent, aux dîners que donnait son père, aux réceptions chez son oncle Robert.

C'est à Jouy-en-Josas pourtant, dans l'émotion des condoléances et des hommages qu'il fut présenté à Georges Boris, un homme d'influence s'il en fut, respecté pour sa rigueur intellectuelle et morale. Compagnon de la France libre, il avait été le plus proche conseiller de Léon Blum sous le Front populaire, puis le collaborateur du général de Gaulle à Londres et il était, désormais, l'ami le plus écouté de Pierre Mendès France. Bien qu'il se soit toujours tenu en retrait, ce n'était pas une éminence grise ou un père Joseph. Il incarnait plutôt le grand commis de l'État ou l'expert des phénomènes économiques obsédé par la discrétion. Il fut parmi les pionniers du keynésianisme et de la planification à la française. « C'est à lui, dira Mendès, que je dois d'avoir découvert Keynes. Il lisait parfaitement l'anglais, et même l'anglais difficile de Keynes, et il fut l'un des premiers à étudier *La Théorie générale*. C'est lui qui a converti Léon Blum aux idées nouvelles, beaucoup plus répandues dans le monde anglo-saxon qu'en France[44]. »

Georges Boris a lu Jean-Jacques dans *Le Monde* et n'ignore rien de sa réputation d'étoile montante du journalisme. Il lui propose de rencontrer Mendès France qui semblait alors s'occuper un peu moins de politique et un peu plus de ses dossiers d'avocat d'affaires. En réalité ses missions au Fonds monétaire international, à la Banque mondiale, au Conseil économique et social des Nations unies, l'Écosoc, le plaçaient au centre des débats sur la décolonisation, le sous-développement, la pauvreté. Dans le silence de son cabinet, le député de l'Eure préparait son éventuel retour et endossait sans déplaisir la tunique de Cassandre à propos de la guerre d'Indochine et des finances publiques.

Jean-Jacques aurait pu, dix fois plutôt qu'une, rencontrer cet ancien « Jeune-Turc » du Parti radical, ce filleul d'Herriot. L'entremetteur, ce sera Georges Boris. « C'est un événement majeur de ma vie, confiera-t-il à Jean-Noël Gurgand. Boris était un esprit fort distingué, totalement incompétent en politique, comme Léon Blum, mais qui avait reconnu le génie de Mendès France. Il voulait absolument que je rencontre celui-ci et que je m'intègre dans l'équipe qui travaillait avec lui. Quatre ou cinq personnes pas plus, dont mon ami Simon Nora et Gabriel Ardant, tous deux inspecteurs des Finances. Je ne m'y suis pas intégré parce que je m'entendais très mal avec Gabriel Ardant et Georges Boris. J'ai eu tout de suite d'excellentes relations personnelles avec Mendès France qui me traitait comme un fils et me pardonnait, même, une certaine désinvolture ou des écarts de langage. »

Il n'a pas encore quitté *Le Monde* et amorce ses tournées de conférences aux États-Unis. Sa position d'éditorialiste et ses nombreux voyages ne peuvent que séduire Pierre Mendès France toujours avide d'informations, toujours attentif aux regards que les uns et les autres portent sur l'actualité mondiale. Il prend l'habitude de lui rendre visite et de lui exposer, avec ce ton incisif, bref, tranchant, ses analyses, ses pronostics, ses thèses. Mendès, attendri autant que séduit, l'écoute, lui demande une note – il aime qu'on lui fasse des notes –, argumente s'il n'est pas d'accord, ou creuse une idée si elle lui paraît bonne. Mendès, c'est peu de le dire, ne donnait pas facilement sa confiance ou son amitié. Comme beaucoup d'autres avant et après lui, il succombera aux charmes du futur fondateur de *L'Express*. Cette relation pleine d'affection va, assez vite, se gâter et quand plus tard on l'interrogera sur la place qu'occupa auprès de lui JJSS, il ne pourra jamais se départir d'un certain détachement qui ressemble à un amour déçu. « Quand je l'ai rencontré, il était très jeune et peut-être pas encore complètement fixé... En 1953, il a créé *L'Express* qui, pendant dix ans, m'a épaulé... L'opinion était trompée par les gouvernements sur l'Indochine, l'Algérie, les dépenses de prestige ou de facilité, etc. Sur tous ces points, *L'Express,* première manière, a mené une bagarre voyante et vigoureuse. Jean-Jacques Servan-Schreiber a suivi plus tard une autre ligne et le journal a changé de style. C'est peut-être ce qui explique son extraordinaire succès commercial. Jean-Jacques Servan-Schreiber n'a rien perdu de sa combativité mais, politiquement, il a fait fausse route à mon avis[45]. »

Pierre Mendès France a quarante-six ans. Trapu, le costume toujours sombre et mal ajusté, il capte l'attention par sa voix étrangement sereine. Une voix d'une extraordinaire jeunesse, insolite dans cette silhouette sans âge. Quelquefois le visage s'allume de malice, l'enthousiasme l'emporte, mais les gestes, les effets de manche sont rares. Quand il parle, on le croit. La presse de l'époque en témoigne. Une série de hasards l'avait poussé à s'installer en 1930 comme avocat à Louviers dans l'Eure. Militant du Parti radical – qui s'appelait radical-socialiste – il est élu, en 1932, à la surprise générale, y compris la sienne, dans une circonscription rurale et conservatrice. Cette année-là, la France avait connu une forte poussée de la gauche. Le voilà député de l'Eure à vingt-cinq ans, le plus jeune du Palais-Bourbon, réélu en 1936, il soutient le Front populaire et appartiendra au deuxième gouvernement de Léon Blum en qualité de sous-secrétaire d'État au Trésor. Quand la guerre éclate, il se rendra à Beyrouth, au Maroc, mais il est arrêté le 30 août 1940 par les autorités de Vichy et accusé de désertion. « J'étais ulcéré, humilié par l'affront… Il a fallu du temps et beaucoup d'événements avant que je ne sois guéri du procès infamant de 1941[46]. »

Il s'évade de la prison militaire, La Providence, à Clermont-Ferrand, et rejoint Londres où il s'engage dans le groupe Lorraine, une unité de la France libre intégrée dans l'aviation anglaise, tout en restant sous commandement français. C'était une escadrille de bombardiers à moyen rayon d'action. Quelque deux ans après, en décembre 1943, sur une suggestion de Gaston Defferre, le général de Gaulle le nomme commissaire aux Finances du Comité de libération nationale. Ses nouvelles fonctions l'amènent à rencontrer le « Lion » de l'Empire britannique, Winston Churchill, et les hommes qui l'entourent. Une riche expérience qui sera pour beaucoup dans la tonalité de ses proclamations : il penchera toujours du côté de la vérité et aussi de la rigueur, du sacrifice. D'ailleurs, quand il devient, à la Libération, ministre de l'Économie nationale dans le gouvernement provisoire de la République française que préside de Gaulle, il préconise une politique rigoureuse et volontariste contre la gestion plus laxiste que souhaitait son collègue des Finances, René Pleven. Craignant de « périlleuses convulsions », de Gaulle trancha en faveur de Pleven et Mendès démissionna. S'il n'avait pas depuis exercé de fonctions ministérielles, il avait déjà derrière lui en 1953 une longue route faite en compagnie des grands hommes du siècle : Blum, Churchill, de Gaulle.

Quand Jean-Jacques découvre Pierre Mendès France, il n'est pas, comme le dit si bien celui-ci, « encore complètement fixé ». Il tâtonne. Son éloignement du *Monde* lui a été une blessure. Il perd une tribune qui n'a pas d'équivalent, à l'exception du *Figaro*. Mais le quotidien de Pierre Brisson ne correspond pas à sa sensibilité. Où aller ? Si son talent est reconnu, si la plupart des journaux lui sont ouverts, il a ses exigences et n'entend rien changer à ses habitudes de globe-trotter. Il veut surtout s'en tenir à ses sujets favoris, les questions de défense et les problèmes internationaux, ce qui réduit singulièrement ses choix. Or *Paris-*

Presse-L'Intransigeant, après un succès fulgurant entre 1945 et 1949, s'essouffle depuis deux ans et cherche à rebondir sous la houlette d'Hervé Mille. Ce seigneur de la profession, sorti d'une toile orientaliste d'Alexandre Decamps, manie, comme aucun, la subtilité, l'humour avec ce qu'il faut de méchanceté, et penche hardiment du côté des hommes. D'emblée, il aime Jean-Jacques et ne cessera plus jamais de l'aimer dans un non-dit élégant. *Paris-Presse*, que dirigea Philippe Barrès, le fils du célèbre écrivain nationaliste, affichait des opinions gaullistes. Ce n'est pas pour déplaire à Jean-Jacques auquel Hervé Mille a promis une totale liberté d'expression. Celle-ci ne lui sera jamais disputée. On le sent plus libre. Son style est plus vigoureux; sa phrase, toujours aussi précise, est encore plus ramassée. Ses articles dans *Paris-Presse*, plus que ceux du *Monde*, où le corset de l'institution n'épargnait personne, préfigurent ses éditoriaux de *L'Express*. C'est là que se sont définitivement forgés la forme et le ton de ses papiers. Quant au fond, il continue de prodiguer sa foi dans l'Amérique, l'Europe et l'atlantisme.

De nombreux gaullistes ont dû plusieurs fois s'évanouir à la lecture de ses credo assenés avec ce sens du raccourci dont il a le secret. « Il n'y aura d'unité européenne, écrit-il, que si on commence à la créer, dans le domaine le moins complexe, celui d'un établissement militaire commun... Il n'y aura pas d'Europe sans, d'abord, une armée européenne. Aujourd'hui l'échéance est arrivée, la logique s'impose. Le refus du stalinisme a conduit au Pacte atlantique, cette force implique la participation de l'Allemagne. »

Un autre jour, il invitait ses lecteurs à méditer sur la photographie d'un déjeuner qui réunissait sept anciens présidents du Conseil, Henri Queuille, André Marie, René Pleven, Robert Schuman, Georges Bidault, Jules Moch, Paul Reynaud et deux anciens ministres, Guy Mollet, Maurice Petsche. « Regardez-les. Venant de dix partis différents, ils ont une conviction commune, peut-être une seule : le refus d'accepter l'hégémonie stalinienne sur la France. De ce refus est née une politique, celle du Pacte atlantique. Ils l'ont conçue et contresignée ensemble, ils en sont collectivement et individuellement responsables et cette responsabilité est tout à leur honneur car cette politique est la bonne. »

C'est encore dans *Paris-Presse* qu'il livre, pour la première fois, son opinion sur de Gaulle, celle qu'il exprimait dès 1944 dans ses lettres à son père. En juin 1952, un double événement bouleversa le monde entier : les États-Unis venaient de fabriquer la bombe à hydrogène – la bombe H – et de mettre en chantier le *Nautilus*, premier navire atomique. Confronté à cette révolution technologique et stratégique qui aggravait considérablement l'écart entre la puissance américaine et les puissances européennes, le Général déclara : « Il s'agit de faire en sorte qu'il n'y ait pas pour la France de subordination à l'étranger, sous prétexte d'unité alliée… La responsabilité de défendre la France ne peut être à aucun titre ni éludée ni déléguée par ceux qui ont l'État en charge. Puissent, à cet égard, les leçons et les expériences d'hier servir à la France d'aujourd'hui. »

Le lendemain, l'éditorialiste de *Paris-Presse*, sous le titre « Le *Nautilus* et le général de Gaulle », écrivait : « Peut-être faut-il admettre avec tristesse qu'un homme ne puisse avoir qu'une fois dans sa vie le génie de la clairvoyance… Un homme, penché exclusivement sur l'histoire, a peu de temps et de réflexions à consacrer à ce qui change maintenant. » Pour Jean-Jacques, la France désormais était larguée quel que soit le niveau de ses dépenses militaires. « De toutes parts, on réclame une "défense nationale", dont le nom même est devenu un contresens. Il est sans doute impopulaire, mais non moins indispensable, de dire, d'écrire, de reconnaître : nous avons besoin des États-Unis, notre dépendance à leur égard n'est ni à souhaiter ni à redouter, elle est un fait. Vouloir supprimer cette dépendance – le mot ne doit pas faire peur – reviendrait à trancher nos artères. Morts, évidemment, nous serions indépendants de l'Amérique. Pas autrement. »

C'est toujours dans *Paris-Presse* qu'il défend la candidature du général Eisenhower à la présidence des États-Unis, en avance de dix-huit mois sur les analystes les plus avertis. « Le sort de l'Europe, écrit-il le 23 mai 1951, dépend en très grande partie de l'homme qui sera à la Maison-Blanche. Or l'un de ces hommes est, s'il le décide, à peu près certain d'y être, c'est Dwight Eisenhower. » À ce moment-là Eisenhower était à Paris à la tête des Forces du Pacte atlantique en Europe et devait y rester jusqu'à la fin de l'année. C'est après seulement qu'il allait s'engager sous la bannière des républicains dans la course présidentielle. Jean-Jacques, au fil de la campagne, atténuera quelque peu ses ardeurs, mais il ne reviendra jamais sur sa prédiction, laissant transparaître son admiration pour le « prestigieux général qui a fait don de sa personne à l'Amérique ». Le 3 novembre 1952, la veille du scrutin, alors que tous les instituts de sondage sont très prudents,

Paris-Presse prend le risque de titrer à la une : « Jean-Jacques Servan-Schreiber nous câble de New York : à moins d'un miracle, Eisenhower est élu. » Il le sera, par trente et un millions de voix contre vingt-quatre millions pour le candidat du Parti démocrate Adlaï Stevenson. « Eisenhower, écrit-il, est un héros national, non seulement national mais mondial, un homme dont Churchill a dit "qu'il était un des plus grands qu'il ait connu", un homme dont aucun ennemi politique ne peut se permettre de mettre en doute la sincérité et la loyauté. »

Ses prises de position dans *Paris-Presse* ne heurtaient pas seulement les gaullistes, elles étaient tout aussi étrangères à la philosophie de Pierre Mendès France. Jean-Jacques revendique une Europe réunifiée, « ayant une même industrie, une même armée, donc un même pouvoir politique » ; Mendès n'en est pas là, il en est même très loin. Jean-Jacques est atlantiste, Mendès refuse ce qualificatif. Jean-Jacques est pour le retour immédiat de l'Allemagne fédérale dans le giron d'une défense européenne ; Mendès non. À trois ou quatre mois de la naissance de *L'Express* en mai 1953, l'adhésion de Jean-Jacques aux idéaux de Pierre Mendès est donc loin d'être acquise. « Il pouvait, en toute bonne foi, dira Mendès, avec une amicale ironie, vous prêter des convictions que vous n'aviez pas. Je découvrais en lisant ses articles que j'étais un partisan convaincu de l'Union européenne, de la Communauté atlantique, du libéralisme type américain... Je ne lui en voulais pas et lui en aurais-je voulu que cela n'aurait rien changé. Il était merveilleux[47] ! »

En fait, entre 1950 et le début de 1953, Jean-Jacques est loin de la vie politique française, encore plus loin des combinaisons partisanes qui font et défont les gouvernements. Il est ou aux États-Unis ou dans une capitale européenne. D'ailleurs, en février 1952, il a prolongé de cinq ans son contrat de conférencier. « Je suis persuadé, écrit-il à *Daddy et Mammy dears,* qu'il est nécessaire que je vienne au moins une fois par an dans ce pays pour conserver le contact avec les hommes politiques et les organisations qui le conduisent. Le rythme du développement des États-Unis est presque inconcevable pour un Européen et il est essentiel de faire un effort constant d'adaptation pour continuer à le comprendre… C'est pourquoi rien n'est plus important que de se ménager un séjour régulier. »

Durant ses tournées américaines, il a beaucoup d'heures de solitude – surtout dans les trains – et il réfléchit à des « tas de projets d'avenir ». Toujours avec cette impatience qu'on lui connaît. Il envoie trois « papiers » par semaine à Paris, une discipline qui l'oblige à préciser quotidiennement ses impressions. Il sera le premier journaliste français à mesurer l'impact des slogans publicitaires – *I like Ike** est encore dans nos mémoires – et du petit écran sur la conduite des batailles électorales. « Je suis en admiration croissante devant les possibilités de la télévision. Il faut absolument que j'organise ça en France. » Il demande à son père de téléphoner à Max Brusset, député de la Charente-Maritime, qui venait de rédiger pour ses collègues du Parlement un rapport sur le sujet. « J'ai des projets précis en tête et voudrais lui en parler dès mon retour. »

À *Paris-Presse*, qui n'est pas un journal de réputation internationale, il se sent de plus en plus à l'étroit et l'envie de le quitter le démange dès l'automne 1952. C'est alors qu'il reprend contact avec Hubert Beuve-Méry pour préparer son retour au *Monde* et, le 23 janvier 1953, c'est chose faite.

Pour Émile, même pour Denise, ni sa fonction de chroniqueur au *Monde* ou ailleurs – l'*Herald Tribune*, le *Washington Post*, *The Reporter* – ni ses spéculations à propos de la télévision ne constituent véritablement un métier. Leur fiston, sur lequel ils ont fondé tant d'espoirs, se cherche, papillonne. Émile surtout le déplore, jusqu'à s'attirer cette réplique : « Je n'aime pas le ton sibyllin de Papa qui a l'air de dire "il est temps que tu prennes la vie un peu au sérieux et que tu te mettes à un travail digne de ce nom", inutile de préciser une nouvelle fois quel genre de réactions je réserve à cela… Je n'aime rien plus que de discuter avec Papa, dans une atmosphère de confiance et d'estime, et de lui demander des conseils mais l'attitude "mon petit garçon, il est temps que tu voies les réalités en face et que tu t'établisses dans la vie" me trouvera toujours très hostile et fermé. » Il écrit sur un papier à en-tête du Pennsylvania Railroad.

À Paris, à ce moment-là, les Schreiber viennent de changer de nom. Le décret les autorisant à s'appeler Servan-Schreiber

* *I like Ike* : c'était le slogan d'Eisenhower que tous ses intimes appelaient Ike et non Dwight.

est paru au *Journal officiel* du 7 novembre 1952. Exactement soixante-quinze ans après que Julius-Joseph Schreiber eut quitté sa Prusse natale pour la France. Le décret ne faisait qu'entériner une pratique, il y avait longtemps que tous les membres de la famille signaient « Servan-Schreiber ».

7

L'Express : deux mois de gestation

L'Express, nous y voilà. Plus vite que ne le voudrait la légende. Tous les témoignages sur sa création laissent à penser qu'il est né en février 1952 d'une boutade jetée par Jean-Jacques à Françoise Giroud : « Et si nous faisions un journal pour défendre les idées de Mendès France ? » À la suite de quoi, plein d'ardeur, le tandem se serait mis à l'ouvrage, aurait réfléchi au titre, au format, à la maquette, à la pagination, à l'équipe... Plus d'un an de travail, Jean-Jacques et Françoise, la main dans la main, besognant sous l'œil attentif et stimulant de Mendès. Ce n'est pas du tout ça. *L'Express* a été pensé, conçu et lancé en quelques semaines. Une création qui ressemble à la geste d'un artiste. Et cette geste, elle revient à Jean-Jacques et à nul autre.

Parler de création à propos de *L'Express* est, en effet, légitime. Avant *L'Express*, rien de semblable n'existait en France. Après, des dizaines de copies existeront. Ce qui est la spécificité même d'une œuvre inédite dont la vocation est d'être à la fois unique et copiée. On ne copie pas ce qui n'a aucune raison, aucun intérêt d'être copié. *L'Express*, dans sa première mouture, puis dans sa seconde – le passage au *news magazine* qui est aussi une décision de JJSS –, ne cessera pas d'être copié.

Jean-Jacques rentrera des États-Unis le 3 décembre 1952. Jamais dans ses lettres il n'a esquissé le projet d'un journal. Pas un mot non plus de sa rencontre avec Françoise Giroud, lui d'habitude si prompt à conter ses nouvelles amours. La rencontre des deux monstres sacrés du journalisme n'est plus aujourd'hui que la page d'un feuilleton populaire. La véracité des faits est sans importance. Une certitude : ils se sont connus chez l'éditeur René Julliard, un soir de 1951. Françoise Giroud est rédactrice en chef du magazine *Elle* et donne des articles à *France-Dimanche.* Ce fut, paraît-il, un coup de foudre réciproque. Jean-Jacques l'aura bien caché et le récit qu'il en donne dans *Passions*, quarante ans plus tard, ne relève-t-il pas du « fabriqué » pour reprendre la formule qu'affectionnait l'éditeur Bernard Grasset ?

« Nous avons aussitôt appris à ne perdre de temps en rien… Ainsi, avant la fin du repas, je lui fais passer une petite note pliée l'invitant, en quittant la table, "à venir danser ailleurs". Je l'observe de loin. Elle réfléchit un bref instant, puis griffonne sur le billet et demande qu'on me le rapporte. Elle a écrit simplement : "Quand vous voudrez. F.G."

« Tout est dit.

« Cette nuit-là, que nous passons ensemble, nous discutons aussi d'un journal à créer, celui que je souhaite. Projet né, en somme, au cœur d'une nuit tendre, avec une femelle de jungle. Un torse puissant, des jambes minces… Une panthère. Plus tard, je choisirai comme emblème de ce que nous ferons, la *panthère.* »

Madeleine Chapsal, présente au dîner, a aussi sa version. Elle est plus venimeuse. « Une chose a le don de m'amuser : voir Jean-Jacques faire son numéro. Il y excelle… Qui a-t-il ainsi taquiné, égratigné ce soir-là, ses yeux bleus grands ouverts pour exprimer une curiosité jouée ? Je ne sais plus. Mais il avait de quoi renverser, séduire – moi je l'étais déjà – une convive qui savait apprécier la griffe et le jeu de l'insolence – et qui rongeait encore son frein de n'être, même talentueuse, qu'une journaliste féminine et *people* : Mme Françoise Giroud.

« Qu'elle se le soit ou non formulé ainsi, elle a dû penser : "marié ou pas, cet homme-là, il me le faut !"

« D'autant qu'à ses yeux – c'est moi qui le présume – sa jolie petite femme, laquelle s'affaissait sur son siège en retenant mal ses bâillements, ne devait pas peser bien lourd[48]. »

Quant au témoignage de Françoise Giroud, il est encore d'une autre veine. « Notre prise de contact a été rugueuse… Nous avons bavardé un instant. Ce jeune homme provocant m'a plu immédiatement… Nous sommes partis en même temps. Il est monté dans sa voiture, moi dans la mienne. Nous avons roulé sur le boulevard Saint-Germain et, soudain pour me dépasser, il a pris le boulevard à contresens. Il a filé. Ma voiture était plus puissante que la sienne. Je l'ai rattrapé sur les quais de la Seine. Je lui ai fait une queue-de-poisson pour l'obliger à stopper, j'ai crié : “Vous jouez à quoi exactement ?” Et je suis repartie le laissant loin derrière[49]. »

Si Françoise Giroud a croqué pour *France-Dimanche* le Paris des Lettres, du cinéma, de la mode, de Jacques Becker à Camus, de Queneau à Chanel, elle n'a aucune intimité avec les milieux que fréquente Jean-Jacques, ce club fermé des hauts fonctionnaires, des dirigeants politiques, des hommes d'affaires, des fils de famille, tous nantis de diplômes prestigieux. Elle ne sait pas grand-chose de la « comédie du pouvoir », cachant la fascination qu'elle éprouve et les complexes qu'elle ressent. Elle vient de loin. Fille d'une juive séfarade et d'un journaliste turc né à Bagdad, Salih Gourdji, directeur de l'Agence télégraphique ottomane, elle n'a pour parchemin que son certificat de sténodactylo.

La mort de son père et la ruine de sa mère l'ont obligée à travailler comme vendeuse dans une librairie parisienne. C'est là que le metteur en scène Marc Allégret, un ami de ses parents, la retrouve et la pousse vers le cinéma. La voilà script-girl et amoureuse de son mentor. « En vérité, je n'ai jamais aimé personne davantage que Marc Allégret, et cela pendant des années[50]. » Elle tourne avec Allégret, Renoir, L'Herbier, Baroncelli, devient assistante de réalisation, puis scénariste. Sur les plateaux, on l'appelle « Bouchon ». « C'est dur, on couche, on fait son chemin comme on peut, on serre les dents[51]. » Survient la débâcle de 1940 ; Françoise quitte Paris pour Clermont-Ferrand où vit Djénane, sa sœur aînée.

C'est le début d'une page obscure de sa vie et dont elle n'a jamais livré les clés. À Clermont, Djénane habite la même rue que le quotidien *La Montagne* où *Paris-Soir*, le journal de Jean Prouvost qui a dû fuir la capitale, s'est réfugié. Cette heureuse coïncidence va permettre à Françoise de croiser les responsables de *Paris-Soir* dont Hervé Mille, le directeur. Elle est chargée de la rubrique Spectacles. Hervé Mille, que nous avons déjà rencontré, ce mondain impénitent qui tenait salon dans son rez-de-chaussée de la rue de Varenne, partageait avec sa jeune recrue des ascendances levantines. Quand il s'exile, avec *Paris-Soir* à Lyon, Françoise le suit. A-t-elle beaucoup écrit ? A-t-on remarqué son style, sa « patte » ? *Paris-Soir* se saborde le 11 novembre

1942 lorsque les Allemands envahissent la zone sud. Il reparut quelques mois à Toulouse. Sans Françoise qui est remontée à Paris où, dans les studios de cinéma, en dépit de l'Occupation, on tourne film sur film. Son nom figure dans quelques génériques. Entre-temps, en 1941, est né son fils Alain, d'un père inconnu et qui l'est resté ; elle a emporté son secret dans sa tombe. Elle a vingt-cinq ans. À l'époque, fille mère est synonyme d'opprobre, de mise en quarantaine. « Ça peut rendre très méchant », confessera-t-elle en 2001. Arrêtée par la Gestapo, en mars 1944 – pourquoi ? comment ? –, elle fera quelques mois de prison à Fresnes, échappant à la déportation. On le voit, beaucoup de zones d'ombre recouvrent ces années de guerre.

Après la Libération, sa biographie s'éclaire. Hervé Mille ne l'a ni oubliée ni abandonnée. Il lui présente Pierre Lazareff et sa femme, Hélène Gordon-Lazareff, le couple qui règne sur Paris et qui va l'introduire dans le monde de la grande presse. Pierre Lazareff revenu en France en septembre 1944, avec l'armée américaine, était tout auréolé d'un combat de quatre ans contre l'hitlérisme. Dès l'armistice de mai 1940, il avait rejoint New York pour diriger *La Voix de l'Amérique* qui dépendait de l'Office War Information. Il allait jouer, auprès des autorités militaires US, un rôle important dans la formation des spécialistes de la guerre psychologique, tant pour préparer le débarquement en Afrique du Nord, que celui du 6 juin 1944. Principal collaborateur de Jean Prouvost avant la guerre – c'est lui, en génie de la presse populaire, qui portera le tirage de *Paris-Soir* jusqu'à un million huit cent mille exemplaires ! – il sera, après la guerre, le *deus ex machina* du groupe Hachette, le « père » de *France-Soir*, *Elle*, *France-Dimanche*, l'Agence Scoop…

Haut comme trois pommes, Pierre Lazareff est un titan mythique. Le déjeuner qu'il donne chaque dimanche, avec Hélène, dans sa propriété de Louveciennes – à Paris, il habite avenue Foch – rivalise avec celui que Louise de Vilmorin offre dans sa demeure de Verrières. Tous ceux qui comptent veulent, au moins une fois, être allés ou à Louveciennes ou à Verrières, deux étapes obligatoires pour conquérir Paris. Françoise Giroud n'oubliera pas sa dette envers les Lazareff : « Ils m'ont transmis une partie de leur savoir, qui était grand ; ils m'ont ouvert leur cœur, leur maison, leurs journaux ; ils m'ont entourée de leur chaleur… [52]. » En 1945, elle épouse Anatole Eliacheff, le rejeton d'une famille juive de Russie qui avait fait fortune dans le pétrole à Bakou avant de fuir les communistes. Il se disait producteur. « L'histoire du cinéma n'en a rien retenu, écrit Christine Ockrent, dans sa biographie de Françoise Giroud. Sans doute participait-il de près ou de loin, comme cela se faisait à l'époque, à des montages financiers en cascades où il jouait les intermédiaires... Françoise désire de toutes ses forces un autre enfant, il naîtra en 1947 et s'appellera Caroline[53]. »

En 1951, quand Jean-Jacques tombe dans sa vie « comme un aérolithe au moment précis où il fallait qu'il tombe » dira-t-elle, elle n'est pas encore sur la dernière marche du podium. Bras droit à *Elle* d'Hélène Lazareff, elle s'en approche. Elle a trente-cinq ans et deux enfants. Jean-Jacques a vingt-sept ans, il renoue avec ses amours d'étudiant, avec la série des « Marcelle » et des New-Yorkaises qui, plus âgées que lui, savaient le rassurer, l'apaiser. Françoise est de ces femmes magiciennes qui ont le don de sublimer leurs défauts en qualités. Elle est brune, petite, ronde ; on ne retient que ses formes appétissantes, ses seins lourds, sa peau souple et lisse, ses yeux sombres. Elle est coupante, sévère dans sa mise, elle a cette méchanceté suave qui fait déjà sa renommée ; on ne voit que son sourire caressant, on n'entend que sa voix enveloppante et chaude. Elle est la sensualité même, sans rien de faubourien, tout de l'enjôleuse chic, rouée et mordante. Elle disait à qui voulait l'entendre qu'une femme pouvait comme Ninon de Lenclos être désirable jusqu'à soixante-quinze ans et qu'elle s'y emploierait.

Françoise Giroud n'a rien oublié de ses années d'adolescente désargentée, obligée de trimer. « Il faut avoir été dans une position subalterne, avec toutes les petites humiliations que cela suppose, pour savoir que le monde se divise en dominants et en dominés, et que seuls les dominants respirent[54]. » Claude Abadie, l'ami d'enfance de Jean-Jacques, le musicien de Veulettes, sera frappé par cet esprit de revanche, ce syndrome de l'exclu qui l'habitait. « Quand Jean-Jacques préparait la sortie de *L'Express*, je suis passé par hasard chez lui, avenue Pierre-Ier-de-Serbie. Quatre ou cinq personnes discutaient autour d'un plateau de sandwichs. Je m'assieds à côté d'une jeune femme brune qui ressemblait étrangement à une journaliste que j'avais vue à Rouen, un jour où je donnais un concert. J'étais très intrigué, je me suis permis de lui demander : "Est-ce que vous n'avez pas débuté dans un journal de Rouen ?" Elle me réplique : "Je n'ai jamais été débutante." J'ai compris à qui j'avais à faire. En partant, Jean-

Jacques me dit : “Que penses-tu de Françoise Giroud ?” Comme si je devais la connaître de toujours ! »

Ainsi est la femme qui vient d'entrer dans la vie de Jean-Jacques Servan-Schreiber. Depuis longtemps, il espaçait ses moments d'intimité avec Madeleine, il ne l'invitait plus à le suivre dans ses tournées américaines, dans ses voyages. Madeleine, de son côté, s'émancipait. Saint-Germain-des-Prés était son territoire, son paradis. Elle avait toujours un ami à saluer sur la banquette des Deux Magots ou du Flore. Marie-Pierre, la femme de Simon Nora, qui préparait son agrégation de philosophie, l'avait présentée à Jean-Paul Sartre, à Simone de Beauvoir, à Maurice Merleau-Ponty… Colette Duhamel, qui dirigeait la revue *La Table ronde*, l'entraînait vers un autre cercle, celui de Roger Nimier. On prenait un verre à la Rhumerie, on dînait dans un bistrot et on prolongeait la nuit dans un cabaret à la mode. Madeleine aimait l'atmosphère de ces petites bandes qui mélangeaient des spécimens du Paris littéraire, intellectuel, avec quelques hérauts du Paris mondain. Jean-Jacques restera toujours à l'écart des noctambules de la rive gauche. C'est un couche-tôt qui se lève dès potron-minet à six heures.

Chacun mène sa vie dans le respect scrupuleux de la liberté de l'autre. Le couple est d'une modernité exemplaire. Pas de violences, pas de cris, pas de disputes, pas de pleurs. « Aussitôt mariés, mon cousin a trompé Madeleine, rappelle Jean-Claude. Il l'a même trompée avec sa meilleure amie, Christiane Laroche, c'est-à-dire ma femme ! Un jour qu'il revenait de je ne sais où, il me prend gravement à part. J'ai tout de suite deviné qu'il voulait m'avouer son forfait. Je ne lui en voulais pas du tout. À l'époque je l'aimais beaucoup, c'était un peu mon jeune frère. Hélas, la réciproque n'était pas vraie et j'allais m'en apercevoir trois ou quatre ans plus tard. En tout cas, ce jour-là je ne lui ai pas laissé le temps de s'expliquer. “Écoute Jean-Jacques, lui ai-je glissé dans l'oreille, ne te culpabilise pas. Tu as couché avec Christiane, je le sais. Sache que j'ai couché avec Madeleine. Tu vois nous sommes quittes.” Il était abasourdi. »

C'est le versant Valois des Servan-Schreiber*. On peut pas-

* La famille royale des Valois avait la réputation de s'adonner aux galipettes les plus débridées.

ser facilement d'un lit à l'autre, sans scrupule, sans drame et sans regret. « Crac, boum, hue ! » s'exclame Jean-Claude, amoureux des femmes autant que de tous les fruits de l'existence.

L'entrée en scène de Françoise Giroud n'a donc rien d'exceptionnel sinon que les liens conjugaux entre Jean-Jacques et Madeleine, déjà fort souples, vont se détendre un peu plus. Sans nommer Françoise, Jean-Jacques dans une lettre du 30 octobre 1952, envoyée de Washington, confiera à sa mère les changements qui affectent son couple. « Pour des raisons formelles entre Mad et moi, nous avons atteint une intimité plus profonde et plus riche. Nous sommes l'un et l'autre plus près du cœur de la vie qui est tellement plus loin des apparences qu'on ne le croit quand on est très jeune. Je vieillis assez vite et trouve dans ce nouvel âge une force bien plus considérable. Si tu étais inquiète dans ton cœur, pour moi, je te demande avec beaucoup de tendresse de ne plus l'être. J'ai maintenant passé suffisamment de crises de croissance pour ne plus craindre l'avenir et même être confiant. Pour le reste, tu m'aideras, comme d'habitude, avec l'étrange sens qui se dégage pour moi de ton silence. »

La liaison de Jean-Jacques et de Françoise inquiète, en effet, Denise. Qui est cette intruse qui risque d'aggraver l'agaçante et trop longue indétermination de son fils prodige ? Cette intruse aura, tout au contraire, un rôle déterminant, essentiel dans ce qui restera l'œuvre – la seule – de Jean-Jacques, *L'Express*. Mais au début de mars 1953, jusqu'à ce jour où Jean-Jacques propose à son père et à son oncle Robert de créer un nouveau journal, Françoise sera tenue en lisière de la famille. C'est seulement à ce moment-là qu'elle entre dans le décor schreibérien. *L'Express* a été pensé, décidé, conçu, lancé en deux mois. Un record. Aujourd'hui, on s'entoure d'une batterie de tests, de sondages, on travaille pendant un an, voire davantage sur le « concept », la maquette, les numéros « zéro ». Y a-t-il eu seulement un véritable numéro zéro ? Il n'y en a aucune trace.

Plus que les multiples souvenirs qui ont été publiés sur le lancement de *L'Express*, il faut retenir le témoignage spontané de Jean-Jacques à Gurgand : « Tout s'est joué très vite. Je voulais faire avancer l'esprit réformiste que représentait, d'une manière très exceptionnelle dans notre classe politique, Mendès France. Aucun des journaux existants ne pouvait me servir de tribune dans ce combat-là. Il fallait donc créer un journal. J'ai soumis l'idée à Mendès France qui l'a vivement approuvée. Il ne comprenait d'ailleurs rien au journalisme, il croyait que l'on pouvait faire un journal comme du temps de Clemenceau. Un journal exige des techniciens, des équipes, un service de promotion, etc. Toutes choses qui ont été totalement ignorées et par lui et par moi. Nous avons foncé à l'aveuglette, mais si nous l'avons fait, c'est aussi grâce à Françoise Giroud, alors une des journalistes les plus connues de Paris. À *Elle*, elle avait un très bon salaire. Elle s'occupait de tout, mise en pages, choix des photos, réécriture des articles, et travaillait quatorze heures par jour. Que Françoise Giroud, avec une position aussi forte dans la presse féminine, accepte de prendre le risque d'une aventure comme la nôtre, nous a vivement encouragés[55]. »

Dans cette aventure, deux autres personnes prennent un risque financier autrement plus grave, Émile et Robert Servan-Schreiber. Le quotidien *Les Échos* est alors une entreprise florissante qui comptabilise près de trente mille abonnés et nourrit une quinzaine de Servan-Schreiber ou d'alliés. Tous vivent dans l'aisance et l'harmonie. Pourquoi bousculer cet ordre des choses ? Robert et Émile ont chacun 50 % de la Société anonyme des *Échos* ; tout entre les deux frères se gère à cinquante-cinquante, de la domesticité aux chauffeurs, des investissements immobiliers à l'organisation des vacances. Ils sont si soucieux de respecter cette parfaite égalité qu'ils n'ont jamais voulu que l'un ou l'autre occupât la fonction hiérarchique la plus élevée : celle de P-DG. Ils l'ont confiée à un de leurs amis, Raffegeau, ancien président de la société La Tour Eiffel qui signe, une fois par an, les procès-verbaux des assemblées générales, sans avoir aucun autre rôle dans l'affaire.

Alors que le rideau va se lever sur *L'Express*, c'est le moment de faire le point sur les Servan-Schreiber, avant qu'ils ne s'épuisent en disputes, conflits d'intérêts et ruptures.

Du côté des « Émile », Brigitte, vingt-sept ans, a divorcé et s'apprête à convoler avec Émeric Gros, un homme d'affaires d'origine hongroise qui dirige une belle société de maroquinerie, la société Dofan. Émeric et son frère Zoltan ont ouvert un bureau à New York, où ils ont souvent croisé Jean-Jacques dès 1951. « Émeric est de loin le plus sympathique, écrivait-il à ses parents. Mais Zoltan m'a l'air d'être le vrai homme d'affaires de la famille. Dur, intelligent, rusé. En tout cas, la solidité de leur affaire paraît absolue. Leur façon de travailler fait beaucoup penser aux *Échos*. » Émeric Gros deviendra le « roi du sac en croco » employant mille deux cents personnes dans son usine de Verdun. En attendant, Brigitte s'occupe de publireportages aux *Échos*.

Bernadette, vingt-six ans, mariée à Henri Gradis dont la famille – les Deutsch de La Meurthe – figure au palmarès des plus grosses fortunes mondiales, habite Casablanca, et s'occupe de ses deux aînées, Patricia et Corinne. Henri Gradis ne se mêlera jamais ni des *Échos* ni de *L'Express* et on le verra peu dans les fêtes ou rencontres familiales. C'est l'absent.

Christiane, vingt-deux ans, joyeuse, impertinente, après avoir été la plus jeune lauréate de Sciences-Po, a épousé Jean-François Coblence. Le couple travaille aux *Échos*. Jean-François, docteur en droit, lui aussi ancien de Sciences-Po, est le directeur adjoint. Christiane sera bientôt la maquettiste de *L'Express*.

Jean-Louis, le dernier, a quinze ans et prépare son premier bac à Saint-Louis-de-Gonzague. Il était considéré comme le fils à papa, il n'appartenait pas à l'épopée. Pas encore.

Du côté des « Robert », Jean-Claude, trente-quatre ans – qui a eu deux enfants avec Christiane Laroche, Sophie et Fabienne –, seconde son père et son oncle avec le titre de directeur général.

Marie-Claire, trente et un ans, mère également – Nathalie et Jean-René –, est la grande prêtresse de la publicité à la « boulangerie », tout en resserrant ses liens avec Pierre Mendès France. Son mari, Jacques Claret de Fleurieu, a repris l'uniforme militaire et s'est envolé pour la Corée. Il se séparait définitivement et de sa femme et du clan Servan-Schreiber.

Enfin, Marie-Geneviève, vingt et un ans, est et restera très en retrait de la ruche schreibérienne.

À plusieurs reprises, Jean-Claude a imaginé un numéro des *Échos* du samedi, offrant, en plus de l'actualité économique, une synthèse très neutre de l'actualité internationale, politique et culturelle*. Le projet a toujours été reporté. La proposition de Jean-Jacques est très différente. Il veut un journal très engagé et vise un lectorat qui dépasse celui des *Échos*. Ce que Françoise Giroud

* *Les Échos* paraissaient cinq jours par semaine du lundi au vendredi.

appelle le journal « des jeunes ». Émile et Robert manifestèrent leurs réticences. Comment les lecteurs des *Échos*, commerçants et patrons des PME-PMI, pouvaient-ils réagir favorablement aux opinions de Mendès ?

Dans les notes sur son projet d'un nouvel hebdomadaire, Jean-Jacques donne à Mendès France un nom de code, Augustin. Songeait-il au Père de l'Église, théologien moraliste et professeur d'éloquence qui s'opposa au manichéisme ? Quoi qu'il en soit, dans la correspondance des Servan-Schreiber on parlera toujours d'Augustin et le surnom sera repris par les collaborateurs de *L'Express*.

« Il y a eu trois ou quatre jours de discussions serrées, raconte Jean-Claude. Ma sœur, Marie-Geneviève, mais aussi Marie-Claire, qui était pourtant la maîtresse de Pierre Mendès France, s'opposaient fermement au projet. En revanche, j'y étais favorable. Pourquoi ne pas m'allier à Jean-Jacques puisque je voulais ce supplément du samedi ? Pour moi, je l'ignorais, ce sera le début d'une longue période d'anicroches et de déboires. Dans l'instant, j'ai mis tout mon poids dans la balance, soutenu par Jean-François Coblence, le mari de ma cousine Christiane. Et, bien sûr, la mère de Jean-Jacques a pesé fortement en faveur de son petit génie. Finalement, mon père et mon oncle ont cédé. »

Il fallait, si réduite soit-elle, une équipe. Jean-Jacques l'installa dans son appartement avenue Pierre-Ier-de-Serbie. Autour de lui, quatre personnes.

La directrice, Françoise Giroud.

L'idéologue, Simon Nora, trente-deux ans, rapporteur à la commission des Comptes de la nation que préside Mendès. « Nous pensions qu'il y avait une troisième voie à trouver entre un anticommunisme délirant et un américanisme puéril, mais que cela ne serait possible qu'une fois la décolonisation accomplie, confiera Simon Nora à Georgette Elgey. Ce qui était merveilleux avec Mendès France, c'est que, contrairement à l'ensemble du personnel politique, il n'improvisait pas ; toutes les solutions qu'il préconisait s'inscrivaient dans un système cohérent[56]. »

Le rédacteur en chef, Pierre Viansson-Ponté, trente-trois ans. Ancien chef adjoint du service politique de l'AFP, collaborateur intermittent d'Edgar Faure, il vient de la Société générale de presse dirigée par Georges Bérard-Quélin, un des pères Joseph de la République, un compagnon d'armes de Jean-Claude Servan-Schreiber pendant la bataille d'Allemagne. Bérard-Quélin a bâti sa fortune sur l'information confidentielle destinée à quelque sept cents ou huit cents responsables – politiciens, dirigeants et journalistes. Ce qui le place au carrefour d'un réseau d'influences exceptionnel. Viansson a été formé à l'école Bérard-Quélin. Précis, pondéré, ce technicien de l'information, qui savoure le théâtre politique, est aussi une belle plume.

Enfin, Léone Georges-Picot que Viansson a débauchée de la Société générale de presse pour venir le seconder. Léone, la fille de Georges Georges-Picot qui fit carrière dans l'armée, puis dans l'industrie et la banque, était une belle jeune femme de vingt-cinq ans. Issue d'une grande dynastie bourgeoise, cousine de Valéry Giscard d'Estaing, elle a déjà ses marques dans les allées du pouvoir.

À ce quarteron, il faut ajouter Madeleine Chapsal, bien qu'elle n'ait pas de fonction précise. Elle est lucide. « Et moi ? Ce n'est pas une nouvelle période, loin de là, c'est un commencement, et tous les commencements ruissellent de promesses… J'encourage, j'assiste au plus près, surtout j'accorde à Jean-Jacques toute la liberté dont il a besoin… » Sa modestie l'honore. Elle s'est fabriqué un réseau d'écrivains et d'intellectuels qui servira, ô combien ! à forger l'image de *L'Express*.

Au quartier général de l'avenue Pierre-Ier-de-Serbie, on cogite, on crayonne sur les gabarits des *Échos*, on dessine la une. René Jauzan, maquettiste de *Elle*, *France-Soir* et *Paris-Presse*, passe donner des conseils. On travaille vingt-quatre heures par jour, à la lumière électrique, les volets fermés. Jean-Jacques n'est jamais mieux que dans ce rythme effréné, cette ambiance artificielle. On va du jour à la nuit, de la nuit au jour, sans jamais s'en rendre compte.

Il faut trouver un titre qui fasse la différence avec *Les Échos*. Françoise Giroud a suggéré *Bref*. Sans suite, bien qu'il plaise à Pierre Mendès France. Depuis le début, Jean-Jacques a en tête l'hebdomadaire anglais, *The Economist*, qui est, c'est vrai, un modèle d'intelligence, de style et de rigueur dans l'analyse non seulement des événements économiques, mais des événements politiques, sociaux et culturels. Il souhaite reprendre le titre sans le franciser. *The Economist*, *Les Échos du samedi*. Le destin de son journal n'en aurait-il pas été changé ? C'est Françoise Giroud qui finira – après tout de même une bonne semaine de palabres – par le détourner d'un choix qu'elle juge trop paradoxal, sinon incompréhensible pour toucher un public français.

Alors, quoi ? « Le titre a été trouvé par moi, dans la rue, comme souvent, affirme Jean-Jacques. J'ai un don personnel pour le choix des mots ou plus exactement des titres. "La Nouvelle Vague", "Monsieur X", "Le Défi américain", etc., c'est moi. Je ne m'en suis jamais remis à personne pour le choix des titres. Même pas à Françoise qui a le goût du texte, pas des titres. Me promenant dans la rue, je cherchais. Je trouvais que *Le Figaro*, c'était ridicule, *Le Monde*, ennuyeux. Regardant attentivement les kiosques à journaux, je me suis aperçu que, dans les titres étrangers, allemands, italiens, anglais, revenaient souvent *expressum, espresso, express*… C'est donc que le mot était bon. Et j'ai choisi *L'Express.* »

En quelques jours il a également recadré ses éditoriaux – on sait qu'il écrit de nouveau dans *Le Monde* – abandonnant ses credo favoris pour concentrer son tir sur la guerre d'Indochine et la gravité de notre situation économique, les deux thèmes récurrents des discours de Pierre Mendès France.

À l'aube des années cinquante, nos territoires d'Afrique, d'Asie et d'Océanie, qui constituèrent jadis le second empire colonial du monde, forment ce qu'on appelle l'Union française. Personne ou presque, dans ces territoires, ne parle ouvertement d'indépendance. Excepté en Indochine, plus exactement au Vietnam. L'Indochine se compose, en effet, du Cambodge, du Laos et du Vietnam. En 1949, la France a officiellement abandonné sa souveraineté sur ces trois pays et elle leur a donné le statut d'« État associé ». En fait, notre tutelle ne s'est pas du tout relâchée. Si les Laotiens et les Cambodgiens s'accommodent peu ou prou de la domination française, les Vietnamiens refusent de s'y plier. Le 2 septembre 1945, Hô Chi Minh a proclamé la République démocratique du Vietnam et, depuis, la France se bat contre le Vietminh – le Front pour l'indépendance – soutenu par les communistes chinois.

La France se bat mais les responsables civils et militaires savent bien que la victoire par les armes est exclue ; ils savent bien que toute solution suppose un accord avec l'ennemi. Ils le savent et ils le disent tous… dans leurs conversations privées. Un seul le dit, le répète, à la presse et à la tribune de la Chambre des députés : Mendès France. Jean-Jacques qui expliquait en 1937 à

Pierre Corone, son copain de Janson, « Il faut abandonner toutes nos colonies », n'a pas à se trahir pour avaliser les thèses de Mendès. Coup sur coup, dans trois articles du *Monde* – 18 mars, 30 mars et 7 mai 1953 – il traite du drame indochinois et il énonce le postulat qui sera, en quelque sorte, la promesse de baptême de *L'Express* : « Il n'a jamais été si nécessaire de réclamer pour l'opinion toute la vérité. » Le mot est lâché : vérité. Il appartient au panthéon lexical du mendésisme. Il sera au nouvel hebdomadaire ce que « Liberté, Égalité, Fraternité » sont à la République.

Il est vain, selon Jean-Jacques, de se lamenter sur la guerre d'Indochine, sur la dépression inflationniste, sur l'impuissance de nos gouvernements, sur le corporatisme... « Une seule idée compte : comment en sortir ? Une seule certitude : si l'opinion savait la vérité, si elle comprenait sur chaque point, de manière simple et évidente, ce qui se passe, elle réagirait violemment. L'apathie n'est pas la nature du pays, elle est le résultat des mensonges. Il faut donc que des hommes disent la vérité, qu'ils la disent avec éclat et qu'ils soient crus. Quand plusieurs l'auront fait, l'émotion du pays fera naître la force violente et nécessaire au redressement. » En somme, il résumait, dans *Le Monde*, le cahier des charges de *L'Express*. À la veille de sa naissance, rien n'a filtré.

On a un peu abandonné *Les Échos* en chemin. La « boulangerie » familiale a été le porte-avions de *L'Express*, un petit porte-avions, mais qui a permis de le lancer sans capitaux. En créant *L'Express-Les Échos du samedi*, les Servan-Schreiber inventaient la formule du supplément hebdomadaire qui sera, au fil des ans, reproduit par quasiment tous les quotidiens nationaux et régionaux. « Nous avons, dit Jean-Claude, annoncé à nos abonnés sans aucun commentaire qu'ils allaient recevoir en fin de semaine un supplément intitulé *L'Express-Les Échos du samedi*. La première année, nous ne leur demandions rien. Mais dès le renouvellement annuel de leur abonnement, ils devaient payer cent francs* de plus pour continuer de recevoir *L'Express*.

* Équivalant à environ vingt euros actuels. Le prix au numéro de *L'Express-Les Échos du samedi* était de trente francs, soit soixante centimes de nos euros.

Sur les vingt-huit mille abonnés des *Échos*, nous avons eu pratiquement vingt-huit mille abonnés à *L'Express* et ceci pour une raison fort simple : notre clientèle nous faisait toujours confiance. Par ailleurs, ma sœur Marie-Claire, chargée de drainer de la publicité pour *Les Échos*, après avoir oublié ses premières réticences, s'est mise au service de *L'Express* avec des appointements royaux. Étant moi-même chargé de la gestion financière et publicitaire, nous avons, avec ma sœur, enregistré un grand nombre de contrats pour la nouvelle publication.

« C'est donc dans des conditions assez exceptionnelles que devait démarrer *L'Express*, qui sera le seul journal d'opinion ayant, dès le premier numéro, des annonces publicitaires. Les autres journaux engagés, comme *L'Humanité*, *Combat*, *France-Observateur*, *Témoignage chrétien*, etc., ne tiraient alors aucun fifrelin de la publicité. Ainsi, d'entrée de jeu, *L'Express* a bénéficié, d'une part, des bureaux, de l'administration, de l'imprimerie et des abonnés des *Échos*, d'autre part, de revenus publicitaires, ce qui remet à sa juste place le génie que les uns ou les autres se sont aisément octroyé dans cette histoire. Mais ce qui n'enlève rien à l'impulsion initiale donnée par mon cher cousin. »

La répartition des tâches avait été arrêtée de la façon la plus logique. Jean-Jacques était responsable de la rédaction, Jean-Claude s'occupait de la gestion, de la publicité. Ils étaient l'un et l'autre codirecteurs. Pour maintenir le sacramentel équilibre entre les deux branches de la famille, les deux cents actions du capital de *L'Express* ont été également réparties. Cent vont aux cinq enfants d'Émile, Jean-Jacques, Brigitte, Bernadette, Christiane, Jean-Louis, chacun ayant vingt actions ; cent aux trois enfants de Robert, Jean-Claude ayant trente-quatre actions, Marie-Claire trente-trois, Marie-Geneviève trente-trois. Le capital de trente millions de francs a été prélevé sur les abonnements aux *Échos*, étant entendu que *L'Express*, au fur et à mesure de la progression de ses propres ventes, devait rembourser cette somme.

Dans la dernière ligne droite, la petite équipe rédactionnelle a quitté l'avenue Pierre-Ier-de-Serbie pour deux bureaux aux *Échos* sur les Champs-Élysées. Jean-Jacques et Françoise partagent une pièce aveugle de neuf mètres carrés. Viansson et Léone Georges-Picot ne sont pas mieux lotis. L'équipe s'est agrandie d'un brillant intellectuel, le professeur Alfred Grosser, spécialiste de politique étrangère et dont plusieurs ouvrages allaient marquer des générations d'étudiants. Grosser s'était trouvé, par hasard, le voisin de Françoise Giroud à l'occasion d'une « signature » chez un libraire du Quartier latin. Giroud venait de sortir son premier livre, *Le Tout-Paris*. « Je signais un essai moins pétillant, *L'Allemagne et l'Occident*, se souvient Alfred Grosser. J'ai bavardé avec Françoise Giroud que je ne connaissais pas du tout. Elle m'a dit : "Venez avec nous et vous abandonnez la Sorbonne." J'ai accepté, mais sans quitter évidemment la Sorbonne ! Je suis passé, au début, presque tous les jours au 37, Champs-Élysées. Si parmi les références politiques le nom de Pierre Mendès France revenait le plus souvent, il y avait aussi Edgar Faure, François Mitterrand, Jean Monnet… Simon Nora et Léone Georges-Picot ont été déterminants dans le parrainage de Mendès et ont convaincu Jean-Jacques. J'avais moi-même une passion pour Mendès. Viansson était l'élément pondéré du groupe, le professionnel solide, d'une prodigieuse facilité d'écriture. »

Tout est en place pour la sortie du numéro un, le 16 mai 1953. Elle devait provoquer un incident, prélude d'une longue bataille fratricide. Le vendredi soir 15 mai, Jean-Jacques débarque dans le bureau de son père et de son oncle, brandissant les morasses toutes fraîches du journal. Jean-Claude est là. Chacun donne son opinion, avance quelques critiques. « Je ne sais, lance brusquement Jean-Jacques, si le journal va pouvoir sortir. » Devant la stupéfaction de ses interlocuteurs, il précise : « Eh bien, je suis très ennuyé d'avoir à dire cela, mais mon équipe rédactionnelle refuse que le journal soit signé par Jean-Claude. » La petite phrase a l'effet d'une bombe, d'autant qu'il poursuit : « Oui, les journalistes considèrent qu'ils ne peuvent avoir comme directeur d'un journal d'une telle qualité, un garçon comme Jean-Claude. Ils estiment qu'il n'a pas les capacités intellectuelles suffisantes pour être leur directeur et, de ce fait, refusent qu'il soit avec moi cosignataire du journal. »

Jean-Claude est abasourdi. Il n'a rien oublié de ce moment surréaliste : « Mon père, gardant tout son calme, a simplement déclaré : "Eh bien, Jean-Jacques, c'est très simple, tu téléphones à Raymond Seguin* qu'il arrête les rotatives et tu remportes tes morasses. Le journal ne sortira pas. Nous n'en avons pas besoin pour vivre. Il a été entendu, par convention, entre toi et Jean-Claude, un certain nombre de choses, tu n'as qu'à tenir ta parole. C'est tout. Moi je ne regarde pas au-delà. Si ton équipe de rédac-

* Raymond Seguin était l'imprimeur des *Échos*.

teurs considère que mon fils est un demeuré, c'est peut-être leur droit, mais ce n'est pas mon avis. Donc le journal ne sortira pas." Jean-Jacques, sentant que sa manœuvre tournait court, fit une volte-face dont il avait le secret et les choses se sont arrangées. Plusieurs années après, j'ai questionné, par hasard, ses amis, qui étaient aussi les miens et appartenaient à son équipe, pour leur demander ce qui, à l'époque, avait motivé leur attitude. Pierre Viansson-Ponté qui vint – à la suite de dissensions profondes avec Jean-Jacques – travailler aux *Échos*, m'a juré qu'il n'avait jamais de sa vie prononcé de jugement de ce genre. De la même façon, j'en ai parlé à Simon Nora, alors au cabinet de Chaban-Delmas, qui a eu l'air de tomber d'un gratte-ciel : "Mais qu'est-ce que c'est que cette histoire ? Comment aurais-je pu penser une chose pareille de toi !" Il fallait s'y résoudre : c'était une petite manœuvre personnelle et typique de Jean-Jacques. »

Le numéro un de *L'Express* fait douze pages. L'« ours » – la liste des principaux responsables d'un journal – mentionne : « direction JC et JJ Servan-Schreiber ». Anna Quinquaud, une amie de Denise, est gérante et sert, en réalité, de prête-nom. La une est sévère, alignant six titres les uns sous les autres, sans recherche graphique : « Mécanique de la diplomatie russe » ; « Le sens des grèves » ; « L'article 13 contre René Mayer » ; « Le plan de Churchill » ; « Interview : Pierre Mendès France » ; « Documents : L'Afrique, Far West de l'Europe ». En bas de la une, un encadré intitulé « Cette semaine » résume l'actualité hebdomadaire, de l'atmosphère politique à la position allemande en passant par l'Indochine. Le journal est divisé en sept rubriques : *Économie, Finances* ; *Le sens des événements* ; *Lu dans la presse étrangère* ; *Interviews* ; *Portraits* ; *Paris en parle... cette semaine* qui regroupe l'actualité culturelle, littéraire, cinématographique ; enfin, *Un livre* en une page.

Aucun article n'est signé. Une règle importée des États-Unis par Jean-Jacques. L'éditorial anonyme, mais qu'il a écrit, s'explique sur ce choix, en le reliant à la compétence : « Les journalistes n'ont ni le temps ni les moyens d'être compétents. Voilà une bien regrettable, mais inévitable constatation. C'est sans doute, en France, la raison du discrédit dans lequel il arrive que l'on tienne la presse.

« Nous avons donc réuni une équipe formée d'un petit noyau de journalistes – qui écrivent au public sur ces pages –, entourée d'hommes qui, par leur fonction, sont informés et compétents dans les affaires économiques, militaires, diplomatiques, etc. C'est en faisant travailler ensemble, de chaque côté d'une table, ces deux parties de l'équipe du journal, que nous espérons offrir au public une formule nouvelle.

« Cette équipe devra, enfin, ne pas être liée non plus par ces chaînes plus subtiles, mais bien plus dangereuses, que sont la complaisance, les relations mondaines, les gentillesses ou même le respect.

« C'est pourquoi nous avons décidé, ensemble, que l'équipe, solidaire, prendrait la responsabilité de ce qui est écrit dans ces pages et que les articles ne seraient donc pas signés. La responsabilité collective permet de n'être ni aimable ni susceptible. »

Le propos ne vaudrait-il pas d'être aujourd'hui encore médité ?

Dès ce numéro un, *L'Express* tranche sur les autres hebdomadaires, bien sûr par l'absence de signatures mais aussi par la concision de beaucoup d'articles et, par conséquent, le nombre important de sujets traités. Toute la partie culturelle, en particulier, rompt avec la tradition de l'époque : la critique d'un film, d'un livre ou d'une exposition va, en quelques lignes, à l'essentiel, sans boursouflures ni digressions.

L'entretien avec Mendès France, sur une pleine page, « La France peut supporter la vérité », est, évidemment, le fait marquant. *L'Express* affiche, sans ambiguïté, sa couleur. Quelques journaux, dont *Le Monde*, reprendront des extraits de ce texte, un condensé de tous les postulats qui, depuis maintenant plusieurs années, fondent la doctrine mendésienne : il faut négocier en Indochine ; il faut réduire le budget militaire ; lutter contre la politique financière de facilité, contre l'inflation et la chute du pouvoir d'achat ; il faut moderniser l'industrie, créer des logements nouveaux.

Revenant avec spontanéité, en mars 1970, sur cette interview inaugurale de Pierre Mendès France, JJSS dira : « Son article était notre premier éditorial intitulé “La France peut supporter la vérité”. Il avait raison de le dire, mais n'en croyait pas un mot. C'est typiquement du Mendès France ; c'est un janséniste, intransigeant sur ses idées, sur l'intégrité, mais qui est un parfait pessimiste, qui ne croit jamais qu'on puisse réussir et qui trouve une certaine délectation dans l'échec permanent, dans la justification du pessimisme. C'est sans doute de là que vient son amour pour Léon Blum, et c'est sans doute de là que sont venues plus tard nos difficultés, nos divergences. Je ne supporte pas la culture de l'échec. Je peux le dire d'autant plus librement que j'ai connu de très nombreux échecs[57]. »

Le théorème schreibérien d'une synergie entre les journalistes anonymes et les personnalités compétentes fonctionnera pendant dix-huit mois. L'âge d'or de *L'Express*, selon Alfred Grosser. Se positionnant dans la mouvance de la gauche libérale, c'est-à-dire non marxiste, l'hebdomadaire affiche un double particularisme par rapport à ses concurrents : il met l'accent sur les questions économiques et il milite sans nuance contre le colonialisme, ce qui n'était pas encore le cas, même d'un journal comme *Le Monde*. « Les grandes têtes politiques que nous réunissons pour discuter à fond du "manifeste du journal" sont, dira JJSS, peu nombreuses mais dominantes et, bien que venant d'horizons divers, se retrouvent sur les quelques réformes essentielles et urgentes qu'appelle l'état du pays[58]. » On se réunit dans la salle de rédaction meublée d'une table et d'un tableau noir. À l'heure du déjeuner, les « grandes têtes » se partagent un repas offert, sur les plateaux d'Air France, et fourni par le restaurant-salon de thé du rez-de-chaussée. On y trouve, autour de Simon Nora, une pléiade brillante que rejoignent parfois Pierre Mendès France et Jean Monnet, rarement en harmonie de pensées. Il y a Robert Schuman, déjà le prophète de l'Europe ; François Mitterrand, jeune et ambitieux, spécialisé jusqu'ici dans les problèmes d'Outremer ; Gaston Defferre, moins connu, grand bourgeois (il dirige le quotidien *Le Provençal*), est maire de Marseille, et représente, au Parti socialiste, l'aile moderne face à celle du patron du parti : Guy Mollet, député d'Arras et des vieilles industries du Nord. Geneviève Bouvet et la ravissante Anne-Marie de Villaines – elle n'a pas encore signé son premier roman ni écrit sa première chronique – jouent le rôle de secrétaire.

À ce noyau vont vite venir s'agréger des « pointures » de la presse et des milieux universitaires ou intellectuels. Un journaliste du *Monde*, Jacques Fauvet, trente-neuf ans, chef du service Politique, passe régulièrement pour donner un conseil ou un

« papier ». Maurice Duverger, trente-six ans, professeur à la faculté de droit de Paris, mendésiste de bon aloi, chroniqueur au *Monde*, met son exceptionnelle maîtrise de la sociologie politique au service du bouillonnant Jean-Jacques. À l'âge de l'adolescence où les enfants pensent au jeu, ce travailleur acharné se penchait déjà sur les problèmes de la France et militait avec fougue dans les milieux bordelais d'extrême droite. Roger Priouret, quarante ans, offre ses compétences de chef du service Économique de *France-Soir* et devient le premier pigiste régulier de *L'Express*. Pierre Uri, Louis Armand et Alfred Sauvy seront aussi du tout premier cercle.

Pierre Uri, quarante-deux ans, ancien normalien, professeur de philosophie, est devenu un expert écouté de la classe politique. Audacieux, toujours en mouvement, devisant des chiffres et des concepts avec l'agilité d'un prestidigitateur, il a une carte de visite impressionnante : conseiller économique et financier au Commissariat du plan, professeur à l'ENA, membre du Comité des experts de l'ONU, directeur de la division économique de la CECA... Il est surtout très lié à Robert Schuman et Jean Monnet. C'est Pierre Viansson-Ponté, ami de Jean Monnet, qui l'a fait venir à *L'Express*.

Louis Armand est en lui-même une institution. Ce brillant ingénieur, né en 1905, sera en 1958 le « mécanicien », avec l'inspecteur des Finances, Jacques Rueff, du franc lourd qui allait donner un coup de fouet à l'économie nationale. *L'Express*, dans son numéro du 7 novembre 1953, le présentera comme un des « Cent moteurs qui tracent les chemins de l'avenir » : « Directeur général de la SNCF, président du Bureau d'organisation des ensembles industriels africains, professeur à l'ENA, type de l'homme-moteur aux chemins de fer français comme au Sahara, il a sur les individus le même effet qu'un cyclotron sur les atomes : il contribue à libérer l'énergie qu'ils renferment. »

Alfred Sauvy, cinquante-quatre ans, le doyen de l'équipe, figure également parmi les « Cent » : « économiste, journaliste, membre du Conseil économique. Le courage d'être clair. Témoin lucide de la décadence d'une certaine forme du capitalisme, il la dénonce en termes simples et contribue ainsi à orienter la réflexion de ceux qui ne sont pas résignés ». Initiateur, en France, d'une science mal appréhendée jusqu'à lui, la démographie, Sauvy était d'une simplicité et d'une aménité qui frisaient la modestie.

Cette façon de présenter les « Cent moteurs » était à l'époque aussi innovante que provocante. Un journal s'arrogeait le droit de se poser en prophète et de dresser la liste des futurs « conducteurs », dans tous les domaines, du pays. Depuis, l'idée a été mille fois reprise et appartient au registre des « marronniers » – comme on dit dans la presse. Les cent plus grandes fortunes, Les cent femmes qui comptent, Les cent ceci, Les cent cela…

Cette poignée de personnalités compétentes d'une indiscutable qualité ont toutes, d'une part, une connaissance affûtée de l'appareil d'État, d'autre part, une expérience peu commune des questions économiques et internationales. Elles acceptent, enthousiastes, de venir discuter autour d'infâmes plateaux-repas. Un orchestre de l'ombre dont Jean-Jacques est le chef. « La réussite rédactionnelle de *L'Express* des premières années, dira-t-il à Gurgand, est due aux trois quarts à Françoise Giroud, et sa réussite intellectuelle à Mendès France et Simon Nora. J'étais quant à moi une sorte de promoteur. J'étais le catalyseur d'une équipe très hétérogène. Je n'apportais pas l'essentiel ni du talent ni de la matière grise, mais je savais faire travailler tous ces gens ensemble. Ce que Françoise Giroud faisait avec difficulté. »

Un orchestre de l'ombre dont les lecteurs de *L'Express* ne connaissent pas les instrumentistes et ignorent les séances quasi quotidiennes de répétitions. « L'ambiance était électrique, dit encore Alfred Grosser. La remise en cause des choix, des angles d'attaque, des titres, était permanente. Pour faire sérieux, certains articles étaient précédés de la mention "de notre correspondant à Washington" ou "de notre correspondant à Bonn"… Le correspondant n'était autre que Jean-Jacques et moi, qui n'avions pas quitté Paris ! »

En dépit de l'écho que reçut l'entretien avec Pierre Mendès France, en dépit de l'aréopage prestigieux qui cautionne *L'Express*, son apparition ne provoque pas ce que l'on pourrait appeler un événement. Au départ, en effet, sa diffusion dans les kiosques fut très modeste, pour des raisons de coût, et elle n'a vraiment été organisée qu'au bout d'un an de parution quand le journal a fini par équilibrer son budget.

L'actualité politique française était alors dans une phase incandescente aux prises avec la chute des gouvernements, la crise économique et la guerre d'Indochine. Rien néanmoins n'annonçait la spectaculaire entrée dans l'arène, le 3 juin 1953, de Pierre Mendès France. Dix-huit jours exactement après la naissance du journal. Une aubaine tombée du ciel. Dès cet instant, pour Jean-Jacques, *L'Express* est synonyme de Mendès et Mendès, synonyme de *L'Express*. Plus encore, dans son esprit, *L'Express*, Mendès et Jean-Jacques ne forment qu'un seul corps en trois personnes.

Que s'est-il passé ? Le radical René Mayer, président du Conseil, soutenu à l'Assemblée par une coalition hétéroclite, est renversé. Sa majorité lui refuse les « pouvoirs spéciaux » qu'il demande pour faire face à nos graves difficultés économiques. À l'époque, après chaque débâcle ministérielle, le président de la République – Vincent Auriol jusqu'en janvier 1954 –, s'épuisait en consultations pour essayer de trouver l'oiseau rare susceptible de former un nouveau gouvernement. Vincent Auriol jette donc son filet. Il voit Guy Mollet, un socialiste, André Diethelm, un gaulliste, et Paul Reynaud, un indépendant. La pêche est infructueuse. Reynaud accepte de « faire un tour de danse » selon l'expression de Vincent Auriol. Il est sévèrement battu. Auriol laisse passer vingt-quatre heures et il pressent Pierre Mendès France. La surprise est totale. À l'Élysée, les journalistes se pressent pour le regarder traverser la cour d'honneur, une grosse serviette élimée sous le bras. Au 37, Champs-Élysées, c'est le branle-bas de combat.

Pourquoi Mendès ? « S'il m'arrivait de penser qu'un jour ou l'autre je serais au gouvernement, je m'imaginais ministre des Finances ou de l'Économie, confiera-t-il. Plus tard, président du Conseil, peut-être... Mais toujours pour m'atteler à une tâche économique. Je ne m'attendais pas à être tout de suite chef d'un gouvernement chargé de mettre un terme à la guerre d'Indochine, à m'en occuper en catastrophe. Les circonstances en ont décidé autrement. Donc, en juin 1953, le président de la République, en partie pour "me casser les reins", me charge de demander l'investiture à l'Assemblée nationale. L'Assemblée était très à droite et je n'avais, normalement, aucune chance de l'emporter. Il s'agissait, selon le jargon parlementaire, de "lever l'hypothèque" ou plutôt les hypothèques... En réalité, Auriol avait en vue un autre gouvernement mais, pour le constituer, il devait démontrer qu'un radical ne pouvait réussir. Nous étions en pleine combinaison parlementaire[59]. »

Piège ou tremplin ? Il a voulu relever le défi. Pour l'aider à préparer son discours d'investiture, Jean-Jacques met *L'Express* à sa disposition, en particulier, Léone Georges-Picot, devenue pour la circonstance son attachée de presse. Simon Nora est lui aussi sur la brèche. Le discours est attendu comme aucun autre, Jean-Jacques le sait, comme il sait qu'il y aura foule au Palais-Bourbon pour venir l'écouter. Les débats parlementaires n'étaient pas alors retransmis par la télévision et quand un « ténor » s'exprimait, on se bousculait au balcon de l'Hémicycle. Cet engagement total et à découvert de Jean-Jacques agace Viansson qui aurait préféré un soutien tout aussi fort mais moins pétaradant. Jean-Jacques, il va sans dire, balaye toutes formes de prudence. Rien ne pourra freiner son emballement. Il faut être, répète-t-il, plus qu'un commentateur de l'événement, il faut en être l'acteur. *L'Express* a tout à y gagner.

Le 3 juin, à dix heures, Mendès France monte à la tribune de l'Assemblée. Il pose sur le pupitre quarante-deux feuillets et un verre de lait. Du lait ? Symbole de la campagne que mène le député de l'Eure contre les bouilleurs de cru. La mise en scène frappe d'emblée les élus et le public. Elle est signée Jean-Jacques. Dès les premiers mots, la Chambre est prise. Le silence se fait religieux, seulement cassé par des salves d'applaudissements qui viennent de partout, excepté des communistes et d'une fraction de la droite. Mendès a réussi à secouer une Assemblée impuissante, faisandée. Sa péroraison qui dure une heure et demie a produit un effet de choc. Il n'a rien dit – il en conviendra lui-même – de très original, de très percutant. Il a parlé vrai, avec compétence, authenticité, énergie. Quelques phrases ont fait mouche et réveillé les consciences affaissées. Citons-les : « Pensons à cette jeunesse dont le destin est le véritable enjeu de nos débats, à ce pays entier qui nous observe et qui nous juge… Les principaux problèmes doivent être considérés comme un tout. Leurs solutions sont une. Il n'y a pas une maladie de nos finances et une autre de notre économie ; une faiblesse de notre démocratie et une crise de l'Union française appelant chacune des remèdes distincts. Les causes sont les mêmes, les mesures à prendre forment un tout indivisible… On ne peut pas tout faire à la fois… Gouverner, c'est choisir. »

En dépit des applaudissements, il n'obtient pas les trois cent quatorze voix fatidiques exigées par la Constitution de 1946. Il a contre lui les barons des états-majors partisans et il y a eu un nombre énorme d'abstentions. Les communistes ont voté contre, comme ils le font automatiquement. Mais, à l'intérieur du parti, certains ont manifesté leurs désaccords : comment peuvent-ils repousser un homme qui veut la paix en Indochine ?

Toutefois, Mendès marque un point, au-delà de ses espoirs : l'hypothèse qu'il puisse devenir chef du gouvernement est désormais dans l'ordre du possible. Selon Jean Lacouture, son biographe, « C'est de ce moment-là que date ce qu'on appellera le mendésisme[60]. »

C'est aussi la conclusion de Jean-Jacques, dont la principale obsession – il en aura d'autres – sera maintenant d'amener Pierre Mendès France à Matignon. « Il a dressé à haute voix et à plusieurs reprises, écrit-il à la une de *L'Express*, le bilan des erreurs que nombre de députés établissaient depuis longtemps, mais tout bas. Il en a tiré des conclusions précises, prenant la forme d'un programme d'actions. Car il a lié tous les problèmes ensemble. Il a donné une voie et une conscience à cette Assemblée. Rien ne sera plus comme avant. »

L'Express, encore un bébé, est déjà « nominé », s'il n'est pas primé, sur la place de Paris. Tous les caciques de la grande presse qui l'observent avec un zeste de dédain – Pierre Lazareff à *France-Soir*, Pierre Brisson au *Figaro*, Gaston Bonheur à *Paris-Match* ou Robert Lazurick à *L'Aurore* – doivent se rendre à l'évidence : le jeune Servan-Schreiber, qui se vieillit en blanchissant ses tempes, peut les épater. « Vous n'imaginez pas le climat d'ébullition, l'enthousiasme, la frénésie qui nous animaient, se souvient Léone Georges-Picot. Nous étions tous si jeunes… Nous vivions quasiment ensemble, et Jean-Jacques était le chef de bande. Nous allions souvent en groupe faire de la gymnastique ou jouer au basket, salle Lerousseau, aux Champs-Élysées… Le week-end, on partait souvent à Veulettes, chez ses parents, et on continuait à travailler, ou plutôt à discuter interminablement de la France, de Mendès ; on refaisait le monde…[61]. »

Jean-Jacques a ses manies qui vont, plus tard, servir sa légende. En avance sur les *golden boys* new-yorkais, il porte uniquement des costumes bleu marine de la même coupe, des chemises blanches et des cravates noires. Il prend des vitamines importées des États-Unis, il se nourrit de viande grillée, de carottes râpées, ne boit qu'exceptionnellement de l'alcool et il monte quatre à quatre les cinq étages des *Échos*. Il prendra rarement un ascenseur. Pour la beauté du sport ? Peut-être. Surtout parce qu'il déteste la promiscuité des quidams qui s'y enferment, parce qu'il a horreur de respirer dans cette atmosphère confinée. Il a une peur maladive des microbes. Toute sa vie, il tiendra à distance de son bureau ses collaborateurs enrhumés, grippés ou fiévreux, et demandera à sa secrétaire de repousser, s'il en est besoin, les rendez-vous pris. Le chef de bande évite le contact physique, n'aime pas serrer les mains, répugne aux accolades, aux embrassades. Le front plissé, la mine grave, il s'applique à se forger un visage sévère et hiératique. Il adopte la posture du Commandeur et il ne descendra plus de son piédestal.

On a vu, à plusieurs reprises, qu'il n'a aucune difficulté à se prendre très au sérieux. En soi, ce n'est pas un défaut, mais son cas est moins simple : il n'a pas une once d'humour sur lui-même. Comment est-ce possible, direz-vous ? C'est possible. D'ailleurs, ce manque d'humour ne cessera de dérouter, d'ébahir tous ceux qui travailleront avec lui, tant il détonnait avec sa désinvolture, avec l'acuité de son intelligence, avec la virtuosité de sa dialectique. Au vrai, son manque d'humour ne lui était pas un handicap, c'était une cotte de mailles qui le protégeait, sans qu'il ait à forcer sa nature, des agressions extérieures. En somme, son étoile qui le rendait inaccessible, inébranlable. Il en était – c'est le plus cocasse – très conscient.

«– Croyez-vous, cher Monsieur, lui demande Jean-Claude Vajou, que faire preuve d'humour, c'est commencer par ne pas se prendre au sérieux ?

«M. Jean-Jacques Servan-Schreiber se met à réfléchir : la partie est gagnée.

«– J'aime beaucoup les gens qui font preuve d'humour, me confie-t-il en ajoutant : je ne suis pas très bon à cet égard. Je trouve que le sens de l'humour est une énorme qualité, et pas une qualité secondaire, c'est une qualité primordiale… Moi, je n'ai pas beaucoup d'humour, mais j'aime bien rencontrer des gens drôles.

«– Est-ce que cela veut dire que vous vous prenez toujours au sérieux ?

«– Ou jamais… Je ne sais pas… Je ne me pose pas la question[62]. »

8

Trois étoiles : Mauriac, Malraux, Camus

Après le « tour de danse » de Mendès France, le cours de la politique intérieure est retourné dans son lit. *L'Express*, durant 1953, reviendra régulièrement, par touches plus ou moins appuyées sur les idées de Mendès, sur les espoirs qu'il suscite dans les jeunes générations – lui-même n'était plus si jeune – et sur son avenir. L'affichage mendésiste est cependant subtil et on aurait tort de croire – comme on l'a souvent écrit – que *L'Express* pratique un militantisme béat. Pierre Viansson-Ponté est trop sceptique et trop soucieux d'indépendance pour accepter de se métamorphoser en chantre d'un dirigeant politique quel qu'il soit. Françoise Giroud, de son côté, n'a aucune envie de peser dans un sens ou un autre sur la ligne du journal. Elle a deviné qu'elle tenait un outil qui pourrait devenir exemplaire dans l'innovation et la recherche du vrai. Madeleine Chapsal ne veut pas non plus sacrifier ses pages culturelles à une quelconque raison d'État. Quant à Jean-Jacques, dès cette époque, il laissera carte blanche à ses journalistes, comme à son écurie de personnalités compétentes, les poussant toujours, ne les freinant jamais. Il a été formé à l'école américaine, celle où le droit d'expression est sacré. Ce qui ne l'empêche pas, dans certaines circonstances, de mobiliser ses troupes qui, alors, ont obligation de suivre son panache blanc. Il l'a fait le 3 juin pour Mendès. Il le refera souvent au long de sa carrière. Entre ces coups de feu, où il faut être *avec lui*, son équipe jouit d'une exceptionnelle liberté. En vérité, Jean-Jacques acceptait alors – ce qu'il n'acceptera plus quand, seize ans plus tard, il mettra la main sur le Parti radical – de dissocier *L'Express* de ses engouements personnels.

On peut aller jusqu'à dire qu'il s'engage derrière Mendès,

plus qu'il n'engage son journal. Est-il, au demeurant, capable de modérer ses élans quand il s'est fixé un objectif ? Son objectif est de mettre Mendès au pouvoir. Jean-Jacques l'aiguillonne. Et pour ce faire, il ne se satisfait pas de sa tribune anonyme dans *L'Express* – c'est lui qui écrit les éditoriaux –, il signe dans *Le Monde* sans jamais se départir d'une attitude offensive : « Les problèmes auxquels la France est confrontée sont graves, leurs solutions passent d'abord par la fin de la guerre d'Indochine et, un seul homme a le courage, la capacité de terminer cette guerre, Pierre Mendès France. » S'il n'en appelle pas, d'une manière explicite et systématique au député de l'Eure, ses analyses dans *L'Express* comme dans *Le Monde* reprennent inlassablement la panoplie de la rhétorique mendésienne.

En 1953, on l'a oublié, ou on ne l'a jamais su, une polémique enfla autour d'une idée chère à Mendès et que Jean-Jacques, en arpenteur bondissant, mit au centre de son combat : les gouvernements français depuis 1948 dilapidaient les millions de dollars du plan Marshall, réservés officiellement à la relance de notre économie, pour financer l'intervention militaire en Indochine. Ce détournement de fonds était, martelait Jean-Jacques, non seulement scandaleux, il bloquait la reconstruction du pays mais constituait « un chèque en blanc des États-Unis sur la France ». Ce raisonnement, que Mendès avait développé devant la Chambre, chiffres à l'appui, déclenchait les foudres des gouvernements en place et Jean-Jacques se mettait au centre de la « marmite » obligeant le président du Conseil, voire le président de la République, à lui répliquer.

En plein mois de juillet, il croisa le fer avec son ancien tuteur politique, Georges Bidault, ministre des Affaires étrangères dans le gouvernement Laniel, l'accusant de conduire le pays à la déchéance et d'exporter nos soldats en Indochine contre des dollars. Les quelque trente articles qu'il a écrits en 1953 sur le conflit indochinois débouchent sur la même conclusion : ou bien la France se réserve d'ouvrir un jour une négociation en Indochine, mais alors elle ne doit pas accepter d'être payée pour ne pas le faire, ou bien elle accepte l'argent des Américains mais en acceptant aussi de remplir la tâche pour laquelle ils le lui donnent, écraser militairement le Vietminh.

Pendant qu'il bataille, *L'Express* affine sa formule, met en musique l'actualité avec un sens inédit de la dramatisation des événements, avec un goût tout aussi nouveau pour la personnalisation des débats. Sa diffusion dans les kiosques augmente par le seul intérêt qu'il suscite dans les couches dirigeantes, les milieux intellectuels et chez les étudiants. Aucun investissement promotionnel ne viendra soutenir cette lente percée, tant que le journal n'aura pas équilibré ses comptes. Émile et Robert ne dérogeront pas à cette règle.

Heureusement, la IVe République n'est pas avare de tensions et de drames qui mettent le pays dans un état d'ébullition que Jean-Jacques et son équipe sauront exploiter avec une force, un panache incomparables. À tel point qu'on pouvait se demander si notre histoire ne s'était pas mise au service du lancement et de la consolidation de *L'Express* !

Il y a eu l'épisode de Mendès. Il y aura, dans les mois qui suivent, une cascade de périls qui porte la division entre les partis et au sein des partis à son comble. D'abord, il a fallu plus de trente-huit jours de marchandage pour constituer un gouvernement après l'échec de Mendès France. La crise la plus longue que la IVe République ait connue. Finalement, Joseph Laniel, sexagénaire trapu, industriel à Vimoutiers, qui a fait ses classes sous la IIIe République, est investi. « Ce politicien prudent avait-il jamais songé à gouverner la France ? s'interroge Georgette Elgey. On ne se pose même pas la question... On le dit peu intelligent, on se félicite de le voir si sérieux et si dépourvu de brio, on sourit de son manque d'éloquence... [63]. » Il recueille un héritage maudit : une situation économique tendue, un climat social déplorable, une guerre d'Indochine dans l'impasse. Il affronte une opinion publique de plus en plus indignée, écœurée du spectacle que se donne à lui-même et à la nation le marigot politique. Son gouvernement est un patchwork qui va de la droite traditionnelle à la gauche modérée et dont deux membres appartiennent à la « famille » de *L'Express*. François Mitterrand, ministre d'État, délégué au Conseil de l'Europe, Edgar Faure, ministre des Finances et des Affaires économiques.

Or, durant l'été 1953, la France va vivre un phénomène unique dans son histoire et dans l'histoire du milieu ouvrier : la grève spontanée de plusieurs millions de travailleurs qui, en quelques jours, paralysent tout le pays. Jamais une grève générale n'avait éclaté en pleine saison des congés payés. Jamais une grève de cette ampleur n'avait reçu le soutien de l'opinion publique. S'armant d'une approche plus sociologique que politique, ce qu'écrit *L'Express* sur cette foudroyante explosion sera repris plus tard par les historiens. « Les Français s'arrêtent de travailler parce qu'ils en ont marre, qu'ils sont plus tristes qu'ils ne sont en colère ou révoltés, parce qu'ils se sentent pris dans une nasse. Tout un peuple s'est assis au bord de la route et attend les bras croisés. » Pourquoi ? *L'Express* interroge les grévistes, les syndicalistes, les politiques, les patrons, donne de l'événement un éclairage très complet, proche des gens qui le font. Comment expliquer ces grèves sinon par l'abîme qui s'est creusé entre les responsables de tous bords et le pays réel ? Un « style *Express* » est en train de se créer sous la triple influence de Jean-Jacques, de Françoise Giroud et de Pierre Viansson-Ponté. Avec, toujours, ce piment de modernité : « Le vrai problème, lit-on dans un éditorial, c'est que la France est en pleine décadence économique, qu'elle perd pied, qu'elle n'est pas une nation moderne... Les hommes qui gouvernent notre pays, ceux qui ont eu à le gouverner les années précédentes – les mêmes – ont pris l'habitude de ne plus croire qu'un effort sérieux puisse être entrepris... Une relève s'impose. »

La grève reflue comme elle était née, soudainement, sans explications ni logique. Mais de nouveaux troubles prennent le relais, de l'autre côté de la Méditerranée, en Tunisie et au Maroc.

En Tunisie, Bourguiba, le fondateur du mouvement nationaliste, le Néo-Destour, engage une épreuve de force après l'arrestation de plusieurs de ses partisans par les Français. Dans les villes, le terrorisme s'installe. Dans le bled, quelques bandes de fellaghas commencent à battre la campagne.

Pendant ce temps, au Maroc, c'est la plus totale confusion. En 1952, à la fête du Trône qui coïncidait avec le vingt-cinquième anniversaire de son installation, le sultan Mohammed ben Youssef avait réaffirmé sa volonté de « donner le Maroc aux Marocains ». Depuis, Paris et Rabat achoppent sur la question récurrente de la souveraineté, tandis que les caïds et les pachas – dont Thami el-Glaoui, le pacha de Marrakech – se rebellent, veulent la place du sultan, entretenant des relations ambiguës avec la France. Plusieurs manifestations sanglantes sont annonciatrices de graves secousses. Pris dans ce nœud de vipères, notre résident général à Rabat attend les ordres du gouvernement Laniel, et de son conseiller militaire, le maréchal Juin. Ils tombent le

23 août 1953 : le palais du sultan est investi par les troupes françaises, Mohammed ben Youssef, contraint d'abdiquer, est remplacé par Moulay ben Arafa, plus favorable aux intérêts coloniaux. Pour la gauche, pour les communistes qui se déchaînent, cette opération est un véritable coup d'État.

Jour après jour, la IVe République se prostitue un peu plus dans les trafics, la corruption et les expéditions coloniales. *L'Express*, journal d'opposition, anticolonialiste et libéral, se sent naturellement porté par ces sombres nuages qui s'accumulent.

Le gouvernement tangue. Les deux amis de *L'Express*, Edgar Faure et François Mitterrand, ont désapprouvé publiquement l'expédition marocaine. Le premier n'est pas allé au-delà, le second a donné, avec éclat, sa démission de ministre le 22 septembre. C'est ainsi que Mitterrand signe sa première « tribune libre » dans *L'Express*.

Derrière lui va entrer dans la ronde une personnalité illustre, au sommet de sa gloire, François Mauriac. Membre de l'Académie française, prix Nobel de littérature, il a soixante-huit ans, et écrit chaque semaine un éditorial en première page du *Figaro*. Depuis 1937, ses articles ont couvert les heures qui furent parmi les plus sombres et les plus tragiques de notre histoire. En 1953, il a pris la tête du combat contre la répression au Maroc. Il dénonce les « Machiavel » de chez nous, les « abus de la force ». Pour lui, la raison d'État ne tient pas devant l'obligation de justice et de fraternité. À la une du *Figaro*, le journal de la métropole le plus lu chez les Français du Maroc, ses analyses ont une odeur de provocation et elles deviennent de plus en plus insupportables à des milliers de lecteurs. On l'accuse de tout ignorer du sujet, de nuire à la France, à la religion catholique, de pratiquer le racisme à rebours... Il est d'autant plus cruel, plus féroce qu'il connaît tous ces hommes qui, auprès de Joseph Laniel, échafaudent notre politique, Georges Bidault, Pierre-Henri Teitgen, Maurice Schumann. Ils font partie de son « Église », la démocratie chrétienne, il connaît leurs faiblesses, leurs tics, et c'est au nom de la même foi, des mêmes principes reçus, qu'il les combat. Jean-Marie Domenach, l'animateur de la revue *Esprit*, le chrétien de gauche, notera dans son carnet : « L'affaire marocaine a révélé à Mauriac tout un monde de violences et de corruption qu'il soupçonnait à peine. Sa naïveté est admirable. Cette naïveté va faire sa force : furieux d'avoir été dupé, il mord désormais jusqu'au sang "l'éternelle droite aux yeux crevés" qui est en train de déshonorer la France et de la brouiller avec ses amis[64]. »

Si Pierre Brisson, directeur du *Figaro*, soutient loyalement son ami Mauriac, l'aile conservatrice du journal a lâché l'académicien. Chaque matin, Brisson compte les lettres d'insultes et les désabonnements. Il n'y a pas péril en la demeure. Mais, pendant quelques semaines, Mauriac n'écrira plus.

S'il y a eu une relation de cause à effet entre la disparition de sa tribune dans le quotidien de la bourgeoisie et son apparition à *L'Express*, le milieu dans lequel baigne alors François Mauriac est fort éloigné de celui de Jean-Jacques et de son équipe. Une fois de plus, c'est le hasard des événements et de leurs enchaînements qui rapprochera Mauriac de *L'Express*. Déjà, le 9 juin 1953 sous le titre « Les forces obscures », Mauriac avait déploré, dans *Le Figaro*, la tentative avortée de Pierre Mendès France, ce qui lui avait valu une salve supplémentaire d'invectives de ses lecteurs et une lettre de Mendès, à laquelle il avait répondu : « J'avais été très heureux d'écrire cet article. J'aurais été profondément déçu de votre échec si j'avais cru la Chambre capable de choisir un chef tel que vous.

« Mais vous avez tout de même, par votre déclaration, ouvert une ère parlementaire nouvelle et le retour au marécage me paraît impossible.

« Ce n'est pas moi qui vous aurais reproché d'avoir été l'avocat du Néo-Destour et vous pouvez être fier d'avoir défendu trois Tunisiens injustement accusés[65]. »

La filiation Mendès-*L'Express* lui était, évidemment, connue. Or au même moment, l'irradiant orientaliste Louis Massignon et l'intellectuel catholique Robert Barrat, qui écrit dans *Témoignage chrétien*, créent l'Association France-Maghreb dont l'influence sera grande durant toutes les noires années de la décolonisation. Barrat est une âme forte qui porte l'indépendance de l'Afrique au cœur. Il demande à Mauriac de présider France-Maghreb. Le prix Nobel accepte et l'association publie le 23 juin un manifeste qui dénonce « L'aggravation quotidienne de la situation en Afrique du Nord… Les déportations et arrestations massives et arbitraires… Les manifestations tolérées ou encouragées par l'Administration contre un souverain, contrairement aux traités et à la parole donnée ».

Parmi les vingt premiers signataires qui rejoignent Massignon, Barrat et Mauriac, figure... Jean-Jacques Servan-Schreiber. Par qui a-t-il été associé à cette entreprise ? Par son ami Jacques Duhamel, par François Mitterrand qui ont signé ? Non, par Pierre Corval, ancien résistant, adjoint, avant la guerre, de Georges Bidault à *L'Aube*, très lié à Émile Servan-Schreiber. Et c'est Pierre Corval qui, trois mois plus tard, le présentera à François Mauriac. Jean-Jacques a ferré le gibier. Il lui écrit pour lui dire qu'il dispose, s'il le veut et quand il veut, des colonnes de *L'Express*. Mauriac ne lui répond pas mais accepte un rendez-vous. Le prix Nobel, le moraliste, si apte à saisir le tréfonds de l'âme humaine, sera, après tant d'autres, fasciné par notre jeune et intrépide séducteur. Comme il ne peut plus rien écrire au *Figaro* sur l'Afrique du Nord, il s'agit de s'exprimer ailleurs. *L'Express* tombe à point nommé. Bien sûr, Jean-Jacques lui devra beaucoup – « Je suis sa poule aux œufs d'or », dira-t-il plus tard – mais il a eu, lui aussi, la chance de le trouver.

Le Mauriac journaliste a débuté dans l'hebdomadaire *Temps présent* qui, à la veille de la Seconde Guerre mondiale, occupait une place neuve et difficile. C'était un journal d'écrivains, de journalistes militants, des fils spirituels du *Sillon* poussés par les dominicains. Ils lutteront pour l'émancipation de la classe ouvrière, pour la paix et contre toutes les formes de fascisme. La guerre d'Espagne et le franquisme fourniront à Mauriac le premier terrain de son combat. Quand la croix gammée « cette araignée gonflée de sang », comme il l'a baptisée, tisse sa toile et règne sur la France, il écrit, sous le pseudonyme de Forez, *Le Cahier noir*, un pamphlet implacable contre la collaboration. Aux premiers matins du Paris libéré, il devient éditorialiste au *Figaro*. Et le voilà qui, presque seul, ose dénoncer l'épuration sanglante, officielle ou clandestine ; qui rompt des lances, avec *Combat* et Albert Camus bientôt son collègue en prix Nobel ; qui fustige les politiciens de la IVe République... La droite le craint ou le déteste ; la gauche ne le tient pas pour un des siens et l'appellera longtemps « le saint François des Assises ».

Comment est-il en 1953 ? Un témoin de l'époque, Xavier Grall, journaliste débutant à *La Vie catholique* où Mauriac vient voir son ami, Georges Hourdin, le décrit avec la précision d'un sculpteur. « Son visage est familier à la plupart des Français. On a trop haï ou trop aimé cet homme pour ne pas l'avoir regardé en face. C'est un sarment. Il est noué. Des orages d'août lui ont blanchi la peau. Le nez est long, osseux. Deux sillons profonds creusent les joues et encadrent sévèrement une petite moustache grise. Mais c'est le regard qui attire ou repousse. Une paupière est tombée en disgrâce, cousant à demi l'œil gauche, et le regard n'en est que plus aigu, presque impitoyable. Presque vengeur. Enfin une maigre touffe de cheveux surmonte un clavier de rides : des rides encore… De bonnes âmes ne lui ont jamais pardonné de se mêler de politique. Et certes sa gloire et sa paix ne lui fussent pas comptées s'il était resté dans ses pantoufles… Mais c'eût été mal le connaître que de le croire capable de se taire quand des hommes, quels qu'ils fussent, gémissaient et mouraient. Il y a plus de fraternité chrétienne dans les articles de François Mauriac que dans son œuvre littéraire[66]. »

Ainsi se présente l'homme qui va nous livrer ses impressions dans *L'Express*. Le 15 juillet 1953, il écrit à Jean-Jacques : « (…) Je tiens à vous dire combien j'ai été heureux de notre rencontre. Je souhaiterais beaucoup qu'à la rentrée, elle se renouvelât. Je crois que nous sommes d'accord sur les points essentiels. » Ils se reverront, et, début novembre, Mauriac vient lui-même apporter son premier article. Quatre feuillets dactylographiés intitulés : Les Prétendants. L'académicien dresse un portrait mordant de Joseph Laniel et de René Pleven qui pourraient succéder à Vincent Auriol. L'élection, par le Parlement réuni à Versailles, du nouveau président de la République, doit avoir lieu le 2 décembre. Jean-Jacques veut présenter le « maître » à sa rédaction. Du bureau, on aperçoit le rond-point des Champs-Élysées et l'enseigne du *Figaro*. Mauriac feint de s'écarter de la fenêtre : « Chut… Je me cache, l'adultère… Ah, ah, ah ! *L'Express*, c'est une jeune maîtresse », murmure-t-il de sa voix de confessionnal.

L'article paraît en « tribune libre » le 14 novembre. Deux phrases, sur Laniel toujours chef du gouvernement, feront le tour de Paris : « Il faut rendre justice à M. Joseph Laniel : en voilà un qui ne trompe pas son monde ! Ce président massif, on discerne du premier coup d'œil ce qu'il incarne : il y a du lingot dans cet homme-là. »

Dans son volumineux journal, *Le Temps immobile*, Claude Mauriac note : « Dans le jeune hebdomadaire de Servan-Schreiber, *L'Express*, violent et brillant article de mon père sur "Les prétendants à l'Élysée". Premier signe public (et qui fera du bruit) de sa mésentente avec *Le Figaro* où il ne donne plus (contraint et forcé) que des papiers anodins. De plus en plus "homme de gauche" et accueilli comme tel, les Aragon lui font de nouveau risette...[67]. » Mauriac a choisi son camp. Il ne quittera néanmoins *Le Figaro* qu'au mois d'avril 1954 gardant une chronique au *Figaro littéraire*. C'est alors qu'il décide de confier, toutes les semaines, un « Bloc-notes » à *L'Express*.

Jean-Jacques, coureur de fond et sprinter, ne lui laissera pas un instant de répit avant de lui arracher son accord. Une amitié admirative, affectueuse, s'emparait du maître et biffait les agacements qu'il pouvait ressentir. Sans fermer la porte, tout en ne l'ouvrant pas, tressant le non et le oui dans un pas de danse très mauriacien, sous la bénédiction divine, il lui écrivait le 14 janvier : « Mon cher Jean-Jacques, je supprime "Servan-Schreiber" pour que vous compreniez d'abord ce que vous n'avez pas compris ou plutôt ce en quoi je me suis fait mal comprendre l'autre jour. Ce ne sont pas du tout les choses qu'on a pu me dire de vous (qui ne tiennent à *rien* dont vous puissiez vous offenser, qui ne touchent qu'à votre "ambition", qu'à votre "jeune férocité" et autres traits du même genre !) qui me font hésiter devant une collaboration fréquente et surtout *régulière*. À soixante-huit ans, je vois la jeunesse d'un œil indulgent, affectueux et attendri et ce n'est pas parce que j'ai atteint l'âge, où le diable se fait ermite, que je m'indigne de ce que j'ai été moi-même, quand j'observe le garçon que vous êtes. Mais dans ce peu de temps qui me reste, je me force à l'efficacité. Nous avons des buts immédiats qui concordent, mais nous n'appartenons pas, tout de même pas, à la même famille spirituelle. Vous le savez bien ! Les motifs précis de mon action sont d'ordre religieux. La jeunesse catholique espère en moi, n'ayant plus personne à qui se raccrocher. J'ai à subir des scènes de "jalousie"... Il y a aussi, et nous en avons parlé, la "double appartenance" avec *Le Figaro*. Je crains que vous n'ayez pris en mauvaise part ce que j'ai pu vous dire de Françoise Giroud. Soyez sûr que je connais et que j'apprécie sa compétence, sa valeur, et que je ne pense rien d'elle dont vous puissiez être attristé. Simplement, elle représente autre chose, un autre idéal, un autre style de vie – ce qui n'interdit nullement entre nous la collaboration et je l'ai bien montré ! mais l'inféodation étroite. Le fait que mes articles font du bruit, que vous êtes amené à les utiliser au maximum (et je ne vous le reproche certes pas) pour le lancement du journal, ajoute encore à la difficulté.

« Mais ne vous inquiétez pas, je vais penser à un article. Et encore une fois dites-vous bien que les critiques des uns et des autres ne m'émeuvent pas. J'admire, au contraire, qu'étant si jalousé, on ne puisse rien dire de vous qui vous atteigne vraiment. Mon rôle est difficile, voyez-vous. Quelquefois, je voudrais m'en aller. Quatre murs blancs, et la présence de Dieu, c'est cela que j'aimerais… Du moins, je le crois… Mais le diable y gagnerait sans doute. Et le mieux est de se battre sur le terrain où la providence nous a placés les uns et les autres. À bientôt, j'espère et croyez-moi très amicalement vôtre. »

Si Mauriac balance, cela tient à ses relations avec Pierre Brisson. Il est contractuellement lié au *Figaro*. Le déferlant Jean-Jacques sera – il n'en est pas coutumier – bon diplomate avec le directeur du *Figaro* et, afin d'éviter toute provocation, l'article de Mauriac évoluera lentement de la chronique au « Bloc-notes ». Enfin, pour se prémunir du pire, un refus de Brisson – assorti d'un procès –, Jean-Jacques rassure Mauriac avec des arguments plus matériels que spirituels : « Il me paraît tout à fait impensable que le chantage, esquissé et dont vous m'avez fait part, puisse aller jusqu'à son terme. Mais puisque vous semblez l'envisager, alors permettez-moi de vous dire que, ce jour-là, vous pourrez si vous le désirez, compter sur nous pour mettre tous les moyens journalistiques (y compris financiers) qui vous assureront une efficacité au moins aussi grande et une égale sérénité. » Il y aura des étincelles du côté du Rond-Point. Pas d'affrontements ou d'assignations.

Le « Bloc-notes » n'est pas une création de Jean-Jacques. Mauriac l'avait inventé pour la revue *La Table ronde* où il s'était transformé en protecteur des écrivains proscrits et en parrain de la jeune génération, Jacques Laurent, Roger Nimier, Roland Laudenbach, Michel Mohrt, Robert Kanters… Signaient aussi dans *La Table ronde* Thierry Maulnier, Pierre Boutang, Bernard Pingaud. S'ils penchaient tous plus ou moins vers la droite, ils avaient en commun une souveraine détestation des théories de Jean-Paul Sartre auquel Mauriac n'avait pas pardonné son « Dieu n'est pas un artiste, M. Mauriac non plus ».

Les années qui courent de 1948 à 1952 furent celles de l'âge d'or de *La Table ronde*, la jeunesse et la notoriété fraternisant dans le talent et la polémique. « (...) Mauriac ne s'y donnait pas en représentation : il y goûtait au contraire les plaisirs d'une désinvolture qu'il ne pratiquait guère dans son existence quotidienne... En vieux petit collégien de la Gironde, Mauriac allongeait sa main sur sa bouche pour pouffer en roulant des yeux luisants dès qu'il avait laissé échapper de sa voix d'outre-gorge soit une audace de langage soit une de ses irrévérences feutrées, frisant sinon le sacrilège du moins la lèse-majesté[68]. »

En décembre 1952, après avoir reçu le Nobel de littérature, il inaugure dans *La Table ronde* son « Bloc-notes » où il aborde des thèmes plus politiques que littéraires. Ce sera le début de ses difficultés avec les « hussards* » dont certains voulaient rallumer les braises mauriaciennes quand d'autres toléraient de moins en moins ses prises de position en faveur de la décolonisation. Dès qu'il devient président de France-Maghreb, la rupture est consommée. « Jamais poule, confessera-t-il, n'avait couvé tant de canards d'extrême droite mais pas conformistes. Pour tout dire, Thierry Maulnier était, à *La Table ronde*, après moi, ce qu'il y avait de plus à gauche. »

C'est son « Bloc-notes » de *La Table ronde* qu'il emmène avec lui à *L'Express*. À l'inverse de l'éditorial, qui revêt un caractère solennel et qui engage le journal, le « Bloc-notes » est plus souple, plus intimiste et s'impose, d'abord, par le style, par la liberté du ton. Rien ne limite la matière du « Bloc-notes » et c'est pourquoi il aime cette formule, comme il le dira lui-même : « Quelqu'un est là, avec ses idées, ses goûts, ses humeurs, une condition d'une vie ordinaire et, chaque semaine, il a à réagir à l'histoire telle qu'elle se fait sous son regard. Cet affrontement de l'individuel et de l'universel, c'est tout le "Bloc-notes". »

La genèse d'un journal est passionnante à observer. C'est un puzzle qui se construit difficilement avant que l'on ne découvre le dessin définitif. Dans cette construction, la « pièce Mauriac »

---

* Cette appellation a été donnée par Bernard Frank à un groupe d'écrivains dits de droite auquel appartenaient Roger Nimier, Jacques Laurent, Antoine Blondin, Michel Déon...

est capitale. Son aura est immense, ses ennemis sont nombreux. Polémiste acéré, sensible, il n'injurie pas, il blesse, il vexe. Son ironie à tête d'épingle fait mal. « Mauriac s'avère le plus "jeune" de nous tous, écrira JJSS. Il revit. Il est enfin libre ! Aucune convention à respecter. Plus il sera lui-même (dur, moqueur, impertinent), plus il va séduire et éveiller notre jeune public. En animal instinctif qu'il est, il le sent[69]. »

Entre 1953 et 1956, Jean-Jacques aura avec Mauriac un échange chaleureux, passionné – quelque cent cinquante lettres ! –, sollicitant son conseil, son avis, lui proposant des sujets, lui demandant d'ajuster, de corriger, voire de couper ses textes. Souvent, l'académicien suivra, de bonne grâce, les suggestions de son « jeune patron ». Entre eux, la confiance s'est installée.

La signature du prix Nobel va renforcer considérablement l'influence de *L'Express* sans, hélas, grossir dans la même proportion le nombre des abonnés. Mais, désormais, *L'Express* est dans la place. Quand on peut draguer François Mauriac, obtenir son « oui » pour un mariage, ne peut-on appâter les meilleurs journalistes et toutes les éminences intellectuelles, morales ou politiques ? Comment Jean-Jacques, le culotté, l'impatient, pourrait-il ne pas l'avoir compris ? Il invente des pages débats qu'il baptise « Le Forum » où les lecteurs pourront dialoguer avec des experts sur tous les sujets qui les préoccupent. Toujours cette même idée des personnalités compétentes, pierres angulaires des fondations de *L'Express*. Elles seront huit. Deux sont de la bande, Françoise Giroud et Alfred Sauvy. Les six autres ont toutes une notoriété établie dans leur domaine. Francis Perrin, haut-commissaire à l'Énergie atomique, est un ami des Servan-Schreiber. Le philosophe, Merleau-Ponty, du Collège de France, s'est laissé convaincre par Madeleine Chapsal. L'avocat Georges Izard, le père Avril, un dominicain, Jean-Jacques les a connus à travers France-Maghreb et les catholiques de gauche. Enfin Lucien de Gennes, médecin, et Jean Vilar, directeur du Théâtre national populaire – le TNP. Dans aucun autre journal n'existait un espace comme « Le Forum » ou une rubrique comme « Le Collimateur » qui mettait en vedette les Français en hausse et en baisse. Ces innovations, aujourd'hui banalisées, excitaient la curiosité des lecteurs.

Restons encore un moment sur cette genèse qui, décidément, est dopée par des vents portants. Outre François Mauriac, trois icônes occupent la scène intellectuelle française : André Malraux, Albert Camus et Jean-Paul Sartre.

Jean-Jacques ne connaît pas André Malraux. Pierre Viansson-Ponté, en revanche, est en bonne intelligence avec l'auteur des *Conquérants* et il lui a écrit dès septembre 1953. Malraux est injoignable ou absent. C'est une de ses caractéristiques : il vous file entre les doigts. On le croit à Paris, il est à Crans-sur-Sierre, on le croit à Crans, il est à Rome. Ses réponses sont toujours d'une brièveté courtoise, mais sans appel : « Impossible, je quitte Paris... », « Malheureusement, je ne serai plus là... », « Oubliez ce mercredi, je m'en vais... ». Désespérant. Jean-Jacques ne renoncera pas, tandis que Viansson est chargé de le relancer à bonne cadence.

Une opportunité va permettre de mieux renouer les liens : au mois de mai 1954, les Éditions Plon annoncent la sortie du premier tome des Mémoires de de Gaulle. Jean-Jacques bondit : il lui faut « les bonnes feuilles » ou une interview du Général. L'antigaulliste viscéral s'efface derrière le journaliste. S'il parvient à convaincre de Gaulle, quelle publicité pour *L'Express* ! Il connaît Georges Pompidou, le plus proche collaborateur, avec Olivier Guichard, du Général, et lui demande d'être son intercesseur. Pompidou obtient un rendez-vous. De son côté, Viansson le 17 mai écrit à Malraux : « (...) Je souhaiterais très vivement avoir un très bref entretien avec vous dans les jours qui viennent pour vous soumettre une proposition officielle du comité de rédaction de notre journal, à propos du premier volume des Mémoires du général de Gaulle.

« Jean-Jacques doit être reçu par le Général jeudi prochain. Je crois qu'il serait bon que je puisse vous voir avant cette entrevue et je me tiens à votre disposition pour me rendre auprès de vous mardi ou mercredi à l'heure de votre choix. »

Jean-Jacques, finalement, ne rencontrera pas de Gaulle. Les Éditions Plon ayant vendu à *Paris Match* les « bonnes feuilles » des Mémoires, le Général déclina le projet d'un entretien dans *L'Express*. C'est dommage : la féconde imagination de Jean-Jacques aurait fait de ce rendez-vous un sommet entre deux géants. En tout cas, dès le printemps 1954, Jean-Jacques a le contact direct avec Malraux et il ne le perdra plus.

Il a, au même moment, approché Albert Camus qui avait un bureau chez Gallimard. Camus s'apprêtait à quitter la capitale. À quelque temps de là, il lui écrivit le 6 février 1954 : « Il me semble que vous êtes rentré à Paris ou que vous devez bientôt y revenir. Je me permets donc simplement de vous confirmer que, si vous pouviez envisager une certaine collaboration avec notre journal, je serais désireux d'en parler avec vous. » Camus lui répondait le 2 mars, ne lui laissant guère d'espoir : « Oui, je suis rentré – pour me mettre au lit. Cela va mieux, mais je dois encore me reposer. Du reste je vous aurais dit, si je vous avais rencontré, que je n'ai toujours pas envie de me mêler à l'actualité – sans cesser pour autant de lire *L'Express* avec beaucoup d'estime. »

Il ne se manifestera plus et Jean-Jacques remontera à l'assaut à la rentrée de septembre, en essayant de l'intéresser au « Forum », plus simple dans sa forme et sa cadence de parution. « Le principe du "Forum", lui écrit-il, comme vous le savez, est de sélectionner les meilleures questions de nos lecteurs dans le courrier que nous recevons et de les adresser à des personnalités compétentes pour répondre en quelques lignes (au maximum une page ou une page et demie) à ces lettres. Nous publions les lettres et les réponses.

« Nous serions très heureux si vous acceptiez de faire partie du Forum. Le travail, que cela comporterait pour vous, consisterait à répondre à environ quatre ou cinq lettres par mois. Je serais heureux en cas d'accord de votre part de mettre au point, dès maintenant, des conditions financières permanentes... »

Il essuya un nouveau refus : « Je vous remercie sincèrement de votre lettre et de votre nouvelle proposition. Je m'excuse cependant de ne pouvoir y répondre comme vous le souhaitez. » Le fil ne sera pas renoué avant que Jean Daniel, ami de Camus, n'entre à *L'Express* en 1954. Jean-Jacques talonnera son nouveau collaborateur jusqu'à ce que celui-ci parvienne à ses fins : avoir Camus, et il l'aura.

Jean-Paul Sartre passera sous drapeau schreibérien beaucoup plus tard, fin 1956. On y viendra. C'est une autre époque, puisque l'expérience mendésiste est passée. La guerre d'Algérie bat son plein, la IVe République agonise. Il faut replacer dans l'air du temps cet activisme assiégeant de Jean-Jacques à tirer vers sa jeune Caravelle toutes ces illustres figures : ce que disaient ou écrivaient alors Mauriac, Malraux, Camus ou Sartre, résonnait dans le ciel de Paris comme un orage équatorial. Les patrons de presse rivalisaient d'audace pour gagner ou conserver leurs collaborations. Ces signatures étaient des locomotives, non pas qu'elles poussaient vraiment la diffusion vers le haut, mais elles conféraient au journal sa légitimité intellectuelle et morale. À l'époque, cette légitimité était essentielle. Sans elle, sans surtout le « Bloc-notes » de Mauriac, le poids de *L'Express* dans les débats qui agitaient le pays aurait été radicalement différent, quelle que fût la qualité de ses journalistes.

L'Express a su marier le regard, l'analyse des « personnalités compétentes » – qu'elles s'appellent Mauriac ou Sauvy, Camus ou Francis Perrin, Merleau-Ponty ou Jean Vilar, Sartre ou le père Avril, Malraux ou Georges Izard –, avec les angoisses, les turpitudes ou les espoirs des années cinquante. Ce mariage, Jean-Jacques, indiscutablement, l'a voulu, parfois, l'a forcé. Et toujours, il s'en est servi comme d'une affiche publicitaire.

Mais lui-même, dans son for intérieur, comment jugeait-il ces stars de l'intelligentsia ? Il gardera toujours une déférence admirative et affectueuse envers Mauriac qui le lui rendait bien. De Malraux, toujours pris dans le tourbillon de ses fulgurances et le tremblement de ses gloses, il confiera à Jean-Noël Gurgand : « Je l'avoue, à voix basse, c'est mon préféré. »

Quant à Sartre et Camus, il ne les aimait pas. Dans un élan de sincérité, il a un jour lâché : « Je considère qu'un homme qui entreprend et qui entraîne les autres à entreprendre avec lui, soit dans l'industrie, soit dans le journalisme, soit dans la politique, a un *devoir* strict et unique : réussir. C'est évidemment ce qui me sépare essentiellement de toute la tradition de gauche, dont la devise pourrait être celle de Jacques Vingtras le dernier jour de la Commune de Paris : “Il s'agit seulement d'avoir le temps de montrer ce qu'on voulait, puisqu'on ne peut pas faire ce qu'on veut.” C'est-à-dire qu'il s'agissait de témoigner ! Je ne suis pas pour les témoignages. En tout cas, cela ne m'intéresse pas. Albert Camus ne m'intéresse pas. Sartre ne m'intéresse pas. Leurs traditions intellectuelles qui consistent à pleurer avec talent sur une suite de catastrophes qu'on n'a pas su éviter me laissent totalement indifférent.

« Je n'aurais rien reproché à Albert Camus ou à Jean-Paul Sartre s'ils s'étaient donnés comme des écrivains. Un écrivain n'a de devoir vis-à-vis de personne. Donc, si Albert Camus et Jean-Paul Sartre n'avaient été que des écrivains, je les respecterais. Mais ils ont prétendu être des hommes politiques tout au moins ils ont prétendu avoir une influence politique et exercer une autorité morale, une sorte de magistère sur une génération. Je ne l'accepte pas.

« Camus était un homme personnel, méprisant les autres, complètement concentré sur sa propre conscience et sur l'effet que pouvait produire sur lui-même tel ou tel événement. Je l'ai vu réagir le 7 février 1956 après les "tomates d'Alger" sur Guy Mollet. Albert Camus était dans mon bureau et, au lieu de regarder la situation politique, telle qu'elle se présentait sur l'Algérie ou sur la France, il m'a exposé, pendant deux heures, les troubles de conscience d'Albert Camus. Pour arriver à la conclusion qu'il ne pouvait plus écrire dans *L'Express*, ni ailleurs. Ni écrire un seul mot sur la guerre d'Algérie car, désormais, il était déchiré entre, disait-il, sa mère et la justice ou je ne sais trop quoi du même genre. Toutes choses qui me donnent la nausée.

« J'aime carrément mieux le cynisme total d'un François Mauriac qui ne prétend à rien d'autre que d'être méchant et talentueux[70]. »

9

Quelle influence sur Mendès France ?

Alors que Jean-Jacques se prépare à célébrer le premier anniversaire de son enfant, qu'il continue d'abreuver Mendès France de notes sur la marche du pays et de la planète, qu'il mène sa liaison avec Françoise Giroud sans rompre son contrat de mariage – « Il n'a jamais, jamais découché », assure Madeleine –, qu'il anime tous les jours vers midi une réunion de la rédaction, qu'il passe quatre semaines aux États-Unis pour sa tournée de conférences, la guerre d'Indochine s'embrase. Depuis le mois de mars 1954, l'infiltration vietminh dans la périphérie du camp retranché de Diên Biên Phu s'amplifie. Pour le général Giap, il s'agit de frapper vite et fort. Il a camouflé cinq divisions vietminh autour de la cuvette de Diên Biên Phu, environ cinquante mille hommes prêts à donner l'assaut contre moins de sept mille soldats commandés par le colonel Christian de Castries. L'assaut est donné à la mi-avril. En dépit des actions héroïques menées par nos militaires, la situation prend très vite un tour catastrophique. Le gouvernement Laniel, par l'intermédiaire de Georges Bidault, appelle l'aviation américaine à son secours. Sauver Diên Biên Phu devient un symbole, une obsession. C'est trop tard. Paris cafouille, s'affole, Bidault est au bord de la crise de nerfs. Le 7 mai Diên Biên Phu tombe et pour des milliers de prisonniers commence une longue marche vers la captivité. C'est la première fois que des colonisés emportent une victoire éclatante sur le colonisateur. La France est en deuil. Inutile de s'étendre. La tragédie de Diên Biên Phu est le point d'orgue de la IVe République, le point culminant avant l'aria finale de sa pesante agonie.

Au 37, Champs-Élysées, on s'empare de l'événement. Le Waterloo du gouvernement Laniel va devenir le soleil d'Austerlitz de *L'Express*. De quelles munitions dispose son journal pour faire plus et mieux que ses confrères ? C'est la seule interrogation de Jean-Jacques. Par bonheur, Pierre Viansson-Ponté dispose d'informations privilégiées. En effet, le général Salan dont il est proche, et le général Ély, chefs d'état-major de nos armées, reviennent de Washington où ils avaient été dépêchés par Bidault. Ils avaient pour mission de sonder les dirigeants américains et de solliciter leur engagement direct dans le bourbier indochinois en général, et la débâcle de Diên Biên Phu en particulier. Salan communique à Viansson les principaux résultats de sa mission washingtonienne et des intentions de Laniel.

Il n'est pas impossible que Paris décide, révèle Salan, d'envoyer le contingent en Indochine. Ce serait le tollé dans les rangs de l'opposition, du Parti communiste et des syndicats. Viansson rédige son papier en prenant soin de protéger sa source et de gommer tous les noms propres. Lorsque Jean-Jacques prend connaissance de l'article, dont le caractère explosif ne lui a pas échappé, il se trouve que *France-Soir* fait état d'informations identiques ayant filtré du Haut Comité de la Défense. Il faut faire beaucoup mieux que *France-Soir*. Comment ? Il suffit d'ajouter une phrase pour préciser que l'article de *L'Express* n'est pas le fruit d'une indiscrétion ou d'une rumeur mais le résumé d'un document officiel des généraux Ely et Salan. Ce que fait Jean-Jacques illico presto. « Ce n'est pas possible ! s'exclame Viansson. Vous mouillez Ély et Salan qui apparaîtront comme la source de nos informations. » Jean-Jacques reste ferme sur sa position. La déontologie n'est pas, ne sera jamais, son souci majeur, et il récidivait. Déjà, contre l'avis de Viansson, il avait mouillé Marc Jacquet, ministre chargé des relations avec les États associés. Jacquet lui avait livré, confidentiellement, les conclusions qu'il rapportait d'un voyage en Indochine. *L'Express* les publia, indiquant de façon implicite qui en était l'auteur… Joseph Laniel ordonna à son ministre de publier un démenti officiel et l'affaire en resta là. Cette fois-ci, elle allait prendre une tournure rocambolesque.

L'article est donc composé et une copie est transmise à l'AFP avec autorisation de le diffuser à partir de vendredi. Ainsi, les quotidiens de vendredi soir et de samedi matin pourront reprendre les révélations de *L'Express*, le jour même de sa parution, ce qui lui vaudra une belle publicité. Or ce scénario idéal allait être chamboulé.

Relisons le récit de Serge Siritzky et Françoise Roth : « Dans la nuit de jeudi à vendredi, à deux heures du matin, Servan-Schreiber, Viansson-Ponté et Giroud sont réveillés par téléphone. Ils apprennent par la voix du commissaire du VIIIe arrondissement que tous les exemplaires de *L'Express* ont été saisis par la police. “Nous avons par ailleurs un mandat de perquisition de vos bureaux. À quelle heure cela vous arrangerait-il que nous la fassions ?”

« Jean-Jacques Servan-Schreiber demande et obtient qu'elle débute à sept heures quarante-cinq. Puis il téléphone à toutes ses relations politiques pour faire annuler ces mesures. En vain. Ses amis, si haut placés soient-ils, avouent leur surprise. Aucun n'a été averti de ce qui allait se passer.

« Jean-Jacques et Jean-Claude Servan-Schreiber se précipitent alors au 37, Champs-Élysées, pour vérifier qu'il ne s'y trouve aucun document compromettant ou faire disparaître ceux qui pourraient l'être. Mais, arrivés sur place, un cordon policier leur barre l'entrée de l'immeuble et ils constatent que les scellés ont été mis sur la porte : impossible d'entrer avant l'heure prévue pour la perquisition.

« (...) Le motif de cette mesure exceptionnelle est “la publication d'un résumé du rapport des généraux Ély et Salan”, véritable fuite de renseignements intéressant la Défense nationale[71]. »

La saisie de la totalité du tirage d'un journal est, à l'évidence, une mesure arbitraire... C'est alors que le directeur de *L'Express* réagit : le devoir d'un journal est de paraître. Le numéro 54 doit paraître à tout prix ! Dans la nuit, il décide de remplacer la page ayant motivé la saisie. Comme on est pressé par le temps, on publiera des extraits d'articles parus dans *France-Soir*, *Le Monde* et *Franc-Tireur*, faisant allusion aux discussions du Haut Comité de la Défense nationale. Ces quotidiens n'ont pas été saisis. *L'Express* pourra faire remarquer qu'il s'agit d'une saisie à caractère politique... Entre-temps, l'affaire a pris une dimension que ne prévoyait sans doute pas le ministre de la Défense. En effet, si la police a saisi *L'Express*, elle ne pouvait savoir que l'article sur le rapport des généraux avait été communiqué par l'AFP à tous ses abonnés. Dans l'après-midi de vendredi, toute la presse française et internationale est donc en mesure de reproduire l'article qui a suscité la première saisie d'un journal non communiste depuis la Libération. Le chef de service de l'AFP qui a laissé passer cette dépêche est immédiatement révoqué. Tous les directeurs de journaux, qu'ils soient de gauche ou de droite, affirment leur solidarité avec leur confrère *L'Express* et lui font une formidable publicité.

Samedi, les exemplaires de *L'Express* n° 54 *bis*, livrés dans les kiosques, sont vendus en quelques heures. Pour la première fois, la diffusion de l'hebdomadaire bondit à quatre-vingt-dix mille exemplaires. Elle n'en descendra plus.

Le lundi suivant, Jean-Jacques, Françoise Giroud et Pierre Viansson-Ponté sont convoqués par la justice militaire. Simone Trouvat était alors la jeune collaboratrice de Georges Izard, qui, en plus de sa participation au « Forum », est devenu l'avocat de *L'Express*. « Ce fut ma première rencontre avec Jean-Jacques Servan-Schreiber et c'est pourquoi je m'en souviens si bien. Dans le cabinet du juge galonné, il était chez lui. C'est lui qui menait l'instruction. Le juge était sidéré. Je l'ai ensuite accompagné des dizaines de fois au tribunal. Il a toujours eu cette attitude extravagante. Il s'adressait au greffier comme à sa secrétaire ! Il interrogeait le juge : "Est-ce que vous avez lu mon éditorial ?" Il donnait son avis sur l'armée, les généraux, les ministres. Le juge restait coi ! En tout cas, en mai 1954, Georges Izard obtint facilement la libération de ses clients. J'ai eu l'impression que le juge était très soulagé que nous quittions son bureau ! »

Tout à la joie d'affûter sa plume, Mauriac va tirer la morale de cette péripétie haute en couleur : « Saisie de *L'Express*. Je doute qu'il existe pour la presse un crime d'indiscrétion. Mais il existe un crime de silence. Le jour du règlement de comptes, nous ne serons pas accusés d'avoir parlé mais de nous être tus. La chance d'un journal bien dirigé, c'est la bêtise de ses adversaires. *L'Express* doit aux siens ce bond inespéré. Nous nous en réjouirions de meilleur cœur si ces nigauds n'étaient pas les mêmes hommes qui mènent les affaires de la nation et si leur catastrophe n'annonçait pas la nôtre. »

Dans cette ambiance électrique, *L'Express* souffle sa première bougie. Un anniversaire tourné vers les nouvelles générations, celles que vise le journal, celles dont Pierre Mendès France se veut le porte-parole. Il a d'ailleurs signé un Appel à la jeunesse, tandis que Jean-Jacques réunissait un banquet de quelque cinq cents jeunes choisis dans les grandes écoles, Normale Sup, Polytechnique, Sciences-Po, ENA, Saint-Cyr, HEC, Centrale... et dans quelques universités de province. Toute l'équipe est là en présence de plusieurs confrères français et étrangers. Pierre Mendès France a parlé Jeunesse et redressement français, Robert Schuman Jeunesse et Europe, Louis Armand Jeunesse et Afrique, François Mauriac a conclu par Jeunesse et christianisme. Après quoi, les invités ont pu poser des questions.

Cet anniversaire sonne aussi l'heure de vérité sur un front moins épique : le renouvellement des abonnés. Les abonnés des *Échos* devaient, on s'en souvient, payer maintenant mille francs de plus pour continuer de recevoir *L'Express*. Or plus de quatre-vingt-dix pour cent, un taux exceptionnel, se réabonneront. Le premier à le faire s'appelle Jean-Louis Funck-Brentano, un éminent médecin, un intime de Jean-Claude Servan-Schreiber. Jean-Jacques, triomphant, montre le chèque à toute sa rédaction et l'épingle au-dessus de son bureau. Il oubliera de l'encaisser et Funck-Brentano ne recevra pas son *Express*...

Réabonnement record, vente au numéro en hausse, à la veille de l'été 1954, les comptes sont à peu près équilibrés et les recettes publicitaires beaucoup plus élevées que prévu. « Ma cousine Marie-Claire était une vendeuse acharnée, explique Jean-Louis Servan-Schreiber. Quand elle a consacré son dynamisme à *L'Express*, dès 1954, ce fut le début d'une révolution : Jean-Jacques a découvert qu'on pouvait faire de l'argent avec un journal, ce qui n'était absolument pas dans sa culture. Mon père et mon oncle avaient plutôt une conception d'épiciers : on a une affaire de famille, elle nous fait vivre, c'est parfait. Certes, on se développe mais on gère au jour le jour, dans le secret que permettait alors le système. Aucune perception de la dimension financière d'une entreprise. Jean-Jacques ne l'avait pas davantage, mais il a compris que la publicité était une pompe à finances. »

Au cinquième étage du 37, Champs-Élysées, l'atmosphère est inchangée, allègre, vibrionnante. « À l'époque, le seul souci des journalistes était la qualité du journal, écrira Jean-Jacques. Aucune autre espèce de préoccupation n'entrait en ligne de compte… On ne voyait passer ni les semaines ni les mois. La politique était perpétuellement présente, harcelante… Nous n'arrêtions pas d'être pris à la gorge. On m'a reproché de n'avoir qu'un mot à la bouche, singeant Clemenceau : "Je n'ai pas le temps de m'occuper de ça, je fais la guerre !" C'était, d'une certaine manière, vrai… Une obsession nous animait tous : faire le journal le plus vivant – sur le plan de l'information, de la pensée, du combat.

« Je ne rentrais chez moi que pour dormir – toujours en marchant pour retrouver le calme intérieur et favoriser le sommeil[72]. »

Le tourbillon dans lequel Jean-Jacques a entraîné sa famille trouve, chaque semaine, ses deux heures de pause, autour d'Émile et de Denise, rue Clément-Marot. Ce fut, longtemps, un déjeuner le mercredi puis un dîner, enfin un déjeuner le jeudi. Jean-Jacques, sollicité par sa mère, aime à raconter ses histoires, à délivrer ses commentaires. On l'écoute, sans le contredire. Il ne le supporte pas plus en famille qu'ailleurs. Si on n'est pas avec lui, on est contre lui. Sa mère abonde dans son sens, intraitable : il faut le suivre. Il s'agace surtout des remarques de Brigitte dont il est très proche, mais à qui le passé de résistante héroïque confie une autorité intangible. Christiane et Jean-Louis font un peu dissidence, maniant l'ironie, et ont surtout le droit de se taire. La liturgie de ces réunions hebdomadaires restera inchangée jusqu'à la disparition de Denise. Quelques rares personnes extérieures au clan sont invitées. Certaines régulièrement, comme Christian Dupeyron, ami de Jean-Louis, responsable de la diffusion de *L'Express* : « C'était à la fois voltairien et compassé. Il y avait un contraste bizarre entre les idées avant-gardistes que tous revendiquaient et la façon très XIXe siècle dont Émile tenait sa couvée. Il avait un jugement très sûr, aucun goût du pouvoir. Il déléguait énormément. Denise – à *L'Express* on l'appelait Madame Émile – avait toujours le dernier mot dès qu'il s'agissait de Jean-Jacques. Son sourire cachait une volonté souple et tranchante comme une lame. »

Le succès de *L'Express* s'affirmant, Denise veut, plus que jamais, mener Jean-Jacques là où elle a décidé de le mener : au plus haut. N'est-il pas la réincarnation du Messie sur terre ?

La grande chevauchée schreibérienne sur les avenues du pouvoir n'est plus qu'une question de jours. Nous allons entrer dans une période où il sera de plus en plus difficile de démêler, dans l'activisme débridé de Jean-Jacques, la part qui revient à sa fonction de directeur d'un journal de celle qui renvoie à son rôle auprès de Mendès France, bientôt président du Conseil. Habité par l'obsédante volonté de peser sur les affaires de la France, sinon du monde, il sera, à l'entendre, au centre de l'aventure mendésienne.

Au milieu de cette année 1954, un cliché photographique de l'état du pays n'encourage guère à l'optimisme. Partout dans l'Union française, les tensions semblent atteindre un point de non-retour. En Tunisie, l'action de notre résident se solde par un échec. Et à Paris Mohammed Masmoudi – que Jean-Jacques vient de rencontrer – mène une campagne inlassable auprès des journalistes et des hommes politiques. Au Maroc, le nombre des attentats augmente régulièrement. En Algérie, des rebelles armés s'organisent. En Indochine, c'est le pourrissement. Nous avons, depuis la chute de Diên Biên Phu, des milliers de prisonniers dans les camps vietnamiens, où la mortalité est effroyable. À Genève, les négociations ouvertes le 8 mai, sous la vigilante tutelle des États-Unis, de l'URSS et de la Chine populaire, s'enlisent. La délégation française est conduite par Georges Bidault, notre ministre des Affaires étrangères, celle du Vietminh par Pham Van Dông le préféré de Hô Chi Minh.

Sur la scène de l'Europe, le décor n'est pas plus réjouissant. Le traité toujours en suspens instituant la CED – Communauté européenne de défense – paralyse notre diplomatie. Chez nous, le malaise social s'aggrave, le mécontentement grandit. Pour couronner le tout, il aura fallu d'interminables et ridicules querelles partisanes pour élire René Coty à la présidence de la République. Or, pour la première fois, le spectacle a été retransmis sur le petit écran et vu par les quelque trois cent mille propriétaires d'une télévision. « On imagine, écrit François Mitterrand dans *L'Express*, les conséquences qu'aura sur notre vie publique le démontage permanent des mécanismes parlementaires, lorsque les citoyens pourront, à tout moment, examiner et vérifier la façon d'être de leurs élus... »

Bref, la France est écrasée sous une avalanche de difficultés intérieures et extérieures qui doivent d'une manière ou d'une autre se dénouer. Sur ce front de sinistrose s'ouvre, le 9 juin à la

Chambre, un débat sur l'Indochine où vont s'affronter Georges Bidault et Pierre Mendès France. Leur amitié d'hier s'est transformée en une exécration implacable. Bidault, qui revient de Genève, veut croire à l'Union française et n'entend rien céder aux rebelles qui se battent pour l'indépendance. Mendès veut négocier et tout autre choix que la marche vers la décolonisation lui paraît chimérique et dangereux. Jean-Jacques et Viansson-Ponté sont dans la tribune réservée à la presse. Mendès dénonce « tous les gouvernements qui ont poursuivi pendant sept ans le mirage d'une victoire totale ». La paix en Indochine ne rendra que plus pressant le problème d'Afrique du Nord qui « sera, n'en doutez pas, le prochain acte du drame que nous vivons ». Il met en garde les députés contre « le divorce qui s'affirme entre le pays et le régime », surtout entre la jeunesse, c'est-à-dire l'avenir, et un régime qui ne lui donne aucun espoir. Il se prononce « pour une crise salutaire, pas celle qui ramène un cabinet déjà vu, mais celle qui tournera une page de notre triste histoire d'après-guerre ». Ces déclarations ont des arêtes plus vives que son premier « tour de danse » voilà un an, et il cherche plutôt à trancher qu'à s'accommoder, ce qui lui vaut, surtout auprès des jeunes, un prestige certain. Son ascendant sur une Chambre qui, au fond, ne l'aime pas, est singulier. Sa tactique à l'emporte-pièce surprend ces députés qui ont tout essayé et que la lassitude porte à accepter cet ultime recours. De fait, le discours de Georges Bidault ne convainc pas et le gouvernement de Joseph Laniel est renversé le 12 juin 1954 à onze heures.

Dans ce climat délétère, René Coty pouvait-il appeler quelqu'un d'autre que Mendès France pour tenter de former un nouveau cabinet ? Avant d'accepter, PMF – c'est ainsi désormais que l'appelle *L'Express*, une imitation de FDR, Franklin Delano Roosevelt, le père du New Deal américain – demande à Joseph Laniel, qui assure l'intérim, d'interroger les chefs militaires. Ceux-ci lui dressent un tableau des plus noirs. « Certains, dira Mendès, n'hésitèrent pas à affirmer qu'il fallait liquider l'Indochine. Ils insistaient sur un point : ils avaient dû “jaunir les effectifs”. Du coup, ils ne répondaient plus des troupes dites de l'Union française ; une “Saint-Barthélemy des Blancs” était possible à chaque instant ; les désertions se multipliaient, etc. Tous voyaient que le Vietminh pouvait aisément occuper Hanoi, s'il le voulait... Les militaires français redoutaient donc un pourrissement indéfini de la situation...[73]. »

Le facteur temps était primordial dans l'esprit de Mendès. Il fallait trouver une procédure qui mette dans un délai très bref le Vietminh au pied du mur et qui l'oblige à abattre ses cartes. Ce fut le célèbre « Pari des trente jours », célèbre parce que aucun chef de gouvernement n'aurait pu imaginer jouer la montre pour régler un conflit qui empoisonnait le pays depuis six ans. Un pari, autant qu'un défi : en 1954, continuer le combat ne fait pas peur au Vietminh. PMF a donc arrêté sa stratégie, fondée sur ses deux mots fétiches, *choisir* et *agir*. Avec l'aide de Georges Boris, Simon Nora, Jean-Jacques, il rédige son discours d'investiture et, le 17 juin, devant les députés, il expose son pari : « Ou bien j'aboutis à un accord à Genève dans les trente jours qui viennent ou bien je reviens devant vous pour me retirer ou pour envoyer en Indochine les soldats du contingent. »

Sans ce pari, PMF aurait-il été investi par l'Assemblée ? La nation entière aspirait à cette paix indochinoise et nos élus, par lâcheté, par impuissance, étaient soulagés que Mendès accepte cette « mission de sacrifice », comme dira René Coty. Deux jours plus tard, il présente son gouvernement où figurent deux habitués du 37, Champs-Élysées : François Mitterrand, ministre de l'Intérieur, et Jacques Chaban-Delmas, ministre des Travaux publics et de la Communication. Officiellement, Chaban appartient au Parti radical, mais il se rapproche de plus en plus de la galaxie gaulliste, ce qui n'est pas sans saveur quand on connaît les sentiments de Jean-Jacques envers le Général. Il y a aussi Edgar Faure, ministre des Finances. Il n'est plus en grâce à *L'Express* : Jean-Jacques et Françoise Giroud ne lui pardonnent pas d'être resté jusqu'au bout avec Joseph Laniel, incarnation de tous les maux, auprès duquel il détenait le même portefeuille. « Je ne sais si vous pouvez imaginer, écrira Françoise Giroud à PMF, l'effet psychologique que produit sur un lecteur moyen l'idée que l'homme, qui symbolise à la fois l'intégrité et la rupture avec une politique qu'il a lui-même si souvent dénoncée, se trouve sous l'affectueuse et ironique protection du ministre des Finances de M. Laniel... Ne permettez pas ces choses-là, Monsieur. Ne permettez pas que le mythe Mendès France devienne une réalité Edgar Faure aux yeux du public...[74]. »

Quant à Jean-Jacques, durant la nuit du 18 au 19 juin, il n'a pas quitté la rue du Conseiller-Collignon, le domicile de PMF où se trament les ultimes arbitrages sur la composition du gouvernement. « Quand Mendès m'annonce qu'il prend Edgar Faure aux Finances, je lui ai dit aussitôt que je ne comprenais pas sa décision. Il lui fallait un homme de toute confiance à ce ministère, sinon il perdrait l'essentiel de sa partie, et une seconde occasion ne se représenterait probablement pas. Or Edgar Faure n'est pas un réformiste, c'est un gestionnaire de talent, ce qui n'a aucun rapport avec la philosophie politique que Mendès France partage avec moi et que je partage avec lui. Donc, j'ai tout fait pour qu'il ne prenne pas Edgar Faure, comme ministre des Finances. Je n'en ai pas fait une affaire. Après tout, Mendès France était meilleur juge que moi de la situation, mais je n'ai pas pour autant changé mon opinion sur le choix d'Edgar Faure. Celui-ci était parfaitement au courant de cette opinion, ce qui, d'ailleurs, lui importait peu…[75]. »

Le lendemain de la formation du gouvernement, une bonne quinzaine de ministres se retrouvent au 37, Champs-Élysées, conviés à déjeuner avec la rédaction au grand complet du journal. C'est au cours de ces agapes, très frugales, que se situe l'anecdote savoureuse, dix fois rapportée, mais qui dépeint joliment le caractère de Jean-Jacques, adepte inconditionnel des jugements à l'emporte-pièce. François Mauriac qui est là, bien entendu, observe, espiègle, cette brochette de notables dont il ne connaît pas même le nom. Quand, à la fin du déjeuner, la plupart d'entre eux ont rejoint leur ministère et qu'il ne reste que le dernier carré, Mendès, Mitterrand, Robert Buron, l'académicien interroge le président du Conseil.

« Dites-moi, qui était ce ministre là-bas à cette place… »

Avant que PMF ait ouvert la bouche, Jean-Jacques tranche : « Une cloche ! »

« Et cet autre, à droite de notre ami Viansson, poursuit Mauriac.

« – Une cloche !

« – Et cette tête joviale qui…

« – Une cloche !

« – Ah bon, et ce…

« – Une cloche ! »

Franchement amusé, Mauriac se penche vers Mendès : « Ce n'est pas un gouvernement, monsieur le président, c'est un carillon. »

Par-delà son franc-parler, Jean-Jacques aura-t-il une influence déterminante sur cette *Blitzkrieg* indochinoise qu'engage le président du Conseil ? Mendès avait préparé son dossier avec la rigueur qui lui est consubstantielle. Il savait exactement où il allait, comment y aller, et jusqu'où. Il s'en était expliqué publiquement et à plusieurs reprises. Harcelé, attaqué sur l'Indochine, il avait dû, inlassablement, entrer dans le détail et envisager les multiples hypothèses, savoir répondre à toutes les objections. Ses interventions depuis trois ou quatre ans le démontraient.

Mais il faut rendre à Jean-Jacques ce qui lui appartient : d'abord d'avoir, à travers *L'Express*, soutenu sans équivoque le gouvernement Mendès, quand bien même il y eut quelques contrariétés à propos de la CED et des grincements à propos de la politique économique d'Edgar Faure. Ensuite, d'être pour beaucoup dans le « style Mendès », inspiré du modèle américain. Par-delà les initiales PMF, très novatrices et aussitôt reprises par toute la presse, se dessine le mythe schreibérien du leader dynamique, audacieux, moderne. Avec PMF, on entrait dans l'efficacité dite réformiste.

« Il est très difficile aujourd'hui, admet Jean Lacouture, de se faire une idée du rôle exact que joua Servan-Schreiber (ou plutôt que jouèrent Jean-Jacques et Françoise) dans l'impulsion définitive et l'exécution de la politique de Pierre Mendès France, président du Conseil. Une chose n'est pas douteuse : ils contribuèrent à l'inciter à prendre des risques salubres… Peu importe les détails de tel ou tel épisode. Le fait est que les deux directeurs de *L'Express* furent des incitateurs, des aiguillons, des moteurs du système… Ils contribuèrent à entretenir l'imaginatif, le dynamisme du système PMF et à aviver les couleurs de l'image populaire du chef du gouvernement. Dira-t-on que, sans *L'Express*, il eût paru le meilleur et que, par le truchement de *L'Express*, il parut le seul ?

« On se voyait beaucoup, on se téléphonait plus souvent encore. Si le président ne trouvait plus guère le temps de passer au 37, avenue des Champs-Élysées, il invitait Servan-Schreiber et l'un de ses amis à partager son sandwich sur un guéridon du Quai d'Orsay* ou les priait de le rejoindre, le dimanche, dans le

* PMF au début de son gouvernement cumula le titre de président du Conseil et de ministre des Affaires étrangères. Il s'installa au Quai d'Orsay et non à Matignon.

petit pavillon de Marly, mis à la disposition du président du Conseil[76]. »

L'Express, plus exactement sa « bande », est très présent dans les cabinets ministériels. Auprès de PMF, Simon Nora est conseiller économique, Claude Cheysson intime de Brigitte Gros, conseiller diplomatique et Léone Georges-Picot – bientôt Mme Simon Nora – assure la communication, comme nous dirions aujourd'hui. Au cabinet d'Edgar Faure, Jean-Jacques a deux amis, Jacques Duhamel et Valéry Giscard d'Estaing. Auprès de Maurice Bourgès-Maunoury, ministre de l'Industrie, Simon Nora a placé Jean Saint-Geours, inspecteur des Finances comme lui et qui rejoindra le club des personnalités compétentes si chères à Jean-Jacques. Enfin le directeur de cabinet de Mendès, André Pélabon, polytechnicien, ancien préfet de Marseille, auquel Defferre prête la réputation de « gros pistachier » – coureur de jupons dans le langage méridional –, est très lié à Suzanne Crémieux-Schreiber et à sa fille Marie-Claire. Pour faire bonne mesure et pour éviter tout malentendu, Jean-Jacques, qui se pose non sans légitimité en conseiller officieux de PMF, s'est mis en congé de son journal. Ce que mentionne l'« ours ». Dans la pratique, il n'en sera rien. Il est, plus que jamais, aux commandes.

À lire *Passions*, son autobiographie, comme les entretiens qu'il a donnés sur son engagement mendésiste, c'est une impression contraire qui prévaut. Comme s'il avait quasiment déserté son bureau de *L'Express* : il est, à l'en croire, au carrefour de toutes les initiatives, succès ou échecs du gouvernement.

Qu'il fasse porter, ou qu'il porte lui-même des notes à PMF tous les jours, voire plusieurs fois par jour, ne fait guère de doute. Est-il mêlé directement aux négociations de Genève comme il le prétend ? Non. L'accord arraché à Genève est l'événement politique majeur de la IVe République et *L'Express* qui s'en fera l'oracle devient l'événement journalistique. *L'Express* aura su coïncider avec le destin d'une patrie proclamée en danger. Jean-Jacques, à travers son soutien indéfectible à Mendès, croit, sûrement, qu'il appartient à la délégation française et qu'il prend part au marathon genevois. En vérité, il le suit avec des dizaines d'autres journalistes, ayant un peu plus que ses confrères la facilité d'interroger Mendès France après les réunions.

Six délégations – française, vietnamienne, russe, chinoise, anglaise, américaine – participèrent à cette partie d'échecs qui se joua sur les bords du lac Léman. Investi le 18 juin 1954, PMF devait, pour gagner son pari, aboutir à un compromis le 20 juillet au plus tard. À l'exception de ses conseillers, en particulier l'ambassadeur Jean Chauvel, un des plus brillants négociateurs du Quai d'Orsay, et le jeune diplomate Claude Cheysson, un familier du dossier indochinois pour avoir été en poste à Saigon, personne évidemment n'assistait aux tractations. Le Britannique Anthony Eden fut pour PMF le plus proche et le meilleur des soutiens. Le représentant des États-Unis, Bedell-Smith, l'encouragea, malgré les réticences de la Maison-Blanche qu'occupait Eisenhower. En face, il y avait Pham Van Dông porte-parole du Vietminh, Chou En-lai, l'envoyé de Mao Tsé-toung, Molotov, le ministre soviétique des Affaires étrangères. Mendès, après un long et dur bras de fer, aboutira : le 21 juillet à trois heures vingt du matin, l'armistice en Indochine était conclu.

On conçoit que Jean-Jacques, à la fin d'un tel film, au *casting* si prestigieux, ait rêvé de se compter parmi les premiers rôles. Dès l'instant où l'affabulation s'apparente, chez quelqu'un, à une seconde nature, il devient extrêmement difficile de dessiner la frontière qui sépare le vrai du faux. Avec Jean-Jacques cette difficulté frôle l'impossible. En effet, ce qu'il raconte est plausible, les scènes qu'il décrit sont très souvent conformes à la réalité, et les événements dont il parle ont existé. Mais, et c'est là tout le problème, il en parle toujours comme s'il en était l'un des principaux protagonistes, et en mélangeant les dates et les lieux.

« Maintenant, écrit-il dans *Passions*, tout doit être ordre, calme et beauté dans la villa *Joli-Port*, au bord du lac de la Paix. Nous rêvons…

« Dans le jardin de cette villa viennent donc s'asseoir à la table préparée pour la conférence cette première après-midi, les chefs de délégation Molotov (Russie), Chou En-lai (Chine popu laire), Pham Van Dông (Vietnam).

« Je vois Molotov pour la première fois. Bâti comme un obus, visage carré et inexpressif, mais avec deux yeux perçants, cet homme appartient déjà à l'histoire. Il y a vingt ans, il était le commissaire aux Affaires extérieures de Staline. Il y a quinze ans, c'est lui qui forgea et signa le pacte avec Hitler, détonateur de la guerre mondiale. C'est lui qui est maintenant en face de nous. »

Il y eut des rencontres PMF, Chou En-lai, Molotov, Pham Van Dông ; jamais à la villa *Joli-Port*, le siège de la délégation française. À ces rencontres multipartites assistaient obligatoirement Anthony Eden et Bedell-Smith. Elles se tenaient au palais des Conférences de Genève, dans le plus strict huis clos… En 1970, Jean-Jacques relatera à Jean-Noël Gurgand un face-à-face Mendès-Molotov, si précis, si coloré, que l'esprit le plus suspicieux ne douterait pas une seconde de sa véracité. « Il y avait quatre personnes autour de la table, Mendès France, Molotov, l'interprète et moi. Molotov, pendant des heures et des heures, alors que peu à peu la nuit tombait et que la lumière de la lampe qui éclairait la table dans le jardin attirait tous les moustiques de Genève, ne bronchait pas d'un pouce. Ni dans ses réponses politiques ni dans son comportement physique. C'était un spectacle ahurissant que ce héros du totalitarisme endure la douleur physique à ce point. En face de cet animal extraordinaire qui répétait “non” tous les quarts d'heure à toutes les questions, Mendès France considérait qu'il fallait tenir des heures et décidait de subir ce martyre aussi longtemps que Molotov. Imperturbable sous les moustiques, il a continué, aussi longtemps que Molotov, à dire “oui” en face du “non”, à répéter ses questions, à ne pas broncher.

« C'était du très grand Mendès France, car il fallait faire cela. Je suis convaincu que Molotov a été très impressionné, et c'est une des clés de la réussite de Genève. L'important a été l'impression qu'a produite Mendès France sur Molotov. Pham Van Dông nous l'a avoué après.

« Molotov était l'adversaire le plus rude, Chou En-lai était fin et intelligent, Pham Van Dông était très humain et presque amical avec Mendès France. »

On y croit comme Jean-Jacques lui-même y croyait. Pourtant il n'était pas là…

Ce mécanisme affabulateur, qui se met en branle dès qu'il évoque sa place dans l'histoire de notre temps, s'arrête quand il rédige ses éditoriaux. On ne le prendra jamais en flagrant délit de mensonges dans ses articles. Sans doute, dira-t-on, aurait-il été rapidement démasqué tout en mettant sa carrière en danger. Est-ce pour cette raison qu'il n'a pas galéjé dans ses textes de journaliste, mû par un excès de prudence ?

Il semble plutôt qu'il y ait – maintenant et de façon caricaturale – deux Jean-Jacques Servan-Schreiber à mille lieues l'un de l'autre : le Jean-Jacques Servan-Schreiber qui ne cessera jamais plus de rêver son destin qu'il voit à l'égal des plus grands, au point de se mettre à leur place ; le Jean-Jacques Servan-Schreiber qui écrit ses papiers, qui dirige son journal, qui recrute ses collaborateurs et qui ne rêve pas.

Il rêve si peu que *L'Express* s'est enrichi en six mois d'une brochette de brillants journalistes. Philippe Grumbach, trente ans, correspondant d'*United Press* à Genève, qui connaît Jean-Jacques depuis *Paris-Presse*, est nommé rédacteur en chef et va partager, au lendemain de l'armistice en Indochine, le minuscule bureau de Viansson-Ponté. Les deux hommes se jaugeront avant de se détester et de se séparer. C'est Viansson qui partira. Subtil, la courtoisie du prélat, volontiers ironique, il ne pouvait s'accommoder avec son nouvel *alter ego*, dandy, orgueilleux et brutal, un personnage de Visconti. François Erval coiffe la rubrique littéraire. D'origine hongroise, ce personnage dionysiaque, grossier et tendre, est d'une culture impressionnante. KS Karol, un Polonais – Karol Kewes –, réfugié politique, est un spécialiste des pays de l'Est et des problèmes du communisme. Il a ses entrées dans toute la gauche européenne et Jean-Jacques l'utilisera pour rencontrer plusieurs dirigeants socialistes, de l'Anglais Eunerin Bevan à l'Italien Pietro Nenni.

Jean Daniel, enfin, est engagé cette même année 1954 quand la guerre d'Algérie vient de commencer. Le mot guerre est encore tabou ; on parle de rébellion, de terrorisme, pas de guerre. Pourtant dans la nuit du 31 octobre au 1er novembre, soixante-dix attentats sont perpétrés en Algérie, faisant huit morts dont un jeune instituteur français. Immédiatement, Mendès et son ministre de l'Intérieur, François Mitterrand, envoient en renfort des compagnies de CRS et des bataillons de parachutistes. Derrière cette flambée de violences, il y a probablement Messali Hadj, un nationaliste panislamique qui réclame l'indépendance de l'Algérie et qui est en prison. Personne à *L'Express* ne connaît ni son passé, ni ses objectifs, ni ses partisans. C'est ainsi que KS Karol suggère à Viansson d'appeler leur ami commun, Jean Daniel, qui est alors chez l'incontournable Bérard-Quélin où il couvre les affaires coloniales. Comment ce journaliste, né à Blida dans une famille juive de onze enfants, pourrait-il être insensible aux problèmes qui surgissent en Algérie ? Jean Daniel rédige son article qui paraît dans *L'Express* du 6 novembre sous le titre « Messali et ses complices ». Il n'est pas signé, conformément à la pratique.

« Le lendemain, racontera Jean Daniel, Jean-Jacques Servan-Schreiber me demande de venir le voir : "Décidez vous-même de la date où vous voudrez nous rejoindre. Nous vous attendons. Mais ici on se décide vite." Ma collaboration fut d'abord intermittente et anonyme. Quelques mois après, je devenais rédacteur en chef adjoint, puis rédacteur en chef avec Viansson-Ponté et Grumbach. Je devais le rester neuf ans, jusqu'au moment où *L'Express* changea de format et de formule.

« (...) Lors de notre premier long entretien, Jean-Jacques Servan-Schreiber me fit l'impression d'un jeune tennisman américain qui aurait voulu, naguère, être séminariste. Il s'imposait un masque d'une gravité crispée que traversait, par instants, un charmant sourire de gosse bien élevé... Il me semblait n'avoir pour passé qu'une famille qui ne cessait de le promouvoir. Parfois il avait l'air d'un scout occupé au décryptage des signes de la piste et puis on le voyait soudain se transformer en jeune chef tutélaire. Il avait un ascendant naturel mais, se croyant trop jeune, redoutant aussi la culture et l'ironie des autres, il se réfugiait dans la technique et l'efficacité... En fait, c'était un animateur dont l'imagination, essentiellement publicitaire, nous stupéfiait. On ne savait jamais ce qu'il nous réservait. Décidé à frapper, à choquer, il arrivait avec son projet. "Vous n'allez tout de même pas faire ça", lui disait Françoise Giroud, de sa voix d'une douceur étudiée, avec un sourire tendrement inquiet. Eh bien, si, voilà, il le ferait[77] ! »

À peine avait-il gagné son pari indochinois que PMF était à Carthage le 31 juillet pour une opération coup de poing préparée en secret. Des trois pays de l'Afrique du Nord, la Tunisie était celui qu'il connaissait le mieux. Il était aussi très lié à Masmoudi. « On a dit parfois que nous avons accompli, ce jour-là, un véritable putsch. C'est vrai, puisque nous avons mis les autorités locales devant un fait accompli par l'armée. Tout le monde a été surpris... Dans une ambiance assez particulière, je me suis adressé au Bey pour lui annoncer que la France reconnaissait, sans arrière-pensées, l'économie interne de l'État tunisien... Tout de suite, Bourguiba a déclaré qu'il fallait saisir la main que nous tendions[78]. »

Il restait, pour jeter véritablement les bases d'une nouvelle politique étrangère, à sortir de l'ornière de la CED. Le traité instituant la Communauté européenne de défense, que Jean-Jacques avait défendu avec fougue dans les colonnes du *Monde* et de *Paris-Presse*, était une invention française bâtie sur un théorème : pas de réarmement allemand, mais que les Allemands participent à une force européenne. Les États-Unis et la Grande-Bretagne avaient fini par approuver ce traité qui concernait six pays : la France, bien sûr, l'Allemagne, la Belgique, les Pays-Bas, le Luxembourg et l'Italie. Tous nos partenaires l'avaient ratifié. Seule, la France, trois ans après l'avoir proposé, ne l'avait pas adopté ! Nos gouvernements successifs, en promettant leur signature, avaient posé des préalables, demandé des protocoles additionnels, exigé des garanties... Mais la ratification ne suivait pas. En fait, aucun gouvernement n'était parvenu à obtenir qu'une majorité parlementaire votât pour la CED.

Comme son prédécesseur, PMF était confronté à cette situation ubuesque : la France se révélait incapable d'honorer sa parole et, chez nos cinq partenaires, on perdait patience. Mendès, en dépit de tous les risques que représentait un échec de la CED – par exemple, une alliance militaire germano-américaine comme solution de rechange –, décida d'affronter les députés. Lui-même n'était pas favorable à la CED. « En toute franchise, je ne l'aimais pas. Partisan de l'Europe depuis longtemps, je déplorais qu'on lui donne une forme militaire... Et puis, je voyais les Français profondément divisés sur cette affaire ; une guerre de religion passionnelle s'était développée à ce sujet à travers le pays dont on peut difficilement, aujourd'hui, évoquer la violence, le fanatisme[79]. »

Le 30 août, dans une atmosphère survoltée, l'Assemblée, par trois cent dix-neuf voix contre deux cent soixante-quatre, rejette la CED. Dans l'hémicycle, les vainqueurs entonnent *La Marseillaise*.

La CED est tuée par le jeu d'une alliance des plus confuses qui va des gaullistes aux communistes en passant par les « colonialistes ». De cet échec de la CED, qui déchire les socialistes et les radicaux, Mendès, par on ne sait quelle alchimie, sort vainqueur. Il est au sommet de sa popularité en France et à l'étranger. Foster Dulles le baptise Superman, bluffé par sa politique de franchise. En vidant l'abcès CED, ne va-t-on pas pouvoir repartir sur des bases nouvelles ?

Jean-Jacques, lui aussi, a pris le vent. Il a tourné casaque et *L'Express* avec toute la presse anti-CED, du *Monde* à *France-Observateur*, orchestre l'apothéose mendésienne, tandis que *Le Figaro* et *L'Aurore* se montrent fair-play. Jean-Jacques dans son éditorial écrit : « (...) En résumé, le projet primitif de la CED n'était pas satisfaisant ; il ne répondait pas au but poursuivi. » Oublié, son vibrant credo pour une armée européenne.

Cet apparent consensus national autour de PMF cachait le bruit des « couteaux qui s'aiguisent » et la mort de la CED annonçait, en réalité, le déclin de l'expérience mendésiste. Le MRP, farouchement « cedétiste », a fustigé le « crime du 30 août », et la haine de ses dirigeants envers Mendès se confondra bientôt avec celle de la droite qui dénonce le « bradeur d'empire ».

Au milieu de cette mêlée, l'influence que se prête Jean-Jacques dans ses « Mémoires » est, encore une fois, difficile à décrypter. Il n'est jamais trop loin, c'est vrai, du président du Conseil, pour lequel il continue de dicter quotidiennement – entre six heures et sept heures du matin – des notes sur à peu près tous les sujets. Il est un inlassable pourvoyeur de suggestions, de formules, de projets, et PMF l'a utilisé comme tous ceux qui appartiennent à son commando, à son brain-trust, Simon Nora, Georges Boris, Alfred Sauvy, Claude Gruson, François Bloch-Lainé, Louis Armand, Roger Stéphane...

Jean-Jacques ne lésinera pas lorsqu'il lui faudra s'affirmer de façon plus personnelle et plus directe. L'« affaire des fuites » lui en fournira une première occasion. Sombre affaire que celle des fuites. Le 8 septembre 1954, alors qu'il est à Hossegor, François Mitterrand reçoit un appel téléphonique de Léone Georges-Picot qui l'informe, de la part de Mendès, qu'une enquête des services secrets est en cours depuis deux mois : des fuites auraient permis au Vietminh, en pleine guerre d'Indochine, d'obtenir, via le Parti communiste, des procès-verbaux de réunions du Comité de défense nationale. Ce Comité, auquel participent les principaux ministres et chefs militaires, se réunit périodiquement à l'Élysée, sous la présidence de René Coty. « Depuis deux mois ? s'étonne Mitterrand. Pourquoi m'en avertir seulement aujourd'hui ? » Mendès, en faisant mener l'enquête à son insu, a-t-il douté de son ministre de l'Intérieur ?

En tout cas, selon les révélations alimentées par quelques

feuilles, une haute personnalité serait à l'origine de ces fuites. Très vite, le nom de la haute personnalité est jeté dans la fosse aux calomnies : François Mitterrand. À la Chambre, ses ennemis iront jusqu'à l'accuser de « haute trahison ». Pourtant les responsables de la magouille ont été identifiés : le commissaire Jean Dides, le « journaliste » André Baranès et le préfet de police Jean Baylot, tous trois membres d'un réseau d'extrême droite. Ils visaient à déstabiliser le ministre de l'Intérieur et, à travers lui, le président du Conseil. Ils ont réussi à verser entre les deux hommes le poison du soupçon. Mitterrand ne pourra jamais oublier que Mendès France ait pu croire un seul instant à sa culpabilité.

Jean-Jacques dans *L'Express* se rangera loyalement et franchement du côté du ministre de l'Intérieur : « On sait, aujourd'hui, à la lumière des événements récents que, si le changement brutal de préfet de police, décidé par Mitterrand, n'était pas intervenu, le gouvernement se trouverait désarmé devant les accusations les plus graves à la sûreté de l'État. »

Il semble également avéré qu'il ait tenté de convaincre PMF de réclamer, à la tribune des Nations unies, l'arrêt des expériences nucléaires. Depuis Hiroshima, il est indiscutablement obsédé par les risques de la bombe atomique et il est – il restera – un opposant absolu à toutes forces de frappe nucléaires.

En avril 1954, il avait entièrement consacré « Le Forum » de *L'Express* aux conséquences de la bombe à hydrogène, montrant clairement de quel côté il penchait. Quelques mois plus tard, il demandera à Viansson-Ponté d'adresser à Malraux, sur le même sujet, une lettre presque surréaliste. *L'Express* s'apprêtait à publier un texte qui réclamait la fin des essais nucléaires et proposait un traité international qui aille dans ce sens. « Devant l'émotion soulevée par la publication de divers rapports, évoquant les dangers mortels que provoque chaque nouvelle expérience atomique, écrivait Viansson-Ponté, nous avons étudié soigneusement avec Francis Perrin, haut-commissaire à l'Énergie atomique, le problème scientifique et politique ainsi posé.

« Vous trouverez ci-contre le texte qui résume les conclusions de cette étude et suggère une solution. Nous comptons le publier cette semaine, dans *L'Express*.

« Pour donner à notre suggestion le plus grand retentissement possible, nous souhaiterions vivement pouvoir la présenter comme une idée française et obtenir pour cela votre caution personnelle… Accepteriez-vous, comme l'a fait pour sa part François Mauriac, de l'approuver également ?

« D'autre part, estimez-vous qu'il soit possible de demander son approbation au général de Gaulle ? Quelle procédure nous conseillez-vous d'entreprendre pour cela ?… »

Comment Jean-Jacques avait-il pu imaginer que de Gaulle puisse signer un texte qui proposait, à terme, l'arrêt des essais nucléaires ? Ce qu'il demande à de Gaulle, il le soumet à Mendès France : il veut que celui-ci « impose » – pas moins ! – à Washington et à Moscou, cet arrêt des expériences nucléaires.

À l'heure même où Viansson écrivait à Malraux, PMF prononçait un important discours devant l'Assemblée générale de l'ONU à New York. « Comme d'habitude, confiera JJSS, Mendès France m'a demandé de réfléchir à haute voix, avec lui, sur ce que pourrait être ce discours. Nous sommes arrivés ensemble à la conclusion suivante : il se devait, étant donné le poids qu'il avait à ce moment-là, et étant donné que la France était le premier pays à pouvoir – tout le monde le savait – se doter des armes nucléaires, d'utiliser la tribune des Nations unies pour imposer, au nom des peuples du monde entier, aux deux Grands, l'arrêt des essais nucléaires. Cette idée n'avait jamais été, en 1954, évoquée par personne. Mendès France pouvait, le premier, la proposer, en avance de douze ou treize ans sur l'histoire du monde.

« Francis Perrin considérait que l'interruption des essais nucléaires et la signature d'un traité international pouvaient avoir à ce moment-là une immense importance. Avec lui et quelques autres, nous avons donc travaillé sur le discours et le dossier, jusqu'au voyage aux États-Unis. La décision était arrêtée de prononcer ce discours, avec la plus grande force possible. Là-dessus, Mendès est parti. Sans Francis Perrin et sans moi. Ce fut une erreur considérable. Mendès France est arrivé à New York et a été “chambré”, c'est le mot exact, de manière conjointe par l'ambassadeur de France et par Foster Dulles, un fanatique des armements atomiques.

« Mendès France m'a téléphoné la veille du discours, pour m'indiquer qu'il renonçait à la proposition sur l'arrêt des essais nucléaires. Il était convaincu qu'il n'obtiendrait pas l'accord des Américains et que, par conséquent, faire cette proposition revenait, pour la France, à rompre avec l'Amérique, avec les conséquences dramatiques que cela pouvait entraîner, à ses yeux.

« J'ai lutté au téléphone. Je lui ai demandé de ne renoncer en rien à son discours, de ne craindre en rien les conséquences d'une rupture avec l'Amérique, rupture à laquelle je ne croyais pas. Je connaissais l'Amérique beaucoup mieux que lui, c'était le seul point de supériorité que j'avais.

« De ce jour-là date ma première grande déception envers Mendès France. Mais j'ai, pour une fois, fait acte de modestie et considéré qu'il fallait que j'admette la supériorité de son jugement. Je n'ai pas épousé sa thèse, mais je n'en ai pas fait une question de rupture et j'ai continué à le servir comme s'il avait eu raison[80]. »

De fait, *L'Express* ne publiera ni le texte évoqué par Viansson dans sa lettre à Malraux ni les propositions de Jean-Jacques à Mendès France. C'eût été un « manifeste » écologique avec deux décennies d'avance...

Un autre épisode sur un sujet moins grave et beaucoup plus pittoresque sonnera bien davantage la fin de la lune de miel entre Jean-Jacques et PMF.

À l'origine du contentieux, une histoire de chevaux de course... Un bref rappel du contexte est nécessaire. Le directeur de *L'Express*, on ne l'a pas oublié, n'a jamais admis le rôle que tient Edgar Faure dans le dispositif mendésiste : le ministre des Finances est le maire du Palais, il est le seul à tutoyer Mendès et il est le seul que Mendès tutoie. D'ailleurs quand PMF est à l'étranger, c'est lui qui assume l'intérim du président du Conseil. Et c'est à lui que *L'Express* réserve ses fléchettes : on lui reproche de conduire une politique économique traditionnelle, rassurante et molle.

L'économie était devenue, à l'automne 1954, le nouveau cheval de bataille de Jean-Jacques. « On se rendort », lance-t-il le 4 décembre dans son éditorial, obligeant Mendès à lui répondre. Dans le numéro suivant, il proclame : « On se réveille »... Il jubile. Son journal se pose en aiguillon du gouvernement... Ce n'est pas un cadeau pour Mendès France : ses ennemis l'interpellent, semaine après semaine, sur ses liens avec *L'Express*. Il a d'autres soucis. Soutenu par une majorité de fortune, son gouvernement est entré en soins palliatifs et, le 20 janvier 1955, il décide un remaniement ministériel. Il quitte le Quai d'Orsay où sa présence symbolisait le recadrage de notre politique étrangère, et il s'installe à Matignon où, en plus de sa fonction de président du Conseil, il prend en charge la reconversion de l'économie, sa nouvelle priorité.

Edgar Faure le remplace au Quai d'Orsay. Robert Buron remplace Edgar Faure aux Finances. En arrivant rue de Rivoli, Buron trouve sur son bureau un décret qui réduit de 12,2 % à 4,2 %, la taxe sur la vente des chevaux de course. Il est signé par Edgar Faure. Buron juge le procédé de son prédécesseur un peu… cavalier. Une telle mesure sera très populaire sur les champs de course et chez les propriétaires de haras. Il eût été, pour le moins, élégant qu'Edgar Faure en laisse le bénéfice à son successeur. C'est aussi l'opinion de Mendès France qui annule le décret litigieux. Jean-Jacques, de son côté, gamberge. Et si Edgar Faure avait pris ce décret pour faire plaisir à son ami le milliardaire Marcel Boussac, propriétaire d'une écurie de courses ? *L'Express* relate l'affaire, l'illustre d'une photographie d'un étalon de Boussac, intitule l'article : « Correction et moralité », et délivre ce commentaire : « (…) Le peuple, qui n'est guère renseigné sur le détail des affaires, raisonne par intuition. Il voit qu'entre la politique et l'argent, la cloison n'est pas toujours aussi étanche qu'on le voudrait. »

Mendès est furieux, Edgar Faure écume de rage. À la Chambre, trois ou quatre députés radicaux ont jailli dans l'hémicycle, brandissant *L'Express*. À ce moment-là, le moindre incident mettait le feu aux poudres.

Écoutons la suite, racontée par Jean-Jacques qui, cette fois, ne franchit pas la ligne jaune de la vérité. « Je n'ai pas à défendre cet article de *L'Express*, qui me paraît, à la réflexion, avoir été un peu léger et un peu irresponsable. Mais, néanmoins, j'étais responsable de sa publication et, d'autre part, mon opinion d'Edgar Faure à l'époque était bien celle-là : il était en cheville, pour le moins, avec des milieux financiers importants, ce qu'on appelle en Amérique des *lobbies* qui peuvent peser sur les décisions du gouvernement, et je n'admettais pas que cela se passe sous Mendès France. Donc, j'ai pris la responsabilité de cet article.

« Je me suis couché comme d'habitude vers onze heures du soir. À trois heures du matin, le téléphone sonne. Au bout du fil, la voix du président du Conseil. Une voix blanche qui me dit de la façon la plus abrupte : “Alors ? Vous mettez mon gouvernement par terre ?”

« J’ai eu le sentiment que le ciel me tombait sur la tête ; surtout que j’ai tout de suite compris qu’il ne plaisantait pas. J’ai mis quelques instants avant de reprendre mes esprits. “Que voulez-vous dire exactement ?” lui ai-je demandé. Il m’a expliqué qu’Edgar Faure, scandalisé par cet article, alors que lui Mendès France était en train de négocier avec les délégués tunisiens du Néo-Destour, lui avait annoncé qu’il allait me provoquer en duel. Il n’admettait pas cet article, ni la mise en doute de son intégrité et, pour me provoquer en duel, il lui fallait démissionner de son poste de ministre, ce qu’il ferait dès le lendemain. Dans ces conditions, me dit Mendès France, la seule chose que je puisse faire – c’était mon devoir absolu – était de m’excuser immédiatement auprès d’Edgar Faure.

« Bien que très secoué par cette conversation téléphonique, j’ai eu assez de sang-froid pour lui répondre que je n’acceptais pas ce qu’il me demandait, et que nous en reparlerions le lendemain matin. Il m’a répliqué que c’était inutile et que je n’avais qu’une chose à faire : obéir à ses ordres. De nouveau, je lui ai répondu que je n’obéirais pas avant d’avoir réfléchi.

« J’ai aussitôt réveillé mon ami Jacques Duhamel, directeur du cabinet d’Edgar Faure, pour l’interroger sur cette histoire. Duhamel n’était pas informé et il m’a rappelé dix minutes après : Edgar Faure, en effet, voulait le duel et entendait démissionner, ce qui mettait en danger l’ensemble du gouvernement. Jacques Duhamel qui, lors de notre premier entretien, rigolait de cette histoire, ne rigolait plus du tout ! »

Le lendemain, JJSS fit porter à Mendès France une lettre où il lui exposait les raisons pour lesquelles il ne s’excuserait pas auprès d’Edgar Faure, si ridicule que ce soit. Il acceptait d’être provoqué en duel puisque c’est ainsi que le ministre des Affaires étrangères prétendait blanchir sa réputation. Mendès France en conçut une énorme irritation. L’après-midi de ce même jour, les deux témoins d’Edgar Faure, le général Corniglion-Molinier et l’avocat André Weil, se présentèrent en gants blancs à *L’Express*, conformément au code d’honneur et demandèrent à Jean-Jacques de leur donner le nom de ses témoins.

« Il fallait bien que je joue ce jeu grotesque, cette mascarade, Edgar Faure en ayant décidé ainsi ! J’ai donc désigné deux témoins. J’ai choisi le colonel Louis de Fouquières et Alain

Savary, un député socialiste dont je me sentais très proche. Ils ont négocié le duel avec Corniglion-Molinier et Weil. Ils arrêtèrent le choix des armes au pistolet de combat. Comme je n'avais pas l'intention de me faire tuer, je me suis entraîné chez Gastinne-Renette. *Paris Match* a publié des photos !

« Pendant les négociations, Mendès France prit une décision politique et Edgar Faure, de son côté, une décision morale. L'un et l'autre, devant les ricanements de la presse, voulaient maintenant éviter le duel. Il fut entendu qu'Edgar Faure renonçait à exiger une lettre de moi. En échange, Mendès France lui adresserait un courrier dans lequel il affirmerait que jamais il n'avait douté de son intégrité. Ils se sont donc entendus sur cette modalité et le cabinet du président du Conseil a prévenu les quatre témoins que le duel n'avait plus d'objet. À leur tour, mes témoins m'en ont informé. J'étais assez soulagé qu'on en reste là, non que je craignisse pour ma vie, mais parce que l'affaire prenait une tournure ridicule* [81]. »

On est le 30 janvier 1955. Quand se joue cette farce, le gouvernement Mendès France est à la veille de tomber. Mais avant d'en résumer l'épilogue, qui sera une nouvelle étape dans l'histoire de Jean-Jacques et de *L'Express*, revenons un instant à André Malraux.

Depuis l'accession au pouvoir de PMF, les relations entre le coryphée du général de Gaulle et l'hebdomadaire se sont resserrées. Pierre Viansson-Ponté a, enfin, réussi à lui arracher un entretien qui paraît fin décembre 1954. « Ceux, qui autour de nous, écrit-il à Malraux, ont lu "le monstre" de quarante pages dactylographiées qui a surnagé dans le naufrage de la sténotypiste, ont été unanimes à le trouver éclatant. » Pour Jean-Jacques, Malraux est désormais « son collaborateur régulier »... En réalité, il n'écrira pas dans *L'Express*, il donnera quelques interviews et sa collaboration sera d'une tout autre nature : il est une espèce de « Grand Architecte » que Jean-Jacques sollicite en

* Ce récit de Jean-Jacques Servan-Schreiber à Jean-Noël Gurgand correspond à celui que m'avait fait en 1972 Pierre Mendès France, alors que je l'interrogeais pour son livre *Choisir*. Mendès France n'avait pas souhaité évoquer ce « duel » dans son ouvrage.

toute occasion. Il lui demande de recevoir ses amis, de Mitterrand à Nora, de Duhamel à Savary, de Sauvy à Defferre... Il l'informe de sa querelle avec Edgar Faure : « Peu après notre conversation au téléphone, samedi soir, les choses se sont terminées d'une manière qui me paraît convenable... Cette affaire me donne l'occasion de vous être reconnaissant pour les quelques mots de solidarité morale et personnelle que vous m'avez fait l'honneur de m'adresser et qui m'ont profondément touché. »

Lorsqu'il apprend que de Gaulle doit rencontrer Mendès France le 13 octobre 1954 – ils ne s'étaient pas revus depuis 1946 –, il lui écrit aussitôt : « (...) Je me souviens avec précision des termes que vous avez vous-même employés l'autre jour pour décrire l'envergure possible de l'expérience tentée actuellement par Mendès France. Vous la voyiez comme le prolongement, ou plutôt la résurrection de ce que le général de Gaulle a représenté.

« Vous êtes le seul à pouvoir fixer le sens d'un tel événement en lui donnant le relief convenable et en exposant toute sa signification possible pour l'avenir.

« Je crois que si vous voulez bien accepter d'avoir avec nous un entretien oral (que nous prendrions en sténotypie comme cela avait été convenu), après cette rencontre, nous pourrions en tirer un article que vous reverriez avant sa publication, et qui pourrait avoir des échos fructueux.

« Si vous n'assistez pas à l'entretien entre les deux hommes, peut-être serait-il possible alors que vous ayez, séparément, après la rencontre, une conversation personnelle avec le général de Gaulle dans l'après-midi de mercredi, puis une autre avec Mendès France, pour avoir les deux points de vue sur la conversation qui vous donneraient la matière de votre réflexion et de votre article oral. »

Officiellement, cette rencontre s'inscrivait dans le cadre des traités de Londres et de Paris qui venaient d'être signés et que de Gaulle avait approuvés. En effet, après l'échec de la CED, Mendès France chercha à mobiliser ses partenaires autour d'un nouveau texte afin de se prémunir contre le réarmement allemand. Il y était parvenu : les traités de Londres et de Paris limitaient ce réarmement à des niveaux qui ne pouvaient être révisés sans l'aval de la France, et ils interdisaient à l'Allemagne de fabriquer des armes atomiques.

Rien, sinon un communiqué lapidaire ne sortira de ce tête-à-tête qui eut lieu à l'hôtel La Pérouse où le Général descendait lors de ses séjours parisiens. Malraux, Jean-Jacques et *L'Express* n'en sauront pas plus que les autres journaux. En 1967, Jean-Raymond Tournoux, dans son livre *La Tragédie du Général*, lèvera, en partie, le voile. En partie seulement, et aujourd'hui encore, on ignore ce que les deux protagonistes se sont vraiment dit.

Les Français, au début de 1955, se trouvent, sans bien même s'en rendre compte, entraînés dans un tourbillon qui les dépasse : pour ceux qui croyaient à la pérennité de notre empire colonial, c'est la fin d'un rêve. Pour tous, la situation en Algérie est de plus en plus angoissante. Et Mendès France ne survivra pas au problème algérien : la confiance lui est refusée le matin du 6 février. René Mayer, radical-socialiste, qui déteste et jalouse Mendès, condamne la politique algérienne du gouvernement et lui porte l'estocade. PMF essaiera de reprendre la parole mais l'opposition l'en empêchera et, dans le brouhaha, il lance cet avertissement : « Ce qui a été fait pendant six ou sept mois, ce qui a été mis en marche dans ce pays, ne s'arrêtera pas. Les hommes passent, les nécessités nationales demeurent. »

C'est le sentiment des journalistes de *L'Express* en général, et de Jean-Jacques en particulier. Comment prolonger cette exaltante aventure ? Comment ramener, demain, Mendès France au pouvoir ? « En réalité, écrira Jean-Jacques, j'ai commencé à pressentir la fin de cette épopée d'une France dirigée par un Juste (...). Je commence à me fixer sur la relève des générations. Pour moi, une vie s'achève, c'est seul en montagne que je fais ce retour sur moi-même, j'ai trente ans[82]. »

Le scepticisme à l'égard de son « Grand Homme » l'envahit de plus en plus. Il le confesse à Beuve-Méry avec qui il correspond régulièrement – Beuve l'appelle « mon cher ami » ou « mon cher Jean-Jacques », une marque d'affection qu'il distribue avec parcimonie : « (...) Le fonctionnement du régime, comme dit le “Grand Homme”, me donne un vertige croissant. Vu de l'intérieur, il y a de quoi trembler de peur et pourtant on y trouve aussi ce réconfort : le caractère de quelques hommes change, ou plutôt peut changer beaucoup de choses, tant les mécanismes sont peu habitués à l'apparition d'une volonté ou d'une fermeté : ils y cèdent plus facilement qu'on ne croit.

« Tout cela pour vous confier – et je m'excuse de cette intime franchise – que plus je vais, plus grande est la grande estime que j'ai pour vous. Vous en arrivez à représenter, pour moi, le contrepoison fait homme. Et vous êtes aussi la preuve que ce contrepoison peut non seulement subsister dans l'organisme, mais rayonner. »

Quelques jours avant de quitter Matignon, le président du Conseil avait nommé quelques personnalités à l'ordre de la Légion d'honneur. Dans la liste figurait… Robert Servan-Schreiber, promu Grand Officier. Jean-Jacques, qui entend la nouvelle à la radio, s'étrangle. Son cousin Jean-Claude est tout aussi furieux. Que vont penser les lecteurs ? Que ne va pas dire l'opposition ? La dernière décision de Mendès serait-elle d'honorer ses amis de *L'Express* pour services rendus ? Émile, de son côté, se sent trahi par son frère : pourquoi lui et pas moi ? Jean-Louis, qui vient d'entamer la rédaction de son « journal » sur un cahier que lui a offert François Mauriac, écrit avec ironie : « Quelle horreur que de nommer Grand Officier l'oncle de Saint-Just*. Quelle vénalité ! » La famille est en émoi.

Jean-Jacques va placer l'incident à une hauteur stratosphérique, sans mesure avec la gravité du délit ! Surtout qu'il découvre, à cette occasion, la liaison de sa cousine Marie-Claire avec Mendès. Son courroux redouble. En retour, toute cette gesticulation a le don d'agacer souverainement le président du Conseil, quand tout se dérobe sous ses pieds. Dans une lettre à son père, Jean-Jacques rend compte de sa démarche auprès de PMF, qu'il appelle « Augustin », comme on sait : « Je viens de voir Augustin. Je ne lui avais jamais rien demandé ; il ne m'avait jamais rien demandé. Nous étions l'un et l'autre au service d'une idée politique, en collaboration. Qu'il puisse, d'une décision, salir et même défigurer la nature de nos rapports, en nommant R.** Grand Officier de la Légion d'honneur, sans m'en avoir jamais parlé, m'a foudroyé sur place. Une rupture complète du pacte de confiance qui nous liait. Je le lui ai dit de la manière la plus claire. J'ai vraiment honte que quelqu'un qui s'appelle Servan-Schreiber soit nommé Grand Officier par Augustin. Je ne lui pardonnerai jamais. »

De ce jour, son admiration affectueuse pour PMF ne cessera de décliner, même dans les moments où il devra, par nécessité politique, se rapprocher de son ancien mentor. « Cette blessure-là ne s'est jamais cicatrisée », affirmera-t-il des années plus tard[83].

* Ce « Saint-Just », c'est bien entendu son frère Jean-Jacques…

** Robert Servan-Schreiber.

10

L'Express quotidien ou la demeure en péril

« Vous voyez bien, on ne m'aime pas… » Le constat est amer. Il est fréquent dans la bouche de Mendès France qui plie bagages. Les députés de la IVe République ont-ils jamais « aimé » un de leurs ténors ? Le spectacle qui suit la chute du gouvernement Mendès ne déroge pas aux habitudes : après un festival infructueux d'une poignée de prétendants, Edgar Faure est investi grâce à son habileté et à la lassitude de la Chambre. Jean-Jacques n'a plus d'amis dans le nouveau cabinet. Il a mis entre parenthèses ses brouilleries avec Mendès France et affûte ses armes pour ramener son « Grand Homme » au pouvoir et veut, pour mieux servir cette cause, transformer *L'Express* en quotidien.

Impertinent, Jean-Louis a noté le 19 juin dans son journal : « Le quotidien se précise, les hommes politiques importants se regroupent, on prévoit pour Jean-Jacques députation, ministère, présidence. Une famille peut s'emparer des rêves d'un pays. »

L'Express caracole en tête de tous les hebdomadaires politiques, très loin devant *France-Observateur* et *Témoignage chrétien*. Avec *Le Monde*, il est le journal français le plus constamment cité aussi bien par le *New York Times*, *Time*, *Spiegel* ou *Times*, que par l'ensemble de la presse américaine, anglaise, allemande, italienne… Il a réalisé plus de neuf millions de francs – environ cent soixante-dix mille euros – de bénéfices sur les cinq derniers mois. Ses journalistes, s'ils n'ont pas encore les salaires de leurs confrères de *Paris Match* ou du *Figaro*, sont parmi les mieux payés de la profession. Quant aux « grandes plumes », elles ne sont pas en reste. François Mauriac, pigiste permanent, touche deux cent cinquante mille francs – environ quatre mille sept cents euros – par mois, Malraux, cinquante mille francs – mille euros – par entretien ; les personnalités compétentes du « Forum » vingt mille francs – trois cent quatre-vingts euros – pour chacune de leur réponse aux lecteurs.

Le succès, en termes d'influence, en termes financiers, est indéniable. Pourquoi ne pas tenter l'expérience d'un quotidien ?

« Je suis, égoïstement, heureux de savoir que vous serez de nouveau à Paris, écrit Jean-Jacques à François Mauriac, le 20 avril 1955. Il y a tant de choses à faire dans les deux mois qui viennent et nous avons un très grand besoin de vous... Je vous dis tout de suite la décision que nous avons finalement prise pour nos projets. Elle n'est pas vieille puisqu'elle date d'avant-hier.

« I – la parution du premier numéro du quotidien est fixée au milieu du mois de septembre. Nous mettons en train dès maintenant les diverses étapes de sa préparation. Nous avons renoncé à le faire avant l'été, car le risque de présenter un produit insuffisamment préparé et mal mis au point était trop grand. Un mauvais départ aurait pu être fatal. Mendès France m'a laissé entièrement libre du choix de la date. Il était d'accord pour mai, si j'en décidais ainsi. C'est cette lourde responsabilité qui m'a incité à un choix peut-être trop raisonnable.

« II – en attendant et, en quelque sorte, comme préface, nous allons lancer un grand développement de *L'Express*, à partir de début mai. C'est-à-dire que nous voulons passer le journal sur vingt pages, chaque semaine, ajouter des rubriques nouvelles, élargir notre audience et faire – sur cette formule rénovée – un lancement publicitaire assez important. Le premier numéro, nouvelle formule, sera celui du 6 mai, pour roder l'ensemble. Celui qui sera l'objet du lancement publicitaire, sera celui du 13 mai. Ce sera aussi le numéro de notre deuxième anniversaire. Le but est d'accroître le tirage, consolider notre influence, et mettre *L'Express* dans une situation telle qu'il puisse allégrement supporter le lancement du quotidien à la rentrée... »

L'Express fête ses deux ans le 14 mai. Il affiche à sa une un encadré rouge : « Mendès France, Camus, Mauriac. » La réunion de ces trois signatures est une première et sert d'étendard à la nouvelle croisade mendésiste.

Albert Camus a enfin cédé aux amicales pressions de Jean Daniel. Il a rencontré, pour la première fois, Jean-Jacques le

1er avril 1955 et accepté d'écrire dans le numéro anniversaire qui sera tiré à cent soixante-dix mille exemplaires. Un curieux papier, une réflexion intemporelle sur la reconstruction d'Orléansville dévasté par un tremblement de terre et les ruines d'Argos. Pour Jean-Jacques qui l'attendait sur l'Algérie, c'est une déception. L'article n'aurait probablement pas excité les lecteurs ou les confrères. Mais voilà, deux lignes le chapeautent : « C'est de Grèce, où il voyage en ce moment, qu'Albert Camus inaugure sa collaboration à *L'Express.* »

Deux lignes qui déclenchent une polémique avec *France-Observateur*. Comment ? Camus va collaborer avec *L'Express* ? C'est une trahison ! Claude Bourdet, directeur de *France-Observateur*, est de la trempe des camisards. La culture du compromis lui est étrangère. Fondateur du réseau Combat sous l'Occupation, ancien déporté à Buchenwald, il représente avec Gilles Martinet, Roger Stéphane, Hector de Galard, Maurice Nadeau, la gauche intellectuelle, militante et active, celle qui flirte avec Sartre et le communisme. Pour cette gauche, un tantinet révolutionnaire, comme pour les sartriens des *Temps modernes*, *L'Express* n'est rien moins que l'organe d'une droite rafraîchie, technocratique, qui se propose d'aménager le capitalisme et le colonialisme. Quant à Françoise Giroud, elle incarne la journaliste frivole du Tout-Paris, nourrie au lait des Lazareff et des mondanités glorieuses. Bref l'antithèse d'une Simone de Beauvoir… Que n'avait-elle pas, jadis, osé dans *France-Dimanche*, troussant un croquis de Sartre ! « Jean-Paul Sartre est, à la fois, un petit-bourgeois, une grande vedette, un chef de file – une petite file –, un auteur à succès, une tête de turc, un révolutionnaire et un homme charmant… La popularité a mis à Jean-Paul Sartre un masque de clown derrière lequel il se débat. Quand il l'arrache, on cesse de le regarder. Quand il le porte, on ne perçoit plus son véritable visage, et c'est dommage parce qu'on perd aussi l'occasion – rare – de regarder l'honnêteté intellectuelle en face. » Dans *Les Temps modernes*, Jacques-Laurent Bost, chargé de laver ce crime de lèse-majesté se lâcha : « (…) Sous une bonhomie assez mal jouée, on sent une aridité désolante. Par les mille fissures d'un masque de distinction paraît un géomètre candide… Sa méchanceté s'appuie sur une description ironique des journaux féminins qui apprennent à six cent mille lectrices le bonheur à trente mille francs par mois, l'art de retourner les vieilles robes. »

Pour le cénacle *France-Observateur* et *Les Temps modernes*,

Camus, en écrivant dans *L'Express*, était donc passé à l'ennemi. Au départ, Françoise Giroud est le mauvais prétexte des agressions. On sort, de part et d'autre, l'artillerie lourde. Pour *L'Express*, qui mène une campagne de promotion, la dispute ne pouvait mieux tomber. Mais elle servait surtout *France-Observateur*, comme l'écrit Giroud à Camus : « (...) Pour ma part, je ne répondrai pas, mais je n'ai pas besoin de vous dire que les colonnes de *L'Express* vous sont ouvertes... Il me semble, cependant, utile de vous signaler que, selon Gilles Martinet, on se réjouit fort à *L'Observateur* de voir enfin *L'Express* contraint de polémiquer avec un journal que nous avons toujours, jusqu'à aujourd'hui, systématiquement ignoré. Comme vous le savez, le ramage de ces messieurs n'est pas à la hauteur de leur tirage. Si vous ne voulez pas leur faire le plaisir qu'ils attendent, peut-être serait-il bon qu'il ne soit jamais fait mention de leur titre dans votre réponse ? »

Il y eut plusieurs réponses. Le débat s'éleva au-dessus des attaques personnelles pour s'arrêter sur une interrogation qui déchirait alors la gauche : fallait-il accepter de collaborer avec les communistes ? Non, disaient Albert Camus et *L'Express* ; oui, répondaient Claude Bourdet et *France-Observateur*.

Avant l'été, la controverse finit par lasser et s'éteindre. Jean-Jacques fixa la pige de Camus à trente mille francs l'article, un tarif, on l'aura noté, très en dessous de ses pairs, les autres grandes signatures. Le directeur de *L'Express* n'aura jamais pour Camus, qui avait le don de l'exaspérer, l'attention qu'il met à soulager l'intendance de Mauriac et de Malraux. « Jean-Jacques, écrit Mauriac à sa femme, ne me laisse guère de répit et m'envoie aujourd'hui deux secrétaires, une pour mon article, l'autre pour mon courrier ! Quand il partira, je le regretterai, mais je serai beaucoup plus tranquille... Il serait bien étonné s'il savait ce qui m'attache à lui, c'est sa force apparente et sa faiblesse réelle...[84]. »

Au mois de juillet 1955, des bruits divers circulent dans Paris et atteignent la rédaction de *L'Express* : l'hebdomadaire disparaîtrait pour donner naissance à un quotidien. Immédiatement, Jean-Jacques rédige une note à l'intention de tous ses collaborateurs : « Cette rumeur est malsaine. Elle ne correspond pas à la réalité, et elle porte préjudice au journal. Il est important de saisir toute occasion de mettre les choses au point. Les informations exactes sont celles-ci :

« 1 – il est possible que l'équipe actuelle de l'hebdomadaire lance une édition quotidienne d'une formule nouvelle, à la rentrée. Ce n'est pas encore certain.

« 2 – dans toutes les hypothèses jusqu'à présent envisagées, l'édition hebdomadaire demeure sous une forme ou sous une autre. Aucune rubrique de *L'Express* actuel ne doit disparaître.

« 3 – les éléments nécessaires d'information sur la publication éventuelle d'une édition quotidienne ne seront pas réunis avant la fin du mois de juillet.

« 4 – il est certain, dès maintenant, que cette édition quotidienne ne sera pas du tout de la même nature que les journaux parisiens actuels (*Figaro*, *Combat*, etc.) ; elle ne cherchera pas à les imiter ni à les concurrencer. »

Outre Mendès France régulièrement informé de l'évolution du projet, Jean-Jacques, très soucieux de recueillir leurs suggestions, a mis dans la confidence François Mauriac, André Malraux et le père Avril. Il ne semble pas, contrairement à ce qui se murmurait, qu'il ait voulu confier la rédaction en chef du futur quotidien à Camus. Il ne cite jamais son nom dans sa correspondance mais précise, à plusieurs reprises, qu'il continuera à s'appuyer sur son triumvirat : Françoise Giroud directrice, Pierre Viansson-Ponté rédacteur en chef et Philippe Grumbach promu secrétaire général de la rédaction.

Fin juillet, la décision est arrêtée : *L'Express* deviendra quotidien et s'appellera *Express-Matin*. Un changement périlleux, chacun en est conscient. On estime à l'époque qu'il faut un milliard de francs pour lancer dans de bonnes conditions un quotidien. Jean-Jacques aura du mal à trouver le dixième de cette somme, soit cent millions de francs. Émeric Gros, second mari de Brigitte Servan-Schreiber, a imaginé un montage audacieux : le prix de l'action est fixé à dix francs, mais ceux qui entreront au capital devront verser… quatre-vingt-dix francs, dix fois plus au compte courant ! « Jean-Jacques m'a dit : "Mais Émeric il faut vous enfermer ! Qui viendra avec de telles conditions ?" Je lui ai répondu : "Je suis fou mais je sais ce que je fais." À l'évidence, et ça il ne le comprenait pas, nous ne pouvions attirer que des amis, des vrais amis qui connaissaient parfaitement notre situation. Il fallait par conséquent leur faire payer un ticket d'entrée très élevé. Il n'y avait pas d'autre solution : ou ils acceptent ou on renonce. Jean Riboud, Marcel Dassault, Lucien Rachet, tous les trois très fortunés ont souscrit... Jean-Claude a convaincu Maurice Ponte et Marcel Kahn-Scriber. »

Les nouveaux venus qui apportaient 80 % des cent millions de francs – *L'Express* avait vingt millions en caisse – ne disposent que de 33 % du capital social, lequel s'élève à trois cent cinquante mille francs. Les Robert et les Émile ont versé, chacun, cent dix-sept mille francs. Si la parité entre les deux familles était maintenue, les nouveaux actionnaires, bien que minoritaires, sont essentiellement du côté de Jean-Jacques. En particulier Jean Riboud, patron de Schlumberger, et Lucien Rachet, financier, industriel – les matelas Rachet – et un des fondateurs de l'Alliance France-Israël. Lucien Rachet, Lazare Rachline de son vrai nom, héros de la Résistance, très proche du général de Gaulle, avait été le chef du réseau Lucien pendant la guerre. « Lucien était l'arbitre, écrira Jean-Jacques après sa mort en 1968. On s'en remettait à Lucien qui dictait la loi. On savait que son verdict n'était entaché d'aucune ambition personnelle et d'aucun intérêt particulier. Il était le Juge... Personnellement, je ne me souviens pas, dans les quinze dernières années, avoir engagé un combat, une construction, une épreuve, sans prendre l'avis, et sans obtenir l'accord de Lucien. Sinon, je renonçais. »

L'Express-Matin quitte le 37, Champs-Élysées, pour le 91 et n'est plus juridiquement lié aux *Échos*. Enfin, la publicité, directement drainée jusque-là par les Servan-Schreiber – et surtout Marie-Claire – est confiée en régie, moyennant une importante avance sur recettes, à Publicis, l'agence de Marcel Bleustein-Blanchet. De la « boulangerie » où tout reposait sur le principe d'une parfaite égalité Robert-Émile, on dérive insensiblement vers la société anonyme tributaire d'alliances extra-familiales.

À la rentrée de septembre, dans la précipitation, on passe de dix à douze journalistes à une petite trentaine. On grossit légèrement l'encadrement administratif, les services de vente et de publicité. L'entreprise compte environ cent personnes. « C'est beaucoup trop peu », s'angoisse Viansson. Les autres quotidiens, pour un nombre de pages équivalent, ont plusieurs centaines de salariés et dispose de leur propre atelier de composition et de leur propre imprimerie. Jean-Jacques et Françoise Giroud ont pleine conscience de leur handicap. Ils ne veulent ni ne peuvent reculer.

D'ailleurs, Jean-Jacques, de nouveau confronté au cas Mauriac, s'obstinera jusqu'à la dernière minute à le résoudre et y parviendra : en effet, *L'Express-Matin* sera en concurrence directe avec *Le Figaro*. Comment réagira Pierre Brisson ? Sera-ce la franche rupture ? Celle-ci, dans les idées, est d'ores et déjà consommée. Mais François Mauriac n'a jamais interrompu sa chronique dans *Le Figaro littéraire*, il demeure administrateur de la Société fermière du *Figaro* et il souhaiterait que se prolonge, vaille que vaille, cet arrangement boiteux. Ne pas renoncer à l'action qu'il mène à *L'Express*, tout en restant fidèle à une amitié de vingt-cinq ans avec Pierre Brisson. Au fond, n'est-ce pas à celui-ci de savoir s'il veut garder l'académicien ou le perdre ? À la mi-août, Jean-Jacques est allé réfléchir à Megève, au chalet *Nanouk*. Mauriac séjourne à deux pas à l'Hôtel du Mont-d'Arbois. On se verra beaucoup pour tenter de trouver un gentlemen's agreement entre les deux journaux.

Pierre Brisson consulte, fait des réponses dilatoires ou se mure dans le silence. « Jean-Jacques tremble », confie Mauriac à sa femme. De retour à Paris, et toujours sans nouvelles de Brisson, Jean-Jacques écrit à l'académicien, qui s'apprête à rejoindre sa terre de Malagar, une lettre aussi longue que circonstanciée. On est déjà le 9 septembre 1955, c'est-à-dire un mois avant la sortie de *L'Express-Matin*. « (...) Je voudrais vous résumer ici la situation telle que je la vois pour le départ du quotidien, et vous demander votre accord et vos suggestions sur les propositions suivantes.

« 1 – il est entendu que, dans toute publicité autour du quotidien, nous ferons en sorte que votre collaboration apparaisse purement et simplement comme la suite de votre collaboration à l'hebdomadaire, et non pas comme un apport nouveau. Il ne s'agit que du "Bloc-notes", comme dans *L'Express* depuis un an et demi. D'une manière générale, nous essayons d'éviter tout ce qui pourrait provoquer des réactions nouvelles du côté du Rond-Point.

« 2 – votre collaboration au quotidien sera – en règle générale – sous forme de "Bloc-notes". Pour la publication de ce "Bloc-notes", nous souhaitons vivement la faire en deux parutions d'environ trois feuillets chacune. On pourrait mettre la formule “à suivre” entre la première et la deuxième pour bien indiquer qu’il s’agit d’une seule collaboration.

«3 – pour cette collaboration – deux parutions par semaine du “Bloc-notes” – nous vous proposons une rémunération de base de trois cent cinquante mille francs par mois au début. De plus, nous étudierons ensemble, dès la constitution de la société, une formule précise d’intérêts proportionnels au développement du journal. C’est-à-dire qu’au-dessus de cent vingt mille exemplaires de diffusion, nous pourrions vous proposer une rémunération supplémentaire – à fixer – par tête de lecteur et par mois.

«4 – j’ajoute enfin que, conformément à notre convention orale, nous ne prendrons jamais l’initiative d’une polémique avec *Le Figaro* et qu’au cas d’attaque contre nous ou contre la politique que nous défendons, c’est en accord avec vous que nous déciderons de la position à prendre.

François Mauriac ne peut plus, et ne veut pas reculer, faisant valoir à ses proches à quel point «ce marcassin de Jean-Jacques» se montre avec lui, gentil, déférent, affectueux. «Mais quelle graine de dictateur! s’exclame-t-il. Il ira loin car il a une clarté d’esprit peu commune…»

Le «dictateur» va gagner la partie: François Mauriac, le 22 septembre, demande à Pierre Brisson d’accepter sa démission de membre du conseil d’administration de la Société fermière. Il ajoute: «(…) Mais, si vous y consentez, je demeurerai ce que je suis actuellement, le collaborateur régulier du *Figaro littéraire*. Ainsi, je continuerai à appartenir à une maison qui me reste chère. Si, dans une circonstance exceptionnelle, vous souhaitiez de moi, un article au *Figaro*, je serai toujours heureux de répondre à votre appel…[85].»

Il n’y aura pas d’appel. Mauriac n’écrira ni dans *Le Figaro* ni dans *Le Figaro littéraire*. C’est une séparation, toujours pas un divorce: quand, en 1961, il va briser net, non pas avec *L’Express*, mais avec son directeur dont il ne tolère plus l’antigaullisme frénétique, il reviendra vers ses «vieux amis» du Rond-Point…

Le cas Mauriac étant réglé, Jean-Jacques peut enfin annoncer le 24 septembre: «Bientôt *L’Express* tous les jours.» Les lecteurs sont invités à souscrire un abonnement de soutien, dix mille francs – cent quatre-vingts euros – pour deux mois.

Sur l'agenda, trois objectifs : préparer les élections législatives qui doivent avoir lieu en juin 1956 ; remettre PMF au pouvoir ; offrir une issue à l'Algérie. Sur ce dernier point, Mendès France, depuis qu'il a quitté Matignon, a souvent délivré son diagnostic et proposé des remèdes, regrettant que le temps lui ait manqué d'entreprendre une « politique algérienne libérale et loyale ». Aucune mesure financière économique et sociale, affirmait-il, ne suffirait tant que les Algériens garderaient le sentiment d'être écrasés par une minorité européenne. Majoritaire, le peuple musulman n'avait au sein de l'Assemblée algérienne qu'une représentation fictive, les élections étant, de notoriété publique, scandaleusement truquées. Il fallait par conséquent transformer de façon radicale la situation des musulmans et accepter de discuter avec les représentants des nationalistes arabes. Il fallait tenter d'imaginer d'autres procédures que celles de la force, de la répression. Mendès France, encore président du Conseil, avait vu Fehrat Abbas et plusieurs de ses amis. Après la « Toussaint sanglante » de novembre 1954, il avait envoyé des renforts sur le terrain pour empêcher que l'incendie ne se propage. Indéniablement l'ordre et la paix furent rétablis : pas un seul Européen d'Algérie ne fut tué entre le 1er novembre et son départ du gouvernement. « Était-ce suffisant ? s'interrogera Mendès. Non. Les autochtones persécutés dans le passé devaient savoir que nous étions déterminés à les faire respecter et à respecter leur droit de citoyen sinon, rien n'était possible[86]. »

Cette ligne d'ouverture et de dialogue était rejetée par l'ensemble de la droite, mais aussi par de nombreuses personnalités du MRP, du parti radical et de la SFIO. Elle était très spécifique à la mouvance mendésiste, aux chrétiens de gauche et aux journalistes de *L'Express* : elle ne fermait pas la porte sur le sol algérien à une réconciliation des Européens et des Arabes. Elle répondait, très exactement, aux espoirs d'Albert Camus : « (...) La France, qu'il est alors révoltant d'appeler raciste à cause des exploits d'une minorité, offre aujourd'hui, malgré ses erreurs, payées au demeurant de trop d'humiliations, la meilleure chance d'avenir au peuple arabe », écrivait-il dans *L'Express*. Elle s'accordait aux analyses de Jean Daniel : « Il y a encore quelques chances de faire des peuples européens et musulmans en Algérie une communauté française. Mais il faut ajouter aussitôt que nous jouons, dans ce domaine, peut-être notre dernière chance... Ou bien on donnera tout son contenu au titre de citoyen français octroyé aux indigènes, on facilitera leur accès aux responsabilités politiques et aux fonctions publiques. Ou bien ils chercheront l'indépendance. »

Lesté de son ambitieux cahier des charges – ramener PMF à Matignon et résoudre le drame algérien ne sont pas minces affaires ! –, *L'Express-Matin* est dans les kiosques le jeudi 13 septembre 1955. C'est l'événement de l'automne. La veille au soir, quelque trois mille invités se bousculent dans le hall du 91, Champs-Élysées, pour renifler l'odeur d'encre et de papier du tout premier numéro sorti des rotatives. Le Tout-Paris de la politique, du cinéma, de la presse, de la littérature est là et se mêle aux centaines de lecteurs que Jean-Jacques a fait venir des quatre coins de France. Le « bébé » passe de main en main. La perplexité, sinon la déception, se lit sur de nombreux visages. Le journal est sans éclat dans sa présentation, médiocre dans le choix des sujets, bâclé dans sa rédaction. À la une, une photo de Pierre Poujade, le petit libraire de Saint-Céré, fondateur de l'Union de défense des commerçants et artisans (UDCA), qui guerroyait contre le fisc et les « gros ». Suivent les faits divers, le sport, un article de Pierre Mendès France et, en dernière page, le « Bloc-notes » de François Mauriac.

Très attendu, le premier numéro est vendu à trois cent mille exemplaires. Au 91, Champs-Élysées, personne ne pavoise. Viansson-Ponté a redit son scepticisme : on n'a ni les moyens financiers ni le personnel pour faire un quotidien d'informations susceptible de toucher un large public. Le lendemain, la diffusion tombe à cent mille et le troisième jour à… cinquante-cinq mille, la moitié ou presque des ventes de *L'Express* hebdomadaire. La dégringolade frise la catastrophe. Tout en rassurant son père qui ne cache pas son inquiétude, Jean-Jacques n'entend pas renoncer : « Tu sais pour qui – Augustin –, et pourquoi – l'aider à gagner les élections de juin – nous avons lancé le quotidien. Tu sais aussi que nous reviendrons, après ce combat, à la formule hebdomadaire. Maintenant il faut tenir. Hier Jean-François*, nous a clairement exposé la situation : nous avons perdu la moitié de nos lecteurs de province car, en province, nous sommes supplan-

* Il s'agit de Jean-François Coblence, le mari de sa sœur Christiane.

tés par les quotidiens régionaux, nous arrivons souvent trop tard dans les kiosques. C'est notre principal problème et nous allons y réfléchir. Mais, encore une fois, au moment où nous construisons, autour d'Augustin, un rassemblement politique pour préparer l'avenir, il faut tenir en dépit des difficultés qui nous attendent. La question sur laquelle nous devons être les plus forts et sur laquelle le journal doit s'imposer, c'est la question algérienne. Je compte beaucoup sur Albert Camus, François Mauriac, Robert Barrat et Jean Daniel. Ce n'est plus le nationalisme ni la laïcité ni l'anticommunisme ni l'Europe ni même le progrès social qui marquent les divergences des plus passionnés, mais le problème de l'Algérie, car la situation y empire. »

Instrument d'un combat politique, *L'Express* quotidien sera un véritable calvaire. On se couche à trois heures du matin, on se lève à sept, on vit dans l'acrobatie financière, on y perd les nerfs et l'esprit... Heureusement, la France est en plein orage et le scrutin législatif prévu en juin 1956 aura lieu beaucoup plus tôt.

Edgar Faure allait buter sur la question marocaine et tomber sous un prétexte. Décidé à organiser par étapes l'indépendance du Maroc, il ne parvient pas à en maîtriser le rythme. Il inventa la formule aussi habile que mystérieuse, « l'indépendance dans l'interdépendance », qui provoqua le départ de plusieurs de ses ministres. Après un débat d'une confusion indescriptible, la Chambre approuve sa politique et c'est en souverain que Mohammed V, l'exilé de Madagascar, arrive à Rabat le 16 novembre 1955. Tout en feignant de déplorer cette précipitation des événements, la classe politique était soulagée. Edgar Faure n'en était pas moins convaincu que la Chambre, prise dans le cercle tragique de l'Algérie, était à bout de souffle : il propose d'avancer les élections prévues en juin. Dans une cacophonie frénétique, il demanda à la Chambre d'examiner en priorité deux projets de loi, l'un concernant la date des prochaines législatives, l'autre la réforme du scrutin et posa la question de confiance. Les députés lui refusent la confiance. Edgar Faure était remercié. En vertu de la Constitution de la IVe République, le président du Conseil pouvait dissoudre la Chambre. Cette arme n'avait pas été utilisée depuis la tentative malheureuse du maréchal de Mac-Mahon de 1877. Edgar Faure décida de s'en servir, prononça la dissolution et fixa la date des élections au 2 janvier 1956.

Bien avant ce dénouement inattendu, *L'Express* quotidien avait milité en faveur d'une réforme du mode de scrutin en vigueur depuis les législatives de 1951 : on votait pour les listes départementales, et le système combinait la représentation proportionnelle à un tour avec la possibilité de panacher les listes. C'était le système des « apparentements » : à l'issue du scrutin, les listes peuvent « s'apparenter » pour atteindre plus de 50 % des suffrages et rafler la mise. On imagine les manœuvres qui se tramaient dans les états-majors ! Mendès France et *L'Express* revendiquaient un scrutin uninominal d'arrondissement à deux tours. On votait pour un candidat et non plus pour une liste. C'est le mode qu'adoptera la Ve République.

En provoquant des élections anticipées, Edgar Faure gardait le système des apparentements et prenait de vitesse ses adversaires. D'abord Pierre Poujade, dont il redoute la gouaille, l'enthousiasme qu'il soulève dans les rangs des commerçants et des artisans. Ensuite, Mendès France qui n'est pas prêt. Celui-ci l'attaque violemment dans *L'Express* : « Ce soir, je plains Edgar Faure. Au moment où il vient de franchir son Rubicon, comme il doit se sentir seul… Qu'il le veuille ou non, il s'est affirmé maintenant comme le chef de la coalition des immobilistes, de ceux qui, depuis dix ans, ont conduit la France là où elle est. » La manchette qui barre la une du journal n'est pas plus amène : « Attentat contre le pays. Faure impose les élections truquées avec les apparentements. »

Edgar Faure reste président du Conseil par intérim. Ses rapports avec PMF sont exécrables depuis le Congrès extraordinaire des radicaux en mai 1955 – Jean-Jacques et toute sa famille étaient présents –, où il avait assisté impuissant à la mainmise de son rival sur l'appareil du parti. Dès l'annonce au *Journal officiel* de la dissolution, Edgar Faure est exclu du Parti radical, pour le bonheur de Jean-Jacques. « Les choses sont claires, écrit-il dans une note du 2 décembre à Françoise Giroud, Pierre Viansson-Ponté et Philippe Grumbach. Il faut constituer un vaste mouvement autour de Mendès France, sans Edgar Faure et sans les communistes. Nous avons moins d'un mois de campagne. Rendez-vous à mon bureau, douze heures. »

L'empressement de Jean-Jacques à consulter sa rédaction en chef est compréhensible. La campagne s'ouvre sur un paysage politique très brouillé dont il n'est pas facile de discerner les fortes tendances. Le parti gaulliste a éclaté et les républicains sociaux derrière Chaban-Delmas ont accepté d'entrer dans des gouvernements ; le Parti radical, on l'a vu, est le terrain d'une lutte violente entre mendésistes et fauristes ; l'UDSR de François Mitterrand est tiraillée par la tentation séparatiste de René Pleven ; la SFIO, toujours loin derrière les communistes, se tient en embuscade ; aux deux extrêmes, le PCF et l'UDCA rêvent d'être les sorciers dans cette marmite. Il n'y a que les indépendants d'Antoine Pinay qui se préparent sans déchirement à la bagarre.

On ignore ce que Jean-Jacques et ses trois principaux collaborateurs se sont dit. Dans l'après-midi de ce même jour, le directeur de *L'Express* est au domicile de PMF, rue du Conseiller-Collignon, où il retrouve Gaston Defferre, le plus proche de ses amis socialistes. C'est de là que sortira la formule « Front républicain » qui se donne pour vocation de rallier toute la gauche non communiste. Defferre promet de convaincre le secrétaire général de la SFIO, Guy Mollet, dont nul n'ignore la défiance envers Mendès. Dans la soirée, Mollet donnera son accord. « En réalité, expliquera Pierre Viansson-Ponté, cet accord déséquilibrait le Front républicain et plaçait Mendès, son symbole, dans une situation de dépendance. Mollet était le tout-puissant leader d'une SFIO, certes encore faible, mais à la recherche de sang neuf. Mendès, mesurant le piège, va élargir le Front républicain. Mitterrand entraîne les membres de l'UDSR hostiles à Pleven, Chaban apporte les gaullistes des républicains sociaux. Je n'ai jamais cru que les seuls mendésistes puissent sortir en tête de cette coalition improvisée et disparate. Je l'ai dit à Mendès France. À *L'Express* on a fait ce qu'on a pu, on en a même un peu trop fait...[87]. »

Trop ? Jean-Jacques se démène comme un diable. Les postulants ne font-ils pas la queue pour être du Front républicain, pour confisquer à leur profit le sigle PMF ? Comment, devant ce fleuve, séparer le bon grain de l'ivraie ? Les choix seront douloureux. On invente une série de critères : il faut avoir voté les textes antialcooliques, il faut avoir refusé les élections anticipées d'Edgar Faure, etc. Léone Georges-Picot et Brigitte Gros étudient les dossiers et délivrent leur verdict...

C'est la foire d'empoigne ! « Tout a été vraiment bâclé, dira Mendès France. On a improvisé des investitures dont, après coup, je ne suis pas tellement fier ! Tout s'est fait si vite, dans une telle pagaille ! » Jean-Jacques n'a pas du tout la même lecture : « Le succès du Front républicain est éclatant sinon pourquoi se bousculerait-on pour obtenir son label ? » Derechef, il décide de coiffer d'un bonnet phrygien, emblème républicain s'il en est, les candidats retenus. Le bonnet phrygien sera l'estampille du « vrai » mendésiste... À partir du 19 décembre, *L'Express* publie sa « charrette » quotidienne de bonnets phrygiens sur une pleine page. Ici et là on rigole. « Que va-t-il encore nous inventer ce Servan-Schreiber ? » Très vite on se ravise et on décroche son téléphone pour réclamer le bonnet... Le procédé aboutit à condamner d'obscurs députés qui n'ont pas démérité et à absoudre les pires ennemis de Mendès France : Bidault, André Morice, Pleven, André Marie et jusqu'à... Antoine Pinay !

Jean-Jacques n'en a cure. Les sondages que publie *L'Express* lui donnent raison. L'opinion est majoritairement favorable à cette conjugaison d'une gauche sans communistes, confiante dans son chef naturel, Pierre Mendès France. À la fin de la campagne, 37 % des électeurs souhaitent la victoire du Front républicain ; 27 % veulent que PMF soit président du Conseil, contre 8 % Pinay, 6 % Edgar Faure et... 2 % Guy Mollet. Sur un autre point les sondages vont également dans le sens du directeur de *L'Express* : l'Algérie est la préoccupation majeure des Français, nettement devant les salaires et le pouvoir d'achat. Alors que Jean Daniel dénonce l'extension du conflit, qu'Albert Camus en appelle à une trêve du sang et propose d'organiser une table ronde à laquelle participerait le FLN, Jean-Jacques consacre, pendant la campagne, tous ses éditoriaux au drame algérien. Il pourfendra inlassablement la politique de « M. Faure et de ses ministres ».

Il signe de plus en plus JJSS et, à ce moment-là, il abandonnera définitivement le principe de l'anonymat qu'il avait imposé à ses journalistes.

Au cœur d'un hiver rigoureux, la campagne électorale aussi brève que passionnée se déroulera dans le calme. Pour la première fois, plus que la presse écrite – à l'exception de *L'Express* –, ce sont les radios et la télévision qui rythment la bataille. Sur le petit écran, des candidats parviennent même à se détacher de leur texte et à regarder les électeurs dans les yeux. Fer de lance du Front républicain, Jean-Jacques n'a pas hésité à augmenter le tirage du journal, ce qui dégrade un peu plus une situation financière déjà chancelante. Ce souci-là n'a jamais été et ne sera jamais son souci.

Dans la nuit du 2 au 3 janvier, quand tombent les résultats du scrutin, Jean-Jacques est à *L'Express*. La participation électorale a été massive, les apparentements ont été rares, c'est la représentation proportionnelle qui a joué dans la plupart des cas. Aucune majorité indiscutable n'est sortie des urnes. Les élections se soldent d'abord par un choc : le surgissement du mouvement de Pierre Poujade qui recueille deux millions et demi de voix et conquiert cinquante et un sièges à la Chambre. Ensuite, par une mauvaise surprise : le PCF, avec cent quarante-six élus, augmente sa représentation parlementaire de 50 % et demeure la première force politique du pays. Enfin, par une évidence : aucune majorité « Front républicain » n'est possible sans le concours des communistes ou sans celui du MRP. *L'Express*, néanmoins, pavoise, annonçant un New Deal à la française, tandis que Jean-Jacques, stigmatisant Edgar Faure qui préconise « une large union allant des socialistes aux modérés », parle du « réflexe d'un mort ».

Son enthousiasme sera vite refroidi. Rien n'a été signé entre les « pères fondateurs » du Front républicain, Mendès France, Mollet, Mitterrand et Chaban-Delmas. Rien ne disait que PMF, *leader* moral, devait devenir le chef politique du Front républicain issu des urnes : la SFIO avec quatre-vingt-neuf députés est l'arbitre de cette situation confuse. Elle devance l'addition des mendésistes, des mitterrandistes et des chabanistes, qui est de soixante-quinze élus. Selon la pratique constitutionnelle, c'est au chef du parti le mieux représenté au Palais-Bourbon que doit revenir la présidence du Conseil. C'est-à-dire à Guy Mollet. Pour l'opinion publique, ignorante des usages, la place revient, d'évidence, à Mendès.

Alors, qui ? Jean-Jacques fut associé aux premières discussions à propos de ce choix cornélien. Le 5 janvier, à l'heure du déjeuner, Gaston Defferre l'invitera, dans son appartement parisien, avec Mendès France et Guy Mollet. Le directeur de *L'Express* ne pouvait imaginer d'autre scénario que celui qui conduirait, pour la deuxième fois, PMF à Matignon. Aurait-il dû le brusquer, le pousser à déclarer clairement à Guy Mollet : « Je suis président du Conseil » ? La vérité est, probablement, plus simple : les tractations qui s'ouvraient le dépassaient, au sens littéral du terme, et quel que fût le poids de *L'Express* pendant la campagne électorale, celle-ci désormais appartenait au passé. Les pions sur l'échiquier politique se déplaçaient selon des règles qui lui échappaient totalement. Évoquant ce déjeuner, Mendès en fera un récit désabusé : « Guy Mollet était très hésitant... On a tourné autour du pot, on a beaucoup hésité. J'étais prêt à être candidat, mais je ne voulais pas trop me pousser en avant. Au fond, un homme comme Guy Mollet ne me déplaisait pas. Sur l'Algérie, bien sûr, il avait été imprudent, il avait parlé d'indépendance immédiate, ce qui était allé un peu trop vite. Mais enfin, l'expérience du pouvoir lui apprendrait beaucoup de choses. Ce jour-là, on s'est conduits en "bons camarades", mais sans prendre de décision[88]. »

La décision sera prise le 26 janvier par le président de la République, René Coty. Guy Mollet est désigné pour former un gouvernement. S'il le doit à Coty, il le doit surtout au MRP qui a décidé de le soutenir sans participer. En y mettant une condition : que Mendès ne soit pas nommé aux Affaires étrangères.

Bien que la classe politique se fût préparée, de dîner discret en réunion secrète, à la promotion de Guy Mollet, celui-ci accouchera laborieusement d'un gouvernement pléthorique de trente-huit membres – un record. Mendès, nommé ministre d'État sans portefeuille, est présenté par la presse comme le vice-président du gouvernement. Quatre autres amis de *L'Express* sont de l'aventure : François Mitterrand, garde des Sceaux, et Jacques Chaban-Delmas aux Anciens Combattants, chacun avec le titre de « ministre d'État » ; Gaston Defferre, ministre de la France d'Outre-mer ; enfin Alain Savary, secrétaire d'État chargé du Maroc et de la Tunisie. Dans son éditorial intitulé *L'Espoir*, Jean-Jacques écrit : « (...) L'équipe qu'aura formée Guy Mollet portera un très grand espoir : celui de la paix. Le mandat donné à ce ministère est de sauver l'Algérie ; et c'est certainement ainsi que le chef du futur gouvernement et ses collaborateurs l'ont compris. »

On attendait Mendès France, on a Guy Mollet. Malgré tout, comme *L'Express*, comme Jean-Jacques, beaucoup de Français

Denise Brésard et Émile Servan-Schreiber, les parents de Jean-Jacques.

13 février 1925, Jean-Jacques fête sa première année.

1944, sur la base de Craig Field aux États-Unis, Jean-Jacques (en bas, troisième en partant de la gauche) est élève pilote de chasse.

1972, JJSS et Willy Brandt,
chancelier de l'Allemagne fédérale.

© J. H. Darchinger

© Bennati/AFP

Mai 1979,
Françoise Giroud et JJSS
au moment du lancement
de la liste « Emploi-Égalité-
Europe », aux premières
élections européennes.

Photos non créditées : collection particulière

1982, Gaston Defferre, ministre d'État, et JJSS, au moment de la création du Centre mondial de l'informatique.

Les quatre fils de Jean-Jacques : David, Émile, Franklin et Édouard à Pittsburgh.

Le survêtement blanc, l'image emblématique de Jean-Jacques Servan-Schreiber : « Je danse... »

espèrent... En moins d'une semaine, cet espoir sera pulvérisé, les dernières illusions de tous ceux qui ont cru au Front républicain seront balayées. Une page, très courte, de notre histoire est en train de s'écrire. Elle se résume en quelques mots, « les tomates d'Alger ».

Dans le courant du mois de janvier, alors que Paris bruissait de tous les marchandages politiciens, la situation en Algérie s'est brusquement dégradée. Envoyé là-bas par *L'Express*, Camus en est revenu anéanti, choqué par la virulence des sentiments antilibéraux des pieds-noirs qui viennent de créer un « Comité d'action et de défense de l'Algérie française ». Parlant devant un public hostile, il a entendu crier « Camus au poteau ». Début janvier, une soixantaine d'élus musulmans ont demandé la reconnaissance de la nationalité algérienne. Dans le même temps, le modéré Ferhat Abbas, favorable à la négociation, à la coopération, s'est effacé devant les chefs du FLN. Enfin, Jacques Soustelle, notre haut-commissaire en Algérie, est remplacé par le général Catroux. Avant son départ, le 2 février 1956, il envoie à Paris un « testament » mettant en garde le nouveau gouvernement : « L'annonce de négociations avec les chefs de la rébellion suffirait à convaincre définitivement la population que les rebelles sont gagnants... » Un seul fait désormais s'impose : entre les communautés française et arabe, c'est la guerre. De quatre-vingt mille homme en mai 1955, nos effectifs militaires sur le terrain sont passés à deux cent vingt-cinq mille.

En dépit de cette soudaine et tragique évolution, Guy Mollet annonce qu'il se rendra à Alger dès le 6 février. Plusieurs de ses collègues, dont Mendès France, tenteront en vain de le dissuader ; le maire libéral d'Alger, Jacques Chevallier, interviendra dans le même sens. Mollet, qui n'était pas sans courage, refusera obstinément de réexaminer son projet et fait prévenir la presse.

Les dés étaient jetés. Pas pour tout le monde. Jean-Jacques, qui a téléphoné à une douzaine de ministres, qui a interrogé Albert Camus et Jean Daniel, s'est retiré dans son bureau. Seul. Quand il réfléchit de la sorte, nous le savons assez, il faut s'attendre à tout. Cette fois, il jettera le bouchon un peu plus loin que d'habitude : au milieu de la nuit, il débarque chez Guy Mollet, le sort de son lit et lance, l'air concentré : « Pardonnez-moi d'être venu vous déranger à cette heure tardive mais il ne faut absolument pas que vous partiez à Alger, comme vous l'avez annoncé officiellement. Vous devez y arriver par surprise, en pleine nuit, sinon vous allez vous faire huer et déborder. Partez tout de suite, secrètement. Qu'ils vous découvrent installé à Alger. »

Quelque peu ahuri dans son pyjama, le chef du gouvernement lui répond que la décision a été prise en Conseil des ministres, qu'il n'y a donc pas à y revenir et l'invite, d'un glacial « Bonsoir », à déguerpir.

Le 6, Guy Mollet atterrissait à Maison-Blanche. Il faisait un froid perçant. Sur le trajet, entre l'aéroport et Alger, personne, à l'exception des CRS et des forces de surveillance. La ville elle-même était silencieuse, morte. Ici et là, clouées aux persiennes, des affiches portaient l'inscription « Fermé pour cause de deuil ». Le cortège officiel arrive au Forum. Et là, le président du Conseil se trouve face à une marée humaine qui semblait retenir son souffle. Pas un bruit. Au moment où il monte les marches du monument aux morts pour y déposer une couronne, la foule, dirigée par un chef d'orchestre invisible, se met à chanter : « Catroux à la mer ! », « Mollet démission ! », « Mollet au poteau ! ». Le ton monte. On ne chante plus, on crie, tandis que des troupes organisées lancent des mottes de terre et… des tomates. La foule, emportée par sa propre fureur, rompt le cordon policier avant d'être refoulée à coups de matraque et de bombes lacrymogènes. Sous la clameur des manifestants, Mollet, grave et pâle, se réfugie au Palais d'été. Il appelle Paris pour demander au général Catroux d'offrir sa démission. Aussitôt l'information se répand dans la ville. La foule, comme prise de folie, hurle Victoire ! Victoire ! Guy Mollet avait cédé. Aux yeux des « ultras » ou des « féodaux », comme on les appelait, Catroux était la quintessence du « bradeur ». Il avait « vendu » la France à la Syrie et, plus récemment, au Maroc. Dans les rues d'Alger, son seul nom faisait l'effet d'un chiffon rouge.

« Le 6 février 1956 est l'un des rares événements algériens que je n'ai pas vécu sur place, écrira Jean Daniel. La nouvelle nous en parvint dans le bureau de Servan-Schreiber où se trouvaient toute l'équipe ainsi que François Mauriac, Albert Camus et Alfred Sauvy… Cette soirée du 6 février, Mauriac, qui s'était si efficacement battu, engagé, compromis dans l'affaire marocaine, ne put s'empêcher de se réjouir que sa passion pour Mendès France fût à ce point justifiée par le grotesque échec de Guy Mollet. Le plus lucide d'entre nous, ce fut Camus. Il eut l'accablement prophétique. Il déclara qu'il connaissait les siens, les Français d'Algérie, dont il devait être jusqu'au bout si solidaire, et que, désormais, le pouvoir ne serait plus à Paris mais à Alger. Il annonça le regroupement des libéraux autour des "ultras", les ratonnades, le contre-terrorisme et la sécession... Il n'y avait plus grand-chose à faire, selon lui, il me confia sa décision de ne plus écrire sur l'Algérie ni à *L'Express* ni ailleurs[89]. »

Le départ de Camus fut immédiat. Jean-Jacques lui demanda de lui adresser une lettre de rupture. L'écrivain s'y plia, et le 8 février les ponts furent coupés : « Je vous demande d'accepter, et de faire connaître à vos lecteurs, ma décision de mettre un terme à mes articles. Je ne pourrais aujourd'hui manifester mon sentiment profond, en effet, sans ajouter à nos propres divisions ou sans compromettre les chances, désormais fragiles, d'un avenir algérien. Cet avenir m'importe plus que moi-même. J'essaierai de le servir encore par mes écrits lorsqu'il sera de nouveau possible de le faire utilement et sans confusion. »

Camus a joint un mot manuscrit qui ne permet pas davantage de connaître les raisons profondes de la séparation : « Cher Monsieur, voici la lettre que vous désiriez. Je pense qu'elle vous conviendra. Je suis navré et plus que je ne pourrais le dire de tout cela mais ne doutez pas, je vous prie, ainsi que Françoise Giroud, de mes sentiments personnels. »

Françoise Giroud n'a pas été mêlée à ce divorce et ne l'apprendra que plus tard. « Est-il vrai, écrivait-elle à Camus, le 13 février, que vous ne voulez pas vous servir de *L'Express* pour dire ce que nous avons tous sur le cœur ? En qualité de lectrice, je ne parviens pas à m'y résigner, ni d'ailleurs à comprendre tout à fait. »

Au 91, Champs-Élysées, l'attitude de Camus a jeté le trouble. L'élan n'est plus au rendez-vous. Si la terrible méprise du 6 février va, au fil des jours, changer radicalement le cours de la politique gouvernementale, elle va accélérer le retour de *L'Express* à son rythme hebdomadaire. Pourquoi s'acharner à prolonger la formule du quotidien puisque sa raison d'être – ramener PMF à Matignon – n'a plus de sens ? François Mauriac a déjà lâché le gouvernement. « Hélas, M. Guy Mollet n'a pas pris sa foudre, écrit-il dans son “Bloc-notes”. Il a pris des tomates pourries, mais sur le nez... Envers celui qui a sacrifié comme entrée de jeu Pierre Mendès France et le général Catroux, je ne me sens plus personnellement lié. »

Jean-Jacques, dans ses éditoriaux, est moins cinglant mais il manifeste de plus en plus son impatience. Sa position sur l'Algérie n'a pas changé : il n'a jamais rallié le camp de l'extrême gauche et des communistes qui ne croient plus à une réconciliation entre les deux communautés, qui ne voient pas d'autre solution que l'indépendance et pour qui le FLN est le seul partenaire légitime. Le directeur de *L'Express* est sur une ligne plus patriotique : « Personne, affirmait-il encore le 27 février, ne peut demander au gouvernement qu'il fasse la paix à tout prix : ce serait une capitulation. Mais il est hors de doute qu'il doit rechercher la négociation par tous les moyens. »

Ce n'est plus, à cette date-là, ce qui mobilise son énergie. Jean-François Coblence, son beau-frère, lui a exposé la situation financière du journal. Tous les comptes sont au rouge. Depuis la sortie de *L'Express-Matin*, le budget imprimerie s'est évidemment considérablement alourdi. Mais, au-delà, les charges salariales ont plus que triplé. On a embauché et on a souvent accordé des augmentations pour tenir compte du surcroît de travail. Les journalistes les mieux payés gagnent cent mille francs par mois – deux mille euros environ. Les cinq membres de la famille Servan-Schreiber – Jean-Jacques, Madeleine Chapsal, Christiane, Jean-François Coblence, Brigitte Gros – absorbent 10 % de la masse salariale, soit environ un million de francs – vingt mille euros. À quoi s'ajoutent, chaque mois, les notes de frais, les reportages et la pige de François Mauriac qui atteint maintenant trois cent cinquante mille francs – sept mille euros. « Mauriac, se souvient Émeric Gros, adorait les grands restaurants mais il détestait l'addition... »

Pour équilibrer les dépenses, il faudrait à la fois vendre vingt-cinq mille exemplaires de plus par jour et drainer une trentaine de millions de francs de recettes publicitaires. On est très loin du compte. « On aurait pu, avec Lucien Rachet, proposer une augmentation du capital, raconte Émeric Gros, gardien des cordons de la bourse. Lucien Rachet et moi y avons pensé, mais alors la famille perdait le contrôle du journal. Je ne pouvais pas en effet renouveler le montage que j'avais imaginé quatre mois plus tôt. Cette fois, nos amis n'auraient pas suivi en restant minoritaires ! Il n'y avait qu'une sortie : revenir à l'hebdomadaire et Jean-Jacques, très vite, a tranché. »

Ce fut la pire retraite qu'il ait jamais connue, confiera-t-il à Jean-Noël Gurgand. « Mendès France voulait qu'on continue. Il restait environ trente-cinq millions de l'époque en caisse, c'est-à-dire de quoi payer les licenciements et redémarrer l'hebdomadaire, sinon c'était la faillite. J'ai eu trois semaines pour mener ce combat en retraite, dans une solitude totale. Mendès France ne voulait plus en entendre parler. Mon père était en rupture avec moi, parce qu'il m'accusait d'avoir pris trop de risques. J'étais complètement seul. C'est moi qui convoquais un par un les collaborateurs à licencier, journalistes et employés. C'est l'un de mes échecs les plus saignants, les plus durs à supporter, à cause de ces licenciements qui représentaient, chaque fois, un cas humain auquel je ne pouvais donner d'autre réponse que la logique implacable du bilan financier. J'ai connu bien d'autres échecs que celui-là. Je ne les redoute plus, parce que j'ai acquis, il me semble, la capacité de faire front. Mais, à la différence de Mendès France ou de Léon Blum, je ne me résigne au combat en retraite qu'en toute dernière extrémité. Je déteste entraîner les gens à l'échec. »

Dans l'après-midi du mercredi 29 février, devant tous les collaborateurs de *L'Express* réunis dans la grande salle du 91, Champs-Élysées, Jean-Jacques, Françoise Giroud à ses côtés, déclare, solennel et grave : « Le quotidien publiera son dernier numéro le samedi 3 mars. J'annoncerai son sabordage et la reparution le 8 mars de *L'Express* hebdomadaire. »

Ce « combat en retraite » allait, en réalité, permettre à Jean-Jacques d'obtenir une indépendance au sein du clan schreibérien. Pour relancer l'hebdomadaire sur des bases solides, il va, aidé par Émeric Gros et Lucien Rachet, faire entrer de nouveaux actionnaires. Ce qui rompt, en sa faveur, l'équilibre cinquante-cinquante, l'équilibre entre les Émile et les Robert. D'un événement apparemment négatif, il sortait seul maître à bord du navire *Express*. Dans la foulée, il remanie son état-major : Françoise Giroud reste directrice du journal, Philippe Grumbach, avec qui il partage le goût du sensationnel, des titres accrocheurs, est nommé directeur de la rédaction, Jean Daniel devient rédacteur en chef pour toute la partie internationale, en particulier l'Afrique du Nord. Pierre Viansson-Ponté qui conserve son titre de rédacteur en chef est le perdant de la réorganisation. Les relations entre Jean-Jacques et Viansson, difficiles avant l'expérience du quotidien, se sont franchement détériorées durant les derniers mois. Ils souhaitent, l'un et l'autre, se séparer mais Viansson préfère attendre pour que son départ ne puisse pas être interprété comme la sanction de l'échec du quotidien. C'eût été un comble, puisqu'il a toujours été hostile à cette aventure. Il ne quitte *L'Express* qu'après un délai de décence – lequel tout de même se prolonge jusqu'en novembre 1957 – et rejoint Jean-Claude Servan-Schreiber aux *Échos* où il va assurer la direction de la rédaction.

Jean-Jacques a fêté, le 13 février 1956, ses trente-deux ans, au plein de son « combat en retraite ». Ses trois femmes l'entouraient : Denise, sa mère, Madeleine, son épouse, Françoise Giroud, sa maîtresse. Si Françoise reste la première dans la hiérarchie des concubines, elle n'est plus la seule. Il a pris, dès cette époque, l'habitude de coucher avec quelques jeunes femmes accortes du journal. Le repos du guerrier. Peut-être en a-t-il le plus chaud besoin alors qu'il engage un nouveau combat ?

Passer de l'hebdomadaire au quotidien avait été reçu par les lecteurs et les professionnels comme une marque de dynamisme, d'audace. Décider du chemin inverse risque d'être perçu comme le signe avant-coureur d'un déclin irrépressible. Pourra-t-il relever le défi ?

Une fois de plus, les événements tragiques qui déchirent le pays, les turbulences politiques qui ne cessent d'alimenter l'actualité vont grandement l'aider à gagner son challenge. En moins d'un mois, *L'Express* se plaçait dans une opposition résolue à Guy Mollet et il enterrait le Front républicain dont il avait été l'ardent prosélyte. Dans le même temps, Jean-Jacques renouait avec le style imprécateur qui avait fait sa fortune entre mai 1953 et l'automne 1955, y compris sous le gouvernement de Pierre Mendès France. Ses éditoriaux, dans *L'Express* quotidien, s'étaient affadis, sa liberté de ton s'était émoussée.

Il ouvre le feu dès le 6 avril et réclame tout bonnement la tête de Guy Mollet. Contrairement à toutes les promesses, le gouvernement s'apprête, dans le secret, à jeter la nation dans la guerre d'Algérie et à rappeler, sous les drapeaux, les classes 1951 à 1954. Or Claude Bourdet, directeur de *France-Observa-*

teur, a eu vent de l'affaire et a publié les informations dont il dispose. Aussitôt inculpé d'atteinte au moral de l'armée, il est écroué à la Santé ! Jean-Jacques, qui n'est pas du tout sur la ligne politique de Bourdet, prend violemment sa défense et conclut : « M. Guy Mollet a le mandat de faire la paix (plus exactement, car nul ne peut demander l'impossible, de tenter de faire la paix en Algérie) par une négociation politique. C'est en vertu de ce mandat, et seulement pour le remplir (ou tenter de le remplir) qu'il est à l'hôtel Matignon.

« Si le chef du gouvernement a renoncé à la politique de négociation qu'il s'était engagé à faire, de deux choses l'une : ou bien, il la considère toujours comme possible mais constate qu'il n'est pas libre – en raison des obstacles rencontrés – de la mener. Ou bien, il la considère maintenant comme impossible dans l'état nouveau de ses informations.

« Dans l'un ou l'autre cas, son devoir envers la Nation est de le dire, d'abord, et de s'en aller. »

L'horizon serait encore beaucoup plus clair et pour lui et pour *L'Express* si Mendès France quittait le gouvernement. Jean-Jacques l'inonde de notes, passe le voir tous les jours au ministère de la Marine où il s'est installé, le presse de démissionner. Bientôt PMF n'a plus à être poussé vers la sortie. Le gouvernement s'enfonce dans la guerre en Algérie, la répression se durcit, des militants du FLN sont guillotinés, le problème de la torture, sans être franchement posé, mobilise plusieurs intellectuels. Ses rapports avec Robert Lacoste, haut-commissaire en Algérie avec rang de ministre – on l'appelait le ministre-résident –, deviennent explosifs. Il démissionne le 23 mai. Sous le titre « Que veut Mendès France ? », Jean-Jacques lui consacre un éditorial, d'une longueur exceptionnelle – une page entière –, dans lequel il brasse les grands thèmes du mendésisme et reprend, en conclusion, le mot emblématique : *vérité.* « Parce que Mendès France a démontré et a incarné comment on pouvait réussir la politique de la vérité, il était de son devoir de ne pas cautionner la politique de l'équivoque. »

L'Express a bel et bien retrouvé ses marques. Dans ces années de fièvre, le manichéisme triomphait. On était pour ou contre le pouvoir en place sans nuances. La presse était le reflet de ce face-à-face et elle en vivait. Jean-Jacques venait de traverser une période où, par son engagement au Front républicain, il s'était trouvé « le cul entre deux chaises », une position qui ne lui convenait pas du tout et qui avait failli tuer son journal. Tout cela était désormais derrière lui. Les premiers résultats des ventes de *L'Express* hebdomadaire se révélaient très prometteurs. Le volcanique agitateur, le bouillant don Quichotte pouvait remonter sur son cheval.

11

« Il n'est ici que le lieutenant Servan-Schreiber »

« Mais quel est ce crétin, ce con, qui a envoyé un ordre de mobilisation à Servan-Schreiber ! Mendès sort à l'instant de mon bureau. Il m'a dit, textuellement : "Vous voulez sa mort." Insensé ! Vous voyez où j'en suis avec de telles conneries ! » Maurice Bourgès-Maunoury, ministre de la Défense du gouvernement Guy Mollet, n'est pas homme à s'énerver. Cet ancien de l'X, d'une élégance discrète, a l'ironie au bord des yeux, la colère froide et les gros mots n'appartiennent pas à son vocabulaire. Son entourage est truffé de polytechniciens qui se détestent cordialement, mais savent se tenir.

Nous sommes le 12 juillet 1956. En six mois d'un effort exceptionnel, le gouvernement a doublé le nombre de nos soldats en Algérie. Ils sont quatre cent mille, enfants du contingent et rapatriés des classes 51, 52, 53 et 54. Le service militaire passe de dix-huit à vingt-sept mois. Jamais la France n'a consenti un tel déploiement de forces hors de l'Hexagone depuis 1830. Cette mobilisation de la jeunesse ne va pas sans incidents attisés par les communistes, l'extrême gauche et les pacifistes chrétiens. Certains appellent à la désertion. Le directeur de *L'Express* n'a pas changé d'opinion à ce sujet : « Aucune raison politique, aucun argument moral n'est assez fort, assez décisif pour justifier aujourd'hui le refus de servir. » Eh bien, voilà que le gouvernement, contre lequel il se déchaîne toutes les semaines, lui offre l'occasion de servir…

« Bourgès avait réuni cinq ou six membres de son cabinet, dont Abel Thomas, le directeur et moi-même, raconte Jean-Louis Théobald. J'étais son attaché parlementaire. Il était furibond comme jamais. Nous avons aussitôt convoqué l'auteur de la connerie, un capitaine qui tomba des nues. Il n'avait, expliquait-il, fait que son devoir de fonctionnaire militaire et il était impensable qu'il recule. À l'époque, on racontait que Bourgès, attaqué régulièrement et durement dans *L'Express*, avait monté un mauvais coup contre Servan-Schreiber. Mendès, très hostile à Bourgès, et réciproquement, croyait à une manœuvre. C'est absolument faux. Servan-Schreiber, comme des milliers de Français, a été pris dans le système aveugle de l'administration et Bourgès a été piégé par ce système. Il lui était impossible, en effet, de démobiliser Servan-Schreiber, deux jours après l'avoir mobilisé ! La venue, ventre à terre, de Mendès provoqua, malgré tout, un cafouillage puisqu'il a été question de trouver une solution pour annuler le rappel de Servan-Schreiber. »

Ce cafouillage est avéré par une lettre du colonel Maury, commandant le CMA 222 (centre mobilisation R numéro 222). Maury lui écrit : « J'ai l'honneur de vous faire connaître que M. le Secrétaire d'État aux Forces armées de l'air a décidé le maintien de votre appel à la 551e demi-brigade de Mourmelon. En conséquence, vous voudrez bien vous présenter à la brigade de Mourmelon le 16-7-1956 à douze heures. »

Jean-Jacques n'a jamais cherché à se dérober. Au contraire, la démarche de Mendès auprès de Bourgès-Maunoury ajoutera quelques grains de sable supplémentaires dans ses relations avec « Augustin ». En janvier 1954, il avait déjà écrit au colonel Maury pour lui dire qu'il refusait, s'il était mobilisé, d'avoir un poste d'interprète. « Étant donné mon âge (29 ans), et l'entraînement intensif et spécialisé de pilote de chasse que j'ai reçu pendant la guerre dans les centres de pilotes américains puis dans l'escadrille en Allemagne, je pense que je dois être parfaitement capable, après un stage d'une durée limitée, de reprendre du service comme pilote de chasse. J'insiste, si vous le permettez, sur ce point. Il serait très regrettable que l'investissement considérable que l'Armée de l'air française a bien voulu consentir pour mon entraînement aboutisse à faire de moi un interprète… »

L'Express vient à peine de trouver sa vitesse de croisière et son départ tombe au plus mauvais moment. S'il a des défauts, il a une énergie, des certitudes et un charisme qui ne se remplacent pas facilement. S'il décide de s'en remettre totalement à Françoise Giroud, il a, avec une chaleur dont il est peu coutumier, manifesté sa confiance à Philippe Grumbach, Jean Daniel et... Pierre Viansson-Ponté. «Avec Françoise Giroud, c'est sur vous trois que désormais tout repose», leur a-t-il dicté en bouclant son paquetage. Il signe un éditorial le 15 juillet et donne rendez-vous à ses lecteurs à son retour. «Je ne peux pas être volontaire pour une guerre dont le parti même du président du Conseil vient de montrer, avec éclat, qu'elle n'a pas de sens et qu'elle compromet davantage de mois en mois les chances de la France en Algérie.

«Je ne suis donc pas volontaire mais mobilisé. Il ne s'agit plus alors de l'opinion que l'on a de la guerre d'Algérie et de la politique du gouvernement. Il s'agit du respect de la Nation. Elle n'existe que si l'on obéit à ses lois, elle ne pourra, un jour, négocier en sauvegardant peut-être l'essentiel, que si sa jeunesse, même pour un combat douteux, répond à son appel. Il n'y a donc pas d'hésitations possibles.

«(...) Il y aura un retour (...). Avec une calme certitude, nous nous donnons donc rendez-vous au retour.»

Enfin, il a écrit à François Mauriac qui séjourne au Grand Hôtel Zermatterhof à Zermatt, pour lui demander d'être le gardien vigilant de la pensée politique du journal, d'incarner en quelque sorte sa légitimité.

Et c'est le départ. Madeleine le conduit en voiture au camp de Mourmelon entre Châlons et Reims où stationnent depuis le début du mois trois mille rappelés de la 531e demi-brigade de fusiliers de l'air, placée sous l'autorité du colonel Roger Barberot, ancien combattant des Forces françaises libres sous l'Occupation. Le mot «air» prête à confusion : ces rappelés de l'armée de l'air vont servir en réalité dans des unités d'infanterie. Le lieutenant Servan-Schreiber, affecté au premier bataillon du colonel Barberot, est mis à la tête d'une compagnie – entre cent cinquante et deux cents hommes*. Le colonel Barberot, qui l'accueille, ne lui est pas inconnu. C'est un ami de sa sœur Brigitte Gros, de son cousin Jean-Claude et de Marcelle Bréaud. Sa «dame de cœur» d'alors s'appelle Betsy de Fouquières... L'acheminement de la demi-brigade par train jusqu'à Marseille, puis par bateau jusqu'à Alger, occupe tous les instants du colonel qui redoute des incidents. Ne vient-il pas de vivre une révolte des

* La 531e demi-brigade est composée de trois bataillons, lesquels comptent cinq compagnies chacun.

rappelés au camp de Mourmelon qui a fait du bruit dans les journaux ? Tout se déroulera au mieux et, le 22 juillet, la troupe débarque à Alger. Sur les quais, dans une sinistre pagaille, des camions attendent pour convoyer les nouveaux arrivants vers leur cantonnement. Jean-Jacques et sa compagnie partent pour Rivet, à cinquante kilomètres d'Alger, aux confins de la Mitidja. Au sud se détachent les premières montagnes de l'Atlas de Blida, mystérieuses et grandioses.

La chaleur est étouffante, les soldats sont installés dans trois hangars d'une ferme isolée. Sa compagnie est devenue une unité tactique, autonome, en pleine zone d'insécurité. « Tout est tellement indescriptible depuis l'instant de notre arrivée, écrit-il dans sa première lettre à ses parents, que je ne sais pas comment vous décrire où je suis, ni la nature des choses qui m'entourent… J'ai pris à quatre heures de l'après-midi la responsabilité immédiate de cent cinquante hommes, de leur armement, de leur ravitaillement, de leur sécurité. »

Jean-Jacques n'avait jamais commandé, ni pendant sa formation de pilote ni sur la base de Trèves en 1945, un groupe de militaires. Sans transition, sans formation, il doit diriger cent cinquante personnes, presque tous des rappelés, très jeunes, souvent imprudents, désordonnés, accaparés par les problèmes matériels – la soupe, la douche, la bière, les chaussures, le sommeil…

Quelle insolite expérience pour le directeur de *L'Express*, l'ami de Pierre Mendès France, le militant de la décolonisation, que d'être plongé dans un bain où beaucoup d'hommes, surtout les officiers et sous-officiers d'active, lui sont par principe violemment opposés ! Il va se glisser dans son uniforme, avec ce sérieux, cette volonté de s'imposer qu'il met dans toutes ses initiatives. L'efficacité, ici comme ailleurs, est son seul but. Et puis, la vie militaire, qui ne supporte pas le compromis, n'est-elle pas ajustée à son tempérament ? Pour tenir ses biffins, il a vite compris qu'il n'y avait qu'une solution : distribuer des jours d'arrêt et de prison. Cela lui répugne. Mais n'était-il pas fasciné par la poigne de fer de ses instructeurs américains lorsqu'il s'entraînait dans l'Alabama ?

« (…) La meilleure méthode écrit-il, dès le 5 août, est encore de frapper très fort pour ne pas avoir à recommencer. Par exemple, la compagnie que j'ai prise (la CCAS) n'arrivait jamais à se rassembler à l'heure. Pendant trois jours, j'ai mis, chaque matin, une semaine de prison à tous ceux qui arrivaient en retard. Maintenant les rassemblements sont à l'heure. Certains officiers rappelés, qui sont de notre bord, ingénieurs, étudiants, avocats, lecteurs de *L'Express*, me le reprochent et m'accusent, confusément, de trop imposer un style militaire à la vie de ma compagnie. Je crois qu'ils ont tort, il est vain de faire semblant de ne pas être dans l'armée, et il est illusoire de croire que l'on peut équilibrer la stupidité de notre situation par une certaine "civilité" dans les manières. Je pense le contraire. D'ailleurs, je le leur explique, je leur indique que, pour moi, il n'y a aucune contradiction entre mes convictions et la méthode militaire. Quelle que soit l'opinion que l'on a sur la solution "politique" de l'affaire dans laquelle nous sommes plongés, la solidité, l'efficacité, la tenue de l'armée sont indispensables. Je dirais même que plus l'on souhaite une issue politique (disons négociée), plus on doit s'attacher à rendre l'instrument militaire irréprochable et efficace.»

Il a imposé un horaire très serré, un maintien en état d'alerte permanent, gymnastique matin et soir, douche obligatoire. En dépit de son style militaire, il a évidemment, face à lui, les «ultras», les anciens d'Indochine, les adjudants de la Légion, pour qui il représente le mal sur terre. En particulier, les fanatiques de Jean-Baptiste Biaggi tenteront quelques provocations. L'avocat Biaggi, issu d'une famille corse émigrée en Amérique centrale, voulait réconcilier pétainisme et gaullisme sous le signe de l'Algérie française. Il ralliait derrière lui les pieds-noirs les plus fanatiques, les «patriotes de l'Algérie», comme il les appelait et dont la devise aurait pu être: «Rester français à tous risques», exactions, attentats, liquidations… Jean-Jacques a deux sergents partisans de Biaggi dans sa compagnie, les fameux «volontaires de l'Union française», que l'on croisait un peu partout.

«Pendant ma première patrouille – avant-hier – j'étais dans une situation qui ajoutait au pittoresque. J'ai pris le départ avec derrière moi, à deux mètres, un homme de Biaggi, mitraillette au poing. J'ai savouré l'extrême bizarrerie de cette situation. Tout s'est bien passé.»

Il n'en sera pas toujours ainsi et quelques biaggistes ou autres ultras chercheront à plusieurs reprises à le tester, à le piéger. Mais, chaque fois, il a réglé lui-même son problème refusant systématiquement l'arbitrage de sa hiérarchie. Au fond, cette vocation de chef dont il rêvait, à travers la lecture de Kipling, dans sa chambre de taupin à Grenoble, trouve ici son épanouissement.

« J'ai été à deux doigts d'avoir une sale affaire. Heureusement, je l'ai flairée au bon moment ; j'ai mis un peu d'huile dans les rouages en faisant semblant de ne pas m'apercevoir d'une provocation ; et puis, le soir, j'ai convoqué le type et j'ai mis brutalement les choses au point... Il faut seulement être plus dur qu'eux ou plus exactement le leur faire croire. C'est désagréable, mais ce n'est pas, me semble-t-il jusqu'à présent, bien difficile, car les durs, médaillés militaires, "dix citations", "cinq campagnes", etc., que je trouve devant moi, n'ont pas toujours autant de caractère et de courage et puis je mise toujours sur la petite parcelle de bonne foi qu'il faut leur supposer, et qui existe. Elle est beaucoup plus jouable dans l'armée que dans la politique. Les coups bas sont beaucoup plus graves dans l'armée et ces gens hésitent avant de s'y essayer ; surtout s'ils ne sont pas soutenus par les autres officiers. »

Paradoxalement, c'est à l'intérieur de sa compagnie et du bataillon qu'il est le plus à l'abri. Il s'entend à merveille avec le capitaine Loustau, officier d'active, héros de la guerre de 40 et de la guerre d'Indochine. Ce fieffé réactionnaire, cet obsédé du complot communiste lui manifeste non seulement du respect, mais de l'amitié. C'est hors du cantonnement qu'il pourrait courir des risques, en acceptant des invitations, en allant à Alger, en discutant politique. Il s'en tient donc strictement aux relations militaires avec ses soldats. Beaucoup connaissent *L'Express* et viennent lui parler. Il les décourage de toute intimité. « Je ne veux pas non plus les froisser et j'essaie de leur faire comprendre avec un sourire et un clin d'œil que le meilleur service qu'il puisse me rendre, c'est d'oublier qui je suis. De même, dans les conversations à la table des officiers, je suis à chaque instant sollicité d'émettre une opinion sur l'armée et sur les événements : je m'arrange pour n'en rien faire, sans non plus les braquer, car ils sont d'une touchante naïveté et d'une grande honnêteté. »

Personne néanmoins n'ignore qu'il est à Rivet. Le 31 août il avait participé à une opération où une bande rebelle avait été anéantie. Les fellaghas s'étaient bien battus et le capitaine Loustau avait eu l'élégance de rendre les honneurs à la dépouille d'un FLN. L'affaire avait été largement commentée dans la presse parisienne et algéroise. *L'Écho d'Alger* titra sur le nom de Servan-Schreiber et, de ce jour, tout le monde sut où il se trouvait. De plus, il avait été cité à l'ordre du corps aérien et le commandement de la Ve région s'était empressé de lui remettre, en grande pompe, la croix de la valeur militaire.

Avec la vie qu'il mène, il ne peut guère lire la caisse de livres qu'il avait emportée dans ses bagages. Il n'arrive pas davantage à aligner trois phrases sur son carnet Hermès qui ne le quitte jamais. Ses quelques instants de liberté, il les passe à écrire de longues lettres manuscrites à ses parents ou à Madeleine, la plupart d'entre elles seront tapées par une secrétaire de *L'Express* et données à Françoise Giroud qui choisit de les montrer ou non. Il est sur ce point d'une vigilance extrême, multipliant les mises en garde. «Je demande *instamment* à tous ceux de nos amis, auxquels Françoise Giroud jugera bon de communiquer mes lettres, de ne pas les montrer… Faire état de mes impressions d'Algérie, c'est m'exposer à de très graves ennuis.»

La plupart de ses missives commencent par «rigoureusement confidentiel», toujours trois fois souligné. Tout ce qu'il fait, tout ce qu'il voit, non seulement n'ébranle pas ses convictions mais les confirme bien au-delà de ce qu'il pouvait imaginer. «Ce que l'on voit sur place est exactement ce que l'on peut imprimer à Paris lorsque l'on réfléchit correctement : une armée d'occupation n'est pas l'instrument d'une solution, elle contribue directement à forger la conscience nationale du peuple qu'elle veut encadrer, elle suscite elle-même ses adversaires, et nourrit la rébellion. L'histoire de l'Indochine recommence. Et ce qui me frappe, d'après tout ce que j'entends, c'est l'engagement massif de la puissance arabe dans la rébellion. Les Français d'ici qui sont, le plus souvent, de très braves gens, totalement incultes sur le plan politique, au réflexe primaire et stupide, mais sympathiques et honnêtes dans leur naïveté, ceux-là mêmes nous racontent, avec candeur, combien ils sont surpris et amèrement déçus de voir que tel jeune Arabe, qui est un ami d'enfance de leur fils, à qui ils ont appris à jouer au football, à qui, dimanche dernier encore, ils serraient la main en prenant l'apéritif, a été tué hier en uniforme de fellagha dans le combat à côté d'ici. J'ai déjà personnellement entendu cette histoire vécue trois fois en deux semaines ; et toujours les jeunes (20 à 25 ans) et toujours la même surprise, et l'étonnement touchant et vertigineux devant ce phénomène qu'ils voient et ne peuvent pas comprendre sous peine de se condamner eux-mêmes à leurs propres yeux.

« J'ai pu constater que les fellaghas tués dans les combats et accrochages autour d'ici sont des hommes des villages d'ici. Après chaque accrochage, on les fait reconnaître par les Français de Rivet ou d'Arba, ou de Rovigo, etc. Et c'est là qu'ils découvrent, sous forme de cadavres, l'ami de leur fils, le jeune élève, le garçon qu'ils connaissent depuis qu'il était "haut comme ça" (…). Spectacle terrible et poignant, qui résume tout le drame auquel nous participons et toute l'imbécillité de la politique lorsqu'elle n'est pas soumise à l'intelligence, lorsqu'elle se fonde sur des abstractions et des préjugés archaïques, au lieu d'être le fruit de la compréhension du cœur des hommes. Tous nos meneurs de jeu qui se gargarisent avec des formules toutes faites et des grands concepts stratégiques, feraient bien de prendre un dimanche après-midi, seuls et honnêtes en face d'eux-mêmes, pour imaginer ce qu'il y a dans le cœur et l'esprit de ce jeune Arabe de Rivet, éduqué dans une école française, jouant au football avec des Français, aimable et serviable, qu'on appelait ici le petit Tarzan et qui s'est fait tuer en uniforme de rebelle, la semaine dernière. Celui qui cherche à comprendre ce garçon-là trouvera une politique et ouvrira l'avenir. Mais nous savons combien il est difficile d'y arriver, comme il est complexe d'aboutir à cette simplicité humaine. Seul Mauriac en a, par sa nature de poète et son indépendance, l'intuition, et seul Augustin a su la traduire en doctrine politique. Ils sont l'un et l'autre très grands, et tout reviendra vers eux, une fois que nous aurons touché l'extrémité de l'absurde. »

Il fallait citer longuement cette lettre écrite en août 1956, quelque part dans un bled perdu de l'Atlas. N'est-elle pas, maintenant que nous avons le recul de l'histoire, le résumé, aussi lucide que prémonitoire, de notre guerre d'Algérie ? Jamais pourtant Françoise Giroud – bien qu'elle fût tentée, et on la comprend ! – n'utilisera pour le journal les lettres de Jean-Jacques dont certaines font dix, douze feuillets. On lui envoie *Le Monde*, *L'Express*, *France-Observateur*, *Match* et *Times*. Il reçoit de nombreux témoignages de soutien et d'amitié des lecteurs de *L'Express*, des paquets de courrier qui lui procurent une grande joie.

Dès la mi-août, il a été promu chef d'état-major du bataillon, adjoint direct du capitaine Loustau, une promotion très flatteuse. Il quitte la plaine pour la montagne où sont installés le long des pistes de petits camps fortifiés, tenus par vingt ou trente hommes. Sur ces hauteurs, à Taoudjert, Sakamody, Trianon, Bouvines, Elmaden..., d'une beauté aride et désolée, l'eau manque, le ravitaillement est difficile, la tension permanente. Ici chaque soldat est une cible pour les fellaghas. Jean-Jacques n'est pas mécontent de cette atmosphère qui oblige chacun à être un peu moins anarchique, un peu moins individualiste. Il est confortablement installé dans un couvent, avec son ordonnance, son chauffeur, sa voiture. Il fait de fréquents allers-retours à Rivet, qui reste sa base arrière.

Simon Nora est allé trois jours le retrouver dans son QG. À son retour, il a dîné rue Clément-Marot, pour le bonheur de Denise. Il ne l'a jamais vu, a-t-il affirmé, si «plein d'entrain», et si bien «toniquement». C'est vrai qu'il est de plus en plus à l'aise dans ses fonctions de lieutenant.

«Je n'éprouve aucune difficulté à assumer ce rôle militaire, car autant les Arabes m'intéressent et autant que je puisse souhaiter un avenir fraternel avec le peuple algérien, les jeunes Français de vingt ans me sont infiniment plus précieux... Je suis donc calme et tranquille. Mais j'ajoute, et je voudrais que vous en soyez persuadés, que j'éprouve une profonde joie à découvrir ici que les idées que nous avons défendues sont l'expression de la réalité...»

Faut-il s'étonner de la confidence mi-sérieuse, mi-narquoise du colonel Barberot à ses parents? «Nous verrons peut-être un jour JJ Servan-Schreiber rempiler dans l'armée d'active, ce qui ne surprendra que les lecteurs de *L'Express*, car il n'y a aucun doute qu'il ne soit un excellent officier.»

À Paris, l'été 56 fut étonnamment froid. La droite appelait à un sursaut national et regardait Guy Mollet s'enfoncer dans l'inflation; elle pourrait à l'automne accuser la gauche de n'avoir pas su faire la paix en Algérie et d'avoir cependant vidé les caisses qu'on lui avait remises pleines... Au 91, Champs-Élysées, Françoise Giroud essayait, non sans peine, de garder la tête hors de l'eau et *L'Express* sur ses rails. Émile et Denise s'étaient mis à la tâche, l'un à la publicité, l'autre aux abonnements. « Maman m'a dit, écrit Émile à son "Coco", que tout contrat qui rentre pour toi lui fait plus de plaisir qu'un manteau de vison... J'avoue que ça me coûte moins cher et je suis tout disposé à lui faire ce plaisir autant que je pourrai... »

Si, depuis le retour à l'hebdomadaire, la diffusion n'a cessé de progresser, elle n'est pas suffisante pour équilibrer les comptes du journal. On n'est plus à vingt ou vingt-cinq millions de pertes par mois, mais il manque toujours deux ou trois millions dans les caisses. Lorsque Jean-Jacques obtient, en septembre, la permission d'un voyage éclair à Paris, il n'aura pas le temps de savourer ce moment d'intense émotion qui traverse les bureaux de *L'Express* : en concertation avec Jean-François Coblence, il sera tout occupé à régler ce problème. Coblence propose de doubler le prix de vente du journal, soit cent francs au lieu de cinquante francs, tandis que le nombre des pages passerait de vingt-quatre à trente-deux. Françoise Giroud, pour mieux faire passer cette hausse vertigineuse du prix, décide de créer une nouvelle rubrique, « La marche des idées », qui proposera chaque semaine un document inédit. Thomas Jugand, le premier Hongrois à retourner dans son pays natal pour un séjour de deux semaines, va inaugurer cette rubrique, promise à un énorme succès.

L'Express à cent francs sort la première semaine d'octobre. Émile, qui suit avec un intérêt passionné l'expérience, n'enverra pas moins de six lettres à son fils pour le tenir informé au jour le jour. Le numéro lui a fait bonne impression et il a pris son bâton de pèlerin pour interroger les marchands de journaux. « Il est inouï que le journal se vende aussi bien au prix double, écrit-il le 5 octobre. À Bordeaux, où j'ai été hier, la bibliothécaire de chez Hachette, à la gare, a eu ce mot qui m'a frappé : "Je vous assure que c'est plus facile de le vendre cent que cinquante..." C'est bien possible, et d'ailleurs ça se vérifie par les faits, tant que le journal sera aussi complet qu'il l'est actuellement mais quels efforts pour Françoise et pour nous tous. »

Le surlendemain : « J'ai encore interrogé hier les marchands de journaux. Leur indifférence – pour ne pas dire leur sympathie vis-à-vis du prix nouveau (il ne faut pas oublier qu'ils touchent le double...) – me surprend. Nous sommes dans une époque bizarre où les prix ne veulent rien dire. »

Ce succès indiscutable, qui se confirmera au fil des semaines, doit évidemment beaucoup au talent et à l'opiniâtreté de Françoise Giroud. Elle est désormais de la famille, déjeune rue Clément-Marot, passe à Veulettes quand elle ne reçoit pas Émile et Denise dans son appartement de l'avenue Raphaël où elle vit avec sa mère. Elle s'est appuyée, dès le départ de Jean-Jacques, sur François Mauriac, avec ce mélange de clairvoyance, de superbe et de modestie qui devait à la fois séduire et amuser le vieil académicien roué. «Pour tout ce qui concerne le fond du journal, sa tenue générale, je ne suis pas inquiète. Pour ce qui lui donne sa saveur et sa force, c'est une fois de plus vers vous que je me tourne.

«Je ne nourris aucune fausse humilité. Je crois que je suis une bonne journaliste et que mon audience est large. Je crois aussi que je sais faire un journal. Mais il est hors de question que je puisse, dans le domaine politique, écrire les équivalents des éditoriaux de Jean-Jacques et ce serait, me semble-t-il, une grave erreur que de vouloir le faire. Ce n'est pas mon talent, et combien même j'aurais là-dessus une subite inspiration, il me manquerait le poids nécessaire. Des signatures, des bons papiers, nous n'en manquerons pas.

«Mais ce quelque chose de plus que le lecteur attend de nous, la vision et le courage politiques, c'est vous seul qui le lui donnerez.

«(...) Tout ce que vous pensez... Il me semble que je le devine... Mais j'ai confiance. J'ai appris à vous aimer beaucoup.

«N'oubliez pas votre *Express*, s'il vous plaît, qui roule maintenant dans un tunnel avec un mécanicien bien solitaire.

«Il fait noir, et je ne suis pas rassurée... Mais on arrive toujours au bout d'un tunnel.»

Elle y est arrivée. Les numéros, toujours excellents, se succèdent bourrés de publicité.

Pendant que *L'Express*, à la fin de l'été 1956, est sur le point d'apurer ses comptes – dès octobre ils seront en équilibre – tandis que son influence s'étend de plus en plus, Jean-Jacques découvre un homme auquel il vouera toujours admiration et amitié, le général de Bollardière qui assure le commandement de l'ensemble du secteur Est-Atlas blidéen, entre les dernières maisons de la banlieue d'Alger et les premiers contreforts des massifs de Kabylie. Il coiffe la 531e demi-brigade de Barberot et le

1er bataillon de Loustau. « Un Juste nommé Bollardière », dira Roger Barberot. Sorti de Saint-Cyr en 1930, lieutenant de la Légion étrangère, il a reçu le baptême du feu à Narvik et a participé à tous les combats des Forces françaises libres. Aussi intransigeant sur les principes moraux que le comte de Chambord à propos du drapeau blanc, « Bollo » aimait les grandes discussions sur la politique, la religion, la guerre, sur Platon, Marx, le christianisme, Mao, de Gaulle... Il s'efforçait toujours d'avoir l'adhésion de ses subordonnés, il cherchait à comprendre. Il avait abouti au bout de quelques mois à un funeste constat : dans son secteur, le bilan des dernières opérations militaires a été pratiquement nul, en dépit de l'ampleur des moyens utilisés. Une réforme en profondeur du système était nécessaire. Une lueur d'espoir continuait d'animer l'action qu'il menait avec Barberot : la possible pacification de l'Algérie. C'est ainsi qu'il invente les « commandos légers de pacification », plus connus sous le nom de « commandos nomades », ou surtout d'« ascar kaala » pour les Arabes, c'est-à-dire commandos noirs, les hommes portant djellabas, turbans, calottes noires, afin de mieux se fondre dans le paysage. Les commandos noirs auront une double mission : d'abord établir le contact puis la confiance avec la population arabe ; être d'une sévérité exemplaire envers les rebelles hors la loi, les fellaghas.

Le projet consiste à substituer aux unités classiques, lourdes, peu maniables et totalement inefficaces, des unités légères comprenant un chef d'équipe – un sous-officier –, trois hommes de troupe et un interprète. « Pour forcer le contact avec la population, stipule une note, ces commandos ont pour instruction de se nourrir exclusivement chez l'habitant (en payant décemment la nourriture) et de profiter de chaque repas pour engager le dialogue. Une somme de cinq cents francs par homme et par jour a, dans ce but, été remise au chef d'équipe. » Les commandos noirs seront composés uniquement de volontaires qui devront signer un engagement. Bollardière et Barberot ont désigné le capitaine Loustau et son adjoint, le lieutenant Servan-Schreiber, pour former les premières équipes de commandos.

C'est ainsi que Jean-Jacques va connaître Louis Fournier, officier d'active, trois fois blessé pendant la campagne de France en 1944, d'une fidélité de galérien à son banc. Ce sera le coup de foudre. Jean-Jacques lui demandera de quitter l'armée pour devenir son chauffeur et son homme de confiance, tant dans sa vie professionnelle que privée. Louis Fournier restera auprès de lui près de vingt ans, sans jamais et en aucune circonstance lui manquer. Il sera son homme lige.

Les commandos noirs intriguent la presse qui leur consacre plusieurs reportages et le lieutenant Servan-Schreiber sera de nouveau à la une des *Échos d'Alger*, en photo, cette fois, auprès du soldat Alain Pagnon qui témoigne : «Notre volontariat dans les commandos ne représente-t-il pas une excellente preuve de bonne volonté ? Nous espérons tous du fond du cœur que l'Algérie restera française... Évidemment, pacifier, c'est mourir un peu. La liberté et la grandeur française n'ont-elles pas toujours demandé des sacrifices ?»

Décidément, le directeur de *L'Express* n'est pas un planqué comme le marmonnent quelques ragoteurs parisiens. Bien sûr, il est un peu plus enfant gâté que la plupart des rappelés. Il le doit seulement à Denise qui s'enquiert et s'inquiète de son «trésor chéri», de son «fils aimé». Elle lui envoie des médicaments contre la décalcification, du Saltrate Rodell pour ses bains de pieds, du talc, des boîtes de jus de fruits, des conserves, un matelas pneumatique... Quand tomberont les premières neiges, Mendès France lui offrira un sac de couchage. Émile, plus philanthrope, fera livrer quelques caisses de champagne pour régaler la compagnie et des manteaux pour les plus démunis. Mais tout cela n'a aucun effet sur son métier qu'il exerce remarquablement. Ses supérieurs, Bollardière, Barberot, Loustau, l'affirmeront sans émettre la plus petite réserve. Il n'a donné aucune prise à la critique. Il a insisté pour ne pas rester dans un état-major et pour être affecté aux commandos noirs. Il s'est tenu à l'écart du ministre-résident, Robert Lacoste, qui lui a fait de fréquents appels du pied en l'invitant dans sa résidence d'Alger. Il s'y rendra très rarement. Il n'est ici que le lieutenant Servan-Schreiber, et ce que l'on pourrait peut-être lui reprocher, c'est, écrira Roger Barberot, «d'avoir une conception prussienne de la discipline et d'être trop raide et cassant vis-à-vis de ses subordonnés».

Quant aux commandos noirs, ils enregistraient des résultats auprès d'une population qui retrouvait un certain goût de vivre. Le directeur général de la Sûreté nationale, envoyé en mission en Algérie à plusieurs reprises, écrivait dans un rapport adressé à Guy Mollet : «Je ne peux m'empêcher de penser, face à tant d'incompréhension, que bien des choses auraient changé avec d'autres méthodes. J'en veux la preuve dans la magnifique réussite du secteur oriental de la Mitidja. Là, un jeune général, audacieux dans ses conceptions, réaliste dans le travail, courageux et opiniâtre, a su associer civils et militaires, Européens et Franco-Musulmans dans une œuvre de pacification véritable… Le général de Bollardière dirige un plan de travaux (routes, assainissement, aménagement rural, etc.) où les indigènes, sous la protection efficace de l'armée, fournissent sans crainte une main-d'œuvre inaccessible aux sollicitations comme aux menaces des rebelles. Que n'avons-nous une dizaine de chefs qui comprennent leur mission de la sorte[90] ? »

Pendant que Jean-Jacques crapahutait dans les douars de l'Atlas, l'actualité internationale prenait feu. Le 6 novembre 1956, les troupes franco-britanniques débarquaient le long du canal de Suez et à Port-Saïd. L'idée que Nasser, le Président égyptien, était un nouvel Hitler et que Suez était la Rhénanie de l'époque, obsédait le gouvernement anglais d'Anthony Eden. À Paris, le général Beauffre, dans un vibrant appel, déclarait à ses officiers et soldats que le monde et la France avaient les yeux fixés sur eux et qu'ils devaient renouveler les exploits de Bonaparte sur le sol égyptien… Ainsi galvanisés, balayant la faible défense qui leur était opposée, nos parachutistes avançaient vers Suez tandis que le dirigeant soviétique Boulganine lançait un ultimatum atomique aux alliés occidentaux. Sous la pression de l'ONU et des États-Unis, les Anglais acceptèrent un cessez-le-feu. Paris s'inclina. Le général Beauffre était furieux et beaucoup de Français partageaient sa fureur. Ainsi s'achevait, après quarante-huit heures de combat, la « guerre de Suez », la plus courte et peut-être la plus stupide de l'Histoire. Si, à Londres, Antony Eden démissionne, à Paris, Guy Mollet demeure en place.

Exactement au même moment, les tanks de l'Armée rouge intervenaient en Hongrie et entraient dans Budapest. Depuis plusieurs jours, proclamations et manifestations se succédaient dans la capitale hongroise pour réclamer des élections libres et une libéralisation du Parti communiste. Confronté à un soulèvement populaire sans précédent, le Kremlin fera donner les chars contre un peuple démuni. La répression est terrible : vingt mille personnes paieront de leur vie la défense de Budapest. L'émotion est immense. Dans toute la France, on manifeste contre les communistes. À Paris, le siège du PCF est incendié et en partie dévasté. François Mauriac démissionne du Comité France-URSS.

La tragédie hongroise ébranle le monde entier. À *L'Express*, Françoise Giroud et Pierre Viansson-Ponté ont une idée fulgurante : pourquoi ne pas interroger Jean-Paul Sartre, le compagnon de route des communistes, sur cet événement historique ? Le philosophe n'entretient pas avec *L'Express* des relations que l'on pourrait qualifier d'amicales, mais face aux milliers de victimes, aux milliers d'arrestations, il choisira d'oublier les querelles de surface. Il a un ami au 91, Champs-Élysées, François Erval, qui fut son collaborateur aux *Temps modernes*. Il accepte de recevoir chez lui, rue Bonaparte, Pierre Viansson-Ponté. C'est le grand coup journalistique : Sartre choisit *L'Express* pour condamner l'intervention soviétique en Hongrie et pour rompre avec ses amis communistes.

Le numéro paraît le 9 novembre, un bandeau barre la couverture : « Après Budapest, Sartre parle. » Que dit-il ? « Ce que le peuple hongrois nous apprend avec son sang, c'est la faillite complète du socialisme en tant que marchandise importée d'URSS... Je condamne entièrement et sans aucune réserve l'agression soviétique... Je brise, à regret, mais entièrement, mes rapports avec mes amis les écrivains soviétiques, qui ne dénoncent pas (ou ne peuvent dénoncer) les massacres en Hongrie... On ne peut plus avoir d'amitié pour la fraction dirigeante de la bureaucratie soviétique. C'est l'horreur qui domine... Le PC, après avoir mérité le titre admirable du parti des Fusillés, peut recevoir aujourd'hui celui de parti des Fusilleurs : ce seront ces futurs fusillés qui lui rendront l'honneur et nous tous, de gauche, nous paierons pour tout ce que nous n'avons pas pu empêcher. J'espère encore que ce nettoyage nous sera évité. »

Dans le même *Express*, Pierre Mendès France et François Mitterrand signent deux longs commentaires sur la situation mondiale ; Mauriac exécute et les communistes et l'équipée de Suez qu'il qualifie de « Diên Biên Phu diplomatique ».

Dans *Le Monde*, une publicité d'une demi-page annonce la sortie de ce numéro exceptionnel. Il s'arrachera, il faudra un second tirage et il n'y aura quasiment pas d'invendus. À Paris, la diffusion va doubler et passera la barre des soixante mille exemplaires. « Ce numéro est historique, télégraphie Émile Servan-Schreiber à Françoise Giroud. Il dépasse tous ceux, non seulement de *L'Express*, mais des autres journaux depuis la Libération.

Sartre est prodigieux, les autres excellents. Je vous admire et vous embrasse. » Il écrit, avec encore plus d'enthousiasme à son fils : « Le Sartre est un document qui restera au même titre que le "J'accuse" de Zola… C'est un honneur extraordinaire de l'avoir publié. »

Le lendemain de cette publication à marquer d'une pierre blanche, Françoise Giroud s'envolait pour Alger. Grâce aux célébrations du 11 Novembre, Jean-Jacques bénéficiait de vingt-quatre heures de liberté. Il les passera, selon les services de renseignement de l'armée, « seul à seul avec la journaliste, Mme Giroud, sans rencontrer des autorités civiles ». Le même jour, à Paris, rue Clément-Marot, la famille déjeune autour d'Émile et de Denise. L'humeur, malgré Suez, malgré Budapest, est à la gaieté. Soudain, le téléphone sonne. L'appel vient d'Orly et on demande Madeleine Chapsal. L'agent d'Air France, d'une voix un peu embarrassée, lui annonce l'arrivée d'Alger d'un cadeau extravagant du lieutenant Jean-Jacques Servan-Schreiber : un ânon de vingt-cinq kilos, nommé Soua Soua. Stupéfaction et éclat de rire général. Madeleine part aussitôt chercher l'équidé qui dormira quelques jours dans la salle de bains. Émile télégraphie à Rivet : « Mon Coco, tu peux dire que tu as l'art de créer des gags excellents dans les situations les plus graves. »

Lorsque Françoise Giroud le retrouve à Alger, Jean-Jacques, comme tous ses camarades d'infortune qui le suivent, depuis Mourmelon, n'a plus que six semaines « à tirer ». Rudes semaines, l'hiver est là. Campant volontiers sur son stoïcisme naturel, il s'accommode de cet engourdissement qui envahit les montagnes de Blida. Il attend, en paix avec lui-même, la quille, comme chantent ses soldats. C'est alors que Pierre Mendès France et le Parti radical viendront perturber sa tranquille sérénité.

On a souvent cité le Parti radical, on a peu évoqué cette formation politique qui a joué un rôle capital dans la construction, puis la gestion, de la IIIe République. Depuis l'avènement de la IVe République, elle est sur une pente descendante. Pour tenter de contrarier cette fâcheuse évolution, Mendès, après la chute de son gouvernement, soutenu par *L'Express*, décida de mettre en œuvre un programme ambitieux : « Conquérir, rénover, utiliser le Parti radical. » Au congrès du parti, en mai 1955, il remporta un premier succès : un esprit de renouveau souffla sur la vieille maison et le nombre des adhérents passa en quelques mois de cinquante mille à cent mille. Jean-Jacques et sa famille avaient été associés étroitement à cette renaissance qui inspira le programme électoral du Front républicain.

La nomination en janvier 1956 de Guy Mollet à Matignon allait briser la « révolution mendésienne ». En octobre suivant, à l'occasion du congrès radical à Lyon, PMF fut accusé par André Morice, Henri Queuille, André Marie – trois hiérarques du radicalisme – de brader l'Union française et d'imposer sa dictature au parti. Ce fut la scission. Les dissidents, menés par André Morice, créèrent un nouveau mouvement : le Parti radical-socialiste. Le congrès de Lyon sonnait la fin de Pierre Mendès France. Il ne reviendra plus au pouvoir. Peu de commentateurs en prendront conscience. Chez les Servan-Schreiber, on se congratulait. À Lyon, Brigitte Gros fut élue au bureau du Parti radical, celui de Mendès.

Là-dessus, une élection législative partielle doit avoir lieu le 21 janvier dans le premier secteur de Paris pour remplacer le député radical Moro-Giafferi. Pourquoi Jean-Jacques ne tenterait-il pas sa chance ? Il s'en ouvre à son père et lui demande d'intercéder auprès de Mendès France et de le sonder. Émile lui répond le 6 décembre : « Il est certain qu'Augustin te le proposera mais j'imagine mal qu'il puisse le faire aisément. Selon moi, il donnera la liste des possibles et te mettra en valeur au moment où il parlera de toi de façon évidente, mais je ne crois pas que cela puisse changer en quoi que ce soit la décision de l'ensemble. Je ne te parlerai donc plus de cette affaire, et je ne vois pas pourquoi je serais plus catholique que le pape… »

Jean-Jacques a compris, Augustin défendra loyalement sa candidature mais il a peu de chances de l'imposer. Réunis place de Valois, au siège du Parti radical, les militants du premier secteur de Paris lui refusent, en effet, l'investiture qu'ils donnent à un certain Stefanaggi. Les journaux interprètent l'épisode comme un échec cuisant pour Mendès France. « Ce qui est certain, c'est que ton concurrent n'a aucune chance d'être élu, écrit Émile. Augustin a été admirable, bien qu'il fût par moments hué, et il était plus ému à la sortie que le jour de sa chute. Que fera-t-il ?

Que décidera-t-il ? On dit qu'il va probablement aller à la Jamaïque ou quelque chose de ce genre, et se retirer sur l'Aventin… Je n'en sais rien. »

Mendès aura tout faux dans cette affaire. Il va soutenir Stefanaggi, après avoir déclaré solennellement le contraire ! Jean-Jacques prend son initiative comme un camouflet et il ne se fera pas prier pour le lui dire. Sa désillusion est si profonde qu'il va jusqu'à confier son désarroi à son « petit frère », Jean-Louis. Brigitte, maintenant, une des responsables du Parti radical, viendra le voir en Algérie pour apaiser sa colère mêlée de désenchantement.

Le virus politique qui le ronge depuis sa jeunesse avait pour la première fois l'occasion d'affronter la réalité d'une bataille électorale. Ce combat dépassait le cas Stefanaggi et relevait d'une option politique fondamentale : il s'agissait dans son esprit d'un choix entre deux styles, deux générations, entre une nouvelle force de gauche qu'il avait la prétention de représenter, et le ronron de la vieille machine radicale, des opportunistes, des comitards, des Queuille, Morice, et autres Bourgès-Maunoury. Il voulait rompre avec ce radicalisme-là qui bafoue ce que PMF représente pour la jeunesse et pour tous ceux qui croient au redressement national. Comment rompre ? En bousculant de fond en comble le parti qui existe depuis 1901. N'est-ce pas ce qu'il fera quinze ans plus tard ?

En janvier 1957, il plaçait sa candidature dans cette perspective rénovatrice. Mendès France n'osera pas franchir le Rubicon, il n'entendra pas les suppliques de « son cher ami », et bientôt les principaux ténors du parti, jeunes et vieux, feront le vide autour de lui. « Comment pouvez-vous, lui répétera Jean-Jacques, commettre une faute politique si grave en engageant votre crédit derrière le candidat radical du premier secteur de Paris ? » La réponse de l'ancien président du Conseil n'est pas anecdotique. Elle illustre cette résignation, ce vertige de la crucifixion qui servent trop souvent de fil rouge à son comportement. « (…) Il me semble que la décision prise par le premier secteur, loin d'engager l'avenir, permet de situer les désaccords sur leur véritable plan, et j'espère que bientôt je ne serai plus "englué" comme vous le dites, dans votre lettre avec, hélas, trop de raisons. » Dans un autre courrier : « Vous incriminez ce que vous appelez le milieu radical ou l'organisme radical. Je ne crois pas qu'il ait ce défaut que vous relevez ou, pour parler plus exactement, je ne crois pas qu'il l'ait plus que les autres partis… Il y a un point sur lequel je suis d'accord avec vous, c'est qu'il faut, coûte que coûte, rompre avec des routines, des ankyloses que nous ressentons si vivement dans le parti radical[91]. »

Émile a deviné le réel découragement qui affecte son fils. « J'ai toujours pensé, lui écrit-il, et je ne t'en ai pas parlé puisque tu ne m'as pas consulté, que ton investissement au sein du Parti radical n'a été que sentimental et n'a eu aucune retombée pratique ou tactique. À quoi bon en reparler… Dis-nous, dès que tu le sauras, la date de ta rentrée. Je crois qu'il sera sage que tu prennes quelques jours aux sports d'hiver. »

12

Des tribunaux à la « nouvelle vague »

Nanouk, à Megève, s'est rempli dès le 19 décembre. Émile et Denise sont arrivés dès le 21. Le temps est mou, la neige lourde. Jean-Jacques est attendu pour le réveillon du nouvel an. Il sera là. Toute la famille également. Madeleine Chapsal, Brigitte et Émeric Gros, Bernadette et Henri Gradis, venus de Casablanca, Christiane et Jean-François Coblence, Jean-Louis enfin se devaient d'accueillir le héros. Il est toujours contrarié par l'occasion manquée du scrutin de Paris et par l'attitude de Pierre Mendès France. Il déprime, saisi par ce spleen dans lequel nous l'avons déjà vu s'enfoncer. Émile, intuitif et attentif, ne s'était pas trompé lorsqu'il avait pressenti le vague à l'âme de son « Coco ». Juste le temps de fêter ensemble les douze coups de minuit, et déjà Jean-Jacques est sur la route de Zurich où il s'en va se reposer deux semaines à la clinique Birsher-Benner, premier établissement de cure « bio » en Europe. C'est là qu'il se convertira au régime végétarien : salade de légumes crus, fromages, légumes bouillis, fruits…

Pendant toute la durée de sa mobilisation algérienne, il n'a pas écrit une ligne dans son journal. Il a également exigé que *L'Express*, à l'inverse de quelques confrères – *Le Monde*, *Le Canard enchaîné*, *L'Aurore* –, ne donne aucun écho de ses faits d'armes. L'éditorial qu'il signe « Retour » ne dit rien de la réalité de son activité en Algérie ; c'est un texte de convenance, un « bonjour » amical à ses lecteurs qu'il est content de retrouver.

Heureusement, il y a eu la cure à Zurich, il en revient revigoré, bretteur et téméraire comme jamais. Quelque chose l'habite, qu'il s'impatiente de mettre à plat, de sortir de lui-même et dont il faut qu'il se libère : le récit de sa guerre dans l'Atlas blidéen. Cette guerre d'Algérie mobilisait plus de quatre cent mille Français de vingt à trente ans. Ils ont connu le Djebel, ils ont tué, certains ont fait tourner la « gégène », d'autres sont morts dans des embuscades. Il n'est pas possible d'avoir fait la guerre d'Algérie sans en être profondément marqué. C'est ce quotidien qu'il souhaite raconter sous la forme d'un feuilleton dans *L'Express*. Ensuite, il le publiera chez son ami, l'éditeur René Julliard. Il a d'abord songé au document-témoignage qui lui semble plus facile. Impossible a prévenu son avocat Georges Izard : le journal sera aussitôt saisi. Malraux lui conseille d'aller au plus simple, de tout dire de ce qu'il a vu, entendu, ressenti, en changeant les noms, les physionomies pour ne pas nuire à ses camarades de combat. « Les bruns deviennent blonds, les blonds deviennent bruns, les grands deviennent petits. (…) La réalité maquillée en fiction, après on voit », lui dit l'auteur de *L'Espoir*.

Jean-Jacques se donne un mois pour écrire son histoire et se retire dans la maison de campagne d'Émeric Gros. Un mois ? Un délai très schreibérien. On travaillera vingt cinq-heures sur vingt-quatre… Françoise Giroud et Madeleine Chapsal se relaieront auprès du lieutenant écrivain. Également, Serge Lafaurie, Philippe Grumbach et Jean Daniel. Il est impressionné par l'objectivité et la puissance des analyses de Daniel sur la situation algérienne. Il a le titre de *Lieutenant en Algérie*.

Si le récit est un genre qu'il a peu abordé, il va très vite trouver son rythme en se tenant à l'exposé le plus concret possible des actions menées sur le terrain et des discussions, des débats qu'elles suscitent entre les officiers, les sous-officiers, les sans-grade. Le style est efficace, fleuri parfois, toujours viril. C'est celui du correspondant de guerre qui regarde, de l'extérieur, le déroulement des événements. Jean-Jacques ne s'est pas mis dans ce compte rendu scrupuleux qui se borne uniquement au témoignage. Il s'efface – l'a-t-il fait consciemment ? –, il s'arrête le moins possible aux émotions, aux angoisses, aux drames de conscience des personnages qu'il met en scène, ce qui donne à son récit une tonalité beaucoup plus politique et polémique. Les pseudonymes sont transparents pour tous les témoins de Rivet, de l'Arba, de Tablat… Sous « Galland » se cache le général de Bollardière : « En lui demeurait pour nous un espoir, une chance de réagir… dans cette guerre sans tête, c'était une joie rare, précieuse. » Sous « Espanieul », le colonel Barberot : « Dans cet univers animal qu'est l'armée, surtout en guerre (…) c'était pour

Espanieul, par ailleurs intelligent, la source principale de son aisance dans la vie : il était le plus animal des animaux. » Sous « Henry », le capitaine Lousteau : « (...) Un homme bien élevé... Il aimait rêver, raconter des histoires qu'il romançait avec aisance... » Sous « Julienne », Louis Fournier : « Il avait cette faculté, précieuse, de savoir se détendre, de pouvoir laver son esprit en participant à fond aux préoccupations séduisantes d'un moment sans importance. » Sous « Marcus », le colonel Antoine Argoud, commandant du secteur de l'Arba, dont il ne parle pas dans sa correspondance : « Un homme fort comme il y en a partout dans l'armée d'Algérie, mais peu nombreux, un ou deux par secteur... Il avait un regard autoritaire et l'air naturellement sceptique. »

Argoud, alias Marcus, polytechnicien comme Jean-Jacques, devait quelques années plus tard se ranger aux côtés des ultras et préparer le putsch d'avril 1961, avant de fonder l'OAS avec Godard, Sergent, Susini et quelques autres. Dans *Lieutenant en Algérie*, Marcus est le chantre de la pacification, le détracteur sulfureux des chefs civils et militaires qui orchestrent la « boucherie » algérienne. « On ment de haut en bas, dit Marcus. Le mensonge ici est devenu une seconde nature. On ment tellement qu'on ne le sait plus. On ment par devoir. À partir de là, c'est le marais... Le gouvernement raconte des blagues au pays ? Bon ; les généraux et les préfets mentent aux ministres. Les capitaines et les maires mentent aux généraux et aux préfets... et tu peux continuer... L'exemple vient du sommet et il entraîne la pyramide jusqu'au bas. » Marcus meurt « affreusement découpé à la hache ». Quelle curieuse prémonition que d'interrompre le destin d'Antoine Argoud, alias Marcus, au moment où celui-ci se préparait à basculer dans le camp des ultras, des « féodaux » – les riches colons !

Officiers ou soldats qui constituent la trame du récit ont tous un pseudonyme. En revanche, les références aux commandos noirs, au gouvernement actuel sont constantes et le ministre-résident, Robert Lacoste, principal acteur de notre politique algérienne, est toujours nommément cité, comme Biaggi l'« ultra ».

Toutefois, et c'est un point capital, tous les militaires que Jean-Jacques campe en pleine action, y compris lui-même, sont animés par un seul espoir, gagner la guerre en Algérie, abolir les privilèges des « féodaux » et réunir sous le signe de la paix les communautés européenne et arabe. Ce que résume un adjudant, héros du récit : « Je suis venu ici pour essayer, avec les autres, de garder l'Algérie, pas pour la réduire en poussière. Ce qu'on nous fait faire n'a aucun sens… Parce que, pour ce qui est de sauver l'Algérie, on va plein tube dans la connerie : on transforme tous les habitants en fellaghas. Pour un rebelle qu'on tue, on en fabrique vingt prêts à le remplacer… Je tire l'échelle. Je ne suis pas venu pour ça. »

Lieutenant en Algérie condamne, sans appel, la stratégie du gouvernement et de l'état-major général des armées.

Dès qu'il publie dans *L'Express* du 8 mars le premier épisode, c'est le tollé au ministère de la Défense où règne toujours Bourgès-Maunoury, et dans les rangs de la droite. On crie à la trahison, on lui reproche de dénoncer uniquement les atrocités perpétrées par les Français, on l'accuse d'avoir illustré son texte par des photos truquées.

Tout cela est faux et ridicule, le procès ruisselle de mauvaise foi et n'a qu'un mérite : il propulse *L'Express* sur le devant de l'actualité. Jean-Jacques a mis les pieds dans le plat : c'est la première fois qu'un rappelé parle et pas n'importe lequel, un lieutenant, directeur du plus puissant de nos hebdomadaires politiques. Son récit n'est pas une fiction, c'est un reportage, un document. Il dit tout haut ce que font, ce que racontent, ce que pensent, dans le Djebel, des milliers de rappelés qui piaffent de dégoût, de colère et qui sont bâillonnés. D'où la fureur du gouvernement Mollet et de l'opposition de droite. En cette année 1957, le scepticisme des Français s'est accru dangereusement et les parlementaires, qui ont toujours aussi peur d'un changement, redoutent, comme un troupeau affolé, toute affaire susceptible d'allumer la mèche d'une crise.

Or *Lieutenant en Algérie* devient précisément une affaire. Dans le deuxième épisode qui sort le 15 mars, Jean-Jacques reproduit un Rapport sur la pacification, rédigé par Marcus-Argoud, où on lit : « Combien d'unités qui laissent sans répit pendant de longues semaines les exactions des rebelles, qui leur permettent d'abattre impunément des lignes téléphoniques, de couper les routes à quelques centaines de mètres de leur poste, d'incendier fermes et écoles ; combien de ces unités, poussées tout au long, par une colère aveugle, se laissent aller aux pires excès : pillages, assassinats, tortures collectives, qui ne le cèdent en rien à ceux commis par l'adversaire et justifient toutes les propagandes.»

Tortures. Le mot est lâché. Pour le ministre de la Défense, c'est trop : il saute sur ce prétexte fallacieux et, le dimanche 17 mars, il annonce qu'il poursuit *L'Express* et son directeur pour «atteinte au moral de l'Armée», en vertu de l'article 76 du code pénal.

Trois jours plus tard, il est convoqué devant le tribunal militaire à la caserne de Reuilly et inculpé. On le prévient, en présence de Georges Izard, qu'il peut encourir une peine de dix ans de prison. Dans la foulée, Robert Lacoste dénonce ses articles devant la Chambre. Le Parti radical, à l'initiative de Mendès France, réplique et vote deux «mentions de soutien au lieutenant Servan-Schreiber»...

En vérité, mais la presse, comme la plupart des leaders politiques, l'ignorait, cette offensive en règle contre JJSS – ses confrères commencent alors à l'appeler ainsi – coïncidait avec l'épilogue d'un affrontement entre Bollardière et Massu : le gouvernement venait de trancher en faveur de la méthode du parachutiste Massu – ratissages, fouilles des maisons et des mosquées, guérillas sans relâche, tortures s'il le faut... – contre la méthode de Bollardière, celle des commandos noirs. Les deux généraux se connaissaient de longue date. Ils avaient fait ensemble leur début au Prytanée militaire, puis à Saint-Cyr, et ils se respectaient. Ils se verront en tête à tête. «Bollo» opposera un refus absolu au choix tactique de Massu. «Pour lui, écrira-t-il, la rapidité dans l'action doit passer par-dessus tous les principes et tous les scrupules... Pour moi la vie n'aurait plus de sens si je me pliais à ses vues. Je le quitte brusquement... Le lendemain, je prends un avion pour Nantes où m'attend ma famille...[92].»

On est le 10 mars. Dans le bureau lambrissé du ministère de la Défense, comme à Maison-Blanche à Alger, le problème de la torture est bel et bien posé, en dépit du non-dit artificiel ou hypocrite qui l'entoure. Robert Lacoste n'avait-il pas menacé de poursuites tout journaliste qui parlerait de tortures «sans apporter la preuve qu'elles aient été commises». Jean-Jacques lui-même avait déjà été interrogé par la préfecture de police, *L'Express* ayant affirmé qu'un étudiant musulman, âgé de trente et un ans, Zeddour Belkacem, avait été torturé par des policiers et en était mort. On ne peut séparer l'inculpation du directeur de *L'Express* de ce malaise grandissant à propos de la torture, et sur l'affaire Servan-Schreiber va se greffer l'affaire Bollardière.

JJSS a joint « Bollo » à Nantes qui accepte d'entrer dans la fosse aux lions en dépit des risques qu'il court. Il lui écrit le 27 mars une lettre, gage de son comportement exemplaire en Algérie et donne, par téléphone à Beuve-Méry, l'autorisation de la faire paraître dans *Le Monde*.

« Mon cher Servan-Schreiber, vous me demandez si j'estime que les articles publiés dans *L'Express*, sous votre signature, sont de nature à porter atteinte au moral de l'Armée et à la déshonorer aux yeux de l'opinion publique.

« Vous avez servi pendant six mois sous mes ordres en Algérie avec un souci évident de nous aider à dégager, par une vue sincère et objective des réalités, des règles d'action à la fois efficaces et dignes des traditions de notre Pays et de son Armée.

« Je pense qu'il était hautement souhaitable qu'après avoir vécu notre action et partagé nos efforts, vous fassiez votre métier de journaliste en soulignant à l'opinion publique les aspects dramatiques de la guerre révolutionnaire à laquelle nous faisons face et l'effroyable danger qu'il y aurait pour nous à perdre de vue, sous le prétexte fallacieux de l'efficacité immédiate, les valeurs morales qui, seules, ont fait jusqu'à maintenant la grandeur de notre civilisation et de notre Armée.

« Je vous envoie l'assurance de mon estime et mes souvenirs amicaux.

Général P. de Bollardière. »

Le lendemain, *L'Express* prend le relais du *Monde* et publie la lettre, en ouverture du quatrième épisode de *Lieutenant en Algérie* intitulé « Avec les commandos noirs ». Jean-Jacques l'assortit d'un commentaire : « M. le ministre de la Défense nationale et M. le ministre-résident m'excuseront sûrement si je me permets de leur dire qu'après cette lettre je n'éprouve plus le besoin ni le désir de répondre aux insultes. »

Le Monde, *L'Express*, ce coup double est un pavé dans le marigot politique. Max Lejeune (SFIO), secrétaire d'État à la Guerre, affichant toujours un air de conventionnel aux armées, convoque immédiatement Bollardière à Paris. Que le général lui dise qu'il n'a pas autorisé *Le Monde* à publier sa lettre, il sera blanchi et présenté comme l'innocente victime des manœuvres de Servan-Schreiber. « Bollo » confirme, évidemment, qu'il a donné son accord. Devant quoi, Bourgès-Maunoury lui promet une sanction exemplaire et réclame son exclusion de l'armée ! C'est dire la tension et l'énervement qui enflamment les esprits. Jean-Jacques mobilisera Gaston Defferre et François Mitterrand contre leur collègue de la Défense. Defferre et Mitterrand, appuyés par le président de la République, René Coty, l'emporteront mais Bollardière écopera de soixante jours d'arrêt, coupé de tout contact avec l'extérieur.

Dans les colonnes de *L'Express*, les chapitres de *Lieutenant en Algérie* se succèdent. Les ventes ont bondi de 15 % dans une atmosphère de plus en plus fiévreuse. À plusieurs reprises, *L'Express* est saisi en Algérie, ce qui dope chaque fois sa diffusion en métropole.

Deux ou trois fois par semaine, Jean-Jacques est convoqué au tribunal militaire pour des audiences interminables. « J'en profitais pour parler à la presse de Bollardière, de la torture, pour que les journalistes répercutent mes propos. Cela m'intéressait beaucoup plus que de passer des soirées, comme plusieurs de mes amis, dans les boîtes de nuit de Saint-Germain-des-Prés à me lamenter sur la tragédie algérienne…[93]. »

Pour la droite, la bourgeoisie bien-pensante, pour une partie des radicaux de gauche, le journal est devenu le diable. Jean-Jacques mènera jusqu'au bout son récit, avant de disparaître pendant plusieurs mois. Profondément troublé par les conséquences de son témoignage, conscient de la haine qu'il suscite dans certains milieux, de nouveau habité par cette langueur qui l'avait saisi à son retour d'Algérie, il se réfugie à Megève, s'en va trois ou quatre semaines aux États-Unis. Un blanc. Sans explication aucune.

Dieu sait pourtant si les événements se bousculent. Le gouvernement Guy Mollet est tombé après avoir engagé pour la trente-quatrième fois (!) sa confiance. Il aura tout de même bénéficié d'une exceptionnelle longévité, près de seize mois, le record sous la IVe République. Maurice Bourgès-Maunoury, l'ennemi de Jean-Jacques, lui succède à Matignon. André Morice, l'ennemi de Mendès France, est ministre de la Défense nationale. Ils ne tarderont pas à ouvrir les hostilités. En effet, le livre *Lieutenant en Algérie*, édité par Julliard, est en librairie début juin. À ses articles de *L'Express*, Jean-Jacques a ajouté une série de lettres que lui ont adressées Bollardière, Barberot, Lousteau, un adjudant-chef, un sergent, un deuxième classe… Le ministre de la Défense riposte en diffusant un communiqué : « Le texte de M. Jean-Jacques Servan-Schreiber ne correspond pas au journal de marche du lieutenant Servan-Schreiber. » Le journal de marche est un compte rendu que doit rédiger après chaque opération, chaque action, le chef d'une patrouille ou d'un commando. Jean-Jacques se contente de répliquer par un démenti très sec. Depuis son inculpation, il a été largement entendu par le juge d'instruction du tribunal militaire. Tous les témoins, y compris ceux cités par l'accusation, ou ceux venus spontanément pour l'accabler, ont confirmé que ses articles correspondaient à la réalité. Si les opinions divergent sur l'opportunité ou non de les avoir publiés, elles sont toutes concordantes sur les faits. Le lieutenant Servan-Schreiber a dit la vérité.

« Je ne veux pas, écrit-il de *Nanouk*, à son père, ranimer la polémique. Bourgès a le dossier, il sait que je n'invente rien. C'est de la basse manœuvre. Bourgès et ses acolytes tremblent. Le livre de Pierre-Henri Simon que tu as peut-être eu le temps de lire a enclenché définitivement le débat*. J'ai demandé à Augustin de ne pas bouger. Tu sais où vont mes réflexions en ce moment. Est-ce que je parviendrai à convaincre Augustin ? »

Sa phase dépressive sera, comme d'habitude, assez courte. Il ne reprendra pas, pour autant, ses éditoriaux dans *L'Express*. Entre mai 1957 et février 1958, il en écrira un seul qui ne mérite pas d'être gravé dans le marbre. Françoise Giroud a pris l'habitude de tenir, seule, la maison. Elle signe toutes les semaines sa « Lettre de *L'Express* », un billet entre la chronique et l'éditorial, mais qui engage officiellement le journal. Jean-Jacques, entre ses absences plus ou moins longues, est au 91, Champs-Élysées. Il est là, sans y être tout à fait. Il réfléchit, comme il vient de l'écrire à son père. On y revient, à son mot totem ! Il est littéralement accablé par le spectacle politique et veut révolutionner le Parti radical. La guerre d'Algérie est au centre de la vie politique de la France, le Parti radical est au centre de l'existence de JJSS. Il bombarde Mendès de rapports. La composition même du gouvernement de Bourgès-Maunoury ne signe-t-elle pas le naufrage de PMF ? Tous ses adversaires, les « dissidents », sont au pou-

* Pierre-Henri Simon écrivain catholique, chroniqueur au *Monde*, a publié en même temps que Jean-Jacques un pamphlet, *Contre la torture*.

voir. Que faire ? Jean-Jacques ne voit qu'une issue : Mendès doit démissionner du parti et donner un large retentissement à sa démission. Il faut, lui explique-t-il, dans une lettre de quatre pages, reprendre le combat par d'autres moyens, en particulier, rassembler patiemment tous ceux qui souhaitent reconstruire la vie politique du pays et qui sont paralysés au sein de leur formation partisane : MRP, radicaux, socialistes, syndicalistes, chrétiens progressistes, etc. Les choses vont finir par se décanter et il faut, dès à présent, poser des jalons et rechercher la création progressive d'un réseau politique qui réponde aux problèmes nouveaux, à l'attente des jeunes. « C'est-à-dire, conclut Jean-Jacques, dépasser le gaullisme qui demeure incantatoire[94]. »

Mendès France oubliera la note. Il est de plus en plus marginalisé ; Jean-Jacques de plus en plus désespéré de voir son Grand Homme se complaire dans le rôle de Cassandre.

Il ne supporte pas davantage le sentiment de fatalisme qu'il croit percevoir chez une majorité de Français. Le pays s'enfonce dans un pessimisme stérile. Sans raisons objectives, les ventes de *L'Express* se tassent comme si les lecteurs étaient victimes de cette lassitude. Le journal pourtant est constamment au milieu du ring, décochant les meilleurs comme les plus imprévisibles uppercuts. En juin, par exemple, un entretien avec Louis-Ferdinand Céline provoque une levée de boucliers. Céline publiait ce mois-là un livre de six cents pages, *D'un château l'autre*, où il raconte dans un flot de rancœurs, de violences et de points de suspension ses souvenirs de guerre. Après un séjour à Sigmaringen en même temps que Pétain, Laval, Brinon, Abetz, il s'était exilé au Danemark avant de rentrer en France, bénéficiant d'une amnistie. Il vivait chichement à Meudon de ses activités de médecin. C'était la première fois depuis l'Occupation qu'il donnait une interview. « Ses réponses – ou plutôt son monologue – éclairent crûment les mécanismes mentaux de ceux qui, à son image, ont choisi de mépriser l'homme », prévenait l'hebdomadaire. On cria, néanmoins, au scandale. Comment un journal pouvait-il accueillir ce « nazi français » ? La polémique enfla, la diffusion grimpa et retomba aussi vite.

Insaisissable et morose été 57. Jean-Jacques, qui s'agace de plus en plus des atermoiements de PMF, s'inquiète de l'avenir de la France, et de l'avenir de *L'Express*. Et rien ne le galvanise davantage que cette inquiétude où s'entremêlent le destin du pays et son propre destin. Il est ainsi, nous nous y sommes habitués. Au moins quand il part à l'assaut, il ne lésine jamais sur les moyens.

Il revient de ses pérégrinations et méditations estivales, la mine aussi bronzée que sévère, deux rides lui barrant le front, et il annonce un plan de relance. Il décide de consacrer dix millions de francs sur les trois prochains mois à la promotion du journal : campagnes de publicité, prospection d'abonnés, achats de documents exceptionnels. La pagination est augmentée et passe à trente-six pages, le jour de parution est avancé au jeudi au lieu du vendredi.

Comme Jean-Jacques sonnait la mobilisation générale, Florence Malraux, la fille d'André et de Clara Malraux, entrait à *L'Express*. Elle a vingt-sept ans, pleine de ce charme discret d'une jeune femme qui sait le poids de son nom. « Je travaillais chez Gallimard et je connaissais Madeleine Chapsal, en relation constante avec les éditeurs. Madeleine lui a parlé de moi et un jour je reçois un coup de fil : “Allô, ici Jean-Jacques Servan-Schreiber. On me dit que vous aimeriez nous rejoindre à *L'Express*. Dînons ensemble ce soir, ma secrétaire vous rappellera.” J'étais un peu estomaquée ! Le soir, je dînais avec lui en tête à tête. C'était juste avant son départ en Algérie. J'ai vu un homme habité, c'est ça, habité. Sa conversation ne quittait pas les cimes, la France, l'Algérie, Mendès, les communistes, de Gaulle… Aucune anecdote, aucun commérage. Un monologue interrompu par quelques silences pénétrants que je comblais en posant une question… J'ai déjeuné ensuite avec Françoise Giroud. Et puis, plus d'un an a passé jusqu'à ce matin de septembre 1957 où, comme toujours, sur un coup de fil, Jean-Jacques m'a dit : “Vous êtes libre ? Alors venez.” Je suis venue, engagée comme assistante de Françoise Giroud. J'étais dans la chaudière, nous n'avions pas d'horaire, nous dînions, nous déjeunions ensemble. Brigitte Gros, déjà en politique, était très présente, sérieuse, imperturbable. Elle ressemblait beaucoup à Jean-Jacques. Christiane, belle rousse aux yeux verts, était son contraire, chaleureuse, un côté titi parisien, toujours le mot pour rire. Les Nora, les Duhamel, parfois

Mendès France, Gaston Defferre ou François Mitterrand passaient à l'improviste. Avec Madeleine et François Erval, nous emmenions des écrivains. Dans le travail, le tandem Jean-Jacques-Françoise était extraordinaire, mais l'énergie du journal, la force, le flair, la volonté de créer, c'était Jean-Jacques. Il avait le don, surtout avec les femmes, d'éclairer le meilleur, le plus positif de votre personnalité. *L'Express*, à l'époque, était sûrement le seul journal, peut-être la seule entreprise, où les femmes étaient dans le travail sur un pied d'égalité avec les hommes. *L'Express* de ces années-là, ce fut le meilleur de ma vie. Le mariage entre un environnement professionnel confiant, talentueux, ébouriffant et une cause, la décolonisation, le redressement du pays. Nous militions et, à la fois, nous inventions un nouveau journalisme.»

S'ouvrait une brillante période de *L'Express*, celle qui fera la transition avec la naissance du *news magazine* de 1964. Plusieurs des meilleures plumes qui se disputent le cercle étroit de la grande presse vont se bousculer au 91, Champs-Élysées. Il y a les anciens, Jean Daniel, Philippe Grumbach, Robert Barrat, Serge Lafaurie, Jules Roy. Il y a les nouveaux qui prennent le train en marche dans ces années si fertiles, Jean Ferniot, Jean Cau, Françoise Sagan, Paul-Marie de La Gorce, Danièle Heymann, Michel Bosquet, Bernard Frank, Jean-Marie Domenach… Les dessinateurs Jean Effel, Tim, Siné… Certains se détachaient de ce prestigieux peloton. Michel Bosquet, qui signait ses livres sous le nom d'André Gorz, ancien collaborateur des *Temps modernes*, «Un des types, écrira Sartre, qui ont la tête pleine de mots, qui analysent tout, qui veulent savoir le pourquoi et le comment, ces esprits critiques et destructeurs, un sale intellectuel en un mot». Bosquet s'est spécialisé dans les articles économiques. Jean Cau, enfant pauvre du pays d'Oc, désinvolte, étincelant et majestueux. En 1946, alors qu'il est en khâgne à Louis-le-Grand, il devient secrétaire de Sartre. Il a vingt ans. En cet après-guerre existentialiste, il se retrouve au centre de l'intelligentsia occidentale avec grandes et petites entrées chez les éditeurs et dans les rédactions. Quand il débarque à *L'Express*, il a déjà derrière lui quelques ouvrages, des chroniques aux *Temps modernes* et dans plusieurs journaux. Forgé à l'école de l'insolence et du canular, Jean Cau est aussi à l'aise dans le reportage ample et chamarré que dans le billet ajusté et saignant.

La politique des « documents » initiée par Françoise Giroud et que pousse Jean-Jacques marquera des points. C'est d'abord le témoignage de Léone Mezurat, recueilli par Florence Malraux. Une bombe. Née en Charente-Maritime, Léone Mezurat enseigne en Algérie et dirige une école à côté de Chréa en Kabylie. Elle ne s'est jamais mêlée de politique. Or, un jour, les gendarmes viennent chez elle, l'interrogent sur ses liens avec le FLN. Léone tombe des nues. Le lendemain, elle est arrêtée, torturée et abandonnée, agonisante dans une cellule où elle restera cinq jours. Comme elle n'a rien à avouer, elle sera, on ne sait par quel miracle, relâchée. Sa confession, aussi factuelle que terrifiante, place *L'Express* en premier ligne du combat contre la torture.

C'est ensuite, loin cette fois des horreurs du conflit algérien, la célèbre enquête sur la jeunesse : vingt-quatre questions, qui seront également publiées dans *France-Soir*, *Paris-Presse* et *Terre nouvelle* – un journal du monde agricole. Que veut, que pense, où va, de quoi rêve notre jeunesse ? Tous les milieux sociaux et toutes les tendances politiques seront touchés. Le titre de l'enquête fait mouche, « La Nouvelle Vague ». Des milliers de réponses au questionnaire affluent de partout. L'IFOP organise conjointement un sondage. Le succès est considérable. On débat de « la nouvelle vague » dans les lycées, au bistrot, à l'université, dans la presse, au Parlement... L'expression entre dans le langage courant, elle est reprise par les jeunes cinéastes, Godard, Truffaut, Resnais, Louis Malle, Chabrol...

Cette enquête sociologique, par l'ampleur de ses retombées, dépassait tous les « coups » que *L'Express* avait pu jusque-là réussir. Le journal venait d'engranger un fantastique capital d'estime et d'intérêt auprès des jeunes générations ; il venait de s'identifier, par-delà son militantisme politique, à la « nouvelle vague », effigie de la modernité qui, bientôt, revendiquera le confort, partira en week-end, aura sa télévision, son réfrigérateur, sera féministe, s'habillera comme *Madame Express*.

Sans ce capital, qui mettra très longtemps à s'épuiser, *L'Express* aurait-il pu, si vite et si bien, se convertir en *news magazine*, six ans plus tard ? « Jean-Jacques, concède Jean Daniel, avait le génie de la promotion. Dans tous les journaux à l'époque, une cloison étanche séparait la rédaction de la publicité et de la diffusion. Les journalistes ne discutaient même pas avec les gens de la pub ou de la vente. C'eût été se compromettre ! Jean-

Jacques n'avait pas ces scrupules. Il avait abattu toutes les frontières pour qu'ensemble on fasse avancer son journal. Il avait plusieurs années d'avance, c'est ça qui nous impressionnait. Françoise Giroud le soutenait à la fois éblouie et déconcertée. »

La campagne de promotion, en tout cas, a été couronnée d'un franc succès. Fin 1957, les ventes au numéro ont augmenté de 22 % et atteignent quelque cent mille exemplaires, alors que tous les hebdomadaires d'opinion accusent une baisse sévère. À gauche, *France-Observateur* et *Témoignage chrétien* chutent de 20 %, à droite *Carrefour* de 15 %... Les recettes publicitaires ont comblé les dépenses de promotion, ce qui n'était encore jamais arrivé.

Jean-Jacques n'écrit toujours pas. Il s'est totalement investi dans la relance de son journal, mais ce n'est pas la raison de son silence. Autour de lui, comme autour de quelques journalistes et intellectuels, gronde un vent de haine. Toutes les deux ou trois semaines, il est de nouveau dans le bureau du juge militaire. Le moindre prétexte est bon. En Algérie, *L'Express* est régulièrement saisi ; à Paris, son directeur subit un chantage constant de la part des tribunaux et de ses ennemis politiques. S'il n'est pas intimidé, Jean-Jacques se sent cassé, meurtri. D'avoir écrit *Lieutenant en Algérie* lui avait été une sorte de libération ; depuis sa plume est comme paralysée par l'atmosphère qui règne dans le pays. Il le dit à Madeleine Chapsal, dont il attend toujours « les mots déterminants » quand il est désemparé. Il se plaint des poursuites, des procès, de ce « monstre sifflant et rampant de la calomnie » qui essaie de l'abattre et d'abattre *L'Express*. Il ne voit pas clairement l'avenir et les palinodies du gouvernement de Bourgès-Maunoury ou de celui de Félix Gaillard, investi en novembre 1957, lui ont un goût d'amertume.

Il est dans l'expectative. *L'Express* va bien, tant mieux. Mais la France, elle, va très mal. Et puisque la France va très mal, lui aussi va mal. À l'aube de ses trente-quatre ans, la certitude que son destin est indissociable de celui de son pays est définitivement sa seconde nature : il pense qu'il est né pour sortir la France des ornières où elle s'embourbe, pour la sauver, la changer, pour en faire un pays moderne. Être moderne, casser avec un passé qui nous stérilise, bousculer la France rurale et archaïque : *L'Express* ne brandit-il pas ce message, par-delà la guerre d'Algérie, par-delà l'analyse de nos vicissitudes politiques ? De Megève où il est venu skier la dernière semaine de janvier 1958, il écrit à ses parents : « Le spectacle de l'impuissance de Gaillard, Bourgès, Lacoste et consort* est plus impressionnant que nos chères montagnes. C'est l'affaissement. Peut-on mettre tous nos espoirs dans Augustin ? Il faut une relève déterminée et moderne. »

* Maurice Bourgès-Maunoury et Robert Lacoste appartiennent au gouvernement de Félix Gaillard.

13

L'antigaulliste obsessionnel

Sakhiet Sidi Youssef, un village tunisien à la frontière algérienne, était une base de repli du FLN d'où les fellaghas mitraillaient les avions français chargés de surveiller la ligne Morice. Le samedi 8 février 1958, jour de marché, l'état-major d'Alger décide de riposter et ordonne de bombarder Sakhiet. Un massacre : soixante-quinze morts dont dix-huit enfants, une centaine de blessés. Une école et un hôpital détruits. Jacques Chaban-Delmas, ministre de la Défense du gouvernement Gaillard, déclare : « Nos aviateurs n'ont pas fait autre chose que d'exercer un droit de légitime défense… Nous avons été amenés à écraser un nid de rebelles et d'assassins, confortablement installé sur le territoire d'un chef de gouvernement qui n'en peut mais… » Habib Bourguiba, président de la République tunisienne, porte aussitôt l'affaire devant l'ONU, rappelle son ambassadeur à Paris, et demande le départ immédiat des troupes françaises de Tunisie, y compris de Bizerte.

À *L'Express*, c'est la consternation. Le gouvernement, les députés vont-ils s'aligner sur la position de Chaban ? Vont-ils couvrir ce carnage ? Rien ne vient, ni de Matignon ni d'ailleurs. Les jours passent. On attend. Rien. Le mercredi 12 février, s'ouvre le débat parlementaire. Pas un mot de désaveu. La Chambre s'incline : cent soixante-dix-neuf élus seulement – dont cent cinquante communistes – sur cinq cent quatre-vingt-six condamnent le raid algérien.

Jean-Jacques enrage, d'autant que Chaban-Delmas, responsable en dernier ressort de ce raid, est un ami de *L'Express*. Ce qui aggrave un peu plus son cas : il n'a jamais épargné, il n'épargnera jamais un dirigeant politique parce qu'il est de ses amis. Il n'est pas un « lèche-culteux », comme disait Beuve-Méry de beaucoup de ses confrères.

Il signe un éditorial, le premier depuis dix mois si l'on oublie son article besogneux d'octobre 1957. Et il tape dur : « La France, les représentants de la France vont-ils dénoncer et casser ceux qui ont tué, en leur nom, ou plier le genou devant eux ?... Ils s'inclinent. Tous. Ils abdiquent, tous... Il faut s'abaisser jusqu'au sol... Et l'aube d'un jour d'hiver se lève sur un pays, dont la classe dirigeante tout entière, depuis le commandant de l'escadrille des B26 jusqu'à la représentation nationale, en passant par les généraux d'armée, les ministres, les cadres de tous les partis, le gouvernement et son chef, a trahi. »

Il rompt avec Jacques Chaban-Delmas, avec Félix Gaillard. Les années qui s'annoncent, marquées par l'avènement du gaullisme, seront pour lui des années de ruptures, de brouilles avec tous ceux et toutes celles – à de rares exceptions – qui l'accompagnent et le soutiennent depuis la naissance de son journal. Cette stupéfiante cascade de divorces, politiques, sentimentaux, familiaux, pourrait n'être, au fond, que l'expression d'un comportement suicidaire ou le caprice d'un gosse brisant tous ses jouets. Il n'en est rien. Se pensant en nouveau Prométhée d'une France vieillotte, fatiguée, velléitaire, JJSS supporte de moins en moins la contradiction et devient de plus en plus incontrôlable. Si sa boussole intérieure manque trop souvent du plus élémentaire bon sens, il ne fera jamais le moindre compromis sur ses convictions profondes – pour la décolonisation, contre de Gaulle et les gaullistes, contre la bombe atomique, pour la modernisation à marche forcée, etc.

Dans sa vie personnelle, dans la gestion de ses intérêts, il ne montrera pas plus de souplesse ou d'opportunisme. Il est tout d'une pièce. À prendre ou à laisser. Le nouveau Prométhée ne montera pas au sommet du podium. Il sera ce phénomène dont on cherche à cerner les contours. « Il était incomparable dans l'audace, le caractère, le courage, dit Robert Badinter, qui entre, à ce moment-là, dans le cercle de ses amis. C'était le plus doué de sa génération, il aurait pu devenir l'empereur des médias français. Sa passion obsessionnelle pour le débat politique l'a égaré. Il n'a pas réalisé ce qu'il portait en lui d'exceptionnel. »

Lorsque le général de Gaulle en mai 1958 prend le pouvoir, JJSS s'apprête à mener une vigoureuse croisade contre les fondateurs de la Ve République. Des milliers de pages ont été écrites sur mai 58, desquelles émerge une immense confusion, qu'il s'agisse du récit des événements, du rôle exact des différents acteurs ou des motivations des politiques, des militaires et des pieds-noirs. La France était sans gouvernement depuis la démission, le 15 avril, de Félix Gaillard, emporté par les retombées du bombardement de Sakhiet. Au Palais-Bourbon, les députés vivaient dans le vacarme, les interruptions de séance, les insultes, tandis qu'un diplomate américain, Murphy, chargé d'une mission de bons offices essayait de réconcilier Paris et Tunis. L'échec de Murphy entraîna la chute de Gaillard.

La République officiellement continuait mais l'Histoire s'accélérait : sept folles semaines qui se termineront pas l'investiture, le 1er juin 1958, du général de Gaulle, dernier président du Conseil de la IVe République. Pour ne pas refaire, pour la énième fois, le récit de cet interlude, parmi les plus enivrés et les plus enivrants du demi-siècle, contentons-nous de quelques points de repère, entre lesquels JJSS, journaliste engagé, vient quelquefois s'intercaler.

8 mai. Pierre Pflimlin est chargé de constituer le gouvernement.

9 mai. Le général Salan envoie un long télégramme au général Ély, le chef d'état-major de l'armée à Paris : « (...) La presse laisse penser que l'abandon de l'Algérie serait envisagé par le processus diplomatique qui commencerait par des négociations en vue d'un cessez-le-feu... L'armée française, de façon unanime, sentirait comme un outrage l'abandon de ce patrimoine. On ne saurait préjuger de sa réaction de désespoir. »

C'était en clair un ultimatum.

12 mai. Pierre Pflimlin forme un gouvernement très ramassé de seize ministres.

13 mai. *13 heures* : Pierre Pflimlin lit sa déclaration d'investiture.

– *14 heures* : grève générale à Alger.

– *17 heures* : manifestation à Alger contre l'investiture du gouvernement Pflimlin, suivi d'un hommage aux soldats français fusillés par le FLN.

– *19 heures* : la foule des pieds-noirs envahit le bâtiment du gouvernement général à Alger. Les chefs d'état-major, en particulier les généraux Salan et Massu, tentent de canaliser le mouvement. La sédition s'organise.

– *20 h 54* : une dépêche de l'AFP annonce la constitution d'un Comité de salut public à Alger sous la présidence du général Massu.

– *21 h 10* : télégramme du général Massu au président de la République, René Coty, dans lequel Massu exige la création à Paris d'un gouvernement de salut public, seul capable de conserver l'Algérie partie intégrante de la métropole. Le gouvernement Pflimlin n'ayant pas encore été investi, Félix Gaillard qui expédie les affaires courantes confie les pouvoirs civils en Algérie, au général Salan.

– *23 h 15* : déclaration de Salan à Alger : « Je prends provisoirement en main les destinées de l'Algérie française. »

14 mai. *3 heures* du matin : investiture de Pierre Pflimlin.

– *3 h 50-5 h 25* : Conseil des ministres extraordinaire.

– *5 heures* : la radio d'Alger diffuse un appel du général Massu suppliant le général de Gaulle de former un gouvernement de salut public.

6 h 15 : le président Coty adresse un message aux troupes d'Algérie.

Une nuit surréaliste, l'Assemblée est assiégée, il y a des manifestants quai d'Orsay, pont de la Concorde et Cours-la-Reine.

– *12 heures* : le général Salan lance « Vive de Gaulle » depuis le balcon du gouvernement général à Alger.

– *17 heures* : déclaration du général de Gaulle. « (...) Naguère le pays, dans ses profondeurs, m'a fait confiance pour le conduire tout entier jusque dans son salut. Aujourd'hui, devant les épreuves qui montent de nouveau vers lui, qu'il sache que je me tiens prêt à assumer les pouvoirs de la République. »

Pour Jean-Jacques, comme pour Pierre Mendès France ou François Mitterrand, cette déclaration, qui vient cinq heures après le « Vive de Gaulle » de Salan, constitue la tache originelle et indélébile du Général : il arrive dans les fourgons des « factieux » d'Alger, des « mutins » d'Alger. JJSS n'en démordra plus. Obstination stupide ? De Gaulle – ne l'écrivait-il pas à son père dès 1943 – représente à ses yeux la vieille France, celle qu'il n'aime pas, qu'il n'aimera jamais. Il n'a pas davantage le goût des hommes providentiels et c'est bien ainsi qu'il voit de Gaulle. Sa fascination pour les États-Unis, pour le mode de fonctionnement de la démocratie américaine, n'est pas pour rien dans son rejet du Général. En réalité son opposition n'est ni idéologique ni stratégique ou tactique, à l'inverse, par exemple, de celle de François Mitterrand, elle est, pourrait-on dire, congénitale. Sa position l'obligera plus d'une fois à des acrobaties dialectiques qui retomberont toujours sur la même conclusion : les origines impures du régime gaulliste qui doit son pouvoir à l'armée, au Comité de salut public qui règne à Alger et à son président, le général Massu. Sur ce point, il ne variera pas, onze années durant, comme d'ailleurs Mendès et Mitterrand.

Aussi, quand, le 19 mai, de Gaulle donne une conférence de presse au palais d'Orsay, Jean-Jacques a déjà choisi sa religion. Françoise Giroud et Philippe Grumbach l'accompagnent. François Mauriac et son fils Claude sont assis auprès de Robert Barrat. À quinze heures précises, le général de Gaulle fait son entrée. Il est en costume croisé, gris sombre. « Le Symbole », comme l'appelait Emmanuel d'Astier, n'avait pas parlé devant les journalistes depuis juin 1955. Tour à tour solennel ou bonhomme, écrasant ou étincelant, il fixe les conditions et les formes de son retour au pouvoir et conclut : « Vous savez quand les événements parlent très fort et qu'on est d'accord sur le fond, les procédures comportent une flexibilité considérable... Croit-on qu'à soixante-sept ans je vais commencer une carrière de dictateur ? À présent, je vais rentrer dans mon village et m'y tiendrai à la disposition du pays. » Va-t-il condamner, s'impatiente Jean-Jacques, de plus en plus crispé, les émeutiers d'Alger, les « factieux » du Comité de salut public ? La question lui est posée. Le Général répond : « Le gouvernement ne les a pas condamnés. Pourquoi le ferais-je ? »

Pour le directeur de *L'Express*, la messe est dite : la planète schreibérienne ne rejoindra pas la galaxie gaulliste. François Mauriac, quant à lui, quittait le palais d'Orsay, « Plutôt favorable, quoique partagé », selon Claude Mauriac. Mais dans son « Bloc-notes », il signe le 22 mai ces lignes décisives : « (...) Ici même, plusieurs fois, j'ai crié vers le général de Gaulle. Maintenant qu'il est aux portes du pouvoir, vais-je me dresser contre lui ? (...) Si les Français et le peuple algérien se réconcilient sous son égide, dans une Algérie autonome où les deux drapeaux flotteront, eh bien, je me consolerai de voir la République devenir autoritaire… Je mesure le risque. S'il ne dépendait que de moi, j'accepterais de le courir. »

À l'opposé du sentiment mauriacien, Jean-Jacques, dans son éditorial, affirme que l'on peut encore barrer la route à de Gaulle en réunissant toutes les forces démocratiques et il rêve d'un Front populaire, d'une révolution de la société française…

C'est le début, entre les deux hommes, d'un désaccord qui va, mois après mois, se développer. Le moment où les collaborateurs de *L'Express* vont, en toute liberté, exprimer leurs points de vue tant sur le problème algérien que sur l'ensemble des sujets. Dès ce numéro du 22 mai qui pose la question « Pour ou contre le retour de de Gaulle ? », toutes les opinions sont au rendez-vous. Pierre Barrat s'est rangé du côté de Mauriac. Jean-Paul Sartre, bien entendu, ne veut pas du Général mais il ne veut pas non plus d'une gauche conduite par un « quelconque Guy Mollet »… Jean Daniel est nuancé : avant de juger de Gaulle, attendons ce qu'il va faire. Pour attendre quoi ? réplique Françoise Giroud. « Si les Français cherchent un père, ils ne peuvent en espérer un meilleur. Mais une nation qui abdiquerait entre les mains d'un homme, fût-il de Gaulle, n'a plus qu'à se coucher pour attendre. »

Toutes ces interrogations et supputations vont être balayées par les événements qui prennent une tournure passablement délirante, sinon loufoque. Le 24 mai, un comité de salut public se constitue à Ajaccio où débarquent des parachutistes. Chez les Servan-Schreiber qui festoient ce jour-là à Montfrin, où Robert marie sa dernière fille Marie-Geneviève, la nouvelle fait l'effet d'une bombe. C'est l'affolement. À Paris, la rumeur d'une guerre civile court les rues et on parle de l'arrivée imminente des paras, de la Légion… « Toute ma famille, à l'exception de ma sœur Marie-Geneviève, était paniquée à l'idée du retour du général de Gaulle, témoigne Jean-Claude. Leur comportement avait quelque chose d'assez pénible. Ces gens qui se comptaient parmi les élus de l'intelligentsia, de l'élite politique et culturelle du pays, revivaient la peur de mai 1940, quand les Allemands avaient envahi la France ! Pour eux, qu'il s'agisse de mon père, de mon oncle, de ma sœur Marie-Claire ou de mon cousin Jean-Jacques, le retour de de Gaulle signifiait l'avènement du fascisme, la réouverture des camps de concentration, les arrestations par la gestapo française au petit matin. J'étais pris par un véritable vertige en écoutant toutes ces personnes qui me touchaient de près... »

À *L'Express*, Jean-Jacques confie à Louis Fournier, son ami des Aurès, son chauffeur, devenu entre-temps secrétaire du Comité de résistance contre le fascisme, le soin d'assurer la sécurité du journal. Il installe des guetteurs sur le toit de l'immeuble, répartit des tours de garde entre les collaborateurs, distribue des carabines américaines... Les jours passent sans qu'aucun parachutiste ne soit largué sur Paris. Louis Fournier, néanmoins, maintient l'état d'alerte permanent. Au matin du 27 mai, toujours pas de parachutistes en vue. De Gaulle, qui vient de rencontrer Pierre Pflimlin, président du Conseil en sursis, passe à l'action et publie un communiqué : « J'ai entamé hier le processus régulier nécessaire à l'établissement d'un gouvernement républicain capable d'assurer l'unité et l'indépendance du pays. » Le lendemain, Pflimlin démissionne et l'après-midi, toujours sans les parachutistes, la gauche organise une manifestation « Pour la défense de la République ». Plusieurs centaines de milliers de Parisiens défilent de la Nation à la République. En tête du cortège, auprès de François Mitterrand, de Pierre Mendès France, du communiste Jacques Duclos, du cégétiste Étienne Fajon, Jean-Jacques donne le bras à Françoise Giroud et à Philippe Grumbach.

Désormais, le dernier acte de ces journées extravagantes du printemps 58 est écrit : de Gaulle prend le pouvoir et il est investi par l'Assemblée nationale le 1er juin. Chacun des députés a le sentiment de vivre une heure extraordinaire. De Gaulle, aussitôt son discours d'investiture achevé, quitte l'hémicycle. C'est en son absence que Pierre Mendès France et François Mitterrand exprimeront leur réprobation.

JJSS emboîtera leurs pas et, dans *L'Express* du 5 juin, il exprime, sans ambiguïté, son opposition absolue au chef du gouvernement qui vient de lancer son fameux « Je vous ai compris » acclamé par la population algérienne : « Le nouveau président du Conseil doit son pouvoir à Alger, il a été investi en apparence par le système, en fait, par les légions... Le véritable conflit d'Algérie, c'est la lutte entre la démocratie française et la féodalité algérienne pour la *détermination* de la politique nationale, pour l'emploi de l'armée et du budget du pays. Paris ou Alger : l'un des deux doit *briser* l'autre dans son pouvoir. »

Pour JJSS, une fois passées les grandes clameurs et les premières euphories, de Gaulle sera incapable de mobiliser les forces populaires et d'imposer la suprématie de la République sur la faction d'Alger. Désormais, il ne cessera plus d'annoncer la chute du Général ou d'en rêver.

Avec le recul, on peut s'étonner d'une absence aussi grossière de discernement puisque de Gaulle restera onze ans à la tête du pays et, lorsqu'il quittera l'Élysée, ce sera sa décision et non celle des Français. À la décharge de Jean-Jacques, plusieurs éminents commentateurs ou dirigeants politiques faisaient, à l'époque, le même pronostic, et croyaient tous les matins que de Gaulle allait s'effondrer.

Cette opposition aussi systématique au Général, ou cet aveuglement, aurait pu lasser et agacer le lectorat de *L'Express*. L'éditorial de JJSS se fondait au milieu d'un hebdomadaire qui était alors un véritable et talentueux kaléidoscope des préoccupations, des plaisirs et des espérances de la bourgeoisie éclairée, des classes dirigeantes, des cadres, des universitaires, des étudiants aisés. Si *L'Express* affichait son appartenance à la « gauche » au sens le plus flou et le plus large du terme, s'il était clairement pour la décolonisation, ce n'était pas uniquement un journal de militants. Les grandes interviews, la culture, les articles sur les sujets de société, les problèmes de la femme avec *Madame Express*, occupaient plus de la moitié de l'hebdomadaire. Jean-Jacques, l'obsédé de la politique, a toujours voulu maintenir cet équilibre, gage de son succès, comme il n'a jamais cherché à museler ses journalistes. L'éditorial, c'est lui ; ailleurs, le champ est libre. C'est pourquoi *L'Express*, à l'inverse de presque tous les autres journaux qu'ils soient de droite ou de gauche, n'aura pas de ligne idéologique univoque. En 2005, on imagine difficilement un journal où les articles, les analyses, les points de vue, s'entrechoquent. À l'époque, ce fut sans aucun doute une des raisons du succès de *L'Express*.

JJSS, aux yeux des gaullistes, donnait cependant le ton. Le pouvoir était sa cible. Il était la cible du pouvoir. Et ce sera, dès juin 1958, moins d'un mois après le retour de De Gaulle, sa rupture avec André Malraux, nouveau ministre de l'Information, la première d'une longue série. Le 26 juin, *L'Express* est saisi sur décision du ministre des Armées, Pierre Guillaumat, qui reproche à l'hebdomadaire un reportage de Claude Krief et un entretien de Jean Daniel avec Krim Belkacem, un des dirigeants du FLN. Selon Krief, des activistes menés par le colonel Lacheroy, chef du service d'informations de l'armée, prépareraient un coup d'État pour nous imposer un régime « fascisant ». Pas moins ! Krim Belkacem, de son côté, exprimait, en termes vifs, sa déception envers le gouvernement de Gaulle. Si *L'Express* veut paraître, préviennent les autorités militaires, Claude Krief doit supprimer dans son article tous les noms des officiers et l'interview de Belkacem ne doit pas être publiée. Jean-Jacques finit par céder à l'ultimatum, retire l'entretien avec Belkacem et le remplace par deux pages blanches. Sur l'une, une citation du Général, sur l'autre une citation de Malraux sur la liberté de la presse. La riposte était inédite et elle fit du bruit, comme on peut s'en douter.

André Malraux, qui s'étalait très rarement dans ses courriers, adressa une lettre glaçante au directeur de *L'Express*. Elle mit un point final à leurs relations.

Le journal va se battre chaque semaine avec plus de vigueur, pour la paix en Algérie, par le dessin avec Jean Effel, Siné, Tim, par la plume avec Jean Daniel, Jules Roy, Jean Cau, JJSS se réservant, dans des éditoriaux au vitriol, de flinguer le pouvoir gaulliste. Jusqu'à la veille de l'indépendance de l'Algérie, proclamée le 3 juillet 1962, il s'obstinera à ne pas comprendre que c'est de Gaulle, à la fin des fins, qui fera la paix. Durant l'année 1958, marquée par une série de réformes et de décisions politiques qui seront les pierres fondatrices de la Ve République, ses articles n'abandonneront jamais le terrain du réquisitoire sans nuances et sans rémissions, redondant parfois.

Il fut, bien sûr, contre la nouvelle Constitution soumise à référendum le 28 septembre et donna à Mendès France, effigie du « cartel des *Non* », quatre pleines pages pour expliquer son choix. Pour l'ancien président du Conseil, la Constitution était faite pour un homme, de Gaulle, à qui elle donnait un blanc-seing et le référendum était un plébiscite digne de Napoléon III. Jean-Jacques voulait également une réaction de Jean-Paul Sartre, qui se reposait à Rome où il s'envola pour le rejoindre. Il lui arracha un article-fleuve qui parut en deux volets, le 11 et le 25 septembre sous les titres « La Constitution du Mépris » et « Les grenouilles qui demandent un roi». Le philosophe était aussi virulent que Pierre Mendès France : «Le régime gaulliste sentira, jusqu'à la fin, et dans toutes ses manifestations, l'arbitraire et la violence dont il est issu. On nous demande de légaliser le coup de force.»

La propagande pour le «oui» fut écrasante : une marée d'affiches «Oui à la France» submerge les villes, les villages, s'étale le long des routes, des voies ferrées. Un journal *France Référendum*, présenté comme *France-Soir*, est tiré à plusieurs dizaines de millions d'exemplaires ; dans les cinémas, un film, *Rendez-vous de l'Histoire*, ridiculise la IVe République ; toutes les radios et la télévision célèbrent, sans aucun scrupule, à travers reportages ou témoignages, la grandeur du Général...

Le résultat fut à la hauteur de ce battage sans précédent – 80 % de «oui» – mais JJSS ne se laissa ni impressionner ni démonter et en tira une conclusion assez inattendue : «Il est possible pour la première fois d'entrevoir la rentrée des communistes dans l'entreprise commune, écrit-il. Et rien d'autre ne compte maintenant que d'explorer à fond cette formidable possibilité nouvelle.» En clair, il croit à la possible émergence d'un «Front populaire», ce qu'il nomme l'«entreprise commune». C'est la deuxième fois depuis mai 58 qu'il évoque cette hypothèse, à tout le moins audacieuse, comme vont le démontrer les élections législatives qui se déroulent fin novembre. L'opposition de gauche est au tapis ; plusieurs de ses leaders sont battus, François Mitterrand, Pierre Mendès France, Gaston Defferre, Edgar Faure, tandis que le parti gaulliste, l'UNR, né il n'y a pas deux mois, triomphe.

Dans l'euphorie de la victoire, il ne reste plus qu'à tourner la dernière page de la IVe République et installer «le plus illustre des Français», selon l'expression de René Coty, à l'Élysée. De Gaulle était président du Conseil à titre transitoire, nul ne l'ignorait. Coty n'avait pas été très encombrant. Il fit ses adieux au pays et, le 21 décembre, de Gaulle lui succédait, élu par un collège électoral*. À peu près au même moment, le franc était dévalué de 100 % et remplacé par le «franc lourd» ou «nouveau franc», prélude à notre redressement économique. Michel Debré

* Avant la réforme de 1962, le président de la République était élu par quelque quatre-vingt mille grands électeurs, les députés, sénateurs, conseillers généraux, maires plus un certain nombre de conseillers municipaux.

est nommé Premier ministre et forme le premier gouvernement de la Vᵉ République.

Cette avalanche d'événements était pain béni pour *L'Express* qui s'affirmait de plus en plus comme le grand journal d'opposition tout en renforçant son image d'avant-gardisme sur le front des mœurs, des modes, des goûts littéraires et culturels. Sa diffusion dépassait les cent cinquante mille exemplaires quand celle de *France-Observateur* atteignait vingt-cinq mille. Pourquoi à l'aune de ces chiffres, Jean-Jacques se serait-il privé de tirer à vue sur le pouvoir ? Il serait fastidieux de se pencher, une loupe à la main, sur ses éditoriaux. Quelques brèves citations suffisent à éclairer la trame de sa pensée. Ajoutons que, durant cette période, son sens de la dramatisation est à son zénith :

1ᵉʳ janvier 1959, après l'instauration du franc lourd : « Depuis le 13 mai, nous remontons les âges de semaine en semaine et la France devient le musée Grévin. Le sommet vers lequel on nous guide, ce n'est pas 1970 mais 1830… Tout cela serait assez distrayant, assez pittoresque et féal, si les conséquences de ce voyage funambulesque dans les rêves louis-philippards n'étaient pas de nous faire perdre un temps précieux dans la lutte pour la vie réelle, au milieu d'un monde très moderne et très actif – à l'Est comme à l'Ouest –, un monde qui a l'obligeance de rendre hommage à notre esprit d'imagination historique et la gentillesse de l'appeler "sens de la grandeur" mais dont les lois inexorables nous attendent au réveil. »

Le 19 mars, après les élections municipales marquées par un léger recul de l'UNR et une progression des communistes : « Regardez aujourd'hui. C'est presque incroyable : de Gaulle, on n'en parle plus. Lisez les journaux : où est de Gaulle ? En minuscules, quelque part, sa liste d'audience pour la journée, l'annonce des cérémonies ou des comités auxquels il assiste. Un sage et honorable président dont qui se soucie ? »

En juin, après la visite du Général à l'École polytechnique : « (…) Tout, un jour, bougera ensemble. Au bout de cette évolution régressive avec la fin du règne actuel, une époque de notre histoire se terminera. La vieille peau se déchirera et tombera, une autre société française aura une chance de naître au monde. En luttant contre le régime du 13 mai, on ne prépare pas, cette fois, un simple changement d'équipes au pouvoir, mais les conditions d'une transformation complète, d'une renaissance du vieux pays, depuis le recrutement des élèves des classes de sixième, puis de l'X, puis des dirigeants politiques jusqu'à un projet social nouveau. »

Pourtant, ce n'est pas l'antigaullisme de *L'Express* – corrigé par les « Bloc-notes » de François Mauriac et tempéré par les analyses prémonitoires de Jean Daniel* – qui est à la base de son succès. C'est sa condamnation inflexible des ultras d'Alger, des compradores de l'Algérie française. Dans des reportages documentés, brillants, ceux de Jean Cau, par exemple, l'hebdomadaire fustige les militaires, les activistes comme Biaggi et Arrighi, qui complotent contre la République et n'hésiteraient pas, s'il le fallait, à fomenter un coup d'État. Ce sont ces reportages ou ces révélations qui déclenchent la saisie de l'hebdomadaire, qui entraînent des procès en diffamation, des menaces anonymes de mort à l'encontre de JJSS ou de Françoise Giroud. *L'Express* n'est pas un journal qui rend compte de l'actualité et qui prend parti, il fait l'événement, il est un acteur du théâtre national. Il répond pleinement aux vœux de l'intelligentsia parisienne qui ne supporte pas de n'être pas en situation de fronde. Si cette place singulière qu'il occupe consolide ses tirages, elle renforce surtout son influence et il n'y a guère de semaine où l'ensemble de la presse ne soit obligé de le citer, de rebondir sur un de ses articles. Quelques journaux s'emploient à le défendre ; la plupart l'attaquent de façon hargneuse, jalouse ou fielleuse.

Au milieu de cette effervescence, François Mauriac est très mal à l'aise et songe au « repos ». Lorsque Jean-Jacques, en août 1958, parle d'une nouvelle entente cordiale de Gaulle-Franco, il réplique : « (...) C'est tout de même trop fort. » Quand, le 16 septembre, de Gaulle se déclare favorable à l'autodétermination de l'Algérie et se dit prêt à entamer des pourparlers pour un cessez-le-feu, JJSS n'enterre toujours pas la hache de guerre. L'académicien, dans son « Bloc-notes », salue l'initiative du Général et, comme *L'Express*, à l'exception de son directeur, a réagi positivement, il se félicite, la semaine suivante, que son journal ait su,

* Très vite, Jean Daniel a compris que de Gaulle mettrait fin à la guerre d'Algérie.

pour une fois, « dominer sa passion antigaulliste ». Que n'avait-il pas écrit ! « Nous ne méritons pas cet éloge n'ayant jamais eu cette passion, lui répond Jean-Jacques, dans le même numéro… Quelle est donc, depuis la déclaration du 16 septembre, la politique gaulliste ? Tout le génie de De Gaulle est que l'on n'en sache rien… Si l'on veut faire la paix, on le dit. Si l'on considère la négociation comme nécessaire, on l'affirme. Si l'on a une conception précise des rapports entre la France et l'Algérie, on l'affiche et on la défend. On ne fait pas semblant de croire à la "pacification" pour amadouer les pacificateurs. On ne prétend pas refuser la négociation pour endormir les jusqu'au-boutistes… Je sais bien que, pour Bourguiba, Mohammed V et demain Ferhat Abbas, le résultat est le même. Mais, pour les Français, il y a une différence. Dans un cas, on construit la République. Dans l'autre ? On la démolit. Cette République, que vous appelez, cher François Mauriac, le "jeu que nous aimons" et qui nous importe bien davantage que l'"armure enchantée" de ce chevalier légendaire que vous aimez. »

Cet échange public, qui n'est pas le premier désaccord politique entre JJSS et Mauriac, sera le point de départ d'une séparation désormais programmée. Une célèbre affaire, l'« affaire de l'Observatoire », viendra quelques jours détourner les esprits de l'Algérie et ressouder toute l'équipe de *L'Express* autour de François Mitterrand. On ne reviendra pas sur cette affaire, mille fois décortiquée. Françoise Giroud, dans sa « Lettre de *L'Express* », François Mauriac dans son « Bloc-notes », Pierre Mendès France dans un article vont prendre la défense de Mitterrand, tandis que Brigitte Gros l'accueille dans sa propriété de Meulan. On le dit désespéré, au bord du suicide. Ce genre d'embrouilles n'a, pour Jean-Jacques, aucun intérêt, et s'il manifeste sa solidarité envers Mitterrand, son objectif est d'abord d'utiliser l'affaire contre de Gaulle. Il y voit un complot de l'Armée, un coup éclairant sur les mœurs de la toute jeune Ve République. Ce qui va alourdir, un peu plus, son contentieux avec Mauriac. Le divorce, toutefois, mettra plus d'un an avant d'être consommé.

Un autre se profile, avec Jean-Paul Sartre, qui se réglera plus rondement et plus brutalement. Le gourou de Saint-Germain-des-Prés ne manifesta jamais de passion pour le directeur de *L'Express*, pas plus que pour la codirectrice Françoise Giroud. Il préférait Madeleine Chapsal, à qui il se confiera longuement dans la seule interview non politique qu'il ait donnée à *L'Express*. Avec Jean-Jacques et Françoise, il gardait une froide distance. Un incident, justement, en pleine « affaire de l'Observatoire », n'allait pas réchauffer leurs liens. Lors de la représentation des *Séquestrés d'Altona*, Sartre et Simone de Beauvoir avaient vivement reproché à *L'Express* une critique de Robert Kanters, qui éreintait l'interprétation de la comédienne, Marie Olivier, leur amie. « Comme Mme de Beauvoir m'avait téléphoné personnellement, et de votre part, pour me demander d'atténuer le passage en question, je tiens à préciser exactement comment les choses se sont passées, écrit Jean-Jacques à Sartre. Jamais nous ne faisons pression sur nos critiques. C'est une règle intangible : car si elle n'était pas strictement respectée, ce serait alors la porte grande ouverte à toutes les complaisances et rapidement la dégradation du journal. Vous le savez mieux que moi. J'ajoute qu'un professionnel, aussi rigoureux que Robert Kanters, même si nous cherchions à lui faire modifier ses articles ne l'accepterait pas – et il aurait raison.

« Cependant, puisqu'il s'agissait de vous, nous avons fait une exception. Après le téléphone de Mme de Beauvoir, le mardi soir, nous avons demandé *in extremis* (les pages "Spectacles" étant bouclées à cette heure-là) à Robert Kanters s'il acceptait d'enlever la phrase la plus désagréable concernant Mme Marie Olivier. Il a bien voulu faire sauter le passage, mais rien de plus… Voilà toute l'affaire. »

On en resta là. Pas longtemps. Depuis l'engagement du Général de Gaulle en faveur de l'autodétermination, à Alger, la révolte des partisans de l'Algérie française ne cessait de s'amplifier. Elle trouva son apothéose en janvier 1960, durant la « semaine des barricades » déclenchée par le député Pierre Lagaillarde, héros du 13 mai, ancien président des étudiants d'Alger, et par Joseph Ortiz, le cafetier du Forum, le responsable poujadiste. Le sang coule – vingt morts parmi les gendarmes –, des barricades surgissent, des émeutiers se retranchent au milieu de la ville. À Paris, au sein du gouvernement des craquements se font entendre : faut-il briser l'insurrection ? Faut-il renoncer à l'autodétermination ? Le 29 janvier, revêtu de son uniforme, de Gaulle fait vibrer la voix des grands jours : « Eh bien, mon cher et vieux pays, nous voici donc ensemble, encore une fois, face à une lourde épreuve…

J'ai pris au nom de la France la décision que voici : les Algériens auront le libre choix de leur destin... L'autodétermination est la seule politique qui soit digne de la France. C'est la seule issue possible... Je vous adjure de rentrer dans l'ordre... » Dans les heures qui suivent, l'insurrection va s'effondrer.

Sur le thème, « le fascisme ne passera pas », la semaine des barricades avait mobilisé une gauche qui ne parvenait pas à se relever de sa déroute aux élections législatives. La pression de l'opinion en faveur d'une négociation avec le FLN s'appesantissait. Dans ce climat, l'universitaire Francis Jeanson décide de tenir en plein Paris une conférence de presse clandestine sur le réseau de soutien aux insoumis et déserteurs qu'il anime. Jeanson, recherché par la police, affirme que son organisation d'aide au FLN est intacte et que les jeunes appelés qui désertent ou qui refusent de se soumettre au service militaire sont plus de trois mille. Son but est de multiplier le nombre des déserteurs et des insoumis. *Paris-Presse* publie l'information sous la signature de Georges Arnaud. Celui-ci est aussitôt arrêté. *L'Express* et *France-Observateur* qui mènent l'enquête et citent Jeanson sont saisis pour incitation à la désertion...

Sartre et sa revue *Les Temps modernes* approuvaient et appuyaient le réseau Jeanson et on ne voit rien, apparemment, dans l'attitude de *L'Express* qui aurait dû le choquer. En fait, si le journal rendait compte des activités du réseau Jeanson, Françoise Giroud désapprouvait ce type d'action et déplorait que l'on puisse inciter des garçons de vingt ans à déserter. Comment, expliquait-elle, peut-on les acculer dans cet insoluble dilemme, ou trahir sa foi et son idéal, ou trahir son pays ? « Quel camp vont-ils servir, à qui font-ils ce terrible sacrifice ? » Et de les inviter à réfléchir, à se laisser emprisonner plutôt que de déserter. Elle était en parfaite harmonie avec les idées de Jean-Jacques qui n'ont jamais varié. Il refuse l'insoumission, il condamne l'aide au FLN. À Siné, dont les dessins férocement antimilitaristes sont des appels à la désertion, il écrira un jour, résumant sa pensée : « Je dis que notre rôle est d'entraîner un grand nombre de jeunes vers une action efficace pour mettre fin à la guerre, et non pas d'entraîner quelques isolés dans une impasse. La désertion, l'aide au FLN, c'est une impasse. Cela ne débouchera jamais sur une large adhésion… Quand certains responsables de gauche, jouissant d'une audience dans la jeunesse, l'orientent dans une mauvaise voie, je me dois de dire qu'ils sont moins pardonnables politiquement que nos adversaires communs, qui, au pouvoir, sont logiques avec eux-mêmes. Je dis "politiquement" car il ne s'agit pas de morale. Que Francis Jeanson soit moralement respectable, et les fascistes méprisables : cela va de soi, je l'ai écrit. Cher Siné, continuez à être "indécent" autant que vous le voudrez, comme vous l'êtes chaque semaine dans vos dessins. C'est votre rôle. Mais ne vous érigez pas en censeur moral. »

Dans le même temps, il permettra à Siné de se défouler un mois durant à travers un « Débloc-notes » ravageur, parodie meurtrière du « Bloc-notes » de Mauriac ! Quel journal aujourd'hui accepterait de telles joutes où la brutalité des passes d'armes frôlait l'injure et y tombait parfois ?

En tout cas, la situation du directeur de *L'Express* n'est pas une sinécure. D'un côté le gouvernement l'accuse d'inciter les jeunes à la désobéissance, de l'autre des intellectuels de gauche lui reprochent de ne pas soutenir le réseau Jeanson et les déserteurs. Sartre, pour sa part – saisit-il le prétexte ? –, lui envoie, le 2 avril 1960, une lettre incendiaire, commutant son habituel « Mon cher Servan-Schreiber » en rêche « Monsieur » : « Après l'article de Mme Françoise Giroud sur l'affaire du réseau de soutien au FLN, je pense qu'il vaut mieux écrire n'importe où qu'à *L'Express*. Un journal neutre, ou de droite, ne pourrait me compromettre : j'y serais en visite. Ce qui rend aujourd'hui *L'Express* compromettant et nuisible, c'est qu'il prétend ou croit être un organe de gauche. L'article de Mme Giroud était consternant : d'abord, parce qu'on y sentait l'affolement (si chacun doit obéir à l'appel de la patrie quel qu'il soit, condamnons gaiement les Allemands qui, en 1939 – il y en eut, j'en connais –, désertèrent pour ne pas servir les nazis) ; ensuite, par son ton même et sa précipitation à marquer les distances. Mais le plus navrant c'est qu'il éclairait tout le journal de sa lumière : toutes vos précautions, ces partis pris d'équilibrer un non par un oui, on les voyait en plein jour. Les nombreux lecteurs de *L'Express* que j'ai consultés, tous m'ont dit leur écœurement. Peut-être ne vous êtes-vous pas aperçu que l'opinion change et se radicalise. En particulier, depuis le voyage du général de Gaulle en Algérie. Les positions que vous avez prises seront bientôt périmées et je ne vois aucune raison de les soutenir avec vous. Restons-en là : je n'aime pas la gauche commerciale. »

Cette gauche commerciale l'avait tout de même payé l'équivalent de dix-sept mille euros pour cinq articles.

Jean-Jacques ne lui répondra pas. Françoise Giroud s'en chargera : « Monsieur, je ne suis pas agrégée de philosophie, je ne prétends pas apprendre à penser à mes contemporains et quand il s'agit de savoir si un garçon de vingt ans doit ou non déserter, je ne peux me référer ni à Hegel ni à Lukács. Vos collaborateurs ont d'ailleurs largement insulté à mon inculture, dans votre journal, pour que vous n'ignoriez pas la crasse de mon esprit. Tout le monde n'a pas hélas, comme les membres de votre gauche, les moyens de s'instruire aux frais de papa.

« Seulement j'ai moi un fils de vingt ans. Alors vos théories et celles de vos satellites, qu'il s'agisse d'argent – alors qu'aucun de vous n'a jamais connu le prix d'une livre de pain – ou de désertion – alors que vous parlez des enfants des autres –, je veux bien croire qu'elles sont géniales. Mais mon domaine à moi, ce n'est pas le génie. C'est la vie. Vous en avez entendu parler ?

« Parfaitement consciente de mon abjection, je vous prie de croire, Monsieur, au respect que je continuerai imperturbablement à vous porter. »

La violence du propos peut surprendre. À ce moment-là, Françoise Giroud n'est plus tout à fait elle-même, la « panthère de velours » était cassée, détruite.

Après sa rupture avec Camus qui n'était plus de ce monde*, après sa rupture avec Malraux, avec Sartre, en attendant sa rupture avec Mauriac, Jean-Jacques venait de rompre avec Françoise Giroud.

* Albert Camus s'est tué en voiture le 4 janvier 1960.

14

Suicide, remariage, ruptures

« Quand on s'appelle Françoise Giroud, on ne se rate pas. » La phrase, quarante-cinq ans plus tard, tinte encore à l'oreille de Jean Daniel. « Je me trouvais au Cercle rive gauche et je vois arriver Jean-Jacques, se rappelle Jean Daniel. C'était quelques jours après la tentative de suicide de Françoise Giroud, qui nous avait tous bouleversés. C'est là qu'il a eu ce mot qui n'est pas seulement cruel, il renvoie à tout un univers... »

Cette phrase, en effet, est le reflet d'un tempérament où l'échec, y compris dans cet acte ultime qu'est le suicide, n'a pas droit de cité. Comme on n'échoue pas, on ne se rate pas. Une phrase, également lourde de toute une pesanteur sociologique, qui dit bien à quel étage se place le directeur de *L'Express*. « Quand on s'appelle... » Eh oui ! Quand on s'appelle rien du tout, on peut se rater et il vous sera pardonné... Bref, cette phrase n'est pas fortuite, elle est une pièce du puzzle schreibérien. Combien sont-ils ceux qui échappent vraiment à leur caste, à ce corset d'une éducation qui s'enracine dans l'aisance des beaux quartiers ? Même ceux qui croient sincèrement s'en être dégagés peuvent y retomber quand, soudain, le poids de l'atavisme affole l'inconscient.

« Un soir de décembre, se remémore Sophie Lebrun*, je n'attendais personne, j'étais dans mon modeste studio. On sonne, j'ouvre. Et Jean-Jacques était là, dans son manteau de cachemire bleu marine, son écharpe blanche autour du cou. "Mais... Vous... Qu'est-ce qui vous arrive", ai-je bredouillé. Il n'était jamais venu chez moi. Il est entré. J'ai vu dans son regard la

* Sa sténotypiste de 1975 à 1986 – *cf.* p. 000.

panique. “C’est ici que vous habitez?” a-t-il murmuré stupidement. Il était gêné. Il est resté debout, planté devant moi, une ou deux minutes, et il m’a dit : “Bon, eh bien, à demain.” Et il est parti. De ce jour, nos parenthèses intimes se sont interrompues. Jusque-là, il ne savait pas, au fond, qui j’étais, comment je vivais. Il était dans son monde et j’étais, de par mon travail, de ce monde. Brusquement le rideau s’est déchiré et il a eu peur, il a réagi avec ce qu’il y avait en lui, quoi qu’il en dise, de plus profond, une éducation de grand bourgeois. C’est affreux, mais c’est ainsi. »

Françoise Giroud s’est souvent définie elle-même comme une femme très maîtrisée, calme, à l’abri de la crise de nerfs. Fallait-il qu’elle soit désespérée, qu’elle n’en puisse plus pour vouloir se supprimer. Tout avait commencé par un divorce. Un de plus. Le divorce entre Jean-Jacques et Madeleine Chapsal. Maître Simone Trouvat, la collaboratrice de Georges Izard, chargée de l’organiser, recevra le couple, curieuse coïncidence, le samedi… 13 mai 1959. L’an I de l’appel à de Gaulle et de son retour. Le secret est total, l’affaire rondement menée. Madeleine n’aura aucune allocation ; elle restera salariée de *L’Express* ; elle gardera l’appartement de l’avenue Pierre-Ier-de-Serbie dont le loyer et les charges seront payés par le journal.

Jean-Jacques quelques mois plus tôt avait convoqué la fille de son ami Louis de Fouquières, Sabine, une jeune étudiante de vingt ans, éduquée chez les dominicaines de Mortefontaine, un des derniers couvents-collèges pour jeunes filles de la bonne société où elle avait songé à rester. « Vous n’êtes pas faite pour ça, votre destin est ailleurs », avait finalement conclu la mère prieure. De la rigueur, de la tenue, jupe plissée grise, pull bleu marine, chaussures plates, mais aussi une réelle ouverture sur l’actualité, sur le monde. Belle, juste ce qu’il faut de timidité et d’assurance, Sabine terminait ses deux années de propédeutique et se préparait au concours de l’IDHEC, l’école du cinéma, tout en prenant des cours chez Pigier, secrétariat, comptabilité, anglais…

« Mon père n’était pas très content que je m’oriente vers une carrière de saltimbanque, comme on disait dans les milieux versaillais. Et voilà qu’un jour il m’annonce : “Tu as rendez-vous avec Jean-Jacques Servan-Schreiber à *L’Express*. Il cherche une stagiaire.” Ils se voyaient régulièrement. Je suis donc allée au rendez-vous 91, Champs-Élysées, me mettant en frais, tailleur, des talons avec lesquels je marchais difficilement, et ma queue de cheval habituelle. Il m'a engagée pour faire remplir aux étudiants de prépa des questionnaires qui réactualisaient l'enquête sur la « nouvelle vague ». On nous avait payés, je m'en souviens encore, trois mille cinq cents anciens francs, beaucoup à l'époque pour nous. La secrétaire de Jean-Jacques me fait entrer et je vois un type tout habillé de noir. Un uniforme ! La patte gauche cassée, une canne posée sur le bureau. Nous étions en février et il avait pris une gamelle au ski. Le sourcil brun dessiné sur le regard bleu, il m'observe une minute et me demande ce que je pense de *L'Express*. Je le lisais toutes les semaines de la première à la dernière ligne. Et je me lance, ça c'est bien, ça c'est trop violent, ça c'est trop long, etc. Je ne sais pas s'il m'écoute mais tout d'un coup il m'interrompt : "Est-ce que l'on pourrait continuer cette conversation demain soir ? Retrouvons-nous au Fouquet's vers vingt heures ?" Très surprise, j'ai bafouillé "oui". Ensuite, je me suis reprise. Une fille de vingt ans qui dîne seule avec un homme marié de trente-cinq ans, est-ce convenable ! J'ai demandé à ma sœur Ariane de m'accompagner. »

Jean-Jacques n'a manifesté aucun étonnement à les voir débarquer toutes les deux. Après une coupe de champagne au Fouquet's, il les a invitées à dîner au Keur Samba, une boîte de la rue Marbeuf, couscous et danseuses noires en string de coquillages. « S'il voulait nous épater, c'était raté ; nous avions vécu au Sénégal quand mon père y était en poste, et ce genre de spectacle, on l'avait eu à la maison ! La conversation fut assez sérieuse. J'avais alors une douzaine de correspondants en Algérie et je connaissais le problème des appelés. Jean-Jacques nous observait l'une et l'autre, et puis il a eu un geste plus intime avec moi en dégageant la chaîne de médailles que je porte autour du cou, pour les regarder. Voilà… J'ai abandonné l'IDHEC et j'ai choisi Sciences-Po. Ma vie basculait, j'étais amoureuse, d'un amour platonique, je tiens à le préciser. Je voyais Jean-Jacques tous les jours un quart d'heure, pas plus. Il est comme ça. Un an après, le 10 février 1960, jour de mes vingt et un ans, Jean-Jacques est du 13, il passe me prendre à la sortie de Sciences-Po et m'annonce qu'il sera bientôt divorcé de Madeleine et qu'il me demande en mariage. Il a, me précise-t-il, prévenu Françoise Giroud mais il ne fait aucun autre commentaire. Je suis sous le choc. Il ne m'avait jamais parlé mariage. Ma mère, tout de suite, m'a mise en garde : "Il a trompé sa femme et sa maîtresse, il te trompera." J'avais une autre analyse. Tant pis, même ça je pourrais l'accepter, disais-je. Des enfants, des beaux enfants comme je les vois, ça permet de supporter ça. J'étais quand même secouée. Là-dessus, je suis partie pour Londres faire un stage à *The Economist*, à *L'Observer* puis au *New Stateman*. J'ignorais tout de ce qui se tramait à Paris. »

Au 91, Champs-Élysées, les rapports entre Jean-Jacques et Françoise Giroud, entre l'amant et la maîtresse d'hier, tournaient au plomb. Françoise Giroud était effondrée. « Quand elle a su que nous divorcions, Françoise avait eu un premier réflexe, assure Madeleine Chapsal. Elle disait à qui voulait l'entendre, "La pauvre Madeleine… La pauvre Madeleine…" Quand elle a compris que Jean-Jacques allait se remarier, je l'ai vue pâlir. »

Durant cette détresse, Jean-Jacques a-t-il eu le sentiment de trahir la confiance de Françoise Giroud ? « C'est plus subtil que cela, comme toutes les relations d'amour, dira-t-il réfléchissant à haute voix devant Jean-Noël Gurgand. Mais le contrat est le contrat, et j'avais toujours dit que je ne l'épouserais pas. Je voulais épouser une femme dont j'aurais envie d'avoir des enfants. Je n'avais pas envie d'avoir des enfants de Françoise Giroud. Je l'admire et je l'aime pour bien d'autres choses. Le jour où j'ai rencontré une femme dont j'avais envie d'avoir des enfants – le contrat est le contrat – je l'ai épousée. Avec tout ce que cela comporte sur le plan de la vie privée. »

À *L'Express* tout le monde sait, maintenant, que JJSS a divorcé et qu'il va épouser Sabine Becq de Fouquières, un joli nom qui cache une ravissante jeune femme. *France-Soir*, dans les « Potins de la commère », s'en est fait l'écho. Personne ne sait en revanche la douloureuse blessure qui ronge Françoise Giroud. Elle a écrit, en trois semaines, un manuscrit rageur, une centaine de feuillets dans lesquels elle laisse éclater sa souffrance, sa colère, sa hargne, sa jalousie. Elle l'a confié à son plus fidèle ami, Charles Gombault, directeur de *France-Soir* qui lui a dit : « Brûle ça ou jette-le… Ne le montre surtout à personne. » Était-ce sa psychothérapie, sa manière de cicatriser la plaie ?

Voilà que fin avril les Fouquières, à leur adresse de Versailles, et Jean-Jacques, à son domicile, reçoivent des lettres anonymes, plus exactement des feuilles tapuscrites comportant des corrections à la main. Les textes sont délirants, comme l'a révélé

Christine Ockrent[95]. En tout, dix « documents ». Jean-Jacques, qui n'arrive pas à croire qu'il puisse s'agir de Françoise Giroud comme le pressentent certains de ses proches, décide de les faire expertiser. Le certificat des experts en graphologie tombe le 6 mai 1960 : il n'y aurait « aucun doute quant aux passages écrits à la main ». Suivent de nombreux détails techniques pour conclure que l'écriture est bien celle de Françoise Giroud. Une écriture, élégante, difficile à lire, est très reconnaissable, fortement typée.

Sabine est aussitôt rappelée de Londres. « Ça faisait un cirque épouvantable dans ma famille, à deux mois du mariage de ma sœur. Mon père voulait assigner Françoise Giroud pour laver mon honneur, préserver ma réputation, etc. Des conneries... J'ai refusé. Jean-Jacques, au téléphone, restait de marbre et m'a donné rendez-vous, le lendemain, vers vingt-trois heures, après le bouclage, au Trianon Palace à Versailles. »

On est le mercredi 11 mai 1960, Jean-Jacques est rentré chez lui où l'attendait son conseil d'administration, Lucien Rachet, Jean Riboud, Émeric Gros auxquels s'étaient joints Pierre Mendès France et Philippe Grumbach alors rédacteur en chef. Tous sont tombés d'accord : Françoise Giroud devait quitter le journal. Que se sont dit les anciens amants en se trouvant face à face pour tirer un trait sur huit ans d'une existence brûlante, une existence qu'ils avaient partagée dans l'amour, le métier, les amitiés, les engagements ? Françoise qui s'en va sur l'heure laisse à Grumbach un mot : « Je pense que le mieux est de dire, ici, que j'ai dû partir de toute urgence... pour Rome, par exemple. Je vous rappellerai chez vous. Merci de votre amitié, gardez-la à Jean-Jacques aussi, il en aura bien besoin. »

La directrice et le rédacteur en chef entretenaient des relations complexes. Philippe Grumbach est alors le seul, parmi les journalistes, à connaître ce dénouement et il a déjà résumé à l'intention de Jean-Jacques son sentiment. « Quelle que soit l'issue, lui écrit-il, le 11 mai à quinze heures, je ne plains pas Françoise et je ne crois pas qu'elle soit à plaindre. Même sans vous, elle se serait hissée au-delà de ses possibilités, tant était grande et insupportable l'insécurité intérieure qu'elle a *toujours* ressentie. Je ne la méprise pas non plus : même consciente et organisée, elle a agi de telle sorte qu'on ne peut, sans vertige, se mettre à sa place. Il fallait que son égoïsme, son âpreté, sa soif d'être l'Unique, l'Exemplaire, l'Irréprochable, soit bien proche, bien cousine de la folie pour qu'elle ait fait ce qu'elle a fait. Sans la plaindre, sans la juger, il fallait donc, à l'intérieur du système de références qu'elle avait elle-même accepté imprudemment, tirer la sanction inévitable de sa conduite. »

Grumbach ignore à ce moment-là l'autre vertige qui taraude Françoise Giroud.

Le jeudi 12 mai, Jean-Jacques est à l'heure au Trianon Palace. Sabine l'attend au bar. « Il louait toujours la même chambre mais on ne montait pas. On bavarde. J'ai souvent des sensations de médium. Quand je dis ça, on rigole, mais je m'en fous. Ça a toujours été ainsi. Ce soir-là, j'ai dit à Jean-Jacques : "Vous avez un téléphone très urgent à faire." Il m'a regardée, ahuri : "Mais à qui ?" Je n'en savais rien. Pourtant il s'est dirigé vers la cabine. En revenant, il m'a dit qu'il avait appelé Caroline, la fille de Françoise Giroud, pour lui demander où était sa mère. Caroline habitait l'appartement au-dessous de celui de Françoise. Elle est montée, elle a sonné et personne n'a ouvert. Jean-Jacques a aussitôt appelé les pompiers et il est reparti sur Paris. Comme d'habitude, il n'a pas été très bavard. Je sais que Louis Fournier, son ange gardien, et Philippe Grumbach étaient là et que les pompiers ont dû défoncer la porte. J'avais eu un sentiment d'urgence extraordinaire. Je ne me serais jamais mariée sur un suicide. Jamais. Je serais plutôt entrée au couvent ! »

Françoise Giroud gisait sur son lit, cinq tubes de gardénal dans l'estomac. Elle respirait encore. Le docteur Eliachevitch, qui avait soigné sa mère, et une ambulance l'emmèneront à la clinique chirurgicale Ambroise-Paré à Neuilly. C'est de là, sortie de son état comateux, qu'elle écrira à Jean-Jacques, le 23 mai. Sa plume est hésitante. Comme sa vue ne s'est pas totalement rétablie, elle a des difficultés à écrire et elle aurait préféré lui téléphoner ou le recevoir. Mais les médecins le lui ont interdit. Elle est dans l'incertitude, dans l'angoisse, craignant qu'on ne veuille l'enfermer pendant quelque temps pour la soigner. Elle supplie Jean-Jacques d'intervenir et d'empêcher une telle décision.

Si elle espère que son geste suicidaire ne lui a pas causé trop d'ennuis, elle lui reproche surtout de ne pas l'avoir aidée à mourir, et d'avoir alerté Eliachevitch. Pourquoi, lui dit-elle, lui avoir refusé le seul service qu'elle lui avait demandé ? Son vœu était de reposer, tranquillement, dans une « petite boîte », auprès de sa mère. Et maintenant, la voilà cassée. Si tout le monde veut son bien, personne, explique-t-elle, ne sait ce qu'est son bien.

Enfin, elle évoque les lettres anonymes, affirmant qu'elle ne les a ni écrites ni envoyées. De toute façon, puisque Jean-Jacques a pu imaginer que ces lettres venaient d'elle, pourquoi se battrait-elle pour le convaincre du contraire ? S'il a cru qu'elle en était l'auteur, n'était-ce pas que cette solution lui était la plus commode ? Elle le met néanmoins en garde, concluant : « Maintenant qu'ils m'ont eue, c'est vous qu'ils essaieront d'avoir. Mais pour ça non plus, je ne veux plus me battre. Je ne peux plus rien que pleurer et avoir peur. »

Disait-elle la vérité ? Et si ces lettres anonymes n'étaient que des feuillets tirés de ce manuscrit impubliable qu'elle avait remis à Charles Gombault, des feuillets soigneusement choisis pour créer une apparence de lettres ? Outre Gombault – insoupçonnable –, ce manuscrit n'est-il pas passé entre d'autres mains ? Des témoins le pensent. Il n'y a en effet que dix « documents » dont aucun n'a clairement la forme d'une missive.

En tout cas, lorsqu'elle reviendra, un an plus tard, à *L'Express*, la première note qu'elle remettra à Jean-Jacques est une mise au point sur l'affaire des lettres anonymes. Elle affirme avoir recueilli les aveux de celui qui serait à l'origine de cette épouvantable machination. Elle précise qu'elle a confié à son notaire, sous enveloppe fermée, la confession de ladite personne. « Je ne vous dirai jamais son nom, ajoute-t-elle. Pourtant vous la voyez très souvent. Elle appartient à la direction de *L'Express*. Ma vengeance, donc, sera douce puisque, chaque fois que vous aurez à serrer la main d'un des membres du conseil d'administration ou d'un de vos proches collaborateurs, vous vous demanderez : "Est-ce lui ou elle le traître ?" Ce sera ma seule consolation. »

Se repose la lancinante question : vérité ou mensonge ? À ce jeu-là, Françoise Giroud ne manquait d'aucun atout, ni d'imagination ni du talent ni de l'indispensable zeste de perversité ou de perfidie. Cette note, tapée à la machine, est annotée en marge par Jean-Jacques qui, visiblement, croyait à l'authenticité de son contenu. Alors ? Une certitude : après un entracte de douze mois, la « panthère de velours » avait gardé toutes ses griffes.

Au lendemain du drame du 12 mai 1960, Sabine repartit pour Londres où elle resta jusqu'à l'été. « Jean-Jacques, cette fois, est venu me voir. Et c'est là que nous avons couché ensemble. À l'époque, pas de pilule, on faisait attention mais il y avait beaucoup d'accidents. Je rentre en France début juillet avec une petite robe de mariée, achetée en solde chez Harrod's. J'assiste au mariage de ma sœur et je passe mes dernières vacances de jeune fille en bateau avec mon père. On a eu un gros coup de vent, j'ai été malade et j'ai fait une fausse couche. Ce qui m'a valu, à Calvi, de recevoir sa dernière gifle, car en voulant prévenir Jean-Jacques par Radio-Grasse, j'avais informé tous ceux qui naviguaient dans le triangle Nice-Saint-Tropez-Bonifacio... C'était l'horreur. »

Le mariage est célébré à Veulettes le 11 août, date anniversaire de la mort de l'aïeul, Julius-Joseph Schreiber. Ce jour-là, chaque année, Robert, Émile et Georges s'écrivent pour évoquer le souvenir de leur père. Émile, maire de Veulettes, officie devant une vingtaine de personnes : sa famille, les témoins de Sabine et les Fouquières, arrivés *in extremis*. Le soir, les nouveaux mariés prennent le train pour Cap-Ferrat, où Jean-Jacques avait ses habitudes.

Son esprit est ailleurs. La politique, toujours lestée par la guerre d'Algérie, l'obsède. Le départ de Françoise Giroud, son désir de mort ont laissé un goût de cendres dans les couloirs de *L'Express*. Ils ont failli lui coûter l'amitié de Gaston Defferre, un des très rares dirigeants politiques avec lequel il ne se fâchera jamais. Defferre, comme beaucoup d'autres amis de Jean-Jacques ou de *L'Express*, n'avait pas compris le départ de Françoise Giroud, annoncé de manière sibylline dans les colonnes du journal : « Gravement malade depuis le 12 mai, Françoise Giroud, dans l'impossibilité d'assumer effectivement ses responsabilités de directrice générale adjointe de *L'Express*, a préféré les résilier car de longues semaines de convalescence et de repos lui seront probablement nécessaires avant qu'elle ne soit en mesure de reprendre une activité professionnelle... L'équipe de *L'Express* lui souhaite avec affection un complet et rapide rétablissement et la prie de trouver ici le témoignage unanime de notre affection. »

Gaston Defferre s'était inquiété du sort de Françoise Giroud et s'en était ouvert à Jean-Jacques : « (...) J'ai trop d'estime et d'amitié pour vous pour ne pas vous dire franchement ce que je pense. C'est une erreur, me semble-t-il, et même une façon de ne pas prendre vos responsabilités, de dire : “C’est Rachet qui est chargé de tout, ce qu’il fera sera bien fait.” Vous êtes généreux et désintéressé, j’ai peur que Rachet et même Mendès ne le soient pas comme vous. Je crains que le règlement qui sera proposé à Françoise, et qu’elle acceptera quel qu’il soit, à cause de vous et parce qu’elle n’est pas en état de discuter, ne soit insuffisant. Étant donné le rôle qu’elle a joué dans la réussite de *L’Express*, je considère, qu’en plus d’une indemnité élevée, il faut qu’elle soit à l’abri de tous soucis matériels pendant plusieurs années comme si elle avait continué à travailler au journal. Un journal, comme le vôtre, peut supporter un traitement de directeur, sans trop de difficultés pendant une assez longue période sans que son équilibre financier soit compromis. J’espère que vous ne m’en voudrez pas, Cher Jean-Jacques, de vous écrire cela. C’était mon devoir aussi bien vis-à-vis de vous que vis-à-vis de Françoise. »

Le directeur de *L’Express* le prendra très mal. S’ensuivra un échange de courriers qui aurait pu déboucher « sur un beau gâchis » comme l’écrira Jean-Jacques à son « Cher Gaston », avant de conclure : « (...) Pour ma part, je conserve l’estime et l’amitié que j’ai pour vous depuis de longues années. Dans cet épisode navrant, vous n’étiez pas en mesure de voir clair ; et je n’y pouvais rien. Nous avons été blessés l’un et l’autre. Je souhaite de tout cœur que ces blessures cicatrisent et que nous nous retrouvions, franchement, loyalement, aussi liés que nous l’étions. »

Lucien Rachet et Émeric Gros s’étaient occupés de gérer la démission de Françoise Giroud. Elle n’a pas été maltraitée. Elle a reçu d’une part une indemnité substantielle, d’autre part une belle propriété à Gambais, dans les Yvelines, le village du tristement célèbre Landru qui brûlait ses maîtresses dans son fourneau de cuisine. « C’est moi qui ai signé le chèque, quatre-vingt-dix millions anciens, précise Émeric Gros. Le prix de sa résurrection...*. »

Françoise Verny, agrégée de philosophie, rédactrice en chef de *L’Écho de la mode*, a remplacé Françoise Giroud. La mayonnaise ne prendra pas. Mais le journal, sous l’impulsion de Jean-Jacques, et sous la férule de Philippe Grumbach, restera aussi offensif, talentueux, toujours tiré par un cocktail de brillantes

* Quatre-vingt-dix millions anciens, c’est-à-dire neuf cent mille francs en 1960. Soit l’équivalent actuel de un million deux cent mille euros.

signatures. Et l'éditorialiste JJSS gardera le cap, son combat contre le gouvernement de Michel Debré, contre de Gaulle qui manœuvre entre les partisans de l'Algérie française et les partisans de l'indépendance. Les deux camps durcissent respectivement leurs positions.

Mais Jean-Jacques n'a qu'une cible, les gaullistes. François Mauriac ne peut plus supporter ce qu'il appelle cette « haine cuite et recuite », comme il ne peut plus tolérer les dessins antimilitaristes et anticléricaux de Siné. Le directeur et l'académicien s'interpellent, semaine après semaine, à travers un courrier de plus en plus venimeux ou par articles interposés. Si tout cela ne manque pas d'allure, les paris désormais sont ouverts sur le départ imminent du prix Nobel.

Quelques échanges de lettres suffisent à mesurer l'ampleur du contentieux. On est au moment où de Gaulle prend le virage qui va conduire à l'indépendance de l'Algérie et au référendum du 8 juillet 1961 sur l'autodétermination. « Croyez-vous au Père Noël ? » écrira JJSS…

François Mauriac, le 2 octobre 1960 : « Si je vous blesse, vous me blessez. Et je vous jure qu'il me faut beaucoup raturer pour ne pas dépasser cette mesure d'indignation que vous trouvez excessive. Je comprends l'opposition à de Gaulle (celle de Mendès France, par exemple) mais non le dédain, le mépris que vous affectez et qui me font souffrir *pour vous*. Qu'avez-vous fait de ce don d'analyse politique où vous excelliez ? Je ne suis pas le seul, même parmi les amis de *L'Express*, à ne pas aimer cette campagne entreprise auprès de jeunes soldats dans la légalité. Mon cher Jean-Jacques, je me demande jusqu'où vous pourrez continuer et soutenir cette gageure… Je regretterai, certes, cette incomparable tribune, mais un moment viendra, je le crains, où vous comprendrez que ce n'est plus possible. En tout cas, je ferai ce que je pourrai pour retarder ce moment ou pour empêcher qu'il arrive. Si encore, vous aviez l'excuse de présenter une force de remplacement ? Mais vous n'avez rien à nous proposer que la guerre civile, c'est d'elle que je veux parler dans mon prochain “Bloc-notes”. Affectueusement. »

JJSS, le 10 octobre : « (…) Je ne partage pas tout à fait vos inquiétudes car je crois que l'évolution de la situation nous mettra forcément du même côté. Peu à peu, le pays se réveille à une volonté réelle de négociations en Algérie, ou bien de Gaulle prendra la tête de ce mouvement et il imposera aisément ses décisions; nous serons tous derrière lui. Ou bien de Gaulle ne répondra pas, par crainte de certains éléments de l'armée, à cet appel profond et je crois qu'alors nous tomberions également d'accord.

« Il n'est pas vrai que la France soit divisée en deux. Il y a d'une part les forces vives du pays (en particulier la jeunesse, l'université et la classe ouvrière), et d'autre part une fraction de l'armée. Les choses se simplifient. Le *statu quo* devenant intenable, de Gaulle devra bientôt se prononcer. »

Début décembre, alors que le Général est en Algérie, une émeute éclate à Alger entre les pieds-noirs, des milliers de musulmans qui brandissent le drapeau FLN et le service d'ordre. On relève plus de quatre-vingts morts dont soixante-quinze musulmans. À Paris, c'est la stupeur. Jean-Jacques, dans *L'Express* du 15 décembre, fustige et les ultras et... de Gaulle, dont la politique ne serait ni assez ferme ni assez courageuse ni assez claire, affirmant que l'armée avant 1958 était moins intoxiquée qu'aujourd'hui.

Il est alors un des très rares éditorialistes à n'avoir pas désarmé. Il votera « non » au référendum sur l'autodétermination qu'il range au « magasin des accessoires »*.

Le lendemain, Mauriac lui écrit : « J'aurais souhaité que cette lettre ne vous apportât que des remerciements pour le chèque de fin d'année, mais les circonstances m'obligent à vous faire part d'une décision qui vous peinera peut-être plus qu'elle ne vous étonnera. Je suis résolu de quitter *L'Express* en janvier prochain. Le dernier numéro a fait déborder la coupe, mais j'ai d'autres raisons que celles qui relèvent de la politique. Certes, cela compte d'abord. Comprenez que l'opposition à de Gaulle m'apparaît très légitime. Rien ne m'a choqué dans l'article de Mitterrand ou dans celui de Jean Daniel. Que le ton du vôtre m'ait indigné, à quoi bon épiloguer là-dessus ? Vous reviendrez tout autre quand de Gaulle aura repris la situation en main. Les caricatures évolueront aussi. Enfin, je me dis qu'en écrivant un pareil article, sans m'en avertir, vous couriez le risque de mon départ, que vous

* Le 8 janvier 1961, la victoire du « oui » sera écrasante : 75,26 %.

l'aviez sans doute accepté d'avance et que vous deviez le juger inévitable.

« Il y a autre chose : toute la partie brillante de *L'Express* (arts, lettres, cinéma, etc.), je n'ai rien à en dire ni à en blâmer. Simplement le chrétien que je suis ne peut plus sans scandales couvrir de son pavillon des interviews comme celle de l'éditeur de Sade et d'*Histoire d'O* – et qui se vante (il fait partager sa joie à Madeleine Chapsal) d'avoir publié un livre de pornographie *sacrilège* contre le Seigneur*. Rien que pour cela *j'ai honte* d'avoir collaboré si longtemps avec vous, d'être responsable de votre succès. Car, je vous le dis : il y a une odeur que je connais bien dans ce que dit cet homme et que votre ex-femme recueille… C'est le mal absolu, cher Jean-Jacques, *croyez-moi*.

« Enfin la troisième raison de mon départ est mon âge. Vous pouvez vous arrêter quand votre santé l'exige. Le "Bloc-notes" me rive à mon banc, sans que je puisse reprendre haleine. Il me faut trouver une forme de travail appropriée à la vieillesse où je suis entré.

« Voilà, cher Jean-Jacques : vous me ferez l'honneur de ne pas croire que je cède aux sollicitations d'un mobile quelconque. J'ignore ce que je vais faire.

« Et je demeure persuadé que *L'Express*, à qui mon départ eût fait le plus grand tort autrefois, en sera plutôt allégé, aujourd'hui. Le tout pour vous est de savoir ce que vous devez mettre à cette devanture. Pourquoi pas un roman de Sagan ou de Simenon ?

« Cher Jean-Jacques, ne m'en veuillez pas et croyez que je vous demeure reconnaissant de l'amitié que vous m'avez montrée durant ces cinq années. Je reste votre François Mauriac. »

À cette date, les supputations sur son départ vont bon train dans la presse. Le 27 décembre, dans des termes comminatoires qui frisent l'insolence, Jean-Jacques lui demande de censurer des passages de son « Bloc-notes » : « (…) Je pense qu'il peut faire beaucoup de tort, dans sa virulence et certains de ses excès, à nous tous, au journal comme à vous-même. Je me permets donc d'attirer votre attention sur deux passages particuliers, que je vous demande d'examiner de nouveau.

« 1 – Parler du premier *Express* et des premiers lecteurs est déplaisant et injuste. En vérité, nous avons élargi notre public et

* Sade et *Histoire d'O* de Pauline Réage avaient été édités par Jean-Jacques Pauvert.

nos rubriques mais tous les lecteurs du début – à peu d'exceptions près – sont encore parmi nos lecteurs d'aujourd'hui. Pourriez-vous enlever cette expression de "premier" et parler seulement du public de *L'Express* d'hier comme d'aujourd'hui ?

« 2 – Le passage où vous qualifiez *L'Express* ("tel qu'il n'était pas dans ses commencements mais tel qu'il est devenu") "d'anticlérical, antimilitariste, anarchiste et érotique", me semble vraiment très excessif, c'est sans doute à Siné que vous pensez, mais comment englober tout le journal dans une pareille définition ? Je regretterais vivement que vous laissiez cela sous cette forme.

« Ce sont les deux seules choses que je dois vous signaler dans l'immédiat pour parer au plus urgent et au plus grave. Évidemment j'aurais bien plus à dire sur ce "Bloc-notes" si différent du précédent. Nous en reparlerons ensemble tranquillement, si vous le voulez bien. Mais peut-être serais-je obligé maintenant de vous répondre moi-même dans le journal puisque je suis, bien entendu, responsable de tout ce qui paraît. »

Le 28, François Mauriac répond non plus à son « Cher Jean-Jacques » mais à un « Cher Monsieur » : « Votre lettre m'étonne beaucoup. Je ne croyais pas que ce "Bloc-notes" fût plus polémique. Le fait que le public de *L'Express*, en doublant, par les moyens qui sont les siens (à partir de *Madame Express*) ait perdu en pureté, est si *évident* que j'étais à mille lieues de me douter que vous puissiez être blessé par cette évidence. Mais enfin, j'ai supprimé ce qui vous avait choqué. Je reçois beaucoup de lettres dans tous les sens. Les plus nombreuses me disent de rester. Pardon de vous avoir blessé. Je vous jure que je ne croyais pas l'avoir fait. Si vous voulez que je m'en tienne là, le mieux serait que vous ne répondiez pas – où alors de telle sorte que je puisse vous laisser le dernier mot. »

La correspondance va s'interrompre. Mauriac ne partira pas en janvier comme il disait le souhaiter. Il fera état, dans ses derniers « Bloc-notes », de lettres contradictoires qu'il reçoit des lecteurs, soit de quitter *L'Express*, soit de « ne pas déserter ». Il confiera à son public ce qu'il écrivait à Jean-Jacques : « D'un côté, j'aime ce "Bloc-notes", ce public de *L'Express* si vivant, qui reste le meilleur de France, le moins asservi à l'argent et intellectuellement le plus honnête, bien que la "nouvelle vague" l'ait un peu recouvert. Si je pars, je ne retrouverai jamais cette tribune. Et (...) nulle part, cette liberté totale qui m'a été accordée ici.

« Tout cela est vrai. Il n'empêche qu'à l'opposé l'intérêt me souffle : il est tant de faire la retraite... »

La retraite, il la fera en avril 1961. Le 11 de ce mois, alors que le double terrorisme, FLN et OAS, connaît une brusque accélération, de Gaulle, lors d'une conférence de presse, se dit persuadé que l'État algérien sera « souverain en dedans et en dehors » et déclare placidement : « Aujourd'hui la France considérerait avec le plus grand sang-froid une solution telle que l'Algérie cessât d'appartenir à son domaine, solution qui, en d'autres temps, aurait pu paraître désastreuse pour nous et qu'encore une fois nous considérons avec un cœur parfaitement tranquille. » Il souligne que les combats sont moins meurtriers que naguère, retrace l'œuvre de la France dans le pays et fait valoir que « la décolonisation est notre intérêt et par conséquent notre politique ».

Piqué au vif par on ne sait quel poison, Jean-Jacques ne veut voir dans la négociation que propose le Général que cynisme et mercantilisme.

« Je risque de choquer beaucoup de nos lecteurs, s'excuse-t-il en ouverture de son éditorial du 13 avril. Mais puisqu'en écoutant de Gaulle, j'ai eu honte, je le dis : j'ai eu honte... de Gaulle a parlé – je m'excuse, mais c'est bien ainsi – comme un marchand de tapis. Mais peut-être la négociation, à ce niveau, va-t-elle reprendre. Si oui, triste négociation, triste avenir. Si non, lamentable politique, et chantage bien inutile...

« Étonnant personnage, tragique destin... Le voici au bout de son périple, qui parle comme un mercantile. Quoi qu'il arrive maintenant – guerre prolongée ou pourparlers de paix – les termes gaullistes auront réduit l'affaire à un négoce, à un troc, sans allure, sans prolongement, sans avenir... L'image qu'il nous donne de la France est trop déprimante, trop mesquine, trop archaïque... De Gaulle donnera l'indépendance à l'Algérie. Puis il libérera la France – le jour où il s'en ira. »

Cette fois, pour François Mauriac, la coupe est pleine. L'épître arrive de Malagar où, en ce beau printemps de 1961, il se repose. « Il n'y aura plus de prochain “Bloc-notes” et il n'y en aura plus jamais à *L'Express*. Je ne mets pas en doute que vous

vous y attendiez et que vous saviez, en publiant votre dernier éditorial, que vous décidiez mon départ. Je ne pouvais en effet vous répondre du même ton sans donner à notre public l'impression d'un coup monté en coulisses.

« Je quitte *L'Express* au meilleur moment pour vous : vous n'avez plus besoin de personne et la présence de Françoise Verny m'assure que mon départ n'aura pas les conséquences que je redoutais naguère.

« Retrouverai-je ailleurs l'équivalent de cette tribune ? J'en doute beaucoup. Mais il n'a pas dépendu de moi de sauver ce qu'en écrivant votre dernier article vous étiez résigné, sinon résolu, à perdre. »

En dépit des suppliques de Jean-Jacques – qui lui téléphone, lui adresse des télégrammes – il ne reviendra pas sur sa décision. Mieux, quatre jours plus tard, sachant qu'il doit rencontrer de Gaulle en tournée dans la Gironde, il remuera un peu plus le couteau dans la plaie : « (...) Je tiens beaucoup quant à moi à ne créer aucune équivoque sur mon départ. Il est très douteux que je puisse parler seul à seul avec le Général qui vient demain à Langon*. Mais si l'occasion s'en présente, je tiens beaucoup à ce qu'il sache que je ne suis plus le collaborateur d'un journal qui le traite de mercanti et de marchand de tapis. »

Jean-Jacques est ébranlé, atteint dans ses fibres sentimentales mais il n'en laissera rien paraître dans son « Adieu à François Mauriac », feignant avec hauteur de s'en tenir aux seules conséquences pour *L'Express* sans s'impliquer lui-même : « François Mauriac aime de Gaulle, comme les Anglais aiment leur reine, comme un roi. Mais, pour nous, de Gaulle est un homme politique et l'amour n'est pas le problème... François Mauriac, de toute la force de son prestige, porte un coup à *L'Express*, à son équipe, abandonne son combat et ses lecteurs... »

Ainsi s'achevaient six années d'une collaboration tumultueuse, six années qui portèrent le génie du Mauriac journaliste à son état le plus incandescent. Cette crise n'entamera pas fondamentalement l'amicale affection du vieil homme de Malagar pour l'éternel négateur du gaullisme. Si plus tard, dans *Le Figaro littéraire* où il a logé son « Bloc-notes », il ne l'épargne pas – qui ne se souvient de « Kennedillon », un sobriquet dont il l'habille ! –, il lui gardera cette admiration mêlée d'épatement qu'il éprouva

* Sa propriété de Malagar est sur la commune de Langon.

dès leurs premières rencontres. Quand Jean-Jacques partira, dans la perplexité générale, à l'assaut de la Lorraine, l'été 1970, Mauriac n'écrira-t-il pas – ce sera son avant-dernier « Bloc-notes » : « J'ai confiance dans sa lucidité. Il a eu raison contre tout le monde. Il continuera. »

15

La campagne d'Yvetot et la guerre des *Échos*

François Mauriac est parti, David Servan-Shreiber vient au monde, Françoise Giroud va revenir, et la France se sort d'un énième cyclone, le « putsch d'Alger », tel est le résumé télégraphique de la vie à *L'Express* dans ces mois d'avril-mai 1961.

Sabine n'a rien oublié de ces moments, et pour cause ! « Le 21 avril* me parut un jour anormalement calme – on écoutait beaucoup la radio en ce temps-là – jusqu'aux premières contractions. David est né à midi. Jean-Jacques est arrivé presque aussitôt, celui de notre première rencontre, le visage hermétique, costume noir, etc. Sans doute les nouvelles d'Alger le préoccupaient. On lui a mis l'enfant dans les bras sur le seuil de la chambre. David avait les yeux grands ouverts, ce qui est assez rare pour un nouveau-né. Et là, j'ai vu Jean-Jacques craquer, une étonnante et brusque métamorphose, il est devenu père ce jour-là. Il m'a dit : "Que veux-tu ?" Pour le cadeau d'usage au premier-né, mon beau-père, Émile, avait, certainement, tout organisé. Et je lui ai répondu : "Rappeler Françoise à *L'Express*." Jean-Jacques n'a fait aucun commentaire. Il était, je crois, content. Je dis bien "je crois". Ma réponse n'était pas spontanée. Enceinte, j'allais parfois à *L'Express*, peu, mais assez pour mesurer l'ampleur du deuil depuis le départ de Françoise Giroud. Elle manquait tragiquement. Jean-Jacques galérait. Françoise s'était repliée à *France-Soir*, choyée par les Lazareff et Charles Gombault. Dès janvier 1961, j'avais commencé à magouiller avec mon père qui était intime des Lazareff, qui allait le dimanche à Louveciennes, comme il allait chez les Rothschild à Ferrières. Avec Marguerite

---

* Le putsch des généraux aura lieu le 22 avril.

Duval, ex-assistante de Françoise Giroud à *Elle*, Primerose Bordier, Gombault, etc., il a tout fait pour que l'idée du retour de Françoise chemine subtilement. L'occasion de la naissance de David me semblait opportune pour donner mon opinion et mettre la famille au courant. Jean-Jacques en a donc parlé. Ma belle-mère s'est récriée : "Mais enfin, Sabine, vous n'allez pas laisser un ange noir flotter au-dessus de votre couple." Christiane et Jean Ferniot furent violemment contre, "C'est une folie !". Brigitte était plutôt de mon côté et Bernadette a suivi Jean-Jacques. Françoise Giroud a donc été rappelée, et Bollardière a été le parrain de David. Par la suite, je n'ai guère fréquenté Françoise, je le regrette. Avec Jean-Jacques, elle a retrouvé immédiatement une complicité dans laquelle je ne suis jamais intervenue, d'aucune façon. Quand Jean-Jacques me disait : "Je pars en week-end à l'Éden-Roc avec Françoise." Je ne bougeais pas. Je le supportais sans douleur. Je n'étais pas jalouse. Dans mon esprit, Françoise Giroud, c'était vital pour *L'Express*, où elle était chez elle. »

Quand le tandem reprend les rênes du journal, le putsch d'Alger n'est plus qu'un mauvais souvenir. De Gaulle l'a tué dans l'œuf, léguant à l'histoire une formule, une de plus, qui traîne encore dans les mémoires : « Un quarteron de généraux en retraite. » Ainsi qualifia-t-il les putschistes Challe, Zeller, Jouhaud et Salan. Puis il décida de recourir à l'article 16 de la Constitution, celui qui lui donnait les pleins pouvoirs. La parade était impériale, définitive, la sanction brutale. L'effondrement de l'insurrection, la lassitude de la métropole, la haine galopante entre les deux populations algériennes, les divergences internes chez les pieds-noirs, l'ouverture des pourparlers d'Évian, n'étaient-ce pas autant de données tangibles qui conduisaient vers l'indépendance de l'Algérie* ? En apparence rien ne change, et JJSS ne veut retenir que cette apparence.

Durant tous ces mois qui iront jusqu'à la proclamation de l'indépendance le 1er juillet 1962, il montera encore d'un cran dans sa condamnation du Général et publiera ses éditoriaux les plus violents. Après le premier attentat visant de Gaulle, organisé par l'OAS à Pont-sur-Seine sur la route de Colombey – un

* Des tractations entre le GPRA (Gouvernement provisoire de la République algérienne) et le gouvernement français commencent le 20 mai à Évian. La question du Sahara sera centrale et les pourparlers mettront dix mois – 18 mai 1962 – pour aboutir.

second plus grave aura lieu au Petit-Clamart en août 1962 –, il partagera l'émotion de tous ses confrères et de toute la classe politique, pour mieux, huit semaines plus tard, se livrer à une acrimonieuse provocation : « Le Général de Gaulle se porte bien. Les témoignages de ceux qui l'ont vu dîner à Ajaccio, à Toulouse, à Marseille, à Aix, sont unanimes et admiratifs : il mange comme quatre et manifeste une excellente humeur. Il est tranquille. La présence à la tête de l'État du héros de la dernière guerre sert encore de paravent. Mais ce qui se prépare derrière est tout ce qu'il y a de plus clair, la loi de la matraque, de la mitraille et de la baignoire. De cela, vous êtes convaincus. Vous savez aussi qu'une dictature de la force, une fois installée, reste et se perpétue. Qui aurait liquidé Mussolini sans guerre, Hitler sans guerre, qui liquidera Franco, qui Salazar… Si nous ne renversons pas le cours des choses, si nous n'arrêtons la montée de l'OAS et si nous n'écrasons pas la guerre d'Algérie, c'est fini ; vous le savez. Fini pour vous, fini pour nous… » Il récidivera dans le dernier numéro de 1961 : « (…) Tout est à double face, équivoque, incertain, ambigu. Ce n'est pas un hasard, c'est le fondement du régime… Le pouvoir qui en est issu nous enfonce dans le mensonge, nous empoisonne le sang, nous ronge la raison… L'OAS est un alibi bien commode, et la guerre d'Algérie, ponctuée de petites ou grandes négociations, est un truc épatant… De Gaulle au pouvoir, c'est la démission et la démence – la télévision à la place du cerveau. »

Ces morceaux choisis lui vaudront quelques volées de bois vert de la part de Mauriac dans *Le Figaro littéraire*. Que lui importe ! Lors de l'annonce d'un cessez-le-feu en février 1962, il n'aura pas un mot de gratitude envers de Gaulle, réussissant une performance inégalée dans la presse de gauche ou modérée. Cet aboutissement, explique-t-il, ne doit rien au Général, au gouvernement français. Elle doit tout à « Ben Bella, Krim Belkacem, Boudiaf et quelques autres, cette demi-douzaine de visionnaires politiques… L'indépendance de l'Algérie ? Incroyable, la voici… Elle restera, sans doute, comme le chapitre le plus extraordinaire de l'émancipation des peuples… Si ces hommes, ces Algériens ont été capables de réussir, nous pouvons, j'en suis sûr, et de notre vivant, refaire la France… ».

Jean-Jacques n'était pas le seul à enrôler de Gaulle dans les rangs de Mussolini, Hitler, Franco, Salazar – à l'époque le slogan « gaullisme = fascisme » était scandé par toute la gauche. La violence, il ne faut pas l'oublier, était à son paroxysme. Les attentats OAS se multipliaient. L'appartement de Françoise Giroud fut dévasté par une bombe ; les domiciles des Servan-Schreiber et des Ferniot étaient sous surveillance ; le logement de plusieurs personnalités était plastiqué dont celui d'Hubert Beuve-Méry, Maurice Duverger et Michel Droit ; un ancien membre du Parti communiste fut assassiné à Alençon ; une charge de dynamite qui devait atteindre André Malraux éborgna à vie une fillette, Delphine Renard ; Philippe Grumbach échappa à un attentat ; à l'ouverture du congrès du Mouvement de la paix à Issy-les-Moulineaux, une voiture piégée explosa, trois morts… Devant cette escalade de la barbarie, la mobilisation contre l'OAS était de plus en plus difficile à contenir et au métro Charonne une manifestation tournera à l'émeute, provoquant une réaction policière d'une brutalité sanglante. Huit manifestants moururent étouffés en plein cœur de Paris ! Ce fut la consternation. Les Français comprenaient de moins en moins l'attitude des forces de l'ordre qui tuaient des manifestants dont les objectifs rejoignaient ceux du gouvernement : la lutte anti-OAS et la paix en Algérie.

Jean-Jacques, comme la gauche, exploitait ce désarroi, mais son opinion n'était pas dictée par une quelconque idéologie, elle se voulait démonstrative, pédagogique. Sa raison le guidait : le régime gaulliste, par ses origines, par ses mécanismes de fonctionnement, par les groupes d'intérêt qui le soutiennent, ne pouvait pas faire la paix en Algérie. Une fois cette paix acquise, Jean-Jacques ne sera nullement ébranlé dans ses convictions. Il changera de cheval de bataille sans changer de point de vue : le régime gaulliste ne peut moderniser la France, écrira-t-il sans discontinuer.

Son refus d'un engagement idéologique affirmé – il est de « gauche » au sens vague du terme –, dont on doit saluer la constance, sera, à ce moment-là, compensé par son entrée sur le terrain de la politique active, grâce à une accélération imprévue du calendrier électoral.

Le 8 avril 1962, 90 % des Français ont répondu « oui » au second référendum sur l'autodétermination qui entérinait l'indépendance de l'Algérie. Un chapitre de notre histoire était clos. Michel Debré, le devoir accompli – le règlement algérien – souvent dans le déchirement de sa conscience, quittait Matignon remplacé par Georges Pompidou. Or, après l'attentat du Petit-Clamart le 22 août qui a failli lui coûter la vie, de Gaulle continuant d'imprimer sa marque volontariste, décide de précipiter la réforme de la Constitution. L'attentat avait suscité une vive émotion populaire ; on ne comprenait plus ce que voulait l'OAS puisque l'indépendance de l'Algérie était acquise et sans retour. Le Général allait saisir cet instant dramatique pour annoncer un nouveau référendum sur l'élection du président de la République au suffrage universel.

Sa déclaration va cristalliser et déchaîner les oppositions, précipitant les événements. Pour ses adversaires, ce n'est ni plus ni moins qu'un changement de République, une « violation » extravagante de la Constitution, une « forfaiture » et, unis dans ce concert d'anathèmes, la gauche, le MRP, une partie de la droite vont déposer une motion de censure. Elle sera, pour la première fois, votée. Comme Georges Pompidou lui présente logiquement sa démission, de Gaulle lui demande de rester en place, mais, en revanche, renvoie les députés devant leurs ouailles et prononce la dissolution de l'Assemblée.

Inutile de préciser que, pendant toute cette cavalcade, le directeur de *L'Express* est dans le camp des oppositions à la réforme constitutionnelle, il parle de « technique » du coup d'État, de « plébiscite » et de « drôle de démocratie ». Le pays quant à lui se prépare à deux scrutins, le référendum qui se déroulera le 28 octobre*, puis les élections législatives prévues les 18 et 25 novembre.

Au lendemain de la dissolution, Jean-Jacques a consulté Mendès France et Gaston Defferre. Il veut être candidat. Où ? On tombe vite d'accord. La circonscription d'Yvetot, en Seine-Maritime, qui englobe Veulettes. La famille est bien implantée dans le pays de Caux. Il a trente-huit ans, le bel âge pour s'élancer, et il sent souffler ce fameux « vent portant » qui l'a toujours poussé, prétend-il, dans les moments charnières de son existence. Ne vient-il pas de rencontrer en tête à tête à la Maison-Blanche John

* Le « oui » l'emportera avec 62,25 % des suffrages.

Kennedy, le jeune président des États-Unis ? Il y a eu des photos, des commentaires dans la presse. Il a la ligne directe avec deux des principaux conseillers de Kennedy, les professeurs Arthur Schlesinger et John Kenneth Galbraith qu'il a connus dès 1944 à Harvard. Kennedy vient justement de dénouer la crise de Cuba – l'URSS retire ses fusées de l'île – et dans *L'Express* du 25 octobre, en prologue à sa bataille d'Yvetot, il se laisse emporter par un lyrisme auquel il ne nous avait pas accoutumés : « Kennedy… Comme je pense à lui, heure par heure et jour par jour. Kennedy, je suis dans sa peau, dans son cerveau… Il est là, je lis à livre ouvert, je n'aurais même pas besoin de regarder les journaux. Je le sens, je le pressens, je pourrais vous dire comment bat son cœur, comment fonctionnent les vaisseaux sanguins de son cerveau, comment il réfléchit, comment il décide.

« Non que je me prenne pour Kennedy. Je ne suis pas encore assez fou pour le croire, parce que je suis modeste candidat dans un arrondissement normand. Non. »

Kennedy à mi-mandat est lui aussi en pleine bagarre électorale pour le renouvellement du Congrès américain, un renouvellement dont dépend, en réalité, son pouvoir. « Ah, ce Kennedy-là, poursuit Jean-Jacques, croyez-moi, tous les candidats y pensent, tous ceux qui ont lu son fameux livre pour la présidence *La Victoire de Kennedy* (…). Accepter l'idée de la défaite sans faire tout – et je dis tout – pour l'éviter, c'est ne pas être Kennedy. Il est, par nature, jusque dans la moelle de ses os, il l'était déjà par la volonté de son père dans le ventre de sa mère, Le Candidat. »

Son identification débridée, transparente à Kennedy, jusqu'à la célébration du ventre de la mère – il savait de quoi il parlait ! –, n'avait pas échappé à la sagacité de François Mauriac. Quelques semaines plus tard, l'académicien s'en souviendra, lui taillant cet habit de « Kennedillon »… Quand JJSS à la fin des années soixante partira à la conquête du Parti radical, le sobriquet de Mauriac et sa fascination pour le Président assassiné continueront de le poursuivre.

En revanche, on aura alors oublié sa campagne de 1962 où pourtant le style et les grands thèmes schreibériens sont déjà au rendez-vous. C'est probablement le seul candidat de l'Hexagone qui soit alors un familier du marketing politique à l'américaine et qui va l'expérimenter. Comment on vend un candidat ? Il a appris la leçon et dans son esprit tout est valable pour défendre et faire connaître ses convictions. Le voilà, entre Luneray et Doudeville, entre Tôtes et Bacqueville, qui soigne son image comme s'il briguait la Maison-Blanche. Rien n'est laissé au hasard. Le visage est bronzé, l'allure décontractée, le costume sombre et chic. Il contrôle les photos distribuées aux journaux, il se déplace avec sa secrétaire, quelquefois Sabine enceinte d'Émile junior. Il fabrique un journal, *Le Progrès cauchois*, qui publie un reportage avantageux et intime – ça ne se faisait pas du tout – tandis que le père Avril donne un article visant à désolidariser l'Église des partis de droite avec lesquels elle se compromettait en tant de lieux et de circonstances. Dans ce pays de tradition catholique, c'est de bonne tactique. Le père Avril recevra un sévère coup de crosse de Joseph-Marie Martin, archevêque de Rouen, mais l'image de Jean-Jacques n'a pas de prix. Enfin, pour parfaire la touche moderne de sa candidature, son suppléant, le docteur Pierre Bobée, maire d'Yvetot, l'appelle Jean-Jacques dans les salles des fêtes et sous les préaux. « Qui est donc ce Jean-Jacques dont on nous bassine ? » demandera un paysan. « Vous n'êtes certainement pas du pays, car vous sauriez qui est Jean-Jacques, lui répondra Bobée. Ici on dit Jean-Jacques, comme on dit Gérard pour désigner le maire de Doudeville. » Et le paysan de s'exclamer : « Ah ! Je ne savais pas que M. Lecomte s'appelait Gérard... »

Sur le fond, le programme du candidat contient en germes celui de l'auteur de *Ciel et Terre*, le manifeste du Parti radical publié en 1971. Représentant d'une « gauche » qui n'est liée à aucun parti, « républicain, candidat de défense des intérêts du pays de Caux », Jean-Jacques condamne vigoureusement les querelles idéologiques et met l'accent sur les problèmes économiques, l'industrialisation de la région, les équipements scolaires et hospitaliers. « Le pays de Caux n'a pas la prospérité de la Normandie, explique-t-il aux électeurs. Au milieu d'un département riche, c'est une région délaissée et sous-développée au même titre que la Creuse et la Corrèze. Mais à la différence de ces deux départements, sa pauvreté est méconnue. Il lui faut un avocat efficace qui sache modifier la psychologie de Paris... Il n'y a pas de lycée dans l'arrondissement, ni même de collège technique. Cela n'est-il pas scandaleux ? L'idée que l'on se fait à Paris du pays de Caux est absolument fausse... Un enfant de ce pays n'a pas le dixième de chance d'un enfant de Paris... »

Il dit encore « la vie économique doit devenir le cœur de la politique », et s'il est élu, il va réunir des « états généraux du pays de Caux pour affronter le pouvoir de Paris ». N'est-ce pas cette opposition Paris-province, pouvoir central-pouvoir local, qui alimentera dix ans plus tard son combat en faveur du pouvoir régional ? Sur les terres cauchoises, ses déclarations ne sont pas d'une facture habituelle. Dans les réunions, on lui lance souvent : « Mais de quel parti politique êtes-vous ? » S'il refuse d'entrer dans ce débat, on l'écoute malgré tout, et son discours sur les questions sérieuses – c'est-à-dire l'économie – retient l'attention. Quelque chose se passe. À l'échelle nationale, le scrutin se soldera par un raz de marée gaulliste et dans cette débandade de la gauche, à l'exception du PCF qui accroît légèrement ses voix, le candidat d'Yvetot, en obtenant le ballottage, réalisera une belle performance.

Au second tour, toute la droite va se ressouder autour des candidats gaullistes et il sera battu, comme Mendès à Évreux, dont la défaite lui fera monter les larmes aux yeux. « La bataille est terminée, écrit-il au père Avril. Elle a été dure, très dure. Mais nous avons réussi à tenir sur l'essentiel : j'ai brisé, dans ce pays de traditions et de conformisme, la barrière qui séparait les hommes de progrès à cause des préjugés et des sectarismes. Il n'y a plus ici, autour de nous, ni de cléricaux ni d'anticléricaux. Et nous avons remporté seize mille voix, ce qui ouvre la voie de l'avenir. »

Une autre bataille commence chez les Servan-Schreiber, la bataille des « Émile » et des « Robert ». Plus d'un demi-siècle de solidarité, d'affection, de complicité entre les deux fils de Joseph-Julius Schreiber, va tourner brusquement à la guerre. « Les Atrides ! s'exclamera Émile. Tout y est. Le pouvoir, l'argent, les femmes ! » Au terme de ce combat fratricide, Jean-Jacques enregistrera une nouvelle rupture, avec Pierre Mendès France cette fois.

On a un peu perdu en chemin Jean-Claude Servan-Schreiber, le « gaulliste de la famille », comme il se définit lui-même. Jean-Claude voulait, lui aussi, démarrer une carrière politique à l'occasion des législatives de novembre. Sous la tutelle de son oncle Émile, il est directeur général des *Échos* où l'a rejoint son jeune cousin Jean-Louis, nommé directeur de la rédaction. Son père, Robert Servan-Schreiber, fatigué, victime d'un œdème au cerveau, s'est retiré dans son château de Montfrin et n'a plus beaucoup d'influence au sein des *Échos* ; il aura bientôt quatre-vingt-trois ans.

Depuis sa sortie de Sciences-Po, Jean-Louis a trouvé sa place au sein des *Échos* dont il a refaçonné la maquette et renforcé l'équipe rédactionnelle. La modernisation a coûté cher mais le chiffre d'affaires a fortement progressé et les bénéfices de la « boulangerie » sont toujours très substantiels. Tout pourrait continuer comme avant.

« Après la dissolution, raconte Jean-Claude, j'ai demandé à mon oncle Émile quelle serait sa réaction si j'étais candidat dans une circonscription quelconque. Sa réponse fut nette : "Le journal des *Échos* est un journal tout à fait apolitique. Il n'est pas question que j'engage son nom dans la vie politique. Par conséquent, il faudra que tu choisisses. Tu peux très bien te présenter, mais alors tu cesseras tes activités aux *Échos*. On te paiera pendant six mois, dix mois peut-être, mais pas plus. Il faut que cela soit bien clair : être un homme politique est incompatible avec la direction des *Échos*." Mon cousin Jean-Jacques, patron de *L'Express*, faisait ouvertement de la politique et, bien sûr, on m'expliquait que ce n'était pas du tout la même chose ! *L'Express*, n'est-ce pas, était un journal engagé représentant les idées de Jean-Jacques. Tout ce qui était légitime quand il s'agissait de JJSS, ne l'était soudain plus quand il s'agissait de moi ! J'étais placé devant un dilemme important. J'avais quatre enfants et je gagnais très bien ma vie aux *Échos*, entre quatorze mille et seize mille francs par mois. Je devais réfléchir avant de prendre toute décision. J'ai décidé de m'en ouvrir au principal intéressé, au général de Gaulle lui-même. Par l'intermédiaire de Jacques Foccart, j'ai présenté mon problème : "Voilà, j'ai le choix. Ou je reste à mon journal, ou je suis candidat. Que préfère le Général ?" La réponse me fut aussitôt transmise par le même canal : "Le Général préfère que tu restes aux *Échos* ; il n'y a pas tellement de directeurs de journaux sur lesquels nous puissions compter et qui ne disent pas trop de bêtises. Reste à ton journal. Un député gaulliste de plus ou de moins, ce n'est pas tellement notre problème." Je ne me suis donc pas présenté.

« En évoquant ma possible candidature, j'avais, de surcroît, atteint un point très sensible de la famille Émile. En effet, si un

Servan-Schreiber devait faire de la politique, ce devait être Jean-Jacques, et Jean-Jacques seulement. Dès lors que je manifestais quelque velléité dans cette direction, il fallait s'empresser de me détruire un peu plus. Par exemple en m'éliminant des *Échos*… Le journal me donnait tout de même une base financière et me permettait d'avoir une certaine vie politique et une forme de pouvoir. Dans l'esprit de Jean-Jacques et de mon oncle Émile, cette année 1962 leur semblait d'autant plus propice à m'écarter, qu'ils étaient intimement persuadés de la chute du Général. Leur analyse – ils l'ont souvent faite devant moi – était fort simple et les années qui ont suivi ont prouvé qu'elle était surtout simpliste : de Gaulle est au pouvoir depuis 1958, il vient de régler le problème algérien et les Français l'ont utilisé pour cela. Maintenant, ils vont le "pondre comme un œuf" *dixit* Jean-Jacques ! Par conséquent, les gagnants sont ceux qui n'ont jamais été gaullistes et l'on va bientôt voir revenir au pouvoir Pierre Mendès France, François Mitterrand, donc les amis de Jean-Jacques… »

Les résultats des législatives n'allaient évidemment pas dans le sens des pronostics de son cher cousin. Avec deux cent cinquante députés à sa dévotion, les « godillots », de Gaulle disposait d'une chambre introuvable. L'hypothèse d'une censure du gouvernement ou d'une crise du régime relevait, pour tout observateur sérieux, de la galéjade. La prochaine échéance électorale, le scrutin présidentiel prévu fin 1965, laissait trois ans de répit à Georges Pompidou, renouvelé dans ses fonctions de Premier ministre. Il n'empêche. Jean-Jacques est d'ores et déjà sur cet horizon et, dès cette époque, il cherche à convaincre Gaston Defferre de se préparer à briguer la magistrature suprême. Jean-Claude, déçu de son rendez-vous manqué avec les électeurs, n'a pas pour autant renoncé à la carrière politique. Il entre, lot de consolation, au comité central de l'UNR qui vient de fusionner avec l'UDT – les gaullistes de gauche – dont il fut parmi les fondateurs. Il attend surtout d'être nommé secrétaire adjoint de l'UNR et prévient Émile de sa prochaine promotion.

Dans la foulée, afin de marquer le coup, il décide de revendiquer la présidence des *Échos*, c'est-à-dire ni plus ni moins que le fauteuil de son oncle âgé de soixante-quatorze ans. Par une opportune coïncidence, le renouvellement du mandat des administrateurs du journal doit avoir lieu au cours de l'année 1963. N'est-ce pas le moment d'agir ? Jean-Claude mettait le feu aux poudres. D'une part, lui rétorque Émile, il est inconcevable qu'il prenne sa place de P-DG ; d'autre part l'alternative, le journal ou la politique, est toujours en vigueur… C'est Jean-Jacques, devant la tournure que prend la brouille entre l'oncle et le neveu, qui viendra éteindre l'incendie : il veut, si les Émile et les Robert se séparent, gagner du temps et trouver un montage financier pour conserver *Les Échos*.

Le bras de fer ne va pas s'apaiser. Émile a reçu les prétentions de son neveu comme une injure et ce qu'il veut désormais, ce n'est pas un armistice, c'est sa reddition. Non content de refuser à Jean-Claude la place de P-DG, il suggère que Jean-Jacques entre au conseil d'administration des *Échos*. Dès cet instant, toute sortie par la négociation allait être bloquée. Chacun des deux camps oubliera ses propres divergences qu'elles soient politiques ou d'intérêt pour se ressouder. Entre l'UNR Jean-Claude et sa sœur Marie-Claire, dont la liaison avec Pierre Mendès France est quasi officielle, les relations ont toujours été tendues ; elles finiront par s'apaiser face à l'adversaire commun. De même, Jean-Louis, peu rassuré par la stratégie virevoltante de son frère aîné, sera d'une parfaite loyauté.

Les bruits de la dispute parviennent jusqu'à Montfrin où Robert, envahi par la colère et la tristesse, trouve la force d'admonester son frère Émile : « (…) Tu ne vas pas détruire dans un coup de tête l'œuvre de nous deux d'un demi-siècle de travail… J'en ai assez. Je vous demande de vous entendre et, si vous ne le faites pas de bon gré, d'en avoir au moins l'envie… »

Au bout de quelques jours où les réunions houleuses entre cousins succèdent aux dîners rue Clément-Marot, sans que rien de positif ne sorte, la séparation des deux familles devient inéluctable et le problème se réduit à trois hypothèses : ou les Robert rachètent les 50 % des Émile, ou les Émile rachètent les 50 % des Robert, ou *Les Échos* sont vendus à des tiers. Cette troisième solution l'emportera.

Jean-Jacques, mandaté par son frère et ses trois sœurs, pour représenter leurs 50 % et trouver une issue, cherchera un soutien financier auprès de Paul Lepercq, son ami depuis Polytechnique, qui préside à New York la banque Lepercq-Neuflize, auprès de Jean Riboud, et auprès de Pierre Schlumberger. Quant à Jean-Claude, il se démène auprès de ses amis politiques de l'UNR. Par l'intermédiaire de Georges Pompidou, Premier ministre, il verra Sylvain Floirat. « Mais Floirat n'était pas convaincu de l'intérêt de racheter *Les Échos*. Il trouvait "qu'il n'y avait pas beaucoup de gras...". Pourtant nous réalisions à l'époque un chiffre d'affaires de douze millions de nouveaux francs. Les deux familles se partageaient en salaires, avantages en nature, frais de réception et autres, un million de nouveaux francs par an. Floirat me proposa un prix : "Six millions, je ne peux pas aller plus loin." Pour lui, un journal valait la moitié de son chiffre d'affaires annuel. J'estimais que *Les Échos* valaient plus que cela, environ neuf millions, soit quatre millions et demi, nos 50 % ou ceux de mes cousins. »

Les démarches de Jean-Jacques auprès de ses riches amis ne seront pas plus fructueuses, si bien qu'à la fin de janvier 1963, la guérilla redouble jusqu'à sortir du cadre familial pour se transporter dans le cabinet des avocats. Chez les Robert, Marie-Claire a choisi Gisèle Halimi ; Jean-Claude et Marie-Geneviève, Edgar Faure, qui connaît en politique une brève traversée du désert. Chez les Émile, tous seront défendus par Georges Izard.

« Nous nous sommes réunis plusieurs fois, toujours dans le bureau d'Edgar Faure, raconte Jean-Claude. Déontologiquement, en effet, on se rencontre chez l'avocat le plus âgé. Nous aurions dû organiser un front commun, mais Marie-Claire préféra Halimi, avocate d'extrême gauche, farouchement antigaulliste. Ma sœur était alors directrice de la publicité à *L'Express*, avec des appointements royaux et, au début de la crise, elle ne se rangea pas franchement de mon côté si elle finit par me rejoindre. Georges Izard et Gisèle Halimi venaient donc chacun avec son client. Au cours de toutes ces discussions qui n'avançaient guère, je n'ai eu, face à moi, que Marie-Claire et Halimi, Jean-Jacques et Izard. Jamais je n'ai vu d'autres membres des Émile. Il s'agissait véritablement d'un front très uni ! »

Dans le Tout-Paris de la politique et de la presse, du *Canard enchaîné* à *Minute*, de *L'Aurore* à la *Gazette de Lausanne*, on s'amuse des démêlés qui déchirent les Servan-Schreiber, on tire des plans sur la comète. *Les Échos* et *L'Express* auront-ils financièrement les reins assez solides pour résister à cette secousse ? Jean-Jacques, convaincu qu'il s'agit d'un « complot », donne de l'eau au moulin des plus pessimistes, en adressant une lettre-circulaire à ses électeurs du pays de Caux : « L'UNR et les banques d'affaires qui appuient l'UNR essaient depuis le début de l'année de mettre la main sur le journal de mon père, *Les Échos*. Mon père m'a demandé d'être à ses côtés pour empêcher cette mainmise et pour conserver l'indépendance de son journal. J'ai bien entendu accepté et nous avons toutes les chances de préserver *Les Échos* des attaques de l'UNR... [96]. »

Dans son esprit, l'enjeu du conflit au sein des *Échos* n'a rien de moins qu'une portée nationale. Jean-Jacques, tel que nous le connaissons, pouvait-il penser autre chose ?

Curieusement, Jean-Claude, qui écrit au... général de Gaulle, partage la même analyse dans une version opposée : « Mon Général, il est choquant d'entretenir l'Homme du 18 juin d'une vilaine affaire. Mon cousin Jean-Jacques tente de s'emparer du contrôle de notre journal *Les Échos*, créé et animé par mon père en 1908... Vous raconter en détail les pressions exercées sur moi serait fastidieux... Son but ? Éviter qu'un quotidien où je travaille depuis dix-sept ans et que je dirige effectivement depuis dix, quotidien qui a gagné la confiance des grands milieux d'affaires, n'entre dans l'opposition... Me voici donc au pied du mur. Je vais être destitué de mes fonctions de directeur général. J'essaierai de rester actionnaire, afin d'éviter qu'il n'ait le contrôle absolu d'une feuille qui voulait aider la France et qui risque de devenir un torchon pour salir de Gaulle... [97]. »

De tout ce remue-ménage et remue-méninges par avocats interposés ne sortait aucun compromis mais un peu plus de crispations, de confusions. Ce n'est pas faute, pourtant, d'imagination de la part des avocats qui tous cherchent la formule miracle. Edgar Faure fera tomber quelque temps la température en inventant une structure juridique, véritable usine à gaz, dans laquelle une société mère chapeaute une société filiale qui elle-même chapeaute une société fermière... Devant Jean-Claude qui ne comprend rien, pas plus que Georges Izard et Jean-Jacques, à ce système de poupées russes où ils allaient tous se prendre les pieds, Edgar Faure eut cette réponse grandiose : « Écoutez, mon cher, j'ai un secret : quand une affaire est compliquée, plus elle est compliquée, plus il est difficile d'en sortir. Et comme il est difficile d'en sortir, moi, mon rôle c'est d'embrouiller. J'embrouille, j'embrouille, j'embrouille, c'est la meilleure façon d'en sortir. »

Il allait si bien embrouiller que les cousins ne se reverront plus pendant trois mois, chacune des parties étant censée réfléchir au « schéma fauriste ». Mais cet interlude venait trop tard, comme en témoigne ce mot de Robert à Émile : « Jean-Claude m'a tenu au courant régulièrement de ses difficultés et de la façon indigne dont tu l'as traité. Lorsqu'en 1958 je t'ai laissé porter à la présidence, il était bien entendu dans notre esprit que c'était l'hommage rendu à ton talent et à ton ancienneté mais, en aucune façon, cela ne pouvait te donner des droits supérieurs et tu le sais fort bien.

« Je te demande de confirmer l'engagement formel que tu as déjà pris, ainsi que tes fils, que Jean-Claude sera porté à la présidence, lorsque, pour une raison ou pour une autre, tu l'abandonneras. Dans le cas contraire, je conseille à Jean-Claude de se battre jusqu'au bout. Ton frère. »

Sur ce duel schreibérien, toujours sans conclusion en septembre 1963, est venu se greffer un regain de zizanie entre JJSS et Pierre Mendès France. La guerre d'Algérie était terminée, le péril OAS jugulé, nos colonies africaines avaient accédé à l'indépendance. La croisade pour la décolonisation que menait *L'Express* avait, dans ce contexte, perdu de son sens. Une page de notre histoire était tournée. Les journaux de gauche engagés dans cette lutte, comme d'ailleurs les journaux de droite qui se battaient pour le maintien de l'empire, vivaient très mal cet « après-guerre » selon l'expression de Jean-Jacques. Tous accusaient une chute de leur tirage.

Le directeur de *L'Express* mesurait parfaitement le souffle du boulet. Mais puisqu'il ne veut plus dévier de sa ligne antigaulliste, il lui faut tout « repenser », explique-t-il dans une note adressée aux journalistes dès janvier 1963 : les conditions dans lesquelles se présente la nouvelle année exigeront des modifications et des changements importants. Déjà l'« après-guerre » avait provoqué quelques tempêtes au sein de la rédaction. Jean Cau s'était converti au gaullisme et il avait de la toute jeune Algérie une lecture très personnelle. Envoyé là-bas, il en revint pour écrire : « L'Algérie est en train de sombrer dans la misère et le chaos économique… Sans le retour massif des Européens, tout – je dis bien tout – est foutu… La vérité, c'est que l'Algérie indépendante est dans la m… jusqu'au cou… Cher monsieur Ben Bella votre arabisme est une billevesée. Si vous vous y tenez, vous en crèverez comme crèvent vos pays frères. »

Son reportage iconoclaste déclencha un charivari. Jean Daniel lui répondra la semaine suivante. Siné, à la lecture du « torchon » de Jean Cau, démissionne. Jean Cau ne cale pas et remet un article, encore plus virulent, sur le Maroc. Cette fois Philippe Grumbach refusera de le publier et Jean Cau ne remettra plus les pieds à *L'Express*. Puis c'est Philippe Grumbach – dont la mésentente avec Françoise Giroud est de moins en moins cordiale – qui s'en ira.

Dans cette ambiance délétère, *L'Express* pourrait sombrer corps et biens. Il faut moderniser le journal, répète JJSS. Ce tournant déplaît à ses amis politiques comme à beaucoup de ses collaborateurs, dont Françoise Giroud. Elle ne sent pas l'évolution qu'envisage Jean-Jacques. Celui-ci, à cette date, n'a pas encore une idée claire de son projet. Il est simplement convaincu qu'il faut, à la fois, garder le cap éditorial – c'est lui qui le fixe – et par ailleurs réduire les pages politiques du journal, ouvrir le débat sur la modernisation de la gauche et inventer de nouvelles rubriques.

Au lendemain de son échec à Yvetot, il n'avait pas caché ses ambitions, écrivant dans son éditorial : « L'UNR a écrasé la gauche antique et c'est bien ainsi… Car le crime c'est d'emmener les hommes qui vous suivent vers des succès moraux et des défaites politiques, c'est de rechercher l'attitude juste, plutôt que le pouvoir. Contre cela, l'UNR, c'est-à-dire n'importe qui, gagnera toujours, et même après de Gaulle… La gauche, dont la raison suprême, l'impératif catégorique, est d'arracher le pouvoir politique à l'argent, est sûre de l'emporter à condition de changer totalement de méthodes et même de nature. Il ne suffit plus aux tribuns d'enflammer l'imagination des foules sur les rives d'avenir. La foule n'a plus d'imagination à brûler, et elle a bien raison. Il faut des hommes sérieux qui parlent de l'immédiat, qui proposent concrètement comment modifier le lendemain et qui sachent écraser, à leur tour, les préjugés et le parti pris sous le poids énorme du réel. »

En visant cette « gauche antique », il visait beaucoup de ses compagnons de route. Mendès France faisait de plus en plus la grimace et ne voyait pas d'un bon œil la transformation de *L'Express*. À travers Marie-Claire, sa maîtresse, il était également très informé de la guerre des Émile et des Robert, ce qui empoisonnait un peu plus ses rapports, depuis longtemps difficiles, avec JJSS.

Les choses, néanmoins, auraient pu en rester là, sans drames, si PMF s'était gardé de se mêler de l'épineux conflit schreibérien. Dès l'instant où Marie-Claire avait basculé, sans ambiguïté, du côté de son frère Jean-Claude, il n'était plus possible de trouver une solution, chacune des deux familles campant sur ses 50 %. Pour sortir de ce cul-de-sac cinquante-cinquante, que les spécialistes appellent un *dead-lock*, il eût fallu que, d'un côté ou de l'autre, quelqu'un trahisse son camp. Or, quelques jours avant la réunion du conseil d'administration des *Échos*, Mendès France rencontrera Jean-Jacques pour lui expliquer que la meilleure façon de trouver un arrangement serait d'amener Marie-Claire à la tête des *Échos*. Sur son nom, un consensus est possible, alors qu'il ne l'est pas sur le nom de Jean-Claude, pas plus que sur celui d'Émile.

Que son diagnostic fût ou non fondé, il venait de franchir la ligne rouge. « Avec Mendès France, notre contrat était politique et amical, expliquera Jean-Jacques. Il a toujours été convenu entre nous qu'il n'y aurait jamais de problèmes liés à nos affaires. Il m'a convoqué chez lui, en 1963, pour me demander de soutenir Marie-Claire de Fleurieu*, femme avec laquelle il vivait, contre mon père. Il m'a dit : “Je vous le demande.” J'ai refusé sur-le-champ. Sur ce, il a rompu avec moi. Personne d'autre à ma place n'aurait pu agir autrement avec son propre père[98]. »

Le lendemain, Pierre Mendès France démissionnera de *L'Express* où il avait un statut de salarié et mettra fin aux liens entre l'hebdomadaire et *Les Cahiers de la République*, la revue de la pensée mendésiste que finançait Jean-Jacques. Dans Paris, on mit ce divorce sur le compte d'une mésentente politique qui couvait depuis plusieurs mois, et dont l'issue était prévisible… Marie-Claire, directrice de la publicité à *L'Express*, gagnant deux ou trois fois plus d'argent que Jean-Jacques, fut licenciée, ce qui coûta fort cher au journal.

* Marie-Claire Servan-Schreiber avait épousé en 1946 Jacques Claret de Fleurieu dont elle était divorcée.

Au conseil d'administration des *Échos*, il n'y eut pas de surprise. Les trois enfants Robert votèrent contre les cinq enfants Émile. Le *dead-lock*. Personne ne fut élu président. Devant ce vide juridique, il fallait se tourner vers le président du tribunal de commerce et désigner un administrateur provisoire, ce qui fut fait. Il fallait aussi que l'une des familles, ou les deux, vendent leur part à un acquéreur. On ne se bousculait pas au portillon. Comment, avec allégresse, aurait-on pu mettre le doigt dans cette fourmilière ?

En cette fin d'été 1963, Jean-Jacques, de plus en plus préoccupé par la dégradation des ventes de son journal, de plus en plus obsédé par le scrutin présidentiel qui doit pourtant se dérouler en décembre 1965, soit dans deux ans et demi, a décidé d'abandonner *Les Échos* à leur sort, en attendant que quelqu'un achète ses 50 %. Sa famille s'est ressoudée autour de *L'Express*. Son beau-frère Jean Ferniot, nommé rédacteur en chef, remplace Philippe Grumbach. Sa sœur Christiane Collange, épouse Ferniot, a pris la responsabilité d'une bonne moitié du journal, *Madame Express* et les pages culturelles. Mais, plus que tout, la politique le hante. Il vient de recruter Georges Suffert, journaliste à *France-Observateur*, catholique de gauche et secrétaire général du club Jean-Moulin. Depuis l'avènement de la Ve République, de petits groupes d'universitaires, hauts fonctionnaires, syndicalistes, cadres, se réunissent dans des « clubs » et cherchent à explorer les voies de l'avenir. Le club Jean-Moulin, qui se veut le fer de lance de la gauche intelligente, est le plus connu. Il y en a beaucoup d'autres, le cercle Tocqueville de Lyon, Citoyen 60, issu du scoutisme et de l'action catholique, le club des Jacobins, Positions de Vichy, Démocratie nouvelle de Marseille… Au cours d'un voyage en vallée du Rhône, de Gaulle, sous les rires, les baptisera, « Comités Gustave, Théodule et Hippolyte ».

Georges Suffert, par ses fonctions au club Jean-Moulin, navigue entre toutes ces chapelles, et il est, à trente-six ans, le père Joseph d'un réseau dont l'influence n'a pas échappé à JJSS. Ces clubs, en effet, soucieux d'étudier l'évolution de la démocratie au sein de la société industrielle, s'étaient familiarisés avec l'idée de l'élection du chef de l'État au suffrage universel, qu'il a lui-même adoptée après l'avoir combattue. On y discutait beaucoup, surtout au club Jean-Moulin, du candidat idéal de la gauche capable d'affronter de Gaulle. Divers noms étaient lancés. Celui de Pierre Mendès France, bien sûr, tout en sachant qu'il refuserait… C'était une autre pomme de discorde avec Jean-Jacques qui essaya plus d'une fois, avant leur rupture, de le convaincre d'accepter. « Il s'accrochait durement, se rappelle Claude Charmont, alors président de Mendès SA et administrateur de *L'Express*. Un jour, après des heures de palabres, Jean-Jacques finit par s'énerver et lâcha, à la stupéfaction des personnes qui étaient là : "Vous êtes un parlementaire rabougri." Mendès leva aussitôt la séance et ne voulut rien entendre des excuses de Jean-Jacques. C'est moi qui eus la charge de les réconcilier et cela m'a pris plusieurs semaines ! »

Le nom de Gaston Defferre, maire de Marseille, revenait également très souvent. C'est sur lui que le directeur de *L'Express* fondait le plus d'espoirs. Il a réuni dans un « forum », rubrique intitulée en toute simplicité « L'équipe de France », des patrons rebelles, des économistes, des syndicalistes, des jeunes agriculteurs, des juristes. Une douzaine de personnes – dont José Bidegain, François Bloch-Lainé, Michel Debatisse, Georges Vedel – qui toutes ont leur petite ou grande entrée dans ces clubs de réflexion. « L'équipe de France » est la réédition relookée du « Forum » de 1953 qui devait conduire Mendès France au pouvoir. Dix ans plus tard, c'est Gaston Defferre, un inconnu pour la plupart des clubistes, qu'il s'agit de conduire à l'Élysée.

Suffert, Raminagrobis à l'affût derrière les volutes de sa pipe, subodore qu'un joli coup se prépare. Jean Ferniot l'a prévenu : « Jean-Jacques est persuadé que de Gaulle va précipiter les échéances et avancer la présidentielle. Il veut pousser Defferre qui tergiverse. » De fait, une rumeur qui vient des gaullistes court dans Paris : le Général, assure-t-on, va démissionner puis se représenter et le scrutin pourrait ainsi se dérouler dès le début de 1964, en janvier ou février. À gauche, s'impatiente Jean-Jacques, rien n'est prêt. L'opposition est muette : on n'entend rien, on ne voit aucun débat s'ouvrir sur les questions aussi capitales que la force de frappe – le « nationalisme atomique » comme il l'écrit –, les mutations industrielles et techniques, l'enseignement, la place de la radio, de la télévision… L'atonie de la « gauche antique » le glace. Il faut aller vite, proclame-t-il, soutenu par Suffert.

Dans un chassé-croisé de déjeuners, de rencontres, de réunions autour de JJSS, de Jean Ferniot et de Georges Suffert, la fine fleur de « L'équipe de France », du PSU, de la CFTC (qui n'était pas encore la CFDT), de FO et même de la CGT, mais aussi des banquiers, des chefs d'entreprise, tous ces représentants des « forces vives du pays », *dixit* Jean-Jacques, tombe d'accord pour la candidature de Gaston Defferre. Le club Jean-Moulin publie un « Manifeste pour l'élection présidentielle » qui sera avalisé par la galaxie des clubs. Si Gaston Defferre n'y est jamais cité, il se profile derrière les considérations théoriques et doctrinales du document. Tout cela sent bon la « gauche nouvelle », si chère au cœur de JJSS.

Faut-il que Defferre fasse tout de suite acte de candidature ? Jean Ferniot propose d'attendre et dans un premier temps de tracer le portrait-robot du candidat. Jean-Jacques, infatigable publicitaire, lui a trouvé un nom : « Monsieur X ». Le 10 octobre, en gros caractères, *L'Express* titre : « De Gaulle 53 %, Monsieur X 47 %. » Jean Ferniot d'expliquer : « Il y a aujourd'hui en France un homme qui sera candidat à la présidence de la République face à de Gaulle... Monsieur X a des orientations, ses amis ont des “dossiers”... Monsieur X se classe “à gauche” à la mode de 1963... Monsieur X refuse, avec obstination, à entamer des négociations avec les leaders des partis et Monsieur X a un plan pour battre le général de Gaulle. »

Dans les deux ou trois jours qui suivent, Monsieur X fait un tabac. On cite les noms de Mendès France, Mitterrand, Michel Debatisse, Maurice Faure et... Gaston Defferre. *Paris-Match* lance un concours auprès de ses lecteurs ; dans le même numéro, Jean-Raymond Tournoux affirme : « Un homme distance le peloton des candidats possibles : le député socialiste des Bouches-du-Rhône, Gaston Defferre. » Plusieurs journaux en moins d'une semaine auront fait sauter l'anonymat, *France-Observateur*, *Candide* et *Le Canard enchaîné* qui annonce : « Ce Monsieur X qui doit être candidat contre de Gaulle, c'est l'homme au masque Defferre. » Le maire de Marseille aura beau se défendre d'être Monsieur X, le suspense est défloré. Il n'a pas duré assez longtemps pour relancer les ventes du journal, comme l'espérait Jean-Jacques.

On sait aujourd'hui que ce sont les gaullistes, dont Roger

Frey, alors ministre de l'Intérieur, qui avait sciemment lancé la rumeur annonciatrice d'une présidentielle anticipée. « En jetant un tel pavé dans la mare, révélera Pierre Viansson-Ponté, on déclencherait immanquablement des remous qu'il suffirait d'observer pour savoir comment les oppositions réagiraient, le moment venu, quelles seraient leurs possibilités d'entente, quelles candidatures pourraient être proposées, bref pour obliger l'adversaire à se découvrir... C'est dans ces conditions qu'est envisagée, mise au point et préparée au début d'août 1963, puis déclenchée dès la seconde quinzaine du mois par les quelques têtes pensantes de la Ve République, la savante diversion qui contraindra, espère-t-il, les candidats de gauche à se faire connaître, leurs partisans à se manifester, leurs tactiques à s'ébaucher... Le piège minutieusement monté va se refermer sans coup férir... Il va amener Pierre Mendès France à se récuser définitivement, Gaston Defferre à accepter l'offre de candidature et à entamer une bataille – une bataille qu'il perdra essentiellement pour l'avoir engagée au moins un an trop tôt... Le piège gaulliste a parfaitement joué[99]. »

À l'époque, aucun journaliste, pas plus à *L'Express* qu'ailleurs, n'avait flairé le piège. De toute façon, JJSS se félicitait d'avoir entraîné Gaston Defferre dans une aventure dont il se serait probablement passé si on ne lui avait pas forcé la main.

C'est au moment où « Monsieur X » provoque une vive effervescence à *L'Express* et au club Jean-Moulin, qu'un acquéreur potentiel des *Échos* s'est présenté, Jacqueline Beytout, une amie de Louis de Fouquières. Elle avait la réputation de disposer d'une immense fortune. Après un premier mariage avec Fernand Gueydon de Dives, elle avait épousé Vigo Petersen, le roi de l'arachide à Dakar, un homme richissime. Lorsqu'il mourut, la jeune et ravissante Jacqueline Petersen rencontra un veuf inconsolable qui s'appelait Pierre Beytout, président ou administrateur d'une kyrielle de sociétés dont le groupe Roussel-Uclaf. « Si j'ai acheté les 50 % des Émile, ce n'est pas, comme on le raconte toujours, par amitié pour Marie-Claire, affirme Jacqueline Beytout. Nous étions, c'est vrai, très amies. Je l'avais connue au Sénégal en 1948 et j'étais très proche de sa mère, Suzanne Crémieux. En vérité, je rêvais de créer un magazine médical ; j'ai toujours été passionnée par les problèmes de santé. Mon mari qui était dans l'industrie pharmaceutique s'y opposait, mais il avait, lui aussi, envie d'avoir son journal et nous en avions souvent parlé. J'étais, comme tout le monde, au courant des histoires entre les Servan-Schreiber et un jour j'ai retrouvé Jean-Jacques dans une soirée. Il voulait vendre ses parts des *Échos* et il a demandé à mon mari si cela pouvait l'intéresser. Ils ont discuté pendant plus de cinq semaines. “Nous n'aboutirons jamais, c'est trop compliqué”, me répétait mon mari, déçu. Or un matin vers neuf heures, Louis de Fouquières, se présente chez moi à l'improviste avec une option de vente des actions de Jean-Jacques qui lui-même était mandaté par toute sa famille. Mon mari n'était pas là. “L'option est valable jusqu'à quinze heures et il en veut trois cent soixante millions”, me précise Fouquières qui parlait en anciens francs. J'ai couru à la banque retirer un chèque certifié. Le soir quand mon mari est rentré, je lui ai dit : “Ce journal que vous vouliez tant, vous l'avez.” Il m'a regardée : “Vous avez acheté l'ingérabilité des *Échos*, donc débrouillez-vous !” Je me suis débrouillée. C'était d'un archaïsme incroyable, à la limite du supportable. Je m'attendais à tout, sauf à ça de la part d'une famille qui n'avait dans la bouche que “moderne”, “modernisme”, “efficacité”, etc. Jean-Louis heureusement avait laissé des notes très bien faites pour mettre de l'ordre dans ce capharnaüm. Je m'en suis beaucoup servie de ces notes ! »

Le 29 octobre 1963, la vente est signée. Le 30, Émile en larmes porte un toast d'adieu à son équipe. Et le 31, jour de ses vingt-six ans, Jean-Louis plie bagage sans destination précise. Peut-être *Paris Match* où Jean Prouvost serait prêt à l'accueillir.

« Jacqueline Beytout avait pris la précaution, précise Jean-Claude, de nous demander à mes deux sœurs et à moi-même de pouvoir nous racheter nos parts au même prix, le jour où cela l'arrangerait. Nous avons accepté. J'abandonnais le poste de directeur général des *Échos*. Je n'étais plus qu'administrateur. Je le suis resté deux ans. En juin 1965, Jacqueline Beytout m'a signifié que “notre collaboration” avait assez duré… Elle m'a racheté mes parts et je suis parti. Bien qu'amie très intime de Marie-Claire, elle devait quelques années plus tard rompre également avec ma sœur. Cela s'est passé dans des circonstances telles que Marie-Claire lui a intenté un procès, que ma sœur a perdu. »

Ainsi s'achevait la guerre des Atrides, dans sa version schreibérienne. Jean-Jacques abandonnait le champ de bataille, épuisé et dépressif. L'année 1963, parmi les plus rudes de son existence, avait été heureusement ensoleillée par la naissance en février d'un deuxième fils, Émile, dont Gaston Defferre fut le parrain. « Nous habitions 29, avenue Pierre-Ier-de-Serbie, entre ma belle-mère et Madeleine Chapsal, confie Sabine. Au début de notre mariage, nous vivions à Garches, trop loin pour Jean-Jacques, puis à l'hôtel. Après David, ma belle-mère voulut tout gérer. Elle m'a imposé une nurse pour le bébé, une femme de chambre pour Jean-Jacques, une cuisinière… L'horreur… J'étais le bel objet sur la commode qui ne devait toucher à rien. Quand j'ai eu Émile, nous avons hérité de Liliane, une jeune Normande de dix-sept ans que l'on a fait débuter chez mes beaux-parents. Sa gaîté et son bon sens furent une bénédiction quotidienne. Liliane est toujours là, elle n'a jamais quitté Jean-Jacques. À *L'Express* je n'existais pas et j'en souffrais. Je savais tout de même que le journal se portait mal et que Jean-Jacques n'allait pas très bien. Mais je n'avais pas voix au chapitre… Sauf pour répondre à l'important courrier des lecteurs dont Françoise Giroud publiait de larges extraits chaque semaine. Je voulais travailler, et fin 1964, j'entrais au Club Méditerranée. »

16

Le premier *news magazine* français

En douze mois, la diffusion de *L'Express* en kiosque était tombée de quelque cent cinquante mille exemplaires à moins de cent mille, et les abonnés de quarante-cinq mille à trente-cinq mille. Une hémorragie spectaculaire qui n'avait pas, pour l'instant, affecté les recettes publicitaires en augmentation constante depuis des années. L'entreprise employait cent soixante salariés et réalisait un chiffre d'affaires respectable de treize millions de francs.

Sorti de sa fatigue, de sa déprime comme un diable de sa boîte, JJSS va mener de front la transformation de son journal et le combat auprès de Gaston Defferre. Il est de plus en plus dans l'action politique, ses éditoriaux formant la trame d'une « gauche nouvelle » face à la « gauche antique ». Pendant le conflit des *Échos*, il avait découvert et apprécié son jeune frère, Jean-Louis, qui œuvrait à l'intérieur de la « boulangerie ». Il le voyait quatre ou cinq fois par semaine pour discuter de leur stratégie commune, mais il ne lui avait jamais proposé de rejoindre *L'Express*. Jean-Louis ne souhaitait pas davantage y entrer : « Je sentais que Françoise Giroud se méfiait de l'envahissement familial et qu'elle mettrait des barrières. Jean-Jacques a eu le bon réflexe en me proposant de passer trois mois aux États-Unis pour étudier la presse américaine. Je me suis installé dans un hôtel, sur Central Park. Je recevais *L'Express* et Christian Dupeyron m'adressait des notes sur la marche du journal. J'ai fait le tour des groupes de presse américains *Time*, *Newsweek*, *Fortune*, *Life*, *Business week*... Je m'instruisais et en même temps j'élaborais une analyse critique de *L'Express*. J'étais acquis à l'idée du *news magazine* et quand je lisais *L'Express* je le regardais autrement, je m'agaçais de ses imperfections et je le trouvais souvent franchement mauvais. J'ai adressé un rapport de trente feuillets à Jean-Jacques, et à lui seul, très concret. Un *vade-mecum* du *news magazine*. Ça l'a beaucoup intéressé et c'est là qu'il m'a dit : "Est-ce que tu veux venir travailler avec moi ?" Avant, il n'en était pas question. Je resterai auprès de lui de 1964 à 1971, ce qui est court. Au moins aurai-je eu cette expérience ! Pour avoir de vraies relations fraternelles, rien ne vaut que de travailler ensemble. Et puis il avait en tête son schéma Kennedy. "Je me ferai élire à l'Assemblée, tu te feras élire..." Je correspondais sur ce plan-là à ses fantasmes. »

Au lendemain de l'assassinat de Kennedy le 23 novembre 1963, Émile Servan-Schreiber, qui avait maintenant une tribune à *Combat*, intitulait son premier article : Nous sommes des JF Kennedy. Dans *L'Express*, JJSS, reprenant deux des thèmes – la bombe atomique et la révolution scientifique – qui seront de plus en plus au centre de ses analyses, écrivait : « Que représentait donc John Kennedy qui fût essentiel ?... À première vue, rien ne distingue vraiment ce président de ses deux prédécesseurs – Truman et Eisenhower – sauf d'avoir été plus gracieux... Et pourtant nous sentons bien qu'il y a quelque chose d'autre, quelque chose en plus, qui nous concerne et qui nous atteint. Kennedy le savait et le jour même de l'inauguration de sa présidence à la Maison-Blanche, il a essayé de le décrire, de lui donner un nom. Il a appelé cela : "La Nouvelle Frontière" (...) Il a entrepris de montrer à ses compatriotes et à nous tous ce qu'il y avait derrière la Nouvelle Frontière : un monde que la dissémination des armes atomiques conduirait inévitablement à l'apocalypse... Kennedy, le premier, a refusé de fermer les yeux devant cette vérité toute nouvelle... Il l'a proclamée... Personne avant lui ne l'avait fait... »

La Nouvelle Frontière, c'est aussi, précise Jean-Jacques, « la réforme en profondeur de l'État, afin de maîtriser, d'encadrer, l'avènement de l'automation et la révolution scientifique, des forces qui, en dehors de toute guerre atomique, peuvent faire exploser nos sociétés ». Ses lignes sont l'esquisse de sa « gauche nouvelle » qui devra geler le processus atomique, réformer nos institutions et s'adapter aux bouleversements technologiques.

Il aborde, par conséquent, la transformation de *L'Express*, sans oublier sa priorité, la campagne de Gaston Defferre. Sa conviction de passer au *news magazine* est acquise. Il n'y reviendra plus. Lors d'un voyage en Allemagne avec Lucien Rachet, un an plus tôt, il avait visité l'hebdomadaire allemand *Der Spiegel*, et confié à son entourage : « C'est l'exemple que nous devrons bientôt suivre. »

À Jean-Louis d'étudier la mise en route du projet, pendant que lui s'occupe de son ami Defferre. Un *brain-trust* sur le modèle Kennedy s'est constitué autour du maire de Marseille. On se réunit tous les mercredis soir au domicile parisien du candidat, puis place de l'Opéra au Comité national Horizon 80, QG de la campagne. Jean-Jacques est là, affûtant les formules, les slogans, aux côtés de Georges Suffert, de quelques signatures prestigieuses – Vedel, Duverger – et Olivier Chevrillon qui le rejoindra bientôt à *L'Express*.

Protestant d'origine bourgeoise, résistant courageux, patron du *Provençal*, chef de la puissante fédération SFIO des Bouches-du-Rhône, Defferre respire l'assurance calme, la solidité du paysan cévenol. C'est un Méridional froid, à l'ironie mordante ; on ne lui tape pas sur le ventre, on ne le tutoie guère. « Un mélange compliqué d'orgueil et de modestie, de rudesse et de rouerie, de puritanisme et de liberté d'allure, avec le goût des plaisirs coûteux et l'horreur de l'argent, avec de la séduction et de la raideur. En fait, il n'a rien d'un militant et peu d'un socialiste[100]. »

Il n'entrera jamais vraiment dans la bagarre. S'il a réussi à exister, il ne parviendra pas à faire une percée dans l'opinion et à s'imposer. Le PCF lui a vite manifesté une franche hostilité. À la SFIO, Guy Mollet, numéro un du parti, lui plantera des lancettes avant de lui porter l'estocade. Defferre tombera sur un credo que revendique JJSS depuis des années et qu'il prêchera jusqu'au déclin de son action politique : le rassemblement, à l'exclusion du PCF, de tous les partis de centre gauche, du MRP à la SFIO, en passant par le Parti radical et le CNI (Centre national des indépendants).

Ce rassemblement hétéroclite s'appellera, propose Defferre, la Fédération démocrate et socialiste. En ouvrant sa porte aux chrétiens du MRP et en la fermant aux communistes, Defferre offrait à Guy Mollet les meilleurs arguments d'une contre-attaque. À l'époque, il suffisait de rallumer le débat sur la laïcité pour enflammer les esprits chez les socialistes comme au MRP.

Au congrès de la SFIO, Guy Mollet ne va pas finasser. Il demande que « les maîtres et les écoles privées recevant des fonds publics » dépendent directement de l'Éducation nationale, proposition inacceptable pour le MRP. Puis il fait voter une motion réclamant la réintégration dans la vie politique française des communistes. La « Fédération defferriste » était morte. Lors d'une nuit mémorable, la réunion entre quatre SFIO, quatre MRP, quatre radicaux, quatre représentants des clubs et du Comité national Horizon 80, le désaccord est total à propos de la laïcité et des rapports avec le PCF. Gaston Defferre se retirait de la course.

« Jean-Jacques était désespéré, défait, se souvient Jean-Louis. Il avait dépensé beaucoup d'énergie et d'argent dans cette campagne. Il m'avait demandé, quand j'étais encore à New York, de préparer avec Jean Riboud un voyage de Gaston aux États-Unis. Tout cela coûtait cher. Quand Defferre a quitté l'arène, il m'a dit, “C'est l'adieu aux armes”. Il ne supporte pas ces moments de fléchissement, l'émotion le submerge, lui si avare de confidences. Heureusement que la réforme de *L'Express* était loin derrière nous. »

On était, en effet, fin juin 1965. Plus de vingt mois de figuration et de conciliabules s'étaient écoulés depuis « Monsieur X ». Vingt mois pendant lesquels *L'Express* avait réussi sa périlleuse métamorphose, et était devenu le premier *news magazine* français.

Le changement ne fut pas une promenade d'agrément pour ceux qui eurent à le conduire. Jean-Jacques, pris dans ses gesticulations politiques, imposait son calendrier. Il fallait être à sa disposition le jour et à l'heure où il le voulait. Il était le pilote de cette révolution et personne d'autre que lui ne pouvait décider à sa place. Il avait une question initiale à résoudre : peut-il mener seul la réforme de *L'Express* ou doit-il s'associer avec un autre groupe de presse ? Il a choisi la seconde hypothèse, Jean Prouvost, propriétaire de *Paris Match*, lui ayant manifesté son intérêt. Le schéma est simple : *L'Express* se transforme en *news magazine* et, en échange de 50 % des actions, Prouvost apporte le soutien de son groupe, c'est-à-dire *Paris Match*, *Marie-Claire* et *Télé 7 Jours*, *Elle*, qui tirent tous entre cinq cent mille et un million d'exemplaires. Derrière une telle locomotive, *L'Express* pourrait bondir… Jean-Jacques avait dans la place un ami et un admirateur, Hervé Mille.

En ce mois de février 1964 quand s'esquisse dans le secret ce rapprochement avec Prouvost, plusieurs journalistes « historiques » de *L'Express* viennent de démissionner, solidaires de Jean Daniel qui a donné le signal du départ : KS Karol, Serge Lafaurie, Jacques-Laurent Bost. Après l'affaire cubaine des missiles soviétiques qui avait failli provoquer un conflit mondial, Jean Daniel avait voulu voir Fidel Castro. « Je me souviens de la tête de JJSS lorsque je lui ai demandé de commanditer mon projet, raconte Jean Daniel. Le directeur de *L'Express* me contempla avec une bienveillante commisération… Il finit par me dire, en me souhaitant bonne chance, que la trésorerie (menacée après la fin de la guerre d'Algérie) de "notre journal" ne lui permettait pas de m'accorder un budget si dispendieux. Aucunement découragé, alors que ma confiance professionnelle pour lui était entière, je fis appel à quatre journaux européens et réunis facilement les fonds nécessaires à mon entreprise[101]. »

Cette entreprise allait se transformer en scoop spectaculaire : le jour de l'assassinat de Kennedy, Jean Daniel déjeunait avec Castro et il en tira un reportage qui fit le tour du monde. Il ne pardonnera pas à Jean-Jacques son caprice de propriétaire et quitta *L'Express*, le jour même où Jean-Louis rentrait des États-Unis pour épauler son frère – sans toutefois s'installer au 91, Champs-Élysées.

Les tractations avec Prouvost sont alors au point mort. L'opération Defferre absorbe la quasi-totalité du temps de Jean-Jacques qui, d'ailleurs, ne signera que deux éditoriaux entre janvier et septembre 1964, date où *L'Express* passe au format *news magazine*.

Le mécanicien de la réforme, celui qui sera quotidiennement au charbon, n'est autre que Jean-Louis. Son premier souci est de connaître exactement la situation du journal, à travers les documents que lui transmettent Jacques Huteau, Bruno Monnier et son ami de jeunesse Christian Dupeyron, les trois dirigeants administratifs de l'hebdomadaire. Jacques Huteau venait de la presse maritime, Bruno Monnier de l'agence Opera Mundi – *Confidences*, *Lecture pour Tous*, *Le Journal de Mickey*.

« Le jour même de mon arrivée à Orly, Jean-Jacques m'attendait chez moi, se souvient Jean-Louis. Nous avons parlé quatre heures durant. La diffusion continuait de baisser et la situation n'était pas florissante, même si l'état de la trésorerie était encore bon. Les principaux journalistes, bien qu'il se gardât de les informer, étaient inquiets et considéraient que la fusion avec Prouvost était non seulement souhaitable, mais urgente. Entièrement absorbé par Defferre, Jean-Jacques voulait se mettre en congé du journal, pour au moins deux ans. Il m'a annoncé que les négociations avec Prouvost allaient reprendre, Prouvost souhaitant dételer pour écrire ses Mémoires. Il voyait très clairement les problèmes, moins lucidement les solutions. Mais je suis parvenu à le persuader qu'il fallait que je fasse à *L'Express*, très vite, la même étude qu'à *Time* avant de suggérer des changements. »

La position de JJSS est ambiguë et sa marge de manœuvre étroite. Il veut que Prouvost l'aide à financer la transformation de *L'Express* tandis que lui-même se retirerait pendant deux ans sur l'Aventin politique. Pour Jean-Louis, ce scénario revient à livrer le journal à Prouvost. Jean-Jacques, au contraire, estime que si Prouvost le domine par l'argent, lui et son équipe prendront le dessus par la compétence. Le pari est plus hasardeux qu'ambitieux. Que Prouvost ait de *L'Express* l'image d'un hebdomadaire très brillant, qu'Hervé Mille l'entretienne dans le culte d'un Jean-Jacques éblouissant et prophétique, c'est exact. Mais ce vieil homme madré, qui va sur ses quatre-vingts ans, n'est plus à l'âge des emballements.

Jean-Louis a relaté dans son journal ce marathon de sept mois qui mène à l'accouchement du *news magazine*. Une chronique à chaud, la photographie vivante d'une micro-société aux prises avec des difficultés sérieuses, la mise en scène d'un tournant dans l'histoire d'un grand journal. Retenons quelques passages.

> *Samedi 29 février 1964.*
> Hervé Mille m'avait donné rendez-vous à *Match* à midi. Je suis passé voir Jean-Jacques justement pour savoir s'il avait quelque chose de spécial à me dire. Mille me fait attendre dans le bureau de Jean Prouvost très *old style*, fauteuils en cuir, bureau Louis XVI d'époque, candélabre 1900 sur la cheminée. Derrière son fauteuil sur des étagères, la collection récente de tous les magazines qui l'intéressent, les siens et les concurrents. Ensuite Hervé Mille m'emmène pour discuter à son appartement du George V (il habite là depuis la mort de son frère en décembre). Nous avons parlé de beau-

coup de choses mais sans trop approfondir. Il est très aimable, me considère déjà comme un « associé », et explique ses vues sur *Match*.

Dimanche 1er mars 1964.
Jean Prouvost, rentré de la Jamaïque, a rejoint sa propriété de campagne, suivi aujourd'hui par Hervé Mille qui doit lui parler de notre affaire. Pendant ce temps Jean-Jacques a fait un saut à Marseille pour voir Gaston… Hier, après le dîner, Jean (Ferniot) est venu et m'a ouvert son cœur sur *L'Express* : il est très inquiet des chiffres de vente qu'il est parvenu à connaître bien que Jean-Jacques les garde secrets. Il est sûr que si l'opération Prouvost ne marche pas, le journal va sombrer. Il veut en tout cas la peau de Françoise sous les ordres de qui il veut ne pas être. C'est le point qui l'agite le plus. Nous en avons longuement parlé. Ce matin, il m'a appelé après avoir à nouveau discuté avec Christiane. Il va demander à Jean-Jacques d'être sur le même pied que Françoise.

Mercredi 4 mars 1964.
Jean Prouvost voulait me voir cet après-midi. Je vais donc d'abord chez Hervé Mille à seize heures, et là, j'apprends que JP (Jean Prouvost) est malade, qu'il a un zona à la taille depuis le matin. Mille n'a pas l'air trop affecté, mais c'est quand même ennuyeux. Là-dessus une heure et demie de conversation où il me suggère de faire pour JP une note où il trouvera ce que j'aurais dû lui dire aujourd'hui. Jean-Jacques entre-temps est parti pour Berlin organiser la prochaine rencontre de W. Brandt et de Defferre.

Vendredi 6 mars 1964.
Jean-Jacques est revenu de Berlin très optimiste sur les négociations avec Prouvost. Le zona de celui-ci n'a pas l'air de l'empêcher de réfléchir et de consulter son état-major. Il va se réunir avec son avocat, Leinart, et veut ensuite commencer les discussions de détails avec le nôtre, qui est toujours Izard. Tout cela ne se fera bien sûr pas aussi aisément qu'il le semble à travers les prévisions de Jean-Jacques, mais cela peut très bien aboutir.

Chailloy, dimanche 8 mars 1964.
D'après ce que Jean-Jacques m'a dit au téléphone (c'est-à-dire peu, comme d'habitude), j'ai cru comprendre qu'il y avait eu, comme prévu, une réunion hier entre Prouvost, Midol, Mille et Leinart. Ils ont achoppé sur quelques détails de réalisation pratique, mais surtout paraissent un peu inquiets de notre venue en force au sein de leur organisation. C'est pourtant ce qu'ils souhaitent et en même temps redoutent. Le problème de Prouvost, c'est que son petit gendre, Arnold, ne soit pas évincé de sa succession. (...) Ce soir Jean-Jacques doit voir Émeric et Brigitte pour leur parler de ses projets. Comme ils ne sont pas vraiment au courant, cela risque de leur faire un peu un choc. Demain, en principe, doit commencer la négociation entre les avocats.

Lundi 9 mars 1964.
En fait, maintenant que la négociation va commencer, les positions, comme prévu, se durcissent. Sous couvert de trouver que nous sommes bien menaçants pour son « petit gendre », Jean Prouvost et Leinart, son avocat, reviennent sur le principe du cinquante-cinquante. Prouvost veut une majorité. Jean-Jacques est en fait si désireux d'aboutir qu'il est prêt à lui céder. Mais, pour le moment, Prouvost ne le sait pas. Les bons sentiments ont fait place très vite à la froide détermination. Jean-Jacques recommence à passer des heures avec Georges Izard.

Vendredi 13 mars 1964.
Nous avons passé un après-midi dans le bureau d'Izard à élaborer les détails de la négociation. Qui gagne quoi, qui aura un chauffeur, quelles garanties aux contrats, comment être payé cher sans contrepartie de travail, comment garantir de ne pas perdre l'égalité des actions, qui doit être président pour six ans. Étrange fatalité. Comme disait hier Émeric avec jugeote : « Il y a un an nous avions deux journaux qui marchaient et nous allons maintenant nous retrouver tous salariés »... Les avocats sont toujours aussi débordés, toujours un peu mous, toujours à huit jours de leurs vacances. Ils négocient entre eux ce soir pendant que Prouvost voit Jean-Jacques à dîner. C'est le moment important ce vendredi 13. JJ hésitait un peu pour la forme avant d'y aller,

réellement ému de négocier son journal et d'engager à ce point son avenir. Les dés se jettent de plus en plus.

Samedi 14 mars 1964.
Les contacts d'hier au soir se sont bien passés. Entre les avocats d'abord. (…) Aussi pressé que soit Jean-Jacques, il semble que Prouvost soit encore plus désireux d'aboutir. Jean-Jacques toujours sur la réserve. Prouvost : « Puisque nous sommes associés », Jean-Jacques : « À ma connaissance, pas encore. » Mille a aujourd'hui déjeuné avec Jean-Jacques, Jean et Christiane pour rencontrer ces derniers. Il a un peu trop insisté sur mon rôle, citant JP : « La meilleure acquisition c'est le petit. » Effet de légère stupéfaction sur les Ferniot, très peu au courant. Heureusement que nous sommes parents et amis…

Dimanche 15 mars 1964.
En ce moment, mon temps se partage entre les menues tâches de la négociation que me confie JJ, et la rédaction de notes de toutes formes et sur tous sujets en vue des contacts avec Prouvost dès que les accords seront conclus. Cela me donne l'occasion de faire ce que je ne pourrais pas réaliser si j'étais en plus astreint à un travail régulier. L'étude détaillée de *L'Express* que je me suis imposé de faire ne progresse pas vite car je m'y consacre quand j'ai le temps, c'est-à-dire rarement… C'est une période bizarre où tout se noue par la seule action de Jean-Jacques, sans que quiconque, sauf moi peut-être, sache exactement ce qui est en train de se préparer.

Lundi 16 mars 1964.
Hier soir JJ est venu nous rejoindre chez les parents et nous sommes tous allés au cinéma. JJ était sombre. Leinart après réunion avec JP avait appelé Izard pour lui dire que, tout bien réfléchi (et invoquant des prétextes un peu ridicules), JP voulait 51 % tout de suite ; ce matin, nous avons JJ et moi longuement parlé. Je lui ai dit que je pensais qu'il n'était pas moralement possible de céder la majorité. Il est d'accord mais ennuyé si cela devait ne pas se faire. Là-dessus des appels de Mille, puis de Leinart à Izard, détendent un peu la situation.

> *Mercredi 18 mars 1964.*
> Prouvost, semble-t-il, a passé une mauvaise journée en discutant et s'énervant sur *L'Express*, au point de s'en rendre malade. Il n'en a pas pour autant démordu de son point de vue, bien que Leinart lui ait expliqué que nous ne pouvions pas, même si nous le voulions, lui abandonner la majorité maintenant, il répète qu'il veut 51 % tout de suite. Les choses en sont là, c'est-à-dire virtuellement terminées. Mais, avant la fin de la semaine, Prouvost peut avoir un sursaut, c'est de plus en plus difficile à imaginer. Il va falloir envisager des solutions de remplacement.

Jean Prouvost continuera de souffler le chaud et le froid jusqu'au jour où Georges Bérard-Quélin révèle dans son *Bulletin quotidien*, réservé à l'establishment, qu'un accord entre JJSS et Jean Prouvost serait sur le point d'être signé. Aussitôt le Tout-Paris s'ébroue, se téléphone, s'interroge et l'hypothétique rapprochement entre *L'Express* et *Paris-Match* tourne à l'affaire d'État. Pierre Mendès France après avoir chapitré Jean Riboud, rencontre François Mitterrand et lui dit tout le mal qu'il pense d'un tel accord. L'hebdomadaire va perdre son âme. Mitterrand laisse passer l'orage. Georges Pompidou, Premier ministre, prend le temps, à la veille d'un voyage au Japon, de convoquer Hervé Mille pour qu'il s'explique. Partout les articles fleurissent et on commence à murmurer que *L'Express*, empêtré dans des difficultés financières, est contraint de se vendre au groupe Prouvost. Le 8 avril, *Le Canard enchaîné*, dans un long article, publie les éléments essentiels de l'affaire et, le jour même, Jean-Jacques transmet par l'intermédiaire d'Hervé Mille une lettre-ultimatum à Jean Prouvost. Il faut conclure, lui explique-t-il, sous huitaine, où il devra rompre les pourparlers. Mille s'abrite derrière le zona, la convalescence de son patron, et en appelle à la patience.

> Cette fois, Prouvost va franchement mal, note Jean-Louis, le 15 avril. On pense qu'au-delà du zona il subit les conséquences de sa récente opération de la prostate. Pour nous, c'est la fin quasi certaine de la négociation. Jean-Jacques est décidé maintenant à réaliser seul la transformation. Cela implique pour nous de trouver de l'argent qui permette de financer les changements. Jean-Jacques en a parlé à midi avec

> Émeric. Celui-ci pense qu'il doit être possible de trouver de l'argent entre nous, avec en partie l'argent que Papa a retiré des *Échos*... Les décisions devraient aller très vite pour nous permettre de nous mettre à cet écrasant travail. La responsabilité va être lourde, professionnellement et financièrement.

À ce moment-là, il y eut un dîner chez Jean Prouvost, dont se souvient Sabine. « Nous étions invités avec toute sa famille et ses petites-filles, qui étaient mes contemporaines. Alors qu'on servait le faisan, sur un mot de Prouvost, je ne sais plus lequel, Jean-Jacques s'est levé de table, m'a pris la main et nous sommes sortis dans un silence glacial. »

Deux jours plus tard, JJSS réunissait à déjeuner Jean-Louis, Françoise Giroud, Christiane Collange, Jacques Huteau, Bruno Monnier et René Guyonnet. Ce dernier, entré récemment à *L'Express*, comme rédacteur en chef technique, était doué d'une aménité et d'un sang-froid qui impressionnaient son directeur. Il était l'ami de Jean Cau et avait collaboré aux *Temps modernes*. Devant la carence de Prouvost, avait expliqué Jean-Jacques, il avait décidé de transformer le journal sans partenaire extérieur. Il lui fallait trouver le financement. Il le trouverait. Jacques Huteau se montra pessimiste. Françoise Giroud ne fit aucun commentaire. Les autres intervenants restèrent prudents. Les dés sont jetés.

Le matin du lundi 20 avril, Jean-Louis disposait pour la première fois d'un bureau à *L'Express*. Ce qui d'emblée l'étonne, c'est que le journal puisse sortir dans les conditions d'inorganisation qui y règnent.

> Nous sommes en train d'engager des millions (nouveaux) dans une aventure qui, selon l'humeur, peut paraître raisonnable ou farfelue, note-t-il. À l'époque où l'on pratique couramment l'étude de marchés, l'étude de motivation, la programmation, etc. Nous nous lançons sur une conviction intuitive dans le désordre absolu, sans avoir le temps de convaincre les participants... Plus tard, avec plus de temps et d'argent, on arrivera sûrement à rationaliser la presse, y compris la rédaction, en adoptant des méthodes plus ou moins expérimentales. Pour le moment, on fait hurler les journalistes en leur en parlant, mais un jour viendra... En attendant, nous nageons dans notre fouillis.

Il observe, rédige des notes sur chaque numéro à la seule intention de Jean-Jacques. La lecture de *L'Express* lui donne le spleen. Il est atterré par les discussions de couloir, sur l'esprit, le ton que devrait conserver *L'Express*. Ce sont, pour lui, des bavardages sur le sexe des anges.

L'atmosphère, pourtant, est bonne. Les premiers signes d'intérêt se manifestent et peu de journalistes se rebiffent. Françoise Giroud, irritée par l'américanisme de Jean-Jacques et de Jean-Louis, ce n'est ni sa culture ni sa passion, s'efforce de suivre de façon constructive. La société Presse-Union qui édite *L'Express* a été remaniée à la suite d'une augmentation de capital. Outre JJSS, le P-DG, elle compte désormais douze actionnaires : Émeric et Brigitte Gros, Jean-Louis, Mme Émile Servan-Schreiber, Bernadette Gradis, Christiane Collange, Lucien Rachet, René Seydoux, Jean Riboud, Simon Nora et Léone Georges-Picot. La famille détient la majorité des parts. Guy de Roquemaurel, président de la Société continentale de banque, a accepté d'avancer la somme de deux millions de francs au compte courant. Aucune autre banque n'a voulu prendre de risques.

Fin mai, Jean-Louis a terminé son rapport sur les principales modifications qu'il envisage : nouvelles maquettes rédactionnelles ; articles courts et récrits si nécessaire, dans un style épuré, direct, accrocheur ; création d'un service de documentation ; refonte des rubriques ; réorganisation de la rédaction ; conférences de correction du journal… L'objectif est de couvrir l'actualité le plus largement possible, sans gonfler artificiellement certains événements – la politique intérieure surtout –, aux dépens de l'économie, de la science, des faits divers, des loisirs, de l'enseignement, des reportages à l'étranger, etc. En résumé, conclut Jean-Louis, il s'agit de répondre aux envies d'une France bousculée par l'émergence des cadres, des citoyens actifs, désireux de mener avec un bonheur égal leurs vies professionnelle et privée. Exceptionnellement, Jean-Jacques s'est libéré l'après-midi même pour étudier les propositions de son frère. Il est d'accord et veut, sans attendre, organiser un séminaire de sa garde rapprochée – administratifs et journalistes – en Provence, pour exposer les détails du projet.

Le format retenu sera celui de *Time*, 21 × 27. On paraîtra le lundi et non plus le jeudi. La date de sortie est arrêtée : le lundi 21 septembre 1964. Enfin, le journal va déménager et occuper les sept étages d'un immeuble de verre et d'acier, 25, rue de Berri. On a l'été devant soi, mais on est prié de retrousser les manches.

Dès la mi-juin, dix mille exemplaires d'une maquette imprimée de cinquante-deux pages sont envoyés aux agences de publicité et aux clients. Les réactions sont excellentes, excepté sur la une qui est ratée. Ce n'est pas une catastrophe. Les réunions de rédaction se succèdent. On travaille à Paris durant la semaine, on se transporte pour le week-end à Gambais, dans la maison de Françoise Giroud ou à Veulettes sur la plage. La cadence schreibérienne dans toute sa plénitude. Pendant cette fièvre des ultimes ajustements et corrections, Sabine, loin de ce théâtre, accouchait d'un troisième fils, Franklin. Trois garçons en trois ans. Elle réalisait le rêve dynastique de son mari et, au moins sur ce point, comblait sa belle-mère.

« Un problème tracassait Jean-Jacques, raconte Michel Cocquart, alors chef de publicité à Havas. Il prenait conscience de la nature particulière du *news magazine*. Il changeait de braquet. Il ne pouvait pas lancer sa nouvelle formule sans une campagne de publicité. C'est là qu'il a rencontré Jacques Douce, directeur général d'Havas, un homme exceptionnel, travailleur infatigable au bagou de camelot. Havas était une entreprise nationalisée, dont le président Christian Chavanon accompagnait les gaullistes depuis 1958. C'était malin de la part de Jean-Jacques de venir vers nous. Il y avait des ragots sur des prétendues interventions de Pompidou et de Peyrefitte, ministre de l'Information, pour lui mettre des bâtons dans les roues. Nous, en tout cas, on nous a laissés travailler en paix et Jacques Douce a mis le paquet. On a fait un lancement spectaculaire, on a traité *L'Express* comme un "produit". C'était une première en France. Jean-Jacques avait un peu peur. Il était financièrement serré et il avait contre lui toutes les langues de putes de Paris. Mais il se rassurait en permanence. Pour fêter la campagne de publicité, en plein été, il nous a réunis au Pavillon Henri-IV à Saint-Germain, champagne, déjeuner et piscine. Françoise Giroud affichait son intimité : "Vous pouvez resserrer la bretelle de mon maillot", lui dit-elle assez fort pour que tout le monde entende. C'était marrant… »

Une panthère sous un énorme titre « *L'Express* bondit, par JJ Servan-Schreiber » illustre la une du dernier numéro au format tabloïd. Pourquoi, comment, vers quoi ? s'interroge JJSS. La réponse tient en une phrase : « Le temps des croisades est terminé, celui de l'intelligence arrive. » Revoilà le mot fétiche de son destin, « intelligence ». Quant à la panthère, mascotte du lancement publicitaire, elle renvoie bien sûr à Françoise Giroud. Tout un symbole… La panthère noire des lettres anonymes, la panthère femelle de jungle, ou la panthère de velours de l'autobiographie de JJSS.

On avait programmé un dessin de Tim à la une du nouvel *Express* : un portrait du Général, à la manière d'un célèbre tableau de Rouault. Tim, d'un magistral coup de crayon, illustrait l'épopée gaullienne par des métaphores jamais égalées. De tous les dessinateurs et caricaturistes qui travailleront à *L'Express*, Tim, dans les tempêtes, sera le seul allié de JJSS, dont il aimait, disait-il, le grain de folie. Son dessin sera refusé pour la une. « Avec raison, dit Michel Coquart. Jacques Douce voulait casser l'image d'un journal d'opinion, d'un journal militant qui collait à la peau de *L'Express*. C'était le pari du *news magazine*. Jean-Jacques l'a suivi et a mis la photo d'un de Gaulle dubitatif. C'est lui qui, également, a décidé de tirer à deux cent cinquante mille exemplaires, contre l'avis d'à peu près tout le monde. On a dû retirer cent mille… »

Les semaines qui suivront ne démentiront pas cette percée lente mais continue. Fin 1965, quinze mois après sa renaissance, *L'Express* diffusera deux cent vingt à deux cent quarante mille exemplaires, contre cent vingt mille, deux ans avant.

Le 25, rue de Berri, était devenu la nouvelle « boulangerie » de la famille. Jean-Jacques ne le souhaitait pas. Pourtant, Claude Sadoc, la femme de Jean-Louis a rejoint son mari*, Christiane Collange et Jean Ferniot sont toujours à la rédaction en chef, Brigitte et Émeric Gros collaborent au coup par coup… Entre le grand et le jeune frère, c'est la lune de miel. Jean-Jacques est même allé à Chailloy, la maison de campagne de Jean-Louis où il était invité depuis des années.

En revanche, son mariage avec Sabine bat de l'aile. « Sabine

* Jean-Louis s'est marié à vingt ans en 1957 et il est père de deux petites filles, Pascaline et Florence. Deux autres enfants suivront, Éric en 1972, Camille en 1974.

était encerclée par les vestales, Mme Émile, Françoise Giroud, Madeleine Chapsal et d'autres moins connues, se souvient Laure Forestier. Comment aurait-elle pu exister, sauf à claquer la porte ? Tous les matins, je retrouvais, assez tôt, Jean-Jacques à son appartement. Il terminait sa séance quotidienne de culture physique avec un moniteur. Parfois, Mme Émile était là. On ne voyait pas Sabine. Puis on s'enfermait dans son bureau, une cellule de moine, très sombre, et il me dictait des notes. Il dictait en marchant et avait la manie de me caresser le cou, quand il passait derrière moi, comme on le fait à un enfant... Souvent, Liliane lui amenait David ou Émile et il jouait avec eux ou me les confiait quand il se perdait, pendant quelques minutes, dans l'abîme de ses réflexions. Il n'en avait que pour ses fils et pour sa mère. Mme Émile aurait pu être une héroïne de cinéma. Toujours le même chignon, toujours les mêmes couleurs sombres, le même maquillage. "Vous savez, me disait-elle, mon mari ne m'a jamais vue en cheveux." C'est rue de Berri qu'elle commença, chaque lundi, à débarquer à *L'Express*, sa voiture pleine des légumes qu'elle ramenait de Veulettes pour les cuisines du journal. Jean-Jacques avait aménagé des salles à manger. C'était bizarre, mais, enfin, pourquoi pas ? Jean-Jacques avait gardé un bureau chez elle, rue Clément-Marot, où il m'est arrivé d'aller. Dès que son fils poussait la porte, elle rayonnait. Elle adorait Jean-Jacques, c'est tout, et lui n'a jamais voulu sortir de son emprise, ne l'a jamais repoussée. C'est seulement à partir du passage au *news magazine* que tous les collaborateurs de *L'Express* ont découvert cette emprise. C'est également à cette époque-là que l'environnement de Jean-Jacques change. Il ne voit plus Mendès France, Simon Nora a pris ses distances, François Mitterrand est fuyant. Il voit surtout Gaston Defferre et Jean Riboud. Ils ne parlaient qu'élections. Riboud habitait avenue de Breteuil, près de chez moi, et Jean-Jacques me déposait quand il y allait pour dîner. Un soir, en me laissant devant chez moi, il me dit : "Laure, je vous interdis d'écrire votre journal, car un jour je serai président de la République." Il était sincère. Jean-Jacques était toujours sincère dans l'instant. »

Il ne pensait pas au prochain scrutin présidentiel puisqu'il avait tout misé sur Gaston Defferre. Quand celui-ci jettera l'éponge, il n'y pensera pas davantage, tant il est dans le désarroi et la tristesse. La gauche n'a plus de candidat, le centre non plus et son idée de fédération du MRP à la SFIO est mort-née. Avec habileté, François Mitterrand d'abord, Jean Lecanuet ensuite vont combler le vide. Jean-Jacques, logique avec lui-même, expliquera à Mitterrand qu'il n'a aucune chance de mettre de Gaulle en ballottage s'il se compromet avec les communistes. Mitterrand l'écoutera, fera semblant d'approuver son analyse et adoptera une stratégie contraire. Se présentant comme le candidat unique de la gauche, il sera soutenu vigoureusement par le PCF sans officiellement n'avoir rien négocié.

De son côté, Jean Lecanuet se déclare, à son tour, avec l'appui du MRP, du CNI, du Centre des démocrates, et de certains radicaux. Le directeur de *L'Express* qui est resté hors du jeu, pendant que les challengers du Général préparaient leur entrée en lice, ne voudra rien comprendre à ce redéploiement politique. « Jean Lecanuet, écrit-il, baptisé "candidat du centre" – comme s'il pouvait y avoir contre de Gaulle un centre sans les radicaux et les socialistes –, va faire des efforts gigantesques pour tenter d'arriver au même chiffre que Tixier-Vignancour, ce qui est tout de même un comble. François Mitterrand, investi maintenant par des appareils vétustes et hostiles, qui ont pris grand soin de ne se lier en rien, ne peut pas sérieusement viser 40 % des voix, ce qui aurait un tout autre sens. »

Il est aveuglé. À *L'Express*, l'équipe s'est beaucoup renouvelée. Plusieurs signatures prennent le relais des anciens et, après quelques semaines d'adaptation aux impératifs du *news magazine*, elles s'imposent dans l'agora journalistique : Jacques Derogy, Jean-François Kahn, Maurice Roy, Michèle Cotta, Irène Allier, Marc Ullman, Jean-Noël Gurgand. Tous de gauche, ils sont d'ardents supporters de François Mitterrand et se désolent ou s'agacent des diagnostics pessimistes de leur patron.

« Il n'était pas dans la rédaction, témoigne Jean-François Kahn. Il était très timide, donc agressif, et on n'entrait pas dans son bureau comme ça ! Il communiquait par notes. Le seul moment où l'on pouvait lui parler, c'était le soir du bouclage, le jeudi, autour d'un dîner de toute la rédaction. En 1965, il n'écoutait aucun d'entre nous, ni Suffert ni Cotta ni Derogy ni moi. Nous étions, sans arrêt, en conflit avec lui. Surtout qu'avec JJSS on ne pouvait parler que de politique ou de boulot. La musique, la littérature, la bouffe, les vins, le cinéma, l'opéra, les musées, il n'en avait rien à foutre... » Jean-François Kahn s'interrompt, cligne des yeux derrière ses lunettes et rigole, de son rire juvénile. Encore aujourd'hui, ça se voit, il n'en revient pas ! « Chaque fois qu'il voulait se mêler de nos papiers, on courait à la catastrophe. L'épisode à propos de l'assassinat de Ben Barka est resté un cas d'école ! »

Mehdi Ben Barka, leader de l'opposition au régime marocain du roi Hassan II, dut s'exiler et fut condamné à mort par contumace. Or le 29 octobre 1965, il est enlevé à Saint-Germain-des-Prés dans des circonstances à tout le moins étranges. Aussitôt, dans les milieux de la gauche marocaine, on craint le pire : son assassinat. Kahn et Derogy mèneront une enquête très serrée qui ébranlera le régime gaulliste : l'enlèvement de Ben Barka aurait été monté par le colonel Oufkir, ministre de l'Intérieur d'Hassan II, avec la complicité de la police française et de nos services secrets.

« Avec Jacques Derogy, nous avons réussi à démonter toute l'affaire, poursuit Jean-François Kahn, nous avions le récit de ce qui s'était passé, le nom des protagonistes et des témoignages accablants. Mais jamais nous n'affirmions que Ben Barka avait été assassiné ou qu'il était mort. On rédige notre papier et on le remet à Jean Ferniot. Servan-Schreiber avait flairé la bombe et il était dans un état d'excitation extrême. Et puis, le journal paraît, la photo de Ben Barka en couverture avec un titre : "J'ai vu tuer Ben Barka. Le récit d'un témoin." Derogy et moi, on était sur le cul ! Au marbre, Servan-Schreiber avait modifié notre texte pour l'adapter à sa thèse et il a été étonné de notre étonnement, comme de notre colère ! Pendant toute cette affaire Ben Barka, il fera monter la température dans le but évident d'atteindre de Gaulle. Il affirma en particulier que Roger Frey, ministre de l'Intérieur, était directement impliqué dans l'opération. Ce qui lui vaudra une nouvelle cascade de procès. En soi le scandale Ben Barka se suffisait à lui-même, mais Servan-Schreiber inventait toutes les semaines un scoop ! Il était incroyable. Quand il avait une idée en tête, c'était impossible d'engager avec lui une discussion sur le fond. Plus tard, pendant la guerre du Vietnam, on a connu le même problème. Si jamais il lisait les papiers avant la publication, il supprimait les passages qu'il jugeait trop sceptiques envers l'armée américaine ! De même, après la guerre des Six-Jours, en juin 1967, il fut farouchement et bêtement pro-israélien. Il nous a emm... pour nos reportages. *L'Express* a reçu plus de mille lettres d'injures ! Là encore c'était d'abord pour lui un moyen d'attaquer de Gaulle qui avait pris position contre Israël, bien plus que de soutenir les Israéliens… En dehors de ces quelques points de fixation, Servan-Schreiber, c'est exact, nous laissait une grande liberté. Et nous avions des salaires très corrects, de bonnes conditions de travail. »

Le titre « J'ai vu tuer Ben Barka » va propulser *L'Express* à cinq cent mille exemplaires, le double de son tirage habituel ! Il se maintiendra à ce niveau pendant plusieurs semaines, poussé par les révélations successives sur l'« affaire » et par la campagne présidentielle. Si le tirage retombe par la suite, l'enquête de Jacques Derogy et de Jean-François Kahn marque un nouveau palier dans la diffusion – entre trois cent mille et trois cent cinquante mille – et Jean-Jacques aura beau jeu d'en conclure que sa mise en scène était professionnelle.

Cette affaire Ben Barka l'a revigoré. Depuis deux ans, l'éditorialiste en JJSS somnolait. En 1964, on l'a dit, il a peu écrit. En 1965, également. Quand éclate l'affaire, fin octobre, il retrouve sa plume et va livrer une rafale de longs éditoriaux. Non pas sur Ben Barka, sur François Mitterrand, Jean Lecanuet et le général de Gaulle. Entre les deux premiers, son cœur balance. Il penche plutôt du côté de Lecanuet « qui a pris, écrit-il, clairement position en faveur du socialisme moderne », qui a su « fixer les nouvelles responsabilités respectives de l'État (par le Plan) et les entrepreneurs privés (par l'autofinancement) ».

En revanche, François Mitterrand n'a pas rompu avec la « gauche antique », avec « le tabou des nationalisations » et « le soutien du PCF ». Dès lors, pour qui voter ? « Si de Gaulle a un triomphe, qu'il écrase vraiment ses deux adversaires (par exemple avec plus de 65 % des votants), ce sera un tel coup de massue que rien ne sera envisageable à court terme. Si de Gaulle n'est pas plébiscité, c'est déjà très important, mais cela ne suffit pas. Il faut encore que l'écart entre M. Mitterrand – qui bénéficie, au départ, de la somme considérable des suffrages communistes – et M. Lecanuet ne soit pas, lui non plus, écrasant. Sinon, c'est vers le "Front populaire" de M. Guy Mollet, que s'orientera l'opposition, c'est-à-dire dans une impasse.

« Finalement, le scrutin favorable serait celui qui donnerait dimanche :

– moins de 50 % des voix exprimées au général de Gaulle ;

– environ 25 % à M. Mitterrand (il ne peut guère faire moins, il est difficile qu'il fasse plus) ;

– et 15 %, au moins, à M. Lecanuet. »

Il ne croit toujours pas, en dépit des sondages qui l'annoncent depuis plus d'une semaine, que le Général puisse être mis en ballottage.

Il pleut le dimanche 5 décembre sur toute la France. La participation électorale est la plus élevée de l'histoire de nos Républiques, consécration éloquente de notre mode de scrutin présidentiel. Et les chiffres tombent, un blasphème pour les gaullistes, une divine surprise pour l'opposition : de Gaulle 43,7 % ; Mitterrand 32,3 % ; Lecanuet 15,8 %...

Jean-Jacques écrit : « Si la bataille du deuxième tour devient vraiment, selon l'expression simpliste du journal de M. Mitterrand, "droite contre gauche" et si de Gaulle, alors, remporte 60 % des voix contre 40 % à la "gauche", il est bien entendu, solidement réélu... Beaucoup dépend des voix de M. Jean Lecanuet... À cet égard, à cette date, à ce moment, la responsabilité de M. Lecanuet est dans le droit fil de celle de Mendès France, il y a dix ans. La relève, dont nous parla si bien le sénateur de Rouen à la télévision, la vraie relève, la voilà. Franchement, je me permets de le dire ici à M. Lecanuet, comme je le pense, car ces choses sont publiques ou ne sont pas : le mérite, le crédit politique qu'il a en quinze jours accumulés, ne seront, à nos yeux du moins, confirmés que s'il appelle vraiment à voter contre de Gaulle dimanche prochain. »

Jean Lecanuet, en cacique du centrisme et en bon Normand, ne tranchera pas : il conseillera de ne pas voter pour de Gaulle, sans préciser s'il convient de voter Mitterrand... Le Général sera élu au second tour, et JJSS ne signera plus d'éditoriaux pendant cinq semaines.

17

Le Défi américain

Jean-Jacques Servan-Schreiber aura quarante-deux ans le 13 février 1966. Il est à « mi-vie », titre d'un livre que publiera en 1977 son jeune frère Jean-Louis. L'âge de tous les possibles, derrière lui le poids de l'expérience, devant lui l'espérance d'une longue vie. Il ignore qu'une sale maladie se tient à l'affût et qu'il ne lui reste plus qu'une vingtaine d'années de pleine lucidité.

L'Express, dans sa nouvelle version, est sur les rails. À l'instar de *Newsweek*, le journal aura bientôt quatre éditoriaux : la politique (lui), les problèmes de société (Françoise Giroud), l'économie, la littérature. Pour l'économie, il engage Roger Priouret, déjà pigiste, au scepticisme dérangeant, aux allures de notaire rustique, égaré dans le zoo de l'*american way of life*. Il a cinquante-quatre ans, et ces dix années au service économique de *France-Soir* l'ont formé à la pédagogie, à la clarté.

Pour la littérature, Jean-Jacques sollicite l'ironique et sulfureux Jean-François Revel, qui a déjà collaboré à *L'Express* de façon épisodique. Il venait de publier un pamphlet décapant, *En France*, où il démontrait comment et pourquoi la République gaullienne flattait l'esprit militariste, xénophobe, autoritariste des Français. De quoi combler JJSS.

Chez les concurrents, la machinerie schreibérienne ne laisse pas d'impressionner et d'exciter les envieux. Le journal s'est déjà imposé comme le meilleur support publicitaire de nos magazines. L'argent entre dans ses caisses. Beaucoup d'argent. Un cinglant démenti aux Cassandre qui n'auraient pas misé un kopeck sur cette mutation.

« Une des décisions dont je suis le plus fier, dira Jean-Jacques, c'est la transformation de *L'Express*, en 1964, en magazine moderne capable de tirer un jour à un million d'exemplaires. Pratiquement tous les hommes de gauche qui étaient autour de moi m'ont injurié. Pour eux, il fallait à tout prix que *L'Express* continue d'être l'organe d'une chapelle, même s'il devait vivre de subsides – c'est leur habitude d'ailleurs pour tous leurs journaux. Ce qui les intéresse, ce n'est pas de toucher un grand nombre de gens, mais de flatter une secte. J'ai rompu avec cette tradition-là de manière radicale, et ma décision a continué d'être très mal comprise par la sensibilité de gauche pendant trois ou quatre ans ! Cette tournure d'esprit qui est la mienne, en somme, celle d'un chef d'entreprise, est celle qui provoque le plus de difficultés de compréhension entre la gauche et moi. Surtout entre les journalistes et les écrivains, dont, au fond, le sujet unique d'intérêt est : comment fait-on pour pleurer ? Mon pari, c'est que je pourrais entraîner ces hommes hors de leurs ornières habituelles. La réussite de *L'Express* sur le plan professionnel, sur le plan industriel, est pour moi une des armes de combat que j'emploie dans les débats avec la gauche pour leur expliquer ce qu'est une entreprise au sens large, qu'elle soit politique ou professionnelle. Si on ne veut pas réussir, il faut rester seul dans son coin. On n'a absolument pas le droit d'entraîner les gens à autre chose qu'à la réussite[102]. »

Son rôle, au sein de la gauche, s'est, en effet, délité depuis l'échec de la « Fédération defferriste ». Il n'occupe aucune fonction déterminante dans l'éventail des formations politiques ; il n'a pas retrouvé auprès d'un autre dirigeant le rôle de conseiller, de pourvoyeur d'idées qu'il tenait auprès de Pierre Mendès France ; s'il continue de croire au destin national de Gaston Defferre, il doute que le maire de Marseille puisse rapidement rebondir. Il pourrait en concevoir une certaine déception et glisser, comme si souvent, vers les brumeuses lagunes de la dépression. Les événements l'ont fouetté même s'il n'a pas voulu réagir à chaud. Il est remonté sur les hauteurs : la France l'inquiète.

Pendant toutes ces tribulations politiciennes, à la recherche d'un candidat idéal qu'il n'aura finalement pas trouvé, une idée n'a pas cessé de le préoccuper : le destin industriel, technologique, scientifique du pays. Si le nombre de ses éditoriaux en 1964, 1965, 1966 est le plus faible dans toute l'histoire de son journal – quarante-neuf en cent cinquante-six semaines – presque tous concernent directement ou indirectement ce déclin. On doit lui rendre cet hommage.

En réalité, mais on ne peut pas alors le savoir, ses éditoriaux forment la trame de ce qui deviendra *Le Défi américain*, le premier best-seller, en France, dans la catégorie essais, dépassant et de loin tous les romans, enfonçant le prix Goncourt.

Dès le 4 janvier 1965, dans son éditorial intitulé « Le grand défi », n'écrivait-il pas : « (...) L'écart entre la surpuissance du continent nord-américain et le reste du monde industriel, au lieu de diminuer, grandit... L'industrie automobile allemande devient une quasi-filiale de Detroit ; le marché européen des ordinateurs (Bull, Olivetti, etc.) devient américain ; la fuite vers les universités américaines, plus riches des meilleurs savants anglais, ne cesse pas, etc. ; que les chefs américains soient "gentils" ou "méchants" est tout à fait à côté de la question. L'empire de leur puissance industrielle va tendre à s'établir par un mouvement naturel comme la Terre tourne autour du Soleil... Quels doivent être nos choix, nos investissements, nos fusions, nos priorités, nos recherches, nos spécialisations, nos modes de coopération, pour infléchir, à notre profit, le cours de ce fleuve irrésistible pour devenir et rester des Européens et non des sous-Américains ? Voilà la passionnante affaire de notre génération. »

Si on ajoute à ces lignes la profession de foi européenne du 1er novembre, n'a-t-on pas le résumé de la thèse centrale de son célèbre ouvrage ? « Seule l'Amérique vit maintenant à 95 % sur elle-même. Aucun pays d'Europe ne peut en faire autant et l'Europe tout entière non plus, si elle n'a pas à sa tête un organe souverain pour arrêter ses choix économiques, ses spécialités – un gouvernement. Une Europe simple marché ne serait pas une solution... Cette Europe-là exigera des choix, des sacrifices, des transferts de souveraineté, des migrations de population, bref, l'acceptation d'une autorité politique suprême au-dessus de nos gouvernements régionaux et tout le brassage, forcément douloureux au début, qu'impose, comme toujours, à travers l'Histoire, la naissance d'une Nation. »

Armé de ses convictions, pénétré de sa mission, il fallait nourrir par des exemples concrets, des récits, des témoignages, le corps de l'ouvrage. Il venait de connaître Michel Albert au club Jean-Moulin. Inspecteur des Finances, ami de Georges Suffert et d'Olivier Chevrillon, Michel Albert était, à trente-six ans, une tête chercheuse de la haute administration, une encyclopédie vivante, ayant fait ses classes sous le parrainage de Louis Armand et de Jacques Rueff. Difficile de faire mieux. Par l'intermédiaire de Suffert, il avait remis à *L'Express* le canevas d'un papier sur le thème « On ne peut pas être socialiste et nationaliste », une réflexion qu'il s'apprêtait à développer dans un ouvrage, *Le socialisme et l'Europe*.

Le canevas, lui dira Suffert, avait bluffé JJSS. Dès qu'il découvre un nouveau Mozart, Jean-Jacques ne perd pas une seconde. Michel Albert est enrôlé dans son club des personnalités compétentes qui se sont renouvelées depuis 1953, mais qu'il a toujours eues sous la main. « Je le voyais à Paris et il venait me voir à Bruxelles. Il manifestait un enthousiasme revigorant. "Bon, qu'est-ce qu'on peut faire ensemble ?" me répétait-il. Je lui adressais des mémos techniques, il en retirait un éditorial tonique, décapant, polémique. »

Durant l'hiver 1966-1967, Michel Albert lui parle d'un rapport dont la lecture l'a impressionné. Son auteur, le conseiller scientifique de notre ambassade à Washington, explique, d'une part, que l'innovation, la recherche sont aujourd'hui les premières armes de la puissance économique et démontre, d'autre part, le retard considérable de l'Europe sur les États-Unis dans les domaines scientifiques et technologiques.

Jean-Jacques se fait aussitôt envoyer le document et c'est le déclic. Il veut écrire un livre et répondre aux inquiétudes terrifiantes qui servent de fil rouge à la plupart de ses éditoriaux depuis deux ou trois ans : face à la puissance boulimique des États-Unis qui investissent peu à peu les bastions de son économie, l'Europe, à moins d'un sursaut, est condamnée à un sous-développement progressif. Quelles sont les conséquences pour nous Français, pour nous Européens, de ce fossé qui se creuse entre le vieux continent et l'Amérique ?

« Il s'est donné quatre mois, poursuit Michel Albert. On s'est transformés en turboréacteur. Il a mobilisé une escouade d'experts, dont son ami Galbraith, et j'étais en quelque sorte le chef de la gare de triage. Il le dit lui-même dans l'introduction du livre : son travail est l'assemblage de ce qu'ont décrit, vu et mesuré une quinzaine de spécialistes. C'est vrai. Mais je peux témoigner que tout le reste, c'est-à-dire la vision, le projet, la logique, le rythme du *Défi américain* sont l'œuvre personnelle de

Jean-Jacques Servan-Schreiber. Et le titre, bien entendu, est de lui. »

Le livre est en librairie le 11 octobre 1967. Jean-Jacques a choisi Denoël que dirigent Jean Denoël et Alex Grall, le compagnon de Françoise Giroud. On ne sort pas du cercle des intimes.

L'Express, dans son numéro du 9, présente *Le Défi* sur trois pages, sous la signature d'un éminent économiste Jean Fourastié – qui affirma dès 1950 que nos sociétés industrialisées évolueraient vers une civilisation dominée par le secteur tertiaire. « Je viens de lire comme un roman le livre de M. Jean-Jacques Servan-Schreiber. Comme un de ces récits d'aventure et d'histoire qui emportaient notre jeunesse dans le désir et l'action ; qui nous faisaient un peu découvrir et les hommes et nous-mêmes… Il s'agit bien, en effet, d'histoire, et de notre histoire : celle que nous vivons… » Fourastié résumait l'objectif que s'est fixé JJSS : écrire sur des sujets sérieux comme on écrit une épopée ou un thriller.

Bernard Grasset, fondateur de la maison qui porte son nom, avait l'habitude d'apostropher ses jeunes auteurs, tirant sur son fume-cigarette : « Mon petit, lisez-moi l'incipit ou trois ou quatre phrases, pas plus… » Cela lui suffisait, affirmait-il, pour juger de la qualité d'un livre et pour savoir s'il marcherait ou non. Les phrases qui ouvrent *Le Défi américain*, dramatiques, accrocheuses, l'auraient certainement enchanté :

« Ce livre est le déroulement d'une enquête à partir de l'observation d'un fait. Il se trouve que cette enquête mène loin.

« En partant de l'examen, assez prosaïque, de l'investissement américain en Europe, on découvre un univers économique qui s'affaisse – le nôtre –, les structures politiques et mentales – les nôtres – qui cèdent devant la poussée extérieure, les prémices d'une faillite historique : la nôtre.

« On pense naturellement à dresser des défenses, à empêcher l'envahisseur de pénétrer. Mais toute mesure "défensive" risque d'aggraver notre faiblesse. En cherchant pourquoi, on tombe sur l'essentiel : la guerre, car c'en est une, ne nous est pas livrée à coup de dollars, de pétrole, de tonnes d'acier ni même de machines modernes, mais à coups d'imaginations créatrices, et de talents d'organisation. »

En quelques lignes, notre inéluctable déclin, si nous ne réagissions pas, s'habillait des mots les plus sombres : s'affaisse, faillite historique, envahisseur, faiblesse et, apothéose, la guerre.

Il n'y avait, de la part de JJSS, aucun opportunisme. Il y avait la volonté de passer la rampe des lecteurs avertis, des intellectuels, pour toucher le grand public. S'il dramatise, ce n'est pas seulement pour accrocher ses lecteurs, il croit que nous coulons, que nos mentalités, nos structures, sont vermoulues. Il le croit depuis ses dix-huit ans et, par-delà sa polémique avec les gaullistes, avec la « gauche antique », avec Dupont, Durand et à peu près tout le monde, il veut changer la France. Son désir d'en faire un pays moderne est aussi violent que sincère. Il est cohérent, il ne triche pas. C'est un Savonarole du modernisme, de la modernité. Mais son personnage est tellement encombrant qu'on ne voit plus que le personnage, sans retenir la vision, l'élan qui le porte.

« Ça ne m'intéressait pas, confia-t-il, d'écrire un livre qui se vende à quinze mille exemplaires. J'ai donc exigé de mon éditeur qu'il mette en place les moyens suffisants pour tirer à cent mille exemplaires. Je comptais bien les atteindre. Au prix, comme d'habitude, d'une simplification que beaucoup d'experts ont jugée excessive, au prix d'une campagne de promotion que les bonnes âmes parisiennes m'ont évidemment reprochée, au prix d'une tournée en Europe et en province sur avion à réaction, avec chaque fois dix ou douze journalistes invités à me suivre. Mon but : faire avancer le débat. Les méthodes employées pour *Le Défi américain* sont analogues à celles que j'ai employées pour lancer la nouvelle formule de *L'Express*. Je sais que cela agace, et que cela continuera d'agacer. Ce sont les méthodes qui sont les miennes et je n'en changerai pas[103]. »

Il dépensera cent vingt mille francs de publicité, soit cent trente mille de nos euros, une somme qui même aujourd'hui serait exceptionnelle pour tout éditeur.

« Livre angoissant, mais livre constructif », annonçait Denoël dans un tract envoyé aux journalistes, aux hommes d'influence et à tous les abonnés de *L'Express*. L'ouvrage paraît en même temps dans tous les autres pays de l'Europe occidentale, traduit en sept langues, anglais, allemand, italien, espagnol, danois, suédois, hollandais. Ce brillant et spectaculaire lancement du *Défi américain* ne sera pas étranger à son immense succès. Celui-ci, pourtant, tiendra à quelque chose de beaucoup plus essentiel : le livre posait un vrai problème, il venait à son heure, il était écrit avec talent. Il répondait à un état d'esprit qui renvoyait à une formule encore mal définie, l'« ère technologique ». Il était accueilli comme la bible du cadre dynamique, comme le symbole, certes d'un savoir, surtout d'un standing. Il n'était pas possible si vous apparteniez aux forces vives du pays – un concept schreibérien, comme on sait – de ne pas avoir lu *Le Défi américain*.

À l'époque, les yeux étaient braqués sur le Vietnam où le président américain Lyndon B. Johnson, menait une « guerre qui n'en finissait pas ». Et voilà JJSS qui annonce : c'est l'Europe que les États-Unis sont en train de conquérir et pour de bon. Les faits, les documents, les révélations qu'apportait *Le Défi américain* étaient massifs. Il y a quelques années, démontre l'auteur, que cette opération de conquêtes, en profondeur, a commencé ; elle se déroule selon une stratégie fulgurante, dont seuls quelques experts ont repéré les mécanismes subtils. C'est une guerre. La moins sanglante, mais la plus grave peut-être de notre époque : elle sera sans retour, si elle est perdue. L'Europe risque – avant dix ans – de sortir de l'histoire. Que lui a-t-il manqué à cette Europe ? Que lui manque-t-il encore ? La volonté et surtout l'organisation. Tout dépend des hommes, de leurs capacités de raisonner, d'organiser, d'agir. « Le défi américain, écrit JJSS, n'est pas essentiellement d'ordre industriel et financier. Il met en cause, avant tout, notre fécondité intellectuelle, notre aptitude à transformer les idées en réalité. Ce qui cède devant la poussée extérieure, ayons le courage de le reconnaître, ce sont nos structures politiques et mentales – c'est notre culture. »

C'est donc finalement au niveau de l'éducation et de la culture que doivent se situer nos premiers efforts pour que soit relevé le « défi » américain. Mais dans quel contexte politique, du moins en ce qui concerne la France ? JJSS se veut homme de gauche. La gauche est-elle mieux armée pour la lutte ? Il est sévère pour les rêveurs, les intellectuels romantiques, les attardés de la vieille gauche, tous ceux qui parlent sans agir et n'ont aucune conscience du monde des réalités d'aujourd'hui. Il souhaite l'avènement d'une gauche rénovée, réaliste, musclée…

Si on se laisse emporter par le rythme endiablé des deux cents premières pages, on souffle un peu sur la fin quand il adopte le ton de l'humaniste post-industriel. C'est son ton naturel, mais, à cela ne plaise, il est le premier en France à vulgariser la notion de société post-industrielle.

En un mois, le livre allait devenir un phénomène de librairie. *Les Anti-Mémoires* d'André Malraux, qui tenaient la vedette, durent lui céder la place. On ne parlait plus que du *Défi*. Ajouter américain eût été superfétatoire. Le mot lui-même embrasa la France entière. De Vesoul à Landerneau, de Tarascon à Gravelines, chacun avait son *défi* à relever. Dans la presse, à propos de n'importe qui et de n'importe quoi, on se régalait du mot jusqu'à l'indigestion. Mais *Le Défi*, il n'y en avait qu'un, celui de JJSS. Toute la classe dirigeante se précipita à la télévision, sur les ondes, dans les journaux pour le commenter. Il n'y a probablement pas un seul média, de la plus modeste feuille cantonale à l'ORTF, de *L'Écho savoyard* à la grande presse nationale et régionale, de *L'Humanité* à *Pilote*, de *Hara Kiri* au *Chasseur français*, de *La Vie catholique* à *Lui*, du *Bulletin des PTT* à *La Terre d'Oc* qui n'ait parlé trois fois plus qu'une du *Défi*. La plupart des articles sont dithyrambiques. Jean Monnet : « *Le Défi américain* montre le monde moderne qui se développe et dans lequel notre jeunesse devra vivre. » Le gaulliste Albin Chalandon, théoricien économique de l'UNR : « *Le Défi américain* est le type même du livre que j'aurais voulu écrire. » Marcel Dassault : « *Le Défi américain* est, enfin, une enquête constructive. » Interrogé sur *Le Défi* par un journaliste, lors de sa conférence de presse, de Gaulle répondra, provoquant l'hilarité : « Nous ne faisons pas ici de publicité littéraire ! »...

Vu de l'Élysée, le livre renforce la thèse gaulliste sur l'inacceptable hégémonie des États-Unis. La télévision a donc toute liberté pour en parler. « Ce n'est pas un bon livre, mais une œuvre utile », aurait dit le Général. Une série d'émissions télévisées, « Guerre ou Paix », consacrera plusieurs volets au *Défi*, et surtout à son auteur qui se trouvera face à des représentants du gouvernement. *L'Express*, *Le Défi*, la télévision, le visage de Jean-Jacques, un peu cow-boy, un peu play-boy, commençait d'accrocher la mémoire collective. Dans la rue on le saluait.

Beaucoup d'intellectuels de gauche – en dépit ou à cause de cette déferlante médiatique ? – choisiront d'ignorer l'essai. Pierre Mendès France assortira sa « série de réserves » de quelques compliments et son nom n'apparaîtra pas dans les placards publicitaires. Seuls quelques communistes s'employèrent à le démolir.

« L'illustre directeur de *L'Express*, J.-J. Servan-Schreiber, lit-on dans *Le Nouveau Clarté*, organe du PCF, a récemment ajouté une pierre nouvelle à l'édifice de sa gloire, en traitant un sujet qu'il connaît fort bien puisqu'il dirige un journal financé par les capitaux américains… »

Le Défi occupera surtout une dizaine de minutes du premier face-à-face entre Valéry Giscard d'Estaing et François Mitterrand, le 17 octobre 1967. Organisé par Europe n° 1, chacun des deux protagonistes, en politicien racé, tirera du livre la conclusion qui le sert. Giscard : « *Le Défi américain* est un livre excellent, vigoureux, moderne, c'est-à-dire libéré de beaucoup d'entraves et de routines de pensée. Ce qui "sonne" du ton le moins convaincant, c'est la démonstration pour assimiler la gauche à la grande tâche qui est tracée. Mais je lui souhaite beaucoup de succès, c'est-à-dire de susciter des réflexions et, le moment venu, d'inspirer une action. » Mitterrand : « Toute la première partie du *Défi américain* m'a ravi sans réserve et allumé l'esprit. Il y a là une grande réussite : on a envie de réagir et de réaliser. La deuxième partie m'a paru souvent injuste et le livre lui-même l'illustrera : c'est la gauche qui assimilera et exploitera cette œuvre car elle seule osera, tandis que la droite butera sur les réformes de structure. »

Depuis le début de la Ve République, Jean-Jacques n'avait pas revu son ami Valéry qui avait été quatre ans durant le ministre des Finances du général de Gaulle. La parution du *Défi* tombera à point nommé pour de chaleureuses retrouvailles. Giscard n'était plus au gouvernement. Le Général, après sa réélection en décembre 1965, avait remanié son équipe, gardant Georges Pompidou à Matignon mais offrant la rue de Rivoli à Michel Debré. À Jean de Lipowski avec qui il s'en alla skier, Giscard ne cacha pas sa tristesse : « Je suis l'objet d'un ostracisme. Peux-tu m'expliquer pourquoi ? » La vérité était probablement plus simple. Ne se posait-il pas, de plus en plus, en rival de Georges Pompidou ? La succession du Général se profilait à l'horizon de 1972, si aucun événement ne venait perturber le calendrier.

Insensiblement, par quelques phrases bien ajustées, Giscard va s'éloigner du pouvoir en place, semant ses cactus comme d'autres leurs cailloux blancs. D'abord son article « Jeunesse et

Politique» dans *Le Figaro* piqua l'Homme du 18 juin, autant qu'il plut au directeur de *L'Express*. «Simplification, intelligence et foi, voici les thèmes de réflexion, écrivait-il, de tous ceux qui voudront préparer, pour la France, un effort et une union avec sa jeunesse, sa mission.» Cet appel à l'intelligence, l'un des leitmotive de JJSS, était une nouveauté de la part d'un leader politique.

Ensuite, enfonçant un peu plus ses banderilles, il revendique un «gaullisme réfléchi» enfin, son «oui mais» du 10 janvier 1967 – sa déclaration historique, pourrait-on dire. On était à trois mois des élections législatives prévues le 5 mars. Il explique qu'il existe quatre attitudes possibles vis-à-vis de la politique du gouvernement Pompidou : le «non» des communistes ; le «non mais» du Centre démocrate de Jean Lecanuet; le «oui» de l'UNR; le «oui mais» qu'il préconise. À sa disgrâce, le grand argentier d'hier répondait par une fronde ouverte. Il osait à quarante et un ans défier de Gaulle, et ils étaient si peu à oser face au Général ! Là résidera aux yeux des gardiens du mausolée gaulliste son crime inextinguible.

À la sortie des urnes, l'UNR et ses alliés disposeront à l'Assemblée nationale d'une seule voix de majorité... Giscard, avec son groupe, les Républicains indépendants, devenait l'arbitre de la situation. Et tous ceux qui alors sont derrière lui ne seront pas surpris de l'entendre, le 1er août 1967, dénoncer «l'exercice solitaire du pouvoir», et viser directement de Gaulle.

JJSS était à Veulettes où il peaufinait les dernières pages du manuscrit qui deviendra *Le Défi américain*. Il téléphona à Giscard et leur dialogue reprendra, comme s'il ne s'était jamais interrompu. «Jean-Jacques, dit Laure Forestier, ne revenait pas en arrière. C'était perdre son temps et il n'avait aucune rancune. J'ai connu plusieurs personnalités, avec qui il avait rompu les ponts, qu'il retrouvait comme s'ils s'étaient quittés la veille en bons copains.»

Giscard a perdu son fauteuil de ministre mais il préside au Palais-Bourbon la commission des Finances, une fonction qui lui offre une base logistique. Le prosélyte du modernisme et le député d'Auvergne vont alors partager la même passion pour la révolution technologique. Ils feront, avec Gaston Defferre, un stage chez IBM à La Gaude. Avec cinq ou six autres «élèves», ils entreront pendant trois jours en «loge» pour s'initier aux ordinateurs, aux calculs analytiques, aux nouvelles techniques d'organisation du travail… François Mitterrand souhaitait venir, mais il a dû se rendre à l'étranger.

Le couple JJSS-VGE fonctionnait sur le mode d'une fascination réciproque, tempérée par la haute idée qu'ils se faisaient d'eux-mêmes. Chacun dans ses déclarations publiques tient l'autre pour « le plus doué, le plus intelligent de sa génération », et chacun dans son for intérieur se pense un peu plus doué, un peu plus intelligent que l'autre. En somme, une relation d'égalité sur le fond, très compliquée dans la forme. En tout cas, Jean-Jacques voulut proposer à Giscard de rejoindre son fameux club des personnalités compétentes et de signer régulièrement dans *L'Express*.

Il s'en ouvrit à Françoise Giroud et à Claude Imbert, nouveau rédacteur en chef politique du journal, en lieu et place de Jean Ferniot. Pour Jean-Jacques, son beau-frère, excellent journaliste, travailleur acharné, s'était révélé incapable de diriger une équipe, de corriger et de restructurer un papier, même s'il le trouvait mauvais. « Ce n'était pas ma vocation », conviendra Ferniot, malgré tout bouleversé d'être mis sur la touche. Il entrera à Radio-Luxembourg.

Claude Imbert connut JJSS par le truchement de Georges Suffert qui organisa un déjeuner chez lui. « J'étais chef du service politique de l'AFP, le meilleur poste de l'Agence et Suffert m'avait prévenu : "Tu verras, il n'est pas facile." On bavarde, il était sur son quant-à-soi, absent, observant, écoutant. Je m'attendais à quelqu'un de plus pétaradant. Tout à coup, il s'est mis à monologuer sur le thème "Il n'y a plus de gaullistes, il n'y a plus de gaullisme". Je connaissais mieux que lui les arcanes de la majorité et j'étais, comme beaucoup de mes confrères, excité par la montée des « Jeunes-Turcs », Jacques Chirac, Jean Charbonnel, Philippe Malaud. (…) On était en novembre 1966, à la veille d'une élection municipale partielle à Brive-la-Gaillarde, provoquée par je ne sais quelle crise locale. Charbonnel se présentait et sa candidature était un test pour la majorité. Je dis à Jean-Jacques : "Charbonnel va être élu." Il a pris son air pénétré : "Ah ! Vous croyez ?" Charbonnel a été élu. Avec sa précipitation habituelle, il m'a rappelé. Il m'a offert le double de mon salaire à l'AFP et il me donnait carte blanche. *L'Express*, m'expliqua-t-il, n'est pas encore un vrai *news magazine*. Les enquêtes, les reportages, les articles sont trop éditorialisés et pas assez fouillés. Et il conclut : À vous de jouer ! Ça ne se refuse pas et ce fut, jusqu'à son OPA sur le Parti radical, une aventure formidable. Il était très amical, affectueux à mon égard. Un patron magnifique mais qui faisait de dangereuses embardées ! Il m'appelait "M. Non" parce que justement j'ai toujours essayé de l'arrêter avant le mur ou l'abîme. »

Revenons au couple JJSS-VGE. Claude Imbert n'avait aucune raison de s'opposer à un rapprochement avec l'ancien ministre des Finances. Cet Aveyronnais, amoureux de la vie et de tous ses plaisirs, des plus raffinés – la musique de chambre – aux plus capiteux – la gastronomie – est, en politique, le champion de la tempérance. Conjuguant d'indéniables qualités de diplomate avec un professionnalisme affirmé, il a, en quelques semaines, bouleversé les us et coutumes de la rue de Berri. Travail en équipe, réunions quotidiennes des chefs de service, entretiens fréquents avec les journalistes. Sa porte est toujours ouverte. Pourquoi la fermerait-il au nez de Giscard ?

La réaction de Françoise Giroud n'eut pas la même rondeur. « (...) Comment avez-vous seulement pu, écrit-elle à Jean-Jacques, songer à associer Giscard d'Estaing au journal, un homme si représentatif de la droite française ? Sa duplicité m'effraie... Non, vraiment, non. » Elle deviendra son secrétaire d'État à la Condition féminine en juillet 1974 ; il est vrai qu'au mois de mai elle avait invité ses lecteurs à voter Mitterrand. « Ce n'est pas moi qui change, c'est le vent qui tourne », se plaisait à zozoter Edgar Faure.

Jean-Jacques se rangera à l'avis de Françoise Giroud, mais il lui répondra par une note confidentielle, tellement prémonitoire de son compagnonnage politique avec Valéry Giscard d'Estaing – de 1974 à 1979 – qu'elle mérite d'être entièrement citée.

« À propos de votre note concernant Giscard. Je ne comprends pas très bien votre raisonnement à son sujet. Je crois que les choses sont plus simples.

« 1 – D'une manière générale, c'est-à-dire sans faire intervenir mon point de vue personnel ni le cas de *L'Express*, Giscard est objectivement l'un des nouveaux hommes politiques qui ont compris beaucoup des aspects du monde moderne, qui étudient sérieusement les dossiers, qui s'expriment avec précision et le minimum de verbalisme. Il représente donc un facteur de progrès dans la vie politique. Ce type d'homme finira pas contraindre les autres à un effort intellectuel et à un effort de renouvellement dans l'expression quelles que soient les convictions qu'ils aient à véhiculer. Il faudra qu'ils les argumentent mieux et qu'ils les expriment plus clairement. Que les racines profondes de Giscard soient à droite ne fait pas de doute. Mais ce n'est pas sa seule caractéristique. Ce qui en fait un phénomène intéressant, c'est qu'il est l'un des premiers dans le milieu politique à essayer d'appréhender les mécanismes du monde moderne.

«2 – En ce qui me concerne personnellement, je trouve que c'est l'un des rares hommes dans ce milieu avec lequel on peut avoir des rapports convenables et fructueux. Je ne pense pas, bien entendu, qu'il soit sans duplicité. Mais je constate une qualité réelle dans les rapports humains que l'on peut entretenir avec lui ainsi que dans les échanges intellectuels. Il est un peu l'équivalent à droite de ce que représente *L'Express* à gauche, comme méthode d'approche des problèmes. Et le dialogue, l'échange, entre nous et lui, est un peu la préfiguration de ce que sera le dialogue en France, après de Gaulle, c'est-à-dire plus moderne, plus précis, moins passionné. Il y a donc là une dialectique intéressante.

«3 – Enfin, il est clair que le public auquel s'adresse Giscard dans les différentes villes de France recoupe largement celui auquel s'adresse *L'Express.* Ce qui fait que Giscard ne peut sous-évaluer *L'Express* et réciproquement. De nouveau la dialectique joue. Il y a bien sûr beaucoup de considérations que l'on pourrait ajouter, dans le sens de celles que vous indiquez, sur la méfiance qu'il faut avoir à l'égard des hommes de droite. Mais c'est un tout autre problème et qui relève, à mon avis, de sentiments personnels plus que de l'expression journalistique publique. Voilà mon analyse pour ce qu'elle vaut.»

En cette fin d'année 1967 illuminée par les performances du *Défi* et la prospérité de *L'Express*, Émile Servan-Schreiber a juste le temps d'applaudir au triomphe de son fils : il s'éteint doucement dans sa maison de Veulettes. Le 28 décembre, Denise a alerté tous les enfants. Quand arrive Jean-Jacques, Émile a encore la force de lui tendre son dernier article : «Feu la propriété» et lui demande de le relire. Il meurt vers quinze heures, entouré de sa femme, de Jean-Jacques et de Jean-Louis. «Il a demandé ses fils, s'émeut Jean Ferniot, il n'a gardé que ses fils auprès de lui et il est mort.»

Dans le cimetière, au-dessus de l'église, Jean-Jacques lui rendra un émouvant et bel hommage devant la population rassemblée de Veulettes. «Lorsque j'ai appris la disparition de son père, dit Claude Abadie, le camarade des vacances normandes, j'ai pensé : Schreiber perd son dernier garde-fou. Désormais, l'influence de Mme Émile sera sans partage. De ce moment datent ses premières initiatives vraiment incongrues et incohérentes. Pourquoi ? Ça, c'est son histoire.»

Le Défi poursuivait sa course vers les cimes. Il avait franchi frontières et océans avec quinze éditions à travers le monde. De Willy Brandt à Robert Kennedy, de Robert MacNamara à Erman Kahn, d'illustres étrangers contribuaient à sa promotion internationale. Le professeur Klaus Schwab ressentit un tel choc à la lecture du *Défi* qu'il s'en alla voir, a-t-il raconté, Raymond Barre, alors vice-président de la Commission européenne, pour lancer avec lui *The European Economic Forum*, devenu le Forum de Davos.

En février 1968, Denoël invitait le Tout-Paris à une soirée sans précédent : fêter le tirage d'un demi-million d'exemplaires atteint par *Le Défi* en quatre mois. Jean-Jacques en survêtement blanc, assis dans le salon de *Nanouk* auprès d'un téléphone et allumant sa pipe, fit la une de tous les journaux : «*Le Défi américain* bat tous les records.»

Après s'être reposé à Megève, il reprenait son bâton de pèlerin, invité par Siemens à Munich, les universités de Barcelone et de Madrid, Fiat à Turin, le gouvernement suédois, le Marché commun à Bruxelles, les jeunes patrons en Hollande... Flanqué d'une douzaine de journalistes, représentant toutes les tendances de la presse française, il avait mobilisé deux Mystère 20 pour sillonner l'Europe, déplaçant des milliers de personnes, prêchant partout le nécessaire développement de la construction européenne, la promotion technologique de l'Europe, la création d'une monnaie européenne. Sans oublier de jeter quelques pierres dans le jardin gaulliste. Il avait rodé une formule sur laquelle il brodait : « Le général de Gaulle est un phénomène provisoire, l'Europe un phénomène permanent. »

Dans l'Espagne franquiste, il parla devant six mille étudiants à la faculté de droit de Madrid, déclarant : « L'association de l'Espagne au Marché commun pourrait aider les démocrates espagnols à modifier les structures politiques de leur pays », avant d'ajouter que « les communistes égalaient les fascistes ». Dans l'amphithéâtre, au même moment, le bruit courait qu'il allait déjeuner avec le général Diaz-Alegria. Un homme de gauche qui pose l'équation communiste = fasciste ? Un homme de gauche partageant le pain et le sel avec un serviteur de Franco ? Horreur ! Horreur ! La réunion tourna à l'échauffourée. Juché sur une table, ayant tombé la veste, il essaya de faire face aux militants antifranquistes presque tous communistes, il dut lever la séance, sous un bombardement de mottes de terre, de vieux papiers, d'encriers. Sur les vingt-sept débats publics qu'il donna en Europe, ce fut le seul incident.

18

Le funambule de « mai 68 »

Le Défi américain défend une thèse que les Européens, et les Français, ont besoin et même envie d'entendre, ce qui explique sa diffusion exceptionnelle. L'existence du Marché commun n'ayant pas empêché les pays qui en sont membres de perdre de plus en plus de terrain par rapport aux États-Unis et au Japon, il faut quelque chose de plus : un élargissement du Marché commun et une extension de ses pouvoirs supranationaux, ce que soutient *Le Défi* de façon on ne peut plus convaincante.

Pourtant en ce printemps 1968, ironie du sort, une rébellion se développait contre la nature même de la société industrielle avancée, contre la société de consommation. Les fantasmes ressuscitaient : « Socialiste ou capitaliste, proclamait Simone de Beauvoir, dans tous les pays, l'homme est écrasé par la technique, aliéné à son travail, enchaîné, abêti. Tout le mal vient qu'il a multiplié ses besoins au lieu de les contenir. Au lieu de viser une abondance qui n'existe pas et n'existera peut-être jamais, il lui aurait fallu se contenter d'un minimum vital… » De Berkeley à Rome, d'Oxford à Berlin, de Tokyo à Paris, la révolte étudiante prenait pour cible la grande entreprise, l'ère des *managers*, la rationalisation économique, bref tout ce que JJSS dans son livre appelait de ses vœux.

Quand éclata mai 68, il terminait son tour d'Europe et entamait son tour de France. Il avait reçu six cent cinquante-deux invitations ! Troyes sera, le 2 avril, la première étape de sa longue marche, plutôt de son envol, un Mystère 20 le menant d'une ville à l'autre. Petit à petit, sa légende prenait de l'épaisseur. Les Français, épatés ou irrités, s'habituaient à le voir descendre de son jet, une écharpe de cachemire blanche nouée autour du cou, des jeunes et jolies femmes s'empressant autour de lui, un blouson d'aviateur sur le dos… Son blouson d'origine, verdi et fatigué, celui de sa base américaine… Tout cela avait un côté très Howard Hughes.

Partout JJSS faisait salle comble et personne ne voyait venir l'orage. Pourtant, des étudiants occupaient déjà à Nanterre la tour administrative, à la Sorbonne un amphithéâtre, et le Mouvement du 22 mars avait été créé. Mi-avril, Jean-Jacques est à Rennes sous les halles de la place des Lices, devant quatre ou cinq mille étudiants qui l'écoutent sagement et l'interrogent sans qu'aucun n'évoque une révolte. « Je ne pensais pas, partout où je passe, rassembler tant de gens et surtout des jeunes, déclare-t-il à *Ouest-France*. Je ne pouvais pas davantage envisager que cinq cent mille exemplaires de mon livre puissent être vendus en cinq mois. Je n'ai pas d'explications, même *a posteriori*. Je pense simplement que les jeunes, aujourd'hui, veulent qu'on leur parle d'abord de problèmes concrets. Ils veulent comprendre le lien direct entre l'environnement de leur vie personnelle et de leur carrière d'une part, et les grandes décisions politiques d'autre part. Je crois que j'ai décrit un peu ce lien et qu'ils se sentent concernés. »

Les jeunes, dix jours après, le 3 mai, élevaient des barricades au Quartier latin. Bagarres, voitures incendiées, six cents étudiants interpellés. Les cours sont suspendus à la Sorbonne et c'est l'enchaînement des nuits de violence.

JJSS traversera la « révolution » – trente-sept ans après quel nom donner à cet entracte ? – comme un funambule sur son câble, guidé par le seul souci de rationaliser un événement qui échappait à toute analyse. Il mit du temps à mesurer l'ampleur du typhon. Le 8 mai, après cinq jours de mobilisations et d'affrontements d'une rare intensité, entre les étudiants et les CRS, il s'en tenait à une lecture politique et institutionnelle. Il fallait préparer la relève des gaullistes, violer la gauche et la mettre en ordre de bataille pour gagner la présidentielle normalement prévue en… décembre 1972. Au déjeuner familial, rue Clément-Marot, « Jean-Jacques, note Jean-Louis, se plaint de Mendès, mais laisse entendre qu'il pourrait essayer quand même de faire alliance avec lui. Il veut devenir le Premier ministre de Mitterrand, si celui-ci est élu en 1972. Cela suppose un certain nombre de préalables ».

À *L'Express*, Claude Imbert tient bien ses troupes. Dans les couloirs, les conciliabules succèdent aux conciliabules, les réunions syndicales entre employés et journalistes se multiplient, mais la mécanique Imbert tourne sans raté. Jean-François Kahn, qui a réussi à faire venir Daniel Cohn-Bendit rue de Berri, publie un entretien avec Dany le Rouge. Dans son éditorial, JJSS continue de surfer sur les idées du *Défi*. « Le problème central est celui du pouvoir, de la diffusion des responsabilités, de la décentralisation (...). Le modèle de la société civilisée, ce n'est pas l'Amérique, c'est la Suède, c'est-à-dire un pays où l'on dépense des sommes considérables pour les équipements collectifs, l'éducation nationale et la sécurité sociale. Pour les hôpitaux, les stades, les écoles, pour tout ce qui apporte de la sécurité et des moyens de promotion à l'ensemble de la nation, et non pas seulement à une élite. »

Le 14 mai, au lendemain de la sortie de *L'Express*, il est à Marseille pour défendre son livre. À cette date, des manifestations ont lieu dans tout le pays, des usines sont occupées, des millions de Français abasourdis ont vu, en direct, la « nuit bleue des barricades » – du 10 au 11 –, spectacle inouï d'un Paris en flammes. C'était la première fois que nos concitoyens assis dans leur salon, dans leur cuisine, vivaient une « révolution » en temps réel. Le 13, le personnel de *L'Express* s'était, à la quasi-unanimité, solidarisé avec les étudiants et avait défilé derrière une banderole de la République à Denfert-Rochereau, mêlé à des centaines de milliers de manifestants.

Salle Vallier à Marseille, devant six mille personnes, des jeunes en majorité, JJSS va-t-il se laisser griser par la démagogie pro-révolutionnaire où s'engluent la plupart des mandarins de l'université et des leaders de gauche ? Pas du tout. La réunion s'annonçait très mal. Gaston Defferre l'avait présenté sous les huées et prononcé une phrase malheureuse qui déclencha un chahut monstre : « Si on m'avait entendu, si l'on avait écouté François Mitterrand et la FGDS, nous n'en serions pas là... »

Quand Jean-Jacques prend le micro dans ce tohu-bohu, on ne donne pas cher de sa prestation. Décidément, il doit avoir sa bonne étoile : la foule, déconcertée par sa maîtrise oratoire, simple et harmonieusement scandée, fait peu à peu silence. Et, imperturbable, il déroule son argumentaire, à mille lieues du lyrisme des slogans, du romantisme de la rue, des dazibaos qui fleurissent sur les murs. « (...) La réalisation du Marché commun et de la force de frappe ne peuvent se conjuguer, ne peuvent se traduire que par un bilan d'impuissance... 1958 a marqué la fin de l'ère coloniale en Afrique, 1968 verra la fin de la société traditionnelle et l'amorce d'une époque nouvelle où s'imposeront les impératifs technologiques… Pourquoi la jeunesse lance-t-elle son cri d'alarme, pourquoi a-t-elle raison de le lancer? Parce qu'elle éprouve un sentiment d'impuissance devant cette Europe qu'elle veut construire. Parce qu'elle entend tenir une place effective dans une société moderne, et contribuer, malgré la jungle nucléaire, à l'édification des solutions réclamées par le tiers-monde… » Trois heures de débats ! Gaston Defferre était sidéré, les journalistes présents plus encore.

Jean-Jacques est rentré à Paris glorieux comme jamais, et convaincu de la justesse de ses analyses. Il fait la couverture du magazine américain *Life*, prépare une nouvelle émission de télévision, débat sur France Inter avec Albin Chalandon… Comment ne pas poursuivre sa réflexion stratégique sur le scrutin de 1972 ? « Il se voit déjà au pinacle, écrit Jean-Louis, le mercredi 15 mai. Nous n'avons pas parlé de grand-chose d'autre au déjeuner de famille. »

De Gaulle, refusant de céder à la panique, est parti pour la Roumanie. L'activité du pays se ralentit jour après jour ; plus de courrier ; plus de transport ; coupures fréquentes d'électricité ; les aéroports, les banques, les Grands Magasins ferment et Paris s'enterre sous ses ordures.

L'Express, comme toutes les entreprises, est menacé par cette paralysie, mais surtout par la grève des journalistes. Le 21 mai, à midi, les délégués du personnel et du comité d'entreprise ont provoqué une assemblée générale et veulent poser la question : grève ou pas ? Tous les collaborateurs se poussent dans la grande salle du septième étage et soudain Jean-Jacques paraît. Olympien, le front labouré de rides, il prend le micro : « De même que le devoir de tout prisonnier est de s'évader, le devoir de tout journal est de paraître. » Les questions fusent. Quelqu'un évoque l'autogestion. « Une formule intéressante », répond le directeur. Deux ou trois journalistes proposent de créer un comité de vigilance. Ils sont écoutés dans des murmures d'approbation, de scepticisme et de réprobation. « Un comité de vigilance, dites-vous ? Dans ce cas, je me retire », déclare JJSS. Un mélange de flottement plutôt que d'agressivité plane sur l'assistance. L'ambiance n'est pas à la bagarre, personne ne reprend la parole, pas de cris vengeurs. Il a gagné. *L'Express* paraîtra. Il sera composé dans le XXe arrondissement, imprimé à Manchester sur papier journal, comme l'ancienne formule, et des avions loués à l'étranger ramèneront les exemplaires à Paris. Pour la distribution, chaque collaborateur prendra un paquet de cent et le déposera aux kiosques de son quartier. « On peut en distribuer ainsi quarante ou cinquante mille », conclut Jean-Jacques.

Le soir même, de Gaulle rentre de Roumanie et fustige la « chienlit ». Le 24 mai, pour tenter de reprendre l'initiative, il annonce à la télévision un référendum sur la « rénovation universitaire, sociale et économique ». La magie gaullienne, cette fois, n'opère pas. C'est raté et JJSS a trouvé un nouveau terrain de manœuvres : lancer la campagne du « non » au référendum. Il en attend, explique-t-il à Jean-Louis, deux résultats : occuper une position décisive au carrefour des partis et des mouvements de centre gauche, faire gagner le « non » en utilisant les moyens modernes de propagande et en mettant l'argent qu'il faut. Il ne fera rien de tout cela.

On ne peut plus douter qu'il pressent que son destin a basculé, que la politique active en sera le pivot, le moteur, la saveur, et le poison.

Quant aux événements, ils donnaient le tournis, un coup de théâtre chassant l'autre. Celui qui se produisit le matin du 29 mai fut, de tous, le plus imprévisible. De Gaulle avait disparu. Un ouragan de supputations, de révélations, souffla sur la capitale. Au déjeuner de la rue Clément-Marot où, pour une fois, toute la famille était là, le départ du Général fut considéré comme acquis. Un *Kriegspiel* politique venait d'être déclenché. Jean-Louis, véritable Caulaincourt des vicissitudes schreibériennes, consignait : « Jean-Jacques qui veut à tout prix ne pas être à la remorque de l'événement, veut le devancer par la réflexion puis, éventuellement, par l'action. Il voit déjà les "révolutionnaires" refuser le suffrage universel, ce qui risquerait de donner le pouvoir à la droite. Il pense donc à une prise de pouvoir sans élection par des hommes comme Mendès ou des comités anonymes. La politique et la fiction deviennent de moins en moins facilement démêlables. »

De Gaulle réapparut l'après-midi même à dix-huit heures trente à Colombey. On apprendra plus tard qu'il s'était rendu à Baden-Baden où il avait rencontré le général Massu, commandant des troupes françaises en Allemagne. De Gaulle n'était pas parti, il allait se battre.

Le 30, à seize heures trente, il parle à la radio et tous les Français, l'oreille collée à leur transistor, entendent sa voix refaire, dans un ultime élan, le « coup » du 18 juin : « Dans les circonstances présentes, je ne me retirerai pas. J'ai un mandat du peuple. Je le remplirai. Je ne changerai pas le Premier ministre... Je dissous aujourd'hui l'Assemblée nationale... La France est menacée de dictature. On veut la contraindre à se résigner à un pouvoir qui s'imposerait dans le désespoir national, lequel pouvoir serait alors évidemment essentiellement celui du vainqueur, c'est-à-dire du totalitarisme égalitaire. »

Olivier Chevrillon qui avait collaboré au *Défi* et qui appartenait, depuis 1965, au club des « personnalités compétentes », a gardé un souvenir très précis de ces quelques minutes qui suffirent à de Gaulle pour pulvériser et les révoltés et la gauche. « Nous étions, Claude Imbert, Georges Suffert, Françoise Giroud, Bruno Monnier et moi avec Jean-Jacques. À la fin de la déclaration, Suffert m'a regardé, dodelinant de la tête : "La fête est finie." On a tous approuvé. Jean-Jacques, les deux pieds sur son bureau, les bras croisés, a dit : "Non. De Gaulle vient de perdre la partie." Il faudra l'énorme mobilisation sur les Champs-Élysées pour lui dessiller les yeux. »

En fin d'après-midi, près d'un million de manifestants remontaient la plus belle avenue du monde aux cris de : « De Gaulle n'est pas seul. »

Quarante-huit heures après cette soirée d'une douceur toute printanière, où la mer brusquement se retirait sur le « sable » de mai 68, JJSS expliquait à Claude Imbert et Bruno Monnier qu'il était déterminé à se faire élire à Grasse sous les couleurs de la FGDS (Fédération de la gauche démocrate et socialiste). Imbert et Monnier ont écarquillé les yeux. « La FGDS ? Elle sera laminée et ce sera mauvais pour l'image du journal. » Il s'est pincé le nez comme il fait quand il réfléchit : « Oui, la FGDS va se tirer assez mal de cette affaire. Mais moi je serai élu. »

Là-dessus, nouveau coup de théâtre, Guy Mollet lui refuse l'investiture de la FGDS, le jour où son ami Bob Kennedy se meurt victime d'un attentat. Il s'envole malgré tout pour les

Alpes-Maritimes. Pourquoi Grasse ? Aux législatives de 1967, il avait déjà pris des contacts dans cette circonscription, sondé les cœurs, les âmes, et conclu qu'on voulait bien de lui. Finalement, il recula. Il ne peut pas gagner à Grasse sans le soutien de la FGDS. Au lieu d'en rester là, il va se replier sur Cannes où Olivier Giscard d'Estaing, le frère de Valéry, déjà en campagne, n'envisage pas de se retirer. Jean-Jacques le rencontrera, essaiera de goupiller un arrangement. « C'est son côté boy-scout, commente Olivier Chevrillon. Il croyait parvenir à le convaincre de lui céder la place ! » Très vite, évidemment, ses manigances dans l'antichambre d'Olivier Giscard d'Estaing ont été révélées par la presse et ce fut un tollé, rue de Berri, où 80 % des journalistes étaient de gauche. Un Giscard d'Estaing, n'est-ce pas l'incarnation de la droite honnie ? La réaction de ses principaux collaborateurs fut si nette – il faut arrêter ce petit jeu – qu'il renonça dans l'heure à sa candidature, et adressa un communiqué à l'AFP.

Il avait la sensation frustrante d'un champion à qui on interdit de prendre le départ alors qu'il est sûr de gagner. Mais par-delà son amertume, cet épisode était lourd d'une signification autrement plus importante. Certains de ses proches – Jean-Louis, Françoise Giroud, Claude Imbert – l'ont immédiatement compris : pour la première fois, le comportement personnel de Jean-Jacques avait été violemment contesté. Son entreprise avait grandi. Ses cadres et ses journalistes s'étaient émancipés, et lui-même avait perdu le contact avec son « enfant », *L'Express*.

« Il n'est plus sacré, mais il ne s'en rend pas encore vraiment compte », ressentira Jean-Louis.

19

L'OPA sur le Parti radical

La France allait bientôt refermer le dernier chapitre d'une histoire de onze années, à laquelle on pouvait encore donner le nom d'épopée. Elle s'était inventé un destin à l'abri d'un homme – de Gaulle – qui croyait davantage à la gloire qu'au plaisir, à la grandeur qu'aux statistiques. Et cet homme, le lundi 28 avril 1969, à midi, cessera d'exercer ses fonctions de président de la République. La veille les Français ont répondu « non » au référendum sur la régionalisation et la réforme du Sénat et il en a aussitôt tiré les conséquences. Désormais, on parlerait moins de la France, et beaucoup plus des Français. L'Histoire avec un H majuscule s'éloignait au profit de toutes ces choses qui mobiliseront notre énergie : la guerre économique, la productivité, la croissance, le taux de chômage, l'informatique, la télématique…

Depuis longtemps, JJSS avait de la vie sociale et politique cette lecture rationnelle, analytique, et il appelait de ses vœux cette époque dans laquelle on entrait. Les idéologies du XIXe siècle sont mortes, l'opposition entre le capitalisme et le socialisme n'a plus de sens : un débat technique résoudra les problèmes de la société industrielle. Il faut, martèle Jean-Jacques, intégrer dans nos systèmes de pensée, puis dans un corps de doctrine, les bouleversements que la science et la technologie vont engendrer dans le pays.

Sa « longue marche », comme il l'écrit dans un éditorial, vers la conquête du pouvoir commence : « Je crois, estime Guy Sorman, qui travaille directement avec lui à ce moment-là, que *Le Défi* et mai 68 ont été les déclencheurs. Il a toujours voulu être un homme d'influence, celui qui modernisera la France par ses idées, son journal, etc. Mais il ne s'était pas fixé comme objectif de prendre le pouvoir. Avec *Le Défi*, il a été pour la première fois confronté, durant son tour de France, à des foules qui l'écoutent, l'applaudissent. Il découvre qu'il est bon orateur, qu'il tranche avec le style déclamatoire boursouflé de l'époque. Il fait de la pédagogie et il s'aperçoit que les gens sont séduits. Jamais on ne leur a parlé comme ça. On est loin des ronflements gaulliens, mollettistes ou mitterrandiens. Conclusion, Jean-Jacques pense qu'il est en situation de prendre le pouvoir. »

Le Défi aura été le premier étage de sa fusée porteuse. À partir d'une claire alternative : faire de l'Europe le foyer d'une civilisation autonome ou la laisser devenir une annexe des États-Unis, il flattait à la fois le nationalisme français et le nationalisme européen, quand de Gaulle illustrait l'un mais ignorait l'autre. *Le Défi* est un livre politique et son auteur regarde notre futur scientifique avec les yeux d'un politique. Il dessine la civilisation qui nous attend, la civilisation de l'informatique, il propose des réponses aux problèmes, souvent graves, auxquels nous serons confrontés.

Après mai 68, *Le Défi* sera pendant plusieurs mois encore le numéro un sur la liste des best-sellers et il passera en livre de poche. Sa diffusion moins d'un an après sa parution atteignait un million d'exemplaires ! C'est dire à quel point le message éminemment *politique* de JJSS aura été entendu, sinon accepté.

Quels seront les bouleversements dans notre vie, dans nos rapports avec l'État, dans notre approche de la morale, qui naîtront du développement considérable de l'informatique ? Il a été le premier vulgarisateur dans ce domaine, et il l'a fait avec acharnement, ténacité, sans jamais oublier de replacer ces bouleversements dans une perspective politique. Il a mis en relief, jour après jour, les liens étroits qui allaient se nouer dans les décennies à venir entre, d'une part, les progrès scientifiques et technologiques, d'autre part, l'organisation politique de l'État.

Qui d'autre que lui, à la fin des années soixante, abordait avec le même entêtement la « révolution de l'ordinateur » et ses conséquences ? Personne, dans les milieux politiques. Interrogé par la magazine *Life*, l'été 68, sur l'avenir du général de Gaulle, il répondra : « Quand s'en ira-t-il ? Je ne le sais pas, mais il n'est déjà plus de notre temps. Il ne peut plus continuer le monologue parce que l'exigence fondamentale de cette révolution, c'est une exigence de dialogue et de responsabilités... Le problème de la nouvelle démocratie sera d'utiliser la technologie afin de trouver de nouveaux moyens de participation. »

Au-delà du *Défi*, la débâcle électorale de la gauche en juin 1968 lui ouvrait un couloir par où s'engouffrer. Ce sera le deuxième étage de sa fusée. La FGDS, la Fédération comme on disait alors, péniblement bâtie depuis 1965 par François Mitterrand, n'avait pas survécu aux remous de mai 1968. Présidée par Mitterrand, elle était coiffée d'un « comité exécutif » où siégeaient les dirigeants de toute la gauche non communiste. De Guy Mollet à Roland Dumas, de Charles Hernu à Pierre Mauroy, d'Alain Savary à René Billières. Ce dernier présidait le Parti radical que Pierre Mendès France avait déserté, mais au sein duquel JJSS conservait son réseau de relations. L'univers des radicaux, par tradition familiale, autant qu'à travers Mendès, était celui qu'il connaissait le mieux et le seul qu'il ait jamais connu de l'intérieur. Il n'avait frayé avec aucun autre appareil politique.

Or l'échec de la Fédération – souhaité par Guy Mollet qui ne supportait ni la personnalité ni les initiatives de François Mitterrand – fut un coup très dur pour le Parti radical. Déjà très affaibli, il se déchira un peu plus, se divisa en clans rivaux qui manœuvraient les uns contre les autres dans des complots de couloir. Si ce spectacle de guignols comblait les chroniqueurs, il attristait, il accablait Jean-Jacques.

« La politique est inerte, aujourd'hui, écrit-il le 10 octobre 1968, dans une note à Claude Imbert, Georges Suffert et Roger Priouret. Ce n'est pas seulement la faute aux gaullistes. Ce qui se passe à gauche et au Parti radical est affligeant. Je veux sélectionner mes objectifs car je ne peux pas lutter contre tout à la fois. Il nous faut, comme je l'ai écrit dans le dernier numéro, regrouper les réformateurs par-dessus les frontières qui les séparent et le Parti radical me semble être la meilleure base de départ pour réussir ce regroupement. Qu'en pensez-vous ? »

Dans les archives dont nous disposons, il n'y a pas les réponses de ses trois collaborateurs. Au moins sait-on que JJSS reluquait du côté des radicaux bien avant qu'il ne devienne officiellement un de leurs responsables. On relèvera, également, que la notion de réformateur alors totalement étrangère au vocabulaire politique, occupe un coin de sa tête.

Le Parti radical, toutefois, n'est ni à prendre ni à vendre. Il se complaît dans ses luttes intestines, il est en perpétuelle réanimation, mais il surnage, il dure grâce à la vieille garde des parlementaires. Une fois encore, les événements vont servir le directeur de *L'Express*.

Si on trace la courbe de sa capacité à rebondir sur l'actualité, la tendance depuis 1953 demeure à la hausse et sans rupture. Les Français avaient, depuis belle lurette, oublié la mauvaise prestation télévisée du Général, le 24 mai 1968. Lui, pas du tout. De Gaulle avait, à l'époque, promis un référendum sur la participation. Il pensait, comme ceux qui l'écoutaient, à la réforme de l'entreprise. C'est la réforme de la région et du Sénat qu'il sortira de ses tiroirs. Un sujet, moins risqué, jugeait-on, que l'entreprise. Pourtant, dès qu'il fut évoqué, il y eut aussitôt de vives réactions chez les sénateurs. Mais le Général se montrait pressé : la réforme de la région et du Sénat sera soumise à un référendum et celui-ci aura lieu le 27 avril 1969. Ainsi en a-t-il décidé.

Dès cet instant, dans les milieux politiques et dans la presse, beaucoup y virent le signe de son désir d'abandonner la scène. Malraux, dans *Les chênes qu'on abat*, va jusqu'à formuler l'hypothèse d'un référendum-suicide.

Quoi qu'il en soit, durant toute la campagne référendaire, de Gaulle ne laissera planer aucun doute : si le « non » l'emporte, il s'en ira. JJSS, qui sera bientôt le prosélyte de la régionalisation, oubliera le contenu de la réforme proposée aux Français et ne retiendra que l'occasion qui leur est offerte de se débarrasser du Général. Entre nos concitoyens et de Gaulle, quelque chose s'était cassé. Le chef de l'État était respecté, mais la confiance dans sa politique, dans sa capacité à gérer les problèmes du pays, n'existait plus. Voilà le sentiment, qui, depuis quelques mois, habitait le cœur des électeurs et sur lequel surfaient JJSS et plusieurs autres dirigeants politiques. Lorsque de Gaulle, sans consulter le gouvernement, met l'embargo, le 3 janvier 1969, sur les livraisons d'armes à Israël qui vient de bombarder le port de Beyrouth, l'éditorialiste de *L'Express* écrit : « De Gaulle, rompu comme il est à la manipulation de tous les vieux instincts, sait que l'anti-israélisme n'est pas payant en France, mais que l'antisémitisme l'est. Son art et son espoir sont de les enchevêtrer. »

Lorsque le même de Gaulle entend bâtir sa réforme de la

région et du Sénat sur le principe de la participation, il écrit : « Il est tellement clair que le général de Gaulle est l'anti-participation par excellence. Il a été prouvé tant de fois qu'il ne partage rien, qu'il ne délègue rien, qu'il ne fait confiance à personne, qu'il croit essentiellement aux vertus du secret, de la ruse, de la tromperie, du monologue, de la surprise et du théâtre – tout le contraire de ce que signifie, si elle a un sens, la participation. »

Enfin, lorsque le « non » l'emporte, et que de Gaulle tire sa révérence, il exulte, adoptant pour la circonstance l'emphase, la grandiloquence : « Pour la première fois, dans la vie d'un homme de ma génération, on peut être fier de son pays. Ce que la France vient de faire, aucun pays, jamais, ne l'avait fait avant elle. Répondre non à un plébiscite est sans précédent historique. Et cette victoire sur lui-même – la plus difficile de toutes – que notre pays vient de remporter, notre pays peut, enfin, effacer dans notre conscience le souvenir de tant de défaites, d'affaissements, d'abandons, qui n'ont cessé de nous marquer depuis 1939.

« Malheur à ceux qui, par calcul ou par crainte, ne sauraient s'élever à la hauteur d'une si grande occasion et laisseraient retomber cette fierté. »

Il montrait surtout le bout de l'oreille, terminant par un message ô combien plus pragmatique : « Si l'on ne comprend pas qu'il faut confier la responsabilité, en politique, à des hommes d'une qualité au moins égale à ceux que l'on choisit pour la fabrication des richesses industrielles, on condamne ce pari, noble et fragile, qu'est la démocratie. »

C'était un de ses thèmes récurrents depuis la crise de mai 1968. Les hommes de gouvernement doivent être à la fois des managers, des galvaniseurs d'énergie, des producteurs d'idées. Dans nos pays avancés qui découvrent les nécessités et les règles de la gestion, de la direction, de la création dans l'industrie et dans la science, il faut admettre, prêche-t-il, que « la science des sciences et l'art des arts doit évidemment être la politique, dont le reste, tout le reste, dépend ». Et c'est bien pourquoi il lui tarde d'entrer dans l'arène.

Adieu donc de Gaulle. Après lui, qui ? C'est l'unique question qui l'obsède. Georges Pompidou s'est déclaré, dès le 29 avril, en successeur légitime, « avec le sentiment d'obéir à un devoir ».

Alain Poher, président du Sénat, dont les Français ignoraient le nom jusqu'à la campagne du référendum – où il fut un farouche partisan du « non » –, assure l'intérim et il succède au Général à l'Élysée*. JJSS est informé de l'initiative qu'a prise Poher : réunir les centristes de Jean Lecanuet et les indépendants de Valéry Giscard d'Estaing pour essayer de trouver un candidat. La rencontre dura des heures. Giscard, pressé par ses amis d'entrer dans la course, dira non et apportera son soutien à Georges Pompidou. Les centristes se tourneront alors vers Alain Poher qui acceptera, après moult hésitations.

À gauche, champ de manœuvres naturel de JJSS, on se déchire. Quatre ans plus tôt, en 1965, François Mitterrand était le candidat unique de la gauche. Cette fois-ci, ils sont trois sur la ligne de départ. Jacques Duclos portera les couleurs du PCF ; Michel Rocard, celles du PSU ; enfin, Gaston Defferre, celles de la SFIO. Depuis sa fâcheuse équipée, « Monsieur X » n'a pas vraiment dételé. Il sait, toutefois, que la bataille est sans espoir. Il entraîne Mendès France dans son sillage et annonce que celui-ci sera son Premier ministre s'il est élu. La stratégie va s'avérer catastrophique pour le tandem.

JJSS, fâché avec Mendès depuis la guerre des *Échos*, était resté à l'écart de toutes les discussions, et il n'avait d'ailleurs pas écrit d'éditorial, la première semaine de mai, au moment où elles se déroulaient. Il attendait de quel côté tomberait le... Parti radical qui, positionné à gauche, aurait dû logiquement défendre Gaston Defferre. Or il décida à l'unanimité de soutenir la candidature d'Alain Poher. Derrière celui-ci et avec lui, les radicaux imaginaient une résurrection de l'alliance centre gauche, ce dont rêvait depuis si longtemps JJSS. La montée spectaculaire, dans les sondages, de Poher, autorisait en effet un certain optimisme sur ses chances sinon de l'emporter, au moins de mobiliser le centre gauche autour de son nom : c'était, selon Jean-Jacques, la « signification du phénomène Poher », lequel affirmait-il est « le seul capable de mettre fin au pouvoir gaulliste ».

Dès cet instant, il plonge dans la mêlée en n'économisant ni ses journées ni sa plume ni son argent. Les mandarins du Parti radical, en particulier René Billières et Maurice Faure, quelques mois plus tard, s'en souviendront.

---

* Selon la Constitution en cas de vacance du président de la République, c'est le président du Sénat qui assure l'intérim jusqu'à l'élection du nouveau président.

Au soir du premier tour, les résultats ne sont pas du tout conformes aux sondages : Pompidou 44 %, Poher 23,5 %, Duclos 21,5 %. Le mince espoir d'un succès d'Alain Poher était réduit à néant.

Comme on s'en doute, cette situation ne fera que décupler l'ardeur de Jean-Jacques. À *L'Express*, ceux qui l'entourent – Françoise Giroud, Olivier Chevrillon, Claude Imbert, Michel Albert – et tous les journalistes sont consternés.

« J'ai senti une hostilité si profonde et si générale que j'ai décidé de prendre seul des initiatives, de trancher seul sans en parler à qui que ce soit, confiera-t-il, un an plus tard. Toute la classe dirigeante, au sens le plus large et non pas seulement au sens marxiste, tous ceux qui avaient des responsabilités étaient derrière Pompidou. Pour des raisons souvent valables : son expérience du pouvoir, sa supériorité intellectuelle... Personne ne s'avouait en faveur de Poher. Un dîner chez Claude Imbert où il y avait Jacques Duhamel et Roland Sadoun, directeur de l'IFOP, huit jours avant le second tour, a tourné à la scène de ménage. Imbert était enragé, Duhamel déchaîné et ils n'arrivaient pas à comprendre que je puisse voter Poher. Sadoun m'a dit qu'il ne me serrerait plus la main pendant un an. Ce n'était pas une plaisanterie et ça traduit l'atmosphère qui régnait ! Pompidou était leur homme [104]. »

C'est la raison pour laquelle il décide d'aller publiquement expliquer son vote en faveur de Poher et de parler à la télévision, à ses côtés, dans le dernier quart d'heure de la campagne présidentielle. Il n'en espérait rien. À ce moment-là, Poher n'avait plus aucune chance d'être élu, d'autant que les communistes avaient choisi l'abstention. Mais, pour lui, voter Pompidou signifiait l'absolution du gaullisme et voter Poher signifiait le début d'un changement important.

« L'émission était prévue le soir du vendredi 13 juin, le second tour ayant lieu le 15. J'ai pris vingt-quatre heures de réflexion, seul. J'ai enregistré mon intervention de huit minutes le jeudi matin et je suis parti immédiatement du Bourget pour Perpignan où j'avais accepté, délibérément, une réunion publique. J'y ai passé le week-end sans revenir à Paris. C'est dans mon hôtel à Perpignan que j'ai regardé l'émission. Immédiatement à travers les messages que recevait Sabine à Paris, j'ai su que l'affaire était gagnée, que j'avais eu raison de prendre cette position et que, sans doute, j'en tirerais – bien que ce ne fût pas mon calcul – des bénéfices politiques. C'est ce qui arriva. Tous les contacts au sommet que j'ai eus datent du 13 juin. La décision des radicaux de me confier la responsabilité de la rénovation du parti, la sympathie, le dévouement de beaucoup de socialistes ou de beaucoup de centristes antigaullistes, datent du 13 juin. Il s'est produit un changement fondamental d'attitude à mon égard. Jusque-là, on me considérait comme un calculateur froid. Le 13 juin, on a vu que je pouvais être, au nom d'une conception morale de la politique, du côté des perdants. En tout cas, depuis ce jour-là, on m'a peu à peu adopté. Je crois que Poher savait ce qu'il faisait. Il avait une expérience de vingt-cinq ans et il était très fin. À mon avis, il avait délibérément calculé, bien que nous n'en ayons pas parlé – je ne l'avais jamais rencontré avant cette émission –, qu'il me mettait le pied à l'étrier. Je lui voue une reconnaissance personnelle certaine. Je ne renierai jamais le côté moral et intègre de ce que représente Poher, bien que sur la politique ses vues fussent très floues, et plus encore sur l'économie[105]. »

Toutefois, avant de sauter la barrière et de passer dans le camp des dirigeants politiques, Jean-Jacques, dans un élan altruiste sûrement sincère, voulut mettre son entreprise à l'abri de ses futures responsabilités et décida d'en modifier les statuts : la nomination du P-DG par les représentants du capital ne suffit plus à fonder une légitimité, explique-t-il à Émeric Gros et Jean Riboud. Cette légitimité doit procéder aussi de l'assentiment des cadres et de l'ensemble des salariés. Propriété et pouvoir cesseront ainsi de se confondre. Il avait développé cette thèse dans ses éditoriaux et ses conférences autour du *Défi*.

Il avait, auprès de lui, l'homme idoine pour réfléchir à cette modification des statuts, le conseiller d'État Olivier Chevrillon, membre depuis longtemps de son brain-trust et qu'il venait de nommer vice-président du conseil d'administration de *L'Express*. « Mon titre ne signifiait rien. J'avais passé trois jours avec lui et Michel Albert aux États-Unis, pour célébrer la version américaine du *Défi* et, en rentrant, il me dit : “Il faut que vous me rédigiez un beau contrat d'entreprise pour *L'Express*.” À la même époque, Jacques Delors, conseiller de Chaban-Delmas à

Matignon*, prêchait pour ce type de contrat, dont l'objectif était d'associer plus étroitement les collaborateurs à la vie de l'entreprise. Jean-Jacques y était très favorable. Rétrospectivement, j'ai l'impression de l'avoir connu et fréquenté à un moment où c'était un homme raisonnable. Nous pouvions discuter avec lui. En voyage, il était très agréable. J'ajoute qu'il a été très généreux avec Michel Albert et moi-même et qu'il nous a reversé beaucoup de ses droits d'auteur du *Défi*. Sans doute, y avait-il déjà chez lui un démon en activité, mais cela ne se voyait pas. J'ai donc été l'accoucheur et le négociateur du contrat d'entreprise. »

Jean-Jacques ne fut pas entièrement satisfait de ce contrat. Il voulait aller plus loin, il voulait quelque chose de plus original, qu'il avait baptisé « Constitution d'entreprise ». Olivier Chevrillon s'est remis à l'ouvrage et il a imaginé une construction juridique où cohabitaient quatre instances : le conseil d'administration représentant les actionnaires et trois collèges représentant les cadres, les journalistes, les employés.

« Le conseil d'administration restait souverain pour la désignation du P-DG, mais il fallait l'accord des trois collèges, explique Olivier Chevrillon. J'ai été élu par ce système et je fus le premier P-DG élu de *L'Express* et… le dernier. »

Jean-Jacques donna à cette réforme la solennité d'un serment du Jeu de paume. La voie politique lui était désormais ouverte, et avant de s'y engager, il s'acquitta auprès de Chevrillon d'une dernière sollicitation : « Je vous demande d'être le garant de *L'Express* et de son indépendance vis-à-vis de tout le monde, y compris de moi-même. » C'est sur cet audacieux postulat qu'il entrait en politique.

Il y entrait également sur des bases financières qui lui conféraient une indéniable indépendance. *L'Express* était la locomotive de trois autres fleurons, *L'Expansion*, *Le Management*, bientôt Didot Bottin.

L'Expansion, lancé à l'automne 1967, était une création de Jean-Louis qui avait dû se battre pendant un an pour que son frère en accepte l'idée. L'accord que Jean-Louis réussit à signer

* Après son élection, le président de la République, Georges Pompidou, avait choisi Jacques Chaban-Delmas, comme Premier ministre.

avec McGraw Hill, le groupe le plus important de la presse économique américaine, finit par impressionner Jean-Jacques – toujours le syndrome des États-Unis.

« *L'Expansion* ne l'intéressait pas du tout. Mais c'est lui qui a recruté, sur le conseil de Roger Priouret, Jean Boissonnat qui devait se révéler un exceptionnel directeur de la rédaction. Ça, c'est mon frère, cette intuition pour découvrir les meilleurs. Ensuite, avec Jean, nous avons conduit notre affaire sans Jean-Jacques. »

L'Expansion s'imposa comme le premier magazine économique français et il fut, dans son domaine, aussi novateur et unique que l'avait été *L'Express*. Cet ensemble – *L'Express*, *L'Expansion*, *Le Management*, Didot-Bottin – formait le groupe Express SA dont Jean-Louis était le P-DG. La famille Servan-Schreiber détenait près de 80 % du capital, Jean-Jacques ayant la plus grosse part du gâteau, 40 %*. « Nous dégagions net un argent fou, soupire, nostalgique, Jacques Huteau. De quinze à vingt millions de francs par an entre 1968 et 1974, c'est-à-dire beaucoup plus que des journaux comme *Paris-Match* ou même *Le Figaro*. Si Jean-Jacques avait été un gestionnaire avisé, il est certain que nous avions les moyens de construire un énorme groupe et de racheter Prouvost qui, alors, nous aurait ouvert sa porte. Jean Prouvost l'aimait beaucoup, c'était le fils qu'il n'avait pas eu. »

Le directeur de *L'Express* avait définitivement adopté le standing d'un milliardaire américain. A-t-il cru qu'il était à la tête d'un empire comparable à Time-Life ? Son affaire est d'une dimension modeste si on la compare à Hachette, à Prouvost et plus encore aux groupes de presse anglo-saxons. Il fut pourtant le premier de nos managers à copier le train de vie des P-DG des multinationales. Depuis, il a fait des émules… À l'époque, les dirigeants de nos entreprises, même les plus importantes, évitaient de jouer aux superstars hollywoodiennes. Jean-Jacques était plutôt tenté d'en rajouter. Par provocation ? Par inconscience ? Peut-être tout simplement par habitude, ne s'étant jamais encombré des problèmes d'intendance pour n'avoir jamais eu à s'en occuper. Avec le temps, le prix de ses habitudes deviendra de plus en plus faramineux. Il ne se déplaçait qu'avec une suite, quelques « personnalités compétentes », sa secrétaire ou son assis-

* Jean-Louis détenait 9,4 %, Brigitte 12 %, Christiane 8,6 % et Bernadette 8,6 %.

tante et l'élue du moment. Un matin, il se regardait dans la glace : « J'ai mauvaise mine, il faut que j'aille au soleil. » Il appelait Jackie Mignon, sa nouvelle secrétaire, qui restera à son service jusqu'en 1985. « Jackie, réservez-moi un avion et trouvez-moi un endroit à deux heures de Paris où il fait grand soleil. » Il partait deux ou trois jours avec la caravane. Il ne pouvait plus concevoir de voyages autrement qu'en jet privé. Rarement en avion de ligne, parfois en train.

Assez drôlement, les dirigeants du Parti radical, ce vestige de notre IIIe République, le « parti du cassoulet » comme on disait, viendront chercher le parangon des ordinateurs, le *jet-setter* de la presse, pour sauver leur vieille maison, sise place de Valois. Durant l'été 1969, Maurice Faure, qui doit prendre la succession de René Billières à la présidence du parti, lui rendra visite rue de Berri et lui proposera un poste de président de commission. C'était peu, trop peu. Brigitte Gros, maire de Meulan, figure du sérail radical, sait que son parti était prêt à succomber au charme de son frère et que celui-ci n'aurait aucune difficulté à pousser les enchères. Elle l'incite à réclamer le poste stratégique de secrétaire général. Maurice Faure et JJSS se revoient à plusieurs reprises. Ils étudient le scénario qui doit permettre de rénover le parti, ils discutent des grandes lignes du document qui servira de base à cette relance. Jean-Jacques a trouvé le titre : *Le Manifeste radical.*

À l'automne se tient à Nantes le congrès du parti. Maurice Faure, élu président, comme prévu, annonce son « pari des cent jours » d'inspiration schreibérienne et clame : « Avant trois mois, je me présenterai avec une équipe et un programme de rajeunissement du parti. » S'il n'a pas prononcé le nom de Jean-Jacques Servan-Schreiber, celui-ci circule déjà dans les couloirs. La presse, qui avait oublié l'existence du Parti radical, s'excite, se met à en parler avec une curiosité sympathique, étonnée ou ironique. Le 28 avril 1969, JJSS est nommé secrétaire général et, le soir même, il déclare à la télévision : « Le Parti radical doit être, et sera désormais, l'instrument de changements fondamentaux. »

Le congrès de Nantes était apparu à tous comme celui de la dernière chance. Les cadres désertaient, les militants se décourageaient, le recrutement était inexistant. Sans sursaut puissant, le parti allait glisser vers une extinction sans gloire. Pourquoi ne pas se livrer à JJSS, Merlin l'Enchanteur ?

Michelle Gaillard, jeune diplômée de Sciences-Po, découvrait en cette fin 1969, l'astre schreibérien. Douée pour la discussion politique, armée d'une belle intelligence et d'un sens aigu de la dialectique, elle deviendra vite une collaboratrice privilégiée de Jean-Jacques. « Le lendemain du jour où il a été nommé secrétaire général, il a débarqué place de Valois et il a installé Nick Maloumian, Claudie de Surmont, Christian Dupeyron. Les radicaux se sont réveillés avec une nouvelle équipe, sans que personne n'ait été consulté. Devant la colère de Maurice Faure, Jean-Jacques ne se laissa pas démonter et répliqua : “Ma fonction est de reconstruire ce parti, je prends les hommes et les femmes en qui j'ai confiance. Je les mets aux endroits stratégiques du dispositif et je ne négocie rien du tout.” Cela a fait un drame pendant trois jours, et les choses se sont tassées. »

Nick Maloumian, d'origine arménienne, avait été pendant le lancement du *Défi* le chef d'orchestre du tour de France. Petit, rond, noir de poil, mat de peau, il a le tutoiement et la tape sur le ventre faciles. Il sortait de l'écurie de Jacques Douce. En affaires, la cordialité est un appât nécessaire et Nick, formé aux méthodes américaines de vente et de relations publiques, est d'une redoutable efficacité. S'il n'avait pas croisé Jean-Jacques, il serait encore chez Havas. Il est bombardé secrétaire général adjoint et reçoit les clés de la place de Valois.

Claudie de Surmont est à *L'Express* depuis 1960. À trente ans, elle en paraît vingt. Frêle, brune, elle connaît mille choses et n'en raconte pas dix. Responsable des achats de documents et des ventes d'articles à l'étranger, elle travaillait auprès de Bruno Monnier, avant d'accéder au cercle des intimes de Jean-Jacques. « Jean-Jacques les a toutes essayées, même ma sœur Ariane, c'est pas très grave », jette désabusée Sabine. Claudie sera du « tour de France » et du « tour d'Europe ». Place de Valois, elle occupe le bureau de… Maurice Faure.

« Tout ça faisait désordre, admet Christian Dupeyron. N'empêche, ce fut une OPA réussie. L'OPA venait d'apparaître en France et Jean-Jacques en était piqué. Au début de l'année, Antoine Riboud, le frère de son ami Jean, avait lancé avec sa société BSN, une OPA sur Saint-Gobain, le numéro un mondial du verre. Jean-Jacques s'était passionné pour cette bataille boursière, la première du genre, BSN symbolisant pour lui le capitalisme moderne, Saint-Gobain le capitalisme archaïque. Il avait jeté *L'Express* dans la bagarre, s'engageant personnellement du côté de BSN. Nous avions fait quasiment un numéro spécial sur le sujet ! Du Jean-Jacques tout craché : il s'investit totalement, tel un bulldozer intelligent, quand il prend fait et cause. Au Parti radical, il n'a pas agi autrement. C'était une coquille vide qui ne demandait qu'à se remplir, à condition d'y mettre les moyens. Les caisses étaient vides et Jean-Jacques n'a pas marchandé. »

Son plan : recueillir cinquante mille adhésions nouvelles avant le 31 décembre 1970. Des lettres furent envoyées à des centaines de milliers de cadres, chefs d'entreprise, membres des professions libérales, étudiants. Parallèlement, des délégués étaient dépêchés dans tous les départements pour réorganiser les structures locales du parti, sans trop se soucier des notables radicaux. La vieille garde rongeait son frein, mais laissa faire. Ce remue-ménage suscita curiosité et intérêt. L'entreprise valoisienne bénéficiait également d'un soutien indirect de *L'Express*. La campagne par correspondance que menait Nick Maloumian place de Valois visait exactement la clientèle du journal.

Jean-Jacques s'est mis en congé de *L'Express*, déléguant la direction à Jean-Louis, et appliquant le postulat édicté à Olivier Chevrillon. Mais il continue de donner des articles à titre personnel et sans engager le journal. Il a, explique-t-il, du pain sur la planche, ce qui ne le gênera pas pour écrire, coup sur coup, cinq papiers sur les nouvelles orientations du Parti radical. Dans l'esprit de son public, le lien entre la place de Valois, *L'Express* et lui-même est patent, quand bien même il ne relèverait pas du militantisme. Cela n'est certainement pas étranger au bond en avant des adhésions…

Une fois qu'il eut rodé son état-major, JJSS engagea, au pas de charge, la rédaction du *Manifeste*. Il a confié le dossier à son brain-trust, Michel Albert, Olivier Chevrillon, Jean-Claude Colli, Roger Priouret… Maurice Faure et une commission de réformes doivent suivre avec lui l'élaboration du travail.

Le Manifeste est prêt au mois de janvier 1970. Le calendrier est respecté. Jean-Jacques, Sabine et son quatrième fils, Édouard – le prénom des deux grandes figures du radicalisme, Édouard Herriot et Édouard Daladier –, âgé de sept ou huit semaines, feront le voyage de Cahors pour recueillir les impressions de Maurice Faure sur le texte. La philosophie générale du document déclinait directement celle du *Défi* : elle allait dans le sens de cette troisième voie ouverte entre le conservatisme égoïste et le collectivisme étouffant, incapables tous deux de maîtriser les réalités de l'ère post-industrielle, de la civilisation informatique. Deux réformes annoncées poseront problème. La première concerne les grands concours – X, Normale sup, Centrale… : *Le Manifeste* propose de les remplacer, comme aux États-Unis, en Allemagne, en Grande-Bretagne, en Scandinavie, par une sélection sur dossier, entretiens et notes des professeurs.

La seconde est plus spectaculaire : supprimer la transmission héréditaire des moyens de production et instituer un impôt progressif sur l'héritage. Pas d'impôt en dessous de cinq cent mille francs de patrimoine, puis de 20 % sur les petites fortunes à 65 % sur les grosses fortunes. Les accrochages sur ce point seront vifs à la commission de réformes que Jean-Jacques a réunie au Trianon-Palace à Versailles, une de ses cantines. On discutera âprement. Félix Gaillard, plus jeune président du Conseil de la IVe République, se battra pied à pied et refusera de donner son accord. Mais Maurice Faure soutiendra son poulain et la commission, par six voix contre trois, approuvera *Le Manifeste* de Jean-Jacques.

Celui-ci n'attendra pas le congrès extraordinaire du parti, prévu salle Wagram le 13 février – le jour de ses quarante-six ans – pour lancer à grand fracas le texte qui sort en librairie sous le titre *Ciel et Terre*. Encore une de ses trouvailles, *Ciel et Terre* fait « couler un flot d'encre », écrit *Le Monde*, tandis que Maurice Duverger ajoute : « C'est le projet le plus ambitieux que n'ait jamais porté un parti social démocrate européen. »

Jacques Chaban-Delmas, Premier ministre, déclare à la télévision : « Je remarque qu'il y a dans ce *Manifeste* un certain nombre d'orientations qui recoupent celles du gouvernement, et quelques excellentes idées, exprimées un peu différemment, mais qui, en réalité, si je dis qu'elles sont excellentes, sont les nôtres. Et puis, il y en a d'autres que je fais étudier pour vérifier si elles sont applicables, car le gouvernement n'a pas la prétention d'avoir le monopole des bonnes idées. » Un antigaulliste patenté, salué par le chef d'un gouvernement gaulliste ! Chaban prenait des risques. Ce genre de concessions, son désir sincère de débloquer la société finiront par lui coûter son fauteuil.

Jean-Jacques, lui, jubile. « Je n'ai jamais été aussi heureux, confie-t-il. Les gens s'adressent à moi avec beaucoup de liberté et me disent leur espoir, leur confiance. En schématisant, je dirais que, jusqu'à présent, j'ai lutté pour avoir ma liberté financière et ne dépendre de personne. Maintenant, je l'ai obtenue. Je suis libre sur ce plan-là. Cela m'a demandé une quinzaine d'années. Le bénéfice est important : c'est mon indépendance. Mais je m'aperçois, plus encore que je ne le pensais, que ce métier de chef d'entreprise n'était pas mon métier, je l'ai fait avec beaucoup de peines et de difficultés, au prix d'une très grande usure nerveuse et psychologique. Depuis que je suis en politique, je me sens à l'aise avec moi-même et avec les autres. *A posteriori*, je dirais que j'ai eu beaucoup de chance de ne pas pouvoir déboucher sur ma vocation politique avant quarante-six ans : la chance essentielle étant les blessures que j'ai subies à travers beaucoup d'échecs dans beaucoup de combats. Ce qui fait qu'aujourd'hui je sais me battre et que je suis tout le contraire d'un saint-cyrien en gants blancs. Je ne parle pas d'héroïsme, évidemment ! L'héroïsme est une denrée à peu près inutile et, en tout cas, à ne pas cultiver, car elle ne peut servir que dans des circonstances exceptionnelles. Ce qu'il faut vivre et gagner, ce sont les circonstances non exceptionnelles. C'est la vie de chacun dans sa vie de tous les jours. Je suis fait pour cette relation avec les autres et cette relation m'est très chère.

« Il y a là une différence essentielle – sur laquelle je ne porte pas de jugement de valeur – entre les hommes au pouvoir et moi. Ils vivent dans un autre univers où je ne pénètre pas et où j'ai toujours refusé de pénétrer. Je ne dîne pas en ville, je ne fréquente pas les salons, les chasses en Sologne, je ne vais pas en week-end avec les personnalités parisiennes. Je ne suis pas reconnu dans cet univers, où je me sens d'ailleurs très mal à l'aise. Ce sentiment est très ancien. En 1948 ou 1949, j'avais accepté un dîner chez le directeur du magazine *Réalités*. Il était très friand de mondanités. Typiquement le dîner parisien. Une trentaine d'invités : ministres, ambassadeurs, femmes du monde, littérateurs, etc. Pour moi un calvaire. Surtout qu'on est passé à table vers dix heures, l'heure où normalement je me couche ! J'étais entre deux jolies femmes. Au bout de vingt minutes, je n'ai simplement pas pu supporter de rester. J'ai pris mon courage à deux mains et je suis sorti, aussi discrètement que possible pour éviter le scandale. Néanmoins, pendant que je me dirigeais vers la porte, tout le monde m'a regardé. Je n'y pouvais plus rien. J'ai quitté la pièce et je n'ai plus jamais été dîner en ville[106]. »

Au congrès de la salle Wagram, Félix Gaillard reviendra à la charge, mais il ne parviendra pas à déstabiliser son secrétaire général. JJSS, qui flottait depuis la publication de *Ciel et Terre* sur les nuages de la félicité, n'avait ni préparé ni rédigé son discours. Ça ne lui était jamais arrivé, ce qui témoigne de son bonheur, de sa tranquillité. « Je dansais », souvenons-nous, dira-t-il à Gurgand. Il a parlé deux heures et les journalistes, plus habitués à brocarder le Kennedillon – qualificatif qui le poursuivait –, durent ravaler leurs sarcasmes. Le vent soufflait irrésistiblement du côté de JJSS. Jamais depuis la guerre un congrès radical n'avait soulevé un tel intérêt dans l'opinion, mobilisé tant de médias, attiré tant de curieux. Félix Gaillard, sous la pression de ses amis, céda et *Le Manifeste* est adopté à l'unanimité moins une voix. Il triomphait.

La disparition de Félix Gaillard, dans l'incendie de son yacht en baie de Saint-Brieuc quatre mois plus tard, facilitera beaucoup sa prise en main du parti. La mort de cet esthète de la politique emportait avec elle son plus farouche adversaire et la seule solution de rechange possible au programme de *Ciel et Terre*. Mais il faut être juste : pour la première fois depuis des décennies, un congrès radical avait oublié la cuisine électorale pour se pencher sur les maladies dont souffrait notre société. C'était le printemps d'un néoradicalisme, mené tambour battant par un fils de la bourgeoisie qui veut frapper lourdement l'héritage, par un élève de Polytechnique qui veut réformer les grandes écoles, par un patron de presse qui réclame la cogestion.

20

La conquête de Nancy et le désastre bordelais

Dans ces mois de pleine euphorie, deux personnes entrent dans sa vie et marqueront son parcours politique qui ne sera pas très long, mais qui est malgré tout la parabole émouvante de son destin.

D'abord une femme, Madette Balick, l'épouse d'un brillant architecte, issue de la bourgeoisie protestante bordelaise. Elle est petite, mince, brune, des yeux immenses. Une gazelle du désert. Au volant de sa Rolls ou à la barre de son yacht, *Le Panda II*, acheté à l'empereur Bao Dai, elle était d'une beauté étrange. « Elle nous a été présentée le jour de mes trente ans par mon frère Gilles, raconte Sabine. Nous venions de déménager de l'avenue Pierre-Ier-de-Serbie pour le boulevard de Courcelles et je fêtais la pendaison de cremaillère, la seule soirée que je me sois offerte ! Gilles arrive avec un couple de ses amis que nous ne connaissions pas encore, Claude et Madette Balick. Madette, très élégante, avait la voix de ma belle-mère. Jean-Jacques est tombé en arrêt, j'ai vu le coup de foudre. Elle sera la marraine d'Édouard, né en novembre 1969. Un amour fou qui pèsera lourd. À un moment, j'ai souhaité le divorce. J'ai dit à Jean-Jacques : "Madette habite en face, tu prends les deux aînés, je garde les deux derniers et on arrête, je n'en peux plus." Il m'a répondu : "Ce n'est pas bon pour toi et ce n'est pas bon pour moi." C'est tout. Plus que ce qu'il me dira quinze ans plus tard lorsqu'il est parti en demandant le divorce : "Tu as rendez-vous chez l'avocat, tel jour, telle heure." Voilà ce que j'ai eu. »

Jackie Mignon, à qui rien n'échappait de l'existence quotidienne de JJSS, fut consciente de cette place qu'occupait Madette. « J'en ai vu passer des femmes ! D'ailleurs l'initiative ne venait pas toujours de lui. Plusieurs filles de *L'Express*, dont des journalistes, lui ont littéralement sauté dessus ! Les femmes du monde ne se laissaient pas trop prier. Elles voulaient voir… Il avait quelques liaisons plus soutenues. Par exemple, Anne-Marie Périer, son “rayon de soleil”, disait-il, ou Alexandra Stewart. C'est rue de Berri où elle habitait qu'il avait croisé Alexandra Stewart. Il aimait arpenter à pied la rue de Berri et l'avenue George-V pour se rendre au bar du Plaza, un des rares lieux publics qu'il lui arrivait de fréquenter. Certains soirs, il dînait dans son bureau, toujours très tôt vers dix-neuf heures trente et le plus souvent en tête à tête avec un ou une invité(e) de marque. J'étais chargée d'organiser la table, de prévenir le cuisinier, de prévoir une hôtesse. Il lui fallait en toutes circonstances quelqu'un à disposition pour, si besoin était, passer un coup de fil, prendre une communication, chercher un article… Même dans ses dîners, apparemment très glamour.

« Madette Balick, ce fut autre chose. D'une certaine façon, elle le subjuguait, elle l'influençait, un pouvoir qu'aucune autre personne, à l'exception de Mme Émile, n'a jamais eu. Même pas Françoise Giroud. Jean-Jacques voulait toujours avoir raison. Il encaissait mais il ne cédait pas. Dans la discussion, c'était le choc frontal, d'où ces brouilles, ces ruptures. Avec Madette, il s'inclinait. Combien de fois, l'ai-je vu dans ces interventions publiques jeter un œil vers elle, comme s'il attendait son approbation ? Avec qui d'autre faisait-il ça ? Avec personne, sauf sa mère. »

Ensuite, Samuel Pisar, brillant avocat international, auteur d'un best-seller, *Le Sang de l'espoir*, récit de sa survie d'adolescent dans les camps d'extermination et de son évasion en 1946. Sam, sauvage et illettré, commence à seize ans sa rédemption en Australie, puis en France. Il obtient, l'un après l'autre, les doctorats des universités de Paris, d'Harvard, travaille pour les Nations unies, pour Kennedy, pour le Sénat américain. « Un matin, arrivant de Washington, j'ai reçu un coup de fil de Jean-Jacques Servan-Schreiber à mon bureau parisien. Il connaissait tout de moi, m'a-t-il dit. Moi aussi, je connaissais tout de lui. On s'est vus et depuis nous sommes restés de vrais amis. Nos enfants sont très liés. »

Dans le panthéon de Sam Pisar, JJSS est un héros romantique, un prophète des temps nouveaux. En bon *lawyer* américain, il n'oublie pas ses intérêts, mais pour Jean-Jacques comme pour Jean-Louis, c'est un frère.

En ce mois de février 1970, l'avenir politique de JJSS s'annonçait sous les meilleurs auspices et dans les partis de droite ou de gauche, on ne le regardait plus avec une condescendance amusée.

Dans la foulée de *Ciel et Terre*, il revient d'Athènes, ramenant dans son Lear Jet le compositeur Mikis Theodorakis, un des plus célèbres opposants au régime des colonels qui règne alors en Grèce. Ex-député de gauche, Theodorakis était interné depuis deux ans et demi et n'avait jamais été jugé. C'est à la demande de l'Assemblée des étudiants grecs de Paris que le secrétaire général du Parti radical avait entrepris cette opération, une sorte de rapt officiel.

Quand le Lear Jet s'est posé sous la bruine à l'aéroport du Bourget, les reporters se bousculaient. La portière se soulève : apparaît un géant aux cheveux bouclés qui se plie en deux pour ne pas se cogner. Il est radieux, ébloui. Des cris : « Mikis ! », « Liberté pour la Grèce ! ». Une femme vêtue d'une peau de chèvre, du genre hippie, s'accroche au cou de Theodorakis et l'embrasse en pleurant : c'est Mélina Mercouri. À l'écart, en pardessus strict, le front soucieux, Jean-Jacques enfouit son nez dans les mains : son tic favori. Il paraît visiblement soulagé lorsque sa « victime » s'allonge sur un brancard qu'on engouffre dans une ambulance. Theodorakis s'en va vers un hôpital de la région parisienne.

JJSS lit d'abord une déclaration que le compositeur lui a remise : « Je n'arrive pas encore à prendre conscience de ma liberté… Si je suis ici, ce soir, c'est grâce à la solidarité totale internationale et surtout de nos amis européens. C'est grâce aussi à mon ravisseur qui est mon ami politique, Jean-Jacques Servan-Schreiber. Ma pensée reste avec mon peuple… »

On presse de questions le ravisseur mais il refuse de donner des détails sur les démarches et contacts qu'il a eus à Athènes avec les autorités grecques.

Madette Balick et Sam Pisar l'ont accompagné en Grèce. Que s'est-il vraiment passé ? Dans les milieux politiques français et européens, l'imminence de la libération de Theodorakis était connue mais tenue secrète, et on considérait que JJSS avait été manipulé par les colonels. En effet, les ministres du Conseil de l'Europe devaient, à cette date-là, se réunir pour discuter du régime grec et de ses entorses au droit de l'homme. Le spectaculaire rapt de Theodorakis ne pouvait pas mieux tomber.

En tout cas, s'il s'est bien agi d'une manœuvre publicitaire de la part de la junte, JJSS en a recueilli les fruits. Il apparut à la une de tous les journaux. « On ne parle plus que de lui », se désolait *Le Monde*. Le 15 mai, il trônait à la Mutualité auprès de Theodorakis et de… Georges Marchais. « Si mon ami Mikis Theodorakis a été libéré il y a quinze jours, ce ne fut pas par un coup de charme ni de baguette magique. C'est que deux nuits furent consacrées à faire toucher du doigt aux grands intérêts économiques internationaux qu'ils ne pouvaient pas épouser, sans de très grands risques pour eux-mêmes, les aspects les plus repoussants d'une certaine logique militaire. Ils commencent à comprendre qu'ils peuvent même tout y perdre. Leur rentabilité d'abord, leurs investissements même, ensuite, et jusqu'à leur propre vie. »

L'ensemble de son comportement popularise une image qui repose sur des jalons, le Parti radical, *Ciel et Terre*, Theodorakis… Il vise la reconnaissance des citoyens et celle des instances politiques nationales. Celles-ci l'ont compris qui, dès cette époque, le tiennent à distance, évitent le dialogue. Jean-Jacques, selon son propre aveu, veut faire parler de lui, veut créer un mythe JJSS. Après quoi, et seulement après, il pourra engager la réforme. On peut s'interroger sur la finalité d'une telle tactique. Pour l'instant, elle lui réussit. Il est, dans notre paysage politique, l'« homme qui vient d'ailleurs[107] ».

Il fait face à Valéry Giscard d'Estaing dans « À armes égales » sur la première chaîne ; il passe dans l'émission « Panorama » ; il est parmi les hommes politiques les plus cités dans les journaux… Les gaullistes se plaignent de sa présence, trop fréquente, sur le petit écran.

Il lui reste, jalon indispensable, à conquérir une circonscription électorale. Si l'occasion se présente, a-t-il annoncé, il la saisira. Une décision du gouvernement Chaban-Delmas va la lui offrir d'une façon inattendue. Albin Chalandon, ministre de l'Équipement, a décidé du tracé de l'autoroute de l'Est qui devait passer, soit par Metz, soit par Nancy, deux villes distantes de cinquante kilomètres et séparées par une rivalité séculaire : c'est

Metz qui l'emporte. Pourquoi Metz ? Parce que la ville est plus dynamique ? Parce que le préfet de la région Lorraine y est installé depuis plusieurs années ? Parce que ce tracé est plus direct vers Strasbourg, la Sarre et l'Allemagne ? Ou parce que le maire, Raymond Mondon, est aussi le ministre des Transports ? Quoi qu'il en soit, la révolte gronde à Nancy, qui est, rappelons-le, la capitale des ducs de Lorraine. Roger Souchal, député gaulliste, en signe de protestation, démissionne le 19 mai, convaincu qu'il se fera réélire dans un fauteuil. L'affaire fait grand bruit, et pas seulement en Lorraine.

Jean-Jacques ne va pas se déclarer tout de suite, entretenant savamment le suspense. Il n'a jamais mis les pieds à Nancy. Il connaît en revanche Léon Chadé, le patron du quotidien régional *L'Est républicain*, avec qui il vient de déjeuner en compagnie de Maurice Faure. Nancy sortait d'une élection municipale partielle qui avait secoué les édiles locaux. Jean-Jacques à ce moment-là « dansait » salle Wagram et il laissa filtrer la rumeur qu'il pourrait peut-être... si... se mettre sur les rangs et briguer la mairie nancéenne. L'opération avorta dans l'œuf mais au moins eut-il un contact avec Chadé.

Dès la démission de Souchal, il essaie de le joindre. « J'étais à Hong Kong, racontera Chadé. Coup de téléphone de JJSS qui me dit : “Je veux me présenter ; vous me soutenez ?” Je n'étais pas réticent du tout, mais on ne soutient pas quelqu'un à moitié. Nous étions dans l'axe : faire du neuf... Parce que cette région avait été une région stratégique et militaire, même marquée du point de vue industriel par des industries stratégiques : l'industrie lourde, Wendel, les marchands de canons, le textile. La seule vocation qui puisse lui revenir, c'est d'être la grande plaque tournante, le grand point de rencontre d'une Europe unie. Alors, JJSS, avec sa doctrine européenne, avec l'idée schumanienne, reprise par Monnet, de l'Europe, cela nous a séduits. Et d'un autre côté, cela ne pouvait pas se terminer par le Clochemerle d'une réélection de M. Souchal. Par conséquent, le journal s'est engagé dans une action et non dans un combat politique[108]. »

D'après l'analyse des résultats des derniers scrutins, Jean-Jacques n'avait aucune chance sur cette terre gaulliste. Mais à la lecture des sondages et en tenant compte de la récente évolution sociologique de la deuxième circonscription, l'issue du combat était plus incertaine. « Nous savions qu'il y avait une chance, à condition que le journal l'aide », concède Raymond Chadé.

L'Est républicain l'aidera et lui consacrera la moitié ou les trois quarts de la page réservée à l'élection. « Depuis que le déclin de Nancy s'est inscrit dans les faits par toute une série de mesures arbitraires, écrit Chadé, quels sont les élus qui se sont dressés pour former barrage ? (...) Quelle que soit finalement la décision que prendra M. Jean-Jacques Servan-Schreiber, ou toute autre personnalité du même poids, il faut se dire que, s'il reste une chance de préserver l'avenir, c'est de sortir d'abord de la médiocrité... »

Dans le même temps, Jean-Jacques obtient, à la hussarde, l'investiture de la majorité du conseil municipal de Nancy et déclare : « Je serai un enfant de la Lorraine... Mon seul adversaire dans cette campagne, c'est le mépris de Paris pour les régions... Après cette élection, j'ai dit à ceux qui me l'ont demandé que, bien entendu, je quitterais Paris pour m'installer en Lorraine. »

Ainsi bordé, il annonce sa candidature en Lorraine le 31 mai. Ses adversaires ricanent, Souchal affirme qu'il n'en fera qu'une bouchée.

La machine Servan-Schreiber se met en branle, calquée sur l'organisation et les méthodes des campagnes américaines. En beaucoup plus modestes, toutefois. Mais, pour chez nous, c'est du grand spectacle. « Jean-Jacques Circus », titre *Le Canard enchaîné*, résumant l'impression de nombreux observateurs. Sabine et les quatre fils ont été mobilisés et seront très présents dans les meetings. Il a retenu un étage du Grand Hôtel, sur la place Stanislas, et transporté sa suite à Nancy : Michel Albert, Serge Siritzky, Guy Sorman, Michelle Gaillard, France de Malleval, Christian Dupeyron, Louis Fournier, Claudie de Surmont, Nick Maloumian, François Garcia, Laurent Hallier, le frère de Jean-Edern. Il a recruté l'Américain Joe Napolitan, spécialiste des campagnes électorales du Parti démocrate, pape du marketing politique ; Joe écrit en anglais des mémos avec ses suggestions, ses commentaires et fabrique les slogans de campagne. Il a commandé une étude du « marché électoral », profession, sexe, âge, affinité partisane. Michelle Gaillard pourra ainsi adresser aux électeurs des lettres personnalisées, des messages ciblés. Sabine, avec de jeunes militants nancéens, s'occupe de coller des affiches représentant son mari souriant, dynamique.

Des milliers de tracts sont distribués, souvent par des taxis spécialement loués. Ils donnent l'heure de la prochaine réunion, le dernier sondage. Un dépliant, « Qui est Jean-Jacques Servan-Schreiber ? », retrace la vie et la carrière du candidat en huit photos. Un photographe suit le héros en permanence. Une brochure de douze pages, *Le Contrat lorrain*, précise les actions auxquelles il s'engage durant son mandat. Toutes ces techniques, aujourd'hui banales, étaient alors très peu utilisées[109].

Les déplacements du candidat ont été minutés, afin qu'aucun quartier de Nancy, aucune commune de la circonscription, n'échappe à sa vigilante attention. Chaque matin, la chronologie de la journée est distribuée à l'équipe de campagne. Par exemple, dix heures trente, départ du Grand Hôtel ; dix heures quarante, arrivée à l'église Saint-Fiacre ; onze heures, départ de l'église Saint-Fiacre ; onze heures trente, arrivée à Maxeville ; déjeuner : quarante minutes…

Dans le florilège d'affiches, de tracts, de textes, JJSS n'apparaît jamais comme le candidat d'un parti, c'est « le candidat des Lorrains ». Les références au Parti radical sont soigneusement gommées. À chacun, cadre, ouvrier, paysan, notaire, patron, fonctionnaire, il donne sa réponse. Se plaint-on d'une mesure gouvernementale ? Jean-Jacques, royal, fronçant les sourcils, se tourne vers son assistante : « Notez, téléphoner demain matin à Chaban-Delmas… » S'inquiète-t-on de la situation dans la sidérurgie, l'automobile ? Jean-Jacques : « Notez, appeler dès ce soir mon ami le président de General Motors… » L'assistante note. Ailleurs, il évoquera ses amis Giovanni Agnelli, Albin Chalandon, Willy Brandt, Herman Abs, illustre banquier allemand, ou Richard Nixon… La cité des ducs de Lorraine manque-t-elle d'un hôtel de classe internationale ? Qu'à cela ne tienne. Il envoie Guy Sorman à Atlanta en Géorgie chercher le P-DG de Holiday Inn – Sam Pisar est son avocat – qui passe dix heures à Nancy sans beaucoup savoir où il est ni ce qu'il y fait, mais promet d'étudier l'implantation d'un hôtel. Et le jet le ramène à Atlanta…

JJSS peut amener le monde entier en Lorraine : c'est le message. Le docteur Jeanclaude, son suppléant, observe, éberlué et un peu angoissé, la déferlante. « Les Parisiens, s'écrit Robert Souchal, n'ont qu'à rester à Paris… Les Lorrains n'ont pas besoin des Parisiens. »

En l'espace de quelques semaines, grâce à la magie du

mirobolant Jean-Jacques, Nancy est devenue la capitale de la France. Tous les jours, dans tous les médias, on commente, on dissèque la bataille. En général l'ironie et le scepticisme l'emportent. Ça ne marchera pas. Vendre un candidat comme une marque de lessive, c'est possible aux États-Unis pas chez nous, le pays de Descartes et de Voltaire. L'utilisation sans complexes de tels moyens ne peut qu'offusquer les électeurs de toutes tendances. Le candidat de Lorraine a contre lui la gauche socialiste et communiste, les gaullistes, la droite modérée et l'extrême droite. S'il n'est pas attaqué par les centristes, on ne peut pas dire que ceux-ci le soutiennent avec allégresse. Du reste, les radicaux sont peu de chose en Lorraine.

Pourtant, dans les allées du pouvoir, on commence à s'inquiéter et à se demander où il va s'arrêter. Pompidou fait donner la « grosse Bertha » : il faut abattre JJSS. Jacques Chaban-Delmas ouvre le feu. Plusieurs ministres enchaînent dont certains iront à Nancy délivrer la bonne parole : Valéry Giscard d'Estaing, Jacques Duhamel, Albin Chalandon – trois « amis » de Jean-Jacques –, Robert Galley, André Fanton… L'écrivain Dominique de Roux fulmine dans un pamphlet *Contre Servan-Schreiber* tiré à quinze mille exemplaires, dont trois mille partent pour Nancy. « Le messianisme de Servan-Schreiber c'est aussi la fin de la France », proclame de Roux, qui excommunie le « vautour capon » de *L'Express*, son « cheptel bien-pensant », ses « conseillers auliques ». Le libelle aura le don de déplaire prodigieusement à JJSS qui fera racheter tous les exemplaires… L'un d'entre eux, en signe expiatoire, sera brûlé, près de la place Stanislas, par un jeune partisan du candidat de la Lorraine. Le factum fit un heureux inattendu, Michel Tournier, qui écrivait à Dominique de Roux : « Votre anti-JJSS est réjouissant au possible… Si j'avais pu y ajouter un post-scriptum, j'aurais parlé du visage de JJSS : impossible de faire carrière avec cette gueule, surtout à l'époque de la télé, une gueule où se lisent la ruse et la débrouillardise portées à un degré tel qu'elles font le vide autour d'elles agissant comme des agents corrosifs… »

Puis vient le tour de la gauche qui mobilise ses archers. À Paris, François Mitterrand exprime ses craintes d'un « néoradicalisme » virant à droite. À Nancy Michel Rocard prédit une

« veste » au challenger. Georges Marchais stigmatise l'homme de la grande bourgeoisie… Il est devenu l'ennemi public nº 1.

Mais rien n'y fait. *L'Est républicain* a touché l'ensemble des cibles avec une chorégraphie digne d'un ballet d'opéra. Un jour les commerçants, un jour les artisans, un jour les industriels, un jour les employés… L'éventail partisan a été également balayé avec la même méthode. Un jour on caresse le dos des gaullistes, un jour celui de la gauche non communiste, un jour celui des centristes hésitants. Une poignée de personnalités, en dehors des radicaux, le soutiennent publiquement : Jean Lecanuet, Gaston Defferre, Edgar Pisani, Jean Monnet. Serge Dassault est heureux de sa candidature et pense qu'il a deux chances sur trois de gagner. « Autour de Jean-Jacques, affirme Christian Dupeyron, nous étions tous optimistes. Nous développions une thèse totalement opposée à celle des journalistes et nous disions : "Ce qui marche en Amérique marchera en France." Ce fut un travail de commandos. Nous avons envoyé quinze lettres différentes à quatre-vingt mille personnes et passé plus de quarante mille coups de fil ! Une minute avant la fin officielle de la campagne, à vingt-trois heures cinquante-neuf, on a déposé quatre-vingt mille lettres à la poste centrale ! »

Le soir du premier tour, les chiffres tombent, et beaucoup cette nuit-là ne dormiront pas, les uns parce qu'ils baignent dans la joie, les autres parce qu'ils vivent un cauchemar : Jean-Jacques Servan-Schreiber 45,4 % des voix, Roger Souchal 26,8 %. Plus on se rapprochait de l'échéance, plus les sondages qui sortaient du bureau de Nick Maloumian le donnaient gagnant. Mais de là à prendre dix-neuf points d'avance sur le député sortant, personne ne l'avait pronostiqué.

L'issue du second tour ne fait guère de doute, mais la « machine schreibérienne » ne va pas ralentir sa cadence. Elle va plutôt s'emballer, le brain-trust redoublant d'ardeur et d'imagination. JJSS l'emporte avec 55,2 % des suffrages ; Souchal avec 24,8 % enregistre un recul de près de vingt-deux points par rapport au scrutin de juin 1968 et il est talonné par le communiste qui obtient 20 %.

L'embarras des commentateurs pour expliquer cette écrasante victoire témoigne de la position à la fois particulière et originale du fondateur de *L'Express* sur l'échiquier politique national. Pierre Viansson-Ponté, devenu l'éditorialiste vedette du *Monde*, d'habitude si lucide à démêler le comment et le pourquoi de nos joutes électorales, n'a pas de réponses à formuler. Il n'a que des interrogations : « Est-ce son dynamisme, son habileté, ses moyens, ses relations, les conditions locales, l'appui de la municipalité et de *L'Est républicain*, l'intervention du gouvernement, l'absence du centre, la division de la gauche, l'inexistence de la droite et dix autres explications lumineuses ? »

Au balcon de l'hôtel de ville de Nancy, sous l'éclat des flashes, devant vingt micros et une foule en délire, le député de Lorraine – c'est ainsi qu'il se baptisera – déclare : « L'élan a peut-être été donné à Nancy, et une première preuve, depuis le départ du général de Gaulle, a ainsi pu être faite. Naturellement, ce n'est pas assez. Il faut avancer, construire, vite, sans laisser une occasion de faire disparaître les carcans, les blocages du passé… "Entre le gaullisme et le communisme, il n'y a rien." Cette formule d'André Malraux vient de mourir ce soir, comme elle le méritait : à l'ombre de la croix de Lorraine… Le gaullisme, c'était un homme mais l'homme a disparu. Le communisme était une doctrine, mais la doctrine a fait faillite. »

Dès ce soir-là, sa conviction est faite : il y a un espace entre le gaullisme pompidolien et la coalition socialiste-communiste à laquelle travaillent Alain Savary et François Mitterrand. Il a toujours pensé que cette coalition était d'une part électoralement suicidaire, d'autre part moralement inacceptable. Le communisme, c'est le mal absolu, il ne transigera jamais sur ce point. Son élection à Nancy démontre qu'un courant réformiste, dégagé de toutes compromissions avec les socialistes et le PCF, peut l'emporter. L'histoire démentira cruellement son analyse : François Mitterrand accédera à l'Élysée en s'appuyant sur les communistes et non sur les centristes.

En 1970, Mitterrand est loin d'avoir gagné la partie et le choix stratégique de JJSS est partagé par de nombreux responsables socialistes et centristes. À la même époque, on ne pouvait imaginer la cascade d'initiatives insensées que prendra le député de Lorraine. Chaque fois qu'il montera sur une branche, il va s'employer avec une obstination exemplaire à la scier. Au lendemain du 28 juin, on n'en est pas là. JJSS ne fait plus sourire, il est un battant, un redoutable débatteur, une star nationale avec laquelle il faudra compter. Voilà dans quel état d'esprit se trouvent le microcosme politique et les éditorialistes.

Là-dessus, il s'envole pour New York. « Je lui avais préparé un accueil de chef d'État, dit Sam Pisar. Aux États-Unis il y avait deux Français connus, de Gaulle et Jean-Jacques. Je ne les mets évidemment pas sur le même plan, mais ils étaient les seuls que le public américain visualisait. »

Il est l'invité d'honneur du *New York Times*, il prend la parole devant la Commission économique du Congrès, il a quatre pages dans le *Washington Post*, il fait la couverture du *Time Magazine*, il rencontre David Rockefeller, Henry Ford II, les dirigeants d'IBM… Il est en photo au côté de Cornelius Ryan qui vient de publier *Le Jour le plus long* et qui lui dit : « Je ne parle pas légèrement : je crois franchement que le leadership mondial pourrait progressivement aller vers l'Europe et que vous le symboliserez. »

Il participe à l'émission dominicale la plus célèbre outre-Atlantique « Face the Nation ». À la fin, le présentateur, ébloui par la clarté et la précision de ses réponses, lui déclare très sérieux : « *Mister Servan-Schreiber the country needs to listen to you. We need a man like you in present in United-States.* » Star à Nancy, star en France, star aux États-Unis… Qui pourrait dorénavant lui résister ?

Dans l'avion qui le ramène vers la France le 5 août, il feuillette les journaux et découvre dans *Le Figaro* une nouvelle qui le fait sursauter : à la suite du décès de son suppléant, Jacques Chabrat, Jacques Chaban-Delmas, Premier ministre, va se représenter à l'élection législative partielle de Bordeaux. Il se penche vers son voisin, Georges Mamy, éditorialiste de *L'Est républicain* : « Il faut que j'y aille ! » Mamy lui répond : « C'est une blague ? J'espère que vous ne parlez pas sérieusement ? » Jean-Jacques se serait endormi en méditant sur son avenir bordelais.

Il semble bien, en effet, que sa décision ait été prise à dix mille mètres au-dessus de l'Atlantique et qu'il avait l'intention de s'y tenir. Se présenter contre le Premier ministre, quel combat ! Dans l'entretien qu'il donne à *L'Express*, à son retour des États-Unis, le titre est explicite : « L'élection de Bordeaux m'a pris par surprise. »

Tout son entourage, tous ses amis sans exception, même sa mère, ont essayé de le faire changer d'avis, atteste Sam Pisar. « Je n'ai rien oublié de cette folle semaine. Des noms ont été lancés, Maurice Duverger, Roland Dumas, Edgar Pisani, Jean Riboud, Jean-Claude Colli… Chaque fois, Jean-Jacques intervenait pour contre-attaquer ou dissuader le candidat potentiel. Il y avait peut-être quelqu'un devant lequel il aurait cédé la place, notre ami commun : Robert Badinter, que j'ai essayé avec Brigitte Gros et Guy Sorman, de convaincre. Badinter a hésité et finalement, après un entretien avec Mitterrand, il a dit non. »

Le dimanche 30 août, le député de Lorraine est déjà installé au Splendid Hôtel qui ouvre sur la très bordelaise perspective des Quinconces. Il n'a pas encore dévoilé publiquement sa décision. Tôt le matin, entre un yaourt et deux citrons pressés, il appelle Sabine. Elle a passé l'été à Nancy à installer leur maison, 10, rue du Haut-Bourgeois. Bref dialogue :

« Il faut que tu viennes, je dépose ma candidature demain.

– Écoute, chéri, non, non, je suis contre. Ne fais pas ça !

– Il faut que tu viennes, débrouille-toi… »

Jean-Jacques l'attendait au Splendid Hotel, dans sa chambre, avec Claudie de Surmont, chef de cabinet, Nick Maloumian et Michel Albert. « J'ai viré tout le monde, raconte Sabine. C'était ma première conversation avec Jean-Jacques depuis deux mois. Elle a duré une heure. "Tu écoutes ce que j'ai à te dire, lui ai-je lancé. J'ai eu Defferre, j'ai eu Fournier au téléphone, ils disent que c'est une folie d'y aller. Badinter et Mitterrand se taisent parce qu'ils savent que tu vas à la catastrophe et ça ne leur déplaît pas ! La gauche et la droite veulent t'abattre. Le bruit que tu as fait est suffisant. Laisse Chaban prendre les voix sur le bruit que tu as fait, mais je t'en supplie, n'y va pas." Il était ébranlé. Il a murmuré : "Je ne peux plus reculer." J'ai expliqué que le courage, c'est de reculer devant le précipice et que jamais je ne participerai à cette campagne. "De toute façon tu seras battu", ai-je conclu. Nous sommes descendus ensemble dans le hall de l'hôtel. Madette et Claude Balick attendaient : "Je reste avec Jean-Jacques", a dit Madette. Claude Balick était épouvantablement blessé si bien qu'il m'a ramenée à l'avion et nous sommes rentrés ensemble sans dire un mot. Madette a poussé Jean-Jacques dans ce cul-de-sac bordelais. »

JJSS s'en va au Grand Hôtel où il a convoqué la presse pour treize heures. Sa bombe explose devant des journalistes stupéfaits : si le PCF, les socialistes, les radicaux et les centristes refusent de se mettre d'accord sur le nom de Badinter, eh bien, comme il faut un candidat, il sera ce candidat. Il amusait la galerie. Un tel accord était, à l'évidence, impossible. Quant à Badinter, il savait parfaitement que sa candidature n'empêcherait pas celle de JJSS. Celui-ci voulait rééditer le coup de Nancy : prouver qu'il y a une place pour un candidat réformateur par-delà les alliances centre-gauche ou centre-droit. Si, pour tout observateur ayant un minimum de bon sens, son attitude est incohérente et suicidaire, elle est conforme à sa stratégie : il s'agit d'évaluer son « poids politique » envers et contre tout.

À *L'Express*, tout le monde est « sur le cul », expression la mieux appropriée pour définir la sidération qui emplit bureaux et couloirs. Georges Suffert va tirer le premier, s'interrogeant et interrogeant les lecteurs : « Est-il fou, est-il génial ? »

Au-delà de la bataille politique qu'il engageait, son cas soulevait un problème constitutionnel. Un député de Nancy peut-il sans démissionner se présenter à Bordeaux ? « Oui », trancha Georges Vedel, autorité indépassable en la matière. Mais Chaban aura le mot qui fit mouche : « Jean-Jacques Servan-Schreiber est un pseudo-candidat. » À Nancy, la population se partagea entre les rieurs, les indifférents et les indignés.

La campagne de Bordeaux sera ennuyeuse, polluée par l'affaire Ford. Pourtant la quarantaine de personnes qui évoluent dans les coulisses de Jean-Jacques sont enchantées de relancer la locomotive électorale en cette fin d'été. Le soleil est là, insolent et narquois. Nick Maloumian traficote un peu les sondages et quand on le lui fait remarquer, il répond : « Je lui remets les chiffres qu'il a envie d'entendre. Il a envie d'entendre qu'il peut gagner. » Mais la campagne à l'américaine, trois mois après Nancy, fait réchauffée et la presse veut autre chose à se mettre sous la dent. L'affaire Ford tombe à point nommé. Chaban venait d'annoncer que Ford implanterait une usine à Blanquefort près de Bordeaux.

Or le 26 août avant de s'être déclaré candidat, Jean-Jacques s'était invité, sans prévenir, à une conférence de presse que donnait Chaban-Delmas dans le grand salon de l'hôtel de ville. « Monsieur, est-ce que je peux poser une question ? » demanda-t-il devant les journalistes hilares. Chaban était dans son fief, sa mairie depuis la Libération. Comment ce « malotru », cet « esbroufeur » a-t-il osé venir ici le défier ? Péremptoire et professoral, Jean-Jacques explique qu'il a vu Henri Ford aux États-Unis, que sa décision de s'installer à Bordeaux n'est pas du tout arrêtée et qu'il envisage au contraire de s'implanter à Charleville-Mézières. Chaban n'a donc pas à se prévaloir d'une hypothétique usine Ford à Blanquefort, comme argument de campagne.

Le lendemain, la France entière ne parle que de son débarquement inopiné dans la forteresse chabaniste. L'affaire Ford va lui revenir en boomerang en pleine figure. Un de ses conseillers, François Garcia, l'avait prévenu : « Vous croyez placer une grenade sous le fauteuil de Chaban, vous la mettez sous le vôtre et vous serez pulvérisé [110]. »

Le boomerang partira de… *L'Express*. Robert Franc, rédacteur en chef adjoint, dans un article très documenté, donne raison à Chaban : « Le choix de Bordeaux par Ford date de la fin du mois de juin. Il est clairement antérieur au décès du suppléant de M. Chaban-Delmas. » S'ensuivront des communiqués, des démentis, des contre-démentis qui fatigueront les Bordelais et les Français. Le miracle nancéen ne se reproduira pas. Son état-major est dispersé entre plusieurs endroits de la ville, son programme est abstrait, purement politique, sans l'approche concrète des problèmes locaux comme à Nancy, *Sud-Ouest*, le quotidien régional, ne le soutient pas.

Son discours est de plus en plus polémique et arrogant. Qui est Chaban ? « Un casseur », lâche-t-il aux journalistes. Dans *Le Monde*, Jean-Claude Guillebaud suit la bataille avec un bel appétit et une plume alerte. Il cherche un petit, un tout petit rayon d'espoir dans le sillage de JJSS. Il ne le voit pas. Il ne trouve aucun argument qui puisse convaincre les Bordelais de lâcher leur maire. Comment un maire Premier ministre pourrait-il moins bien les servir qu'un candidat de l'opposition, même si celui-ci s'appelle Jean-Jacques Servan-Schreiber ?

Bientôt de tous bords, on sonne l'hallali derrière *L'Express* qui souffle dans la trompe de chasse. En deux pages, son journal explique qu'il a eu tort de se présenter à Bordeaux, que son courant, les réformateurs, ne représente pas un Français sur dix, que ses outrances de langage ont discrédité sa téméraire équipée. Le dimanche précédant le scrutin, la télévision a fait une longue publicité gratuite à ce mille unième numéro de *L'Express*.

La mort de François Mauriac imposa quelques jours de silence. Jean-Jacques demandera, en vain, des funérailles nationales pour cet « homme qui savait tout remettre en jeu grâce à ses convictions ». Voilà que Mauriac disparaissait alors qu'il affrontait Bordeaux, ville emblématique des intrigues et des méandres mauriaciens.

Le 20 septembre, l'échec sera cuisant : Chaban est réélu au premier tour avec 63,5 % des suffrages, son meilleur score depuis 1946. JJSS recueille 16,6 %. Il assume sa défaite : « J'ai commis une erreur de jugement tactique sur la situation électorale locale. Une erreur, cela fait partie de la vie politique. Les électeurs n'ont jamais tort. Donc, je n'ai pas ce soir à me plaindre de quoi que ce soit... Quand au lieu des 30 % espérés, on fait le chiffre de ce soir, je suis le premier à reconnaître, et je dois être le premier, que cette bataille de Bordeaux n'était pas une très bonne occasion de démontrer l'amplification du courant réformateur... »

Il persiste et signe : réforme, réformateur, réformatrice, la charrue schreibérienne ne déviera pas de son sillon. Il remontera sur le ring, il n'est pas de ceux qui s'apitoient sur leur sort. Il balaie le passé, il a de la ressource et, d'ailleurs, on se garde de l'enterrer. « À la fin de la campagne, écrivent les journalistes de *Sud-Ouest*, le challenger est apparu comme un boxeur K-O debout, titubant sous les yeux d'un public impitoyable. Mais JJSS n'inspire pas la pitié que l'on concède aux faibles. JJSS n'est pas homme à ronger son frein. Il le dévorerait plutôt. Battu, mais non pas abattu, il fera encore parler de lui[111]. »

À *L'Express*, Françoise Giroud et Claude Imbert tiennent la barre. La rédaction s'est rajeunie, elle est très *fashion*, comme diraient les adolescents d'aujourd'hui. Un parterre de journalistes avenantes, belles souvent, virevolte entre les étages et apporte un flot d'informations recueillies parfois – plus rarement que ne le croient les confrères jaloux – sur l'oreiller. Elles se font rapidement une réputation de professionnelles aguerries, dans la lignée d'Irène Allier et de Michèle Cotta : Catherine Nay, Marie-Laure de Léotard, Jannick Jossin, Agnès Rebattet, Sophie Décosses, Danièle Mohlo, Alice Morgaine, Christine Clerc… Les piliers n'ont pas déserté, Jean-François Revel, Georges Suffert, Robert Franc, Jacques Derogy, Jean-François Kahn, Pierre Billard, Jean-Jacques Faust, Jean-Noël Gurgand, Marc Ullman, Jean Schmitt, René Guyonnet… L'ironie douce-amère de Sempé fait merveille. Bientôt, un jeune critique prometteur, d'une liberté voltairienne, Angelo Rinaldi, viendra rallier l'équipage de la rue de Berri. La plume nette et tranchante, la métaphore allègre ou assassine, il secoua, dès ses premières chroniques, la république des Lettres.

Jacques Duquesne, qui depuis des années récrivait dans l'ombre articles et enquêtes, abandonne son statut de pigiste et intègre officiellement la maison, membre de la rédaction en chef. « Les lecteurs affluaient, dit Jacques Duquesne. Le service de vente qui avait importé les méthodes américaines de recrutement d'abonnés réalisait des scores de rêve. Nous étions les premiers à disposer d'un très important service de documentation que dirigeait Renée Raymond. Et les recettes publicitaires entraient à flots. Pour moi qui venais de *La Croix*, c'était un changement de culture ! »

Tout va bien ? Ce n'est pas si simple. *L'Express* va bien mais les dépenses de son directeur pèsent dangereusement sur son équilibre.

La facture des campagnes de Nancy et de Bordeaux est salée : deux millions cent cinquante mille francs. Dix fois plus que ne dépense un député lambda pour se faire élire. Jacques Huteau est le seul qui sache exactement le prix des « folies politiques » de Jean-Jacques. Cet argent, en effet, est pris dans les caisses de *L'Express*. Il n'y a alors aucune loi sur le financement des partis et des campagnes électorales. Si vous avez de l'argent, vous le dépensez avec une call-girl ou dans une bataille politique, c'est votre droit.

Jean-Jacques a de l'argent. Il n'a pas de fortune. Sans *L'Express*, il n'a plus un sou. C'est une évidence qu'il ne veut ni voir ni envisager. Non seulement il ne s'est jamais occupé de la gestion financière de son entreprise, mais il ne regardait pas les comptes. L'argent n'est qu'un moyen. Il a un horizon, un discours, une vision – ce que peu de gens ont –, mais il ne pouvait entendre le langage de la raison, il n'avait jamais les pieds sur terre. « Jean-Louis, Bruno Monnier, Jacques Huteau étaient dans son esprit des raseurs, qui ne saisissaient pas son projet global, assure Christian

Dupeyron. Il disait : “Jacques, réglez-moi ça… Bruno, arrangez ça…” Et Jacques Huteau tirait des traites sur *L'Express.* »

S'il ne s'intéresse pas aux problèmes ingrats de trésorerie, la timide irruption de la France dans le labyrinthe du capitalisme transnational ne lui a pas échappé. Des sociétés cherchent de plus en plus à s'introduire sur le marché boursier, une façon de drainer des capitaux. On n'y va pas, bien entendu, le nez au vent : il faut avoir une certaine crédibilité, ou plutôt une crédibilité certaine, il faut présenter un dossier, s'entourer de garanties… De la PME familiale, on passe dans la cour des sociétés anonymes avec, à terme, une enviable capitalisation boursière. Le mirage des pépites. Ces scénarios n'ont plus rien d'exceptionnel. À l'orée des années soixante-dix, ils l'étaient.

Après sa gueule de bois bordelaise, ce projet est pour Jean-Jacques un excellent dérivatif. Il y voit, prétend-il, un moyen de consolider son indépendance tout en prenant ses distances avec *L'Express.* Il rêve d'un holding financier coiffant ses divers magazines, dont il s'occuperait de moins en moins. Il a été très choqué par l'attitude de son journal durant son naufrage bordelais. Il n'a pas digéré les articles de Georges Suffert et de Robert Franc. « J'ai été trahi, je m'éloigne », a-t-il confié à Sabine. Regardons par conséquent du côté de la Bourse. Il s'en remet à Jean-Louis. « Il voulait construire un groupe, il voulait aller en Bourse. J'ai appliqué le plan. J'ai recruté un escadron de jeunes diplômés de Harvard, les meilleurs de l'époque, mais surqualifiés par rapport à notre entreprise, Jean-Jacques Pic, Daniel Jouve, Jacques Dumon… J'ai joué le jeu. Nous étions sur la même ligne, Jean-Jacques et moi. Mon but était d'envisager toutes les hypothèses possibles de sa position si nous allions en Bourse. *Quid* de ses actions ? *Quid* de son rôle au sein de la nouvelle structure, etc. ? Je l'ai accompagné à Gstaad chez les Galbraith pour lui exposer le projet. Galbraith a beaucoup compté pour Jean-Jacques*. Il

* John Kenneth Galbraith, théoricien de la « société d'opulence » et de la « technostructure ». Son livre *Le Nouvel État industriel* qui parut en 1967 propagea en France l'idée de l'omnipotence des technocrates, que ceux-ci soient ingénieurs, hauts fonctionnaires ou managers. Galbraith s'inscrivait, avec un talent de pédagogue, dans la continuité du philosophe américain James Burnham, qui avait, dès 1941, annoncé l'avènement de la technocratie dans *L'Ère des organisateurs.*

m'a écouté, mais il était extraordinairement indécis et contradictoire. J'ai senti qu'une seule chose était claire : forcer la rédaction de *L'Express* à un accord avec lui, afin qu'il puisse écrire comme il veut, quand il veut. En rentrant à Paris, j'ai dit à Claude, mon épouse : “il n'ira pas en Bourse”. Nous étions en novembre 1970 et j'allais quitter le groupe en janvier 1971. »

La passion boursière de Jean-Jacques avait duré trois mois. La reprise en main de *L'Express* redevenait sa priorité : d'une part consolider son autorité à l'intérieur du journal, d'autre part apparaître, aux yeux de l'opinion publique, comme étranger à sa conduite, à sa ligne éditoriale. Émeric Gros allait lui permettre de résoudre cette équation : Jean-Jacques décide de le nommer à la présidence du groupe et ce sera lui qui jugera de l'opportunité d'aller ou non en Bourse.

Pour Jean-Louis, c'est une déclaration de guerre : « Il s'exprime, écrit celui-ci dans son journal, comme s'il était l'unique propriétaire autocratique de l'affaire. Il me donne vraiment l'impression de vouloir se débarrasser de moi, seul obstacle à un règne tranquille. J'ai évidemment tort d'être sensible à sa mesquinerie, le seul point clé est de trouver une séparation durable d'avec lui. Aujourd'hui, il a convoqué (contre toutes règles) le comité exécutif de *L'Express* pour essayer de leur faire encore un peu de charme. Il a été surpris de sa cohésion et n'a pas poussé loin ses hypothèses de reprise en main. Il leur a même effrontément menti en déclarant qu'il n'avait “rien à reprocher à la rédaction de *L'Express*” alors qu'il ne pense qu'à cela. »

21

La crise de *L'Express*

Cette gesticulation de JJSS masquait une réalité qui frisait la catastrophe : après ses dépenses de Nancy et de Bordeaux, il n'avait pas levé le pied. Les sommes qu'il prélevait sur *L'Express* pour promouvoir son image et celle du Parti radical engloutissaient la moitié des profits. « La lecture des comptes était un cauchemar, avoue Jacques Huteau. Ce n'était évidemment pas possible d'aller en Bourse et ce n'était plus le sujet. Avec Jean-Louis et Bruno Monnier, on soupirait : "Ça ne va pas, ça ne va pas…" À Nancy, il immobilisait dès le matin un avion qui l'attendait sur le tarmac et quelquefois il ne s'en servait pas ! Un jour, le temps était si mauvais, qu'il a dû prendre le train Nancy-Paris. Il tombe sur Christian Fouchet. Il discute trois heures avec lui. Gare de l'Est où je l'attendais, il me dit : "C'est très bien le train, faites-moi penser à reprendre le train." Il a, certes, repris le train, mais surtout l'avion ! Tout cela coûtait très cher. Il puisait dans les caisses de *L'Express*. À l'époque, dans les entreprises familiales, c'était comme ça et quand la caisse était vide, on arrêtait ses frasques. Jean-Jacques lui n'arrêtait pas, et nous, nous colmations les brèches. »

Jean-Louis n'a pas voulu cautionner cette gabegie dont il redoutait qu'elle n'aboutisse à de très graves difficultés. Il détenait un peu plus de 9 % du groupe et il les a vendus à son frère. Christiane Collange vendra aussi ses 8,5 %. La transaction fut difficile. Jean-Louis dut demander l'arbitrage de sa mère, afin que les questions financières soient réglées avec élégance et rapidité : « J'étais à leur merci, note-t-il, et je n'avais aucune confiance dans le savoir-faire d'Émeric et la bonne foi de Jean-Jacques. Finalement, je me suis rasséréné, d'abord parce qu'il n'y avait rien d'autre à faire, et ensuite parce que je compte intervenir directement auprès de Jean-Jacques en présence de maman. »

Son départ modifia les instances dirigeantes du groupe qui avait à sa tête un conseil de surveillance et un directoire. La présidence du conseil revint, comme prévu, à Émeric Gros, celle du directoire à Jacques Huteau. Jean-Louis s'engageait dans de nouvelles aventures qui l'ont conduit jusqu'à *Psychologies Magazine*, un des plus beaux succès, dans la presse, de ces dernières années.

Jean-Jacques, de son côté, annonçait, fin janvier 1971, qu'il abandonnait ses responsabilités à *L'Express*. La crise de succession s'étalait dans les journaux. *Newsweek* donna une interview de Jean-Jacques, une de Jean-Louis. Ce n'était qu'une tempête de plus rue de Berri, mais la presse ne ratait jamais une occasion de braquer ses projecteurs sur les Servan-Schreiber.

Officiellement, Jean-Jacques n'appartient plus à *L'Express*. Personne n'a pris sa déclaration au sérieux. Pendant les derniers mois de 1970, n'avait-il pas réussi à donner deux coups de cymbales qui auguraient mal de son retrait ? À Nancy, dans sa salle de réunion, il avait retiré le drapeau tricolore pour ne garder que le drapeau européen et les étendards lorrains. « Puisque l'État centralisateur ne s'occupe pas de la Lorraine, dit-il tranquillement, je ne vois pas pourquoi nous garderions le drapeau français. » Quelques voix républicaines et jacobines s'étouffèrent d'indignation. À Angers, un commando d'extrême droite l'agressa violemment lors d'une réunion. « Si M. Servan-Schreiber continue d'être girondin, il finira guillotiné... », railla de son côté Georges Pompidou.

Cette provocation n'était qu'un hors-d'œuvre. Le Général en effet meurt le 9 novembre 1970. « La France est veuve », déclara le chef de l'État. Jean-Jacques demande à Guy Sorman de jeter les bases d'un article, il est trop occupé pour se concentrer. « Je lui ai soumis un texte en tenant compte de son antigaullisme. Il me semblait équilibré. Ça ne lui convenait pas du tout. Il a tout repris et sorti cet éditorial, le seul dans toute la presse qui enterrait une seconde fois de Gaulle. »

Dans l'émotion qui saisit le pays, dans le flot torrentiel des hommages qui tombent de toutes les plumes, de toutes les lèvres, il n'a rien perdu de son antigaullisme fulminant: «Avec lui s'achève dans la majesté l'ère militaire... Personne ni ici ni ailleurs ne succédera à de Gaulle. Il est l'antithèse de ce qu'exigent les hommes et les inventions de notre temps (...). Entre le Chef et la Réforme, il n'y avait pas de mariage possible... Ainsi le message politique du général de Gaulle m'apparaît-il aussi contraire à l'intérêt des Français que le fut l'essentiel de son règne...»

Dans les sondages d'opinion, JJSS est alors le dirigeant de l'opposition le plus connu et le moins apprécié... Son ami Jean Riboud n'a pas compris sa charge contre de Gaulle et refusera d'entrer au nouveau conseil de surveillance du groupe. Antoine Riboud s'éloigne. «Je ne veux plus soutenir quelqu'un, dit-il à Jean-Louis, qui attaque de Gaulle quand soixante-quinze pour cent des gens le pleurent et qui renie le drapeau français.» Ses derniers amis industriels le lâchent, ils ne supportent plus son attitude résolument anti-système. Mais, bizarrement, il s'en étonne, ne s'arrête pas à ces divergences. N'est-ce pas sa force?

Il n'est pas au bout de ses turpitudes. À peine s'est-il séparé de Jean-Louis, qu'il va se séparer de la direction et de la rédaction en chef de son journal. Une véritable décapitation, baptisée la «crise de *L'Express*» et d'où sortira *Le Point*. Olivier Chevrillon, président de *L'Express* – à ne pas confondre avec le groupe Express qui est au sommet de la pyramide –, avait été le médiateur, le modérateur pendant les mois où Jean-Louis réfléchissait à une introduction en Bourse. Il assistait, impuissant, comme toute l'équipe dirigeante, à la dérive dangereuse des comptes. En mars 1971, les dépenses de Jean-Jacques, en dehors de son salaire, atteignaient un million trois cent soixante-quinze mille francs sur les six derniers mois... Pourtant son salaire, pour ses articles et au titre de consultant-conseiller, puisqu'il n'était plus P-DG, était de quelque trois millions de francs par an, alors probablement le plus élevé de France... À l'époque, un directeur général des trente plus grosses entreprises françaises gagnait environ deux cent soixante mille francs par an, soit onze fois moins! L'entassement des managers engagés par Jean-Louis et qui ne servaient plus à grand-chose, l'idée d'une société cotée en Bourse étant obsolète, plombait également la trésorerie. «Il y avait, ricane Christian Dupeyron, trois diplômés d'Harvard au mètre carré ! Mais Jean-Louis n'était pas dupe. Nous étions tous pris dans un tourbillon. »

Le trou financier était si profond qu'il fallait que quelqu'un dise à Jean-Jacques : Stop. Sur ce point, tout le monde était d'accord, même Françoise Giroud. Mais qui serait ce quelqu'un ? « Ce rôle me revenait, dit Olivier Chevrillon. Via Émeric Gros, j'ai passé un accord avec lui, sur la base suivante : “Vous avez un volume de dépenses annuelles qui a été fixé ; vous l'avez toujours dépassé ; désormais *L'Express* supportera les dépassements jusqu'à tel niveau, mais pas un centime de plus.” Il était également convenu qu'il ne pourrait plus commander un jet sans la signature d'Émeric Gros. Enfin les revenus et les charges de Madeleine Chapsal, jusque-là entièrement supportés pas *L'Express*, furent pour 50 % retenus sur le salaire versé à Jean-Jacques. Il a accepté. »

Le 30 avril Olivier Chevrillon adressait une note dans ce sens à Dominique Ferry, le contrôleur de gestion : Vous refusez désormais de payer les factures qui dépassent le plafond fixé.

La crise éclate le jour où une facture n'est pas payée début mai 1971. « Dès l'instant où je refusais de contourner la règle que nous avions fixée ensemble, le système était bloqué, poursuit Olivier Chevrillon. Je servais de bouchon et je n'ai pas cédé. Certains me disaient : “C'est tout de même Jean-Jacques qui vous a mis là, c'est lui le propriétaire, vous devez démissionner…” Je considérais, d'un point de vue moral et d'un point de vue strictement financier, que la situation était trop grave et qu'il fallait arrêter l'hémorragie. »

Tenir un secret dans une entreprise est difficile, dans un journal c'est impossible et les représentants de la société des rédacteurs ont eu vent du bras de fer Chevrillon - Jean-Jacques. Ils ont immédiatement manifesté leur inquiétude auprès de Françoise Giroud. Les dépenses princières du député de Lorraine étaient connues de tous, mais on savait moins que *L'Express* dont le succès était éclatant, les recettes publicitaires miraculeuses, avait malgré tout du mal à éponger les fantaisies de son propriétaire. Celui-ci est à Nancy. Il n'a pas réagi à ce qu'il appelle l'« affront ».

On est à la veille du premier week-end de mai. Le 25, rue de Berri, se vide. Françoise Giroud prend l'avion pour Antibes où elle va se reposer, l'angoisse au ventre. Elle appelle Émeric Gros qui lui aussi est sur la Côte d'Azur. Écoutons-le. Il n'a rien perdu de son accent roumain, lent et granuleux. « Je l'ai vue arriver, tendue, nerveuse, ce qui n'est pas son genre. Je n'avais pas été informé de ce qui se tramait à *L'Express*. Elle me raconte le diktat de Chevrillon, les factures impayées, etc., et me dit : "Émeric, ou Jean-Jacques rembourse ou la société des rédacteurs porte plainte pour abus de biens sociaux et saisit le commissaire aux comptes." Il y avait un trou de sept millions. Le lundi je suis allé à Londres et j'ai donné ma garantie à une banque avec laquelle je travaillais et qui a viré la somme. Déjà en 1970, je m'étais porté garant auprès d'une banque parisienne pour deux millions et demi. Je détenais alors, avec Brigitte, 22 % du capital, ma belle-sœur Bernadette 14 % et Jean-Jacques le reste. »

Le prêt obtenu par Émeric Gros permettait à Jean-Jacques d'organiser sa contre-offensive sans courir le risque d'une action judiciaire. La procédure pour abus de biens sociaux était assez rare – elle n'est fréquente que depuis les années quatre-vingt-dix – et il ne fait aucun doute qu'elle aurait pu lui être fatale dans le psychodrame qui venait de se déclencher. Le problème de fond, en effet, restait intact : le contrôle de ses dépenses. Olivier Chevrillon s'en tenait à la règle fixée et refusait de démissionner. Il avait le soutien de toute la rédaction en chef, Claude Imbert, Robert Franc, Georges Suffert… Françoise Giroud refusait de prendre position.

« On a raconté que nous voulions lui voler *L'Express*, dit Claude Imbert. C'est stupide. Il était juridiquement indéboulonnable. Le problème est plus simple : nous ne pouvions plus faire le *news magazine*, qui était notre contrat. Nous tirions à sept cent, huit cent mille exemplaires et je lui disais : "Vous allez nous couler, reprenez pied, soyez une puissance dans la presse, rachetez *Le Figaro…*" Il était sourd. Françoise Giroud avait le même jugement rationnel mais elle n'avait pas le même jugement affectif. Il me soupçonnait d'être pompidolien. J'avais un jour organisé un déjeuner avec Pompidou. Je n'ai rien vu de si stupéfiant. L'un et l'autre parlaient, disaient des choses intéressantes, mais aucun n'écoutait l'autre ! En sortant, Jean-Jacques marmonne : "Il ne nous a rien dit, votre copain." Ses éditoriaux étaient d'une violence frisant le ridicule et il cherchait de plus en plus à censurer des papiers, ça devenait intenable. La crise de 1971 n'a fait que précipiter l'inévitable séparation entre lui et plusieurs d'entre nous. »

De Nancy, le député de Lorraine envoyait des messages sur le mode : « Je ne veux pas savoir et je ne vais tout de même pas me faire emm… par des questions d'argent ! »

Les couloirs de la rue de Berri bouillonnaient. Réunions, motions, propositions… Le désarroi, ou la colère, s'était emparé des journalistes, entraînés par Georges Suffert. Celui-ci expliquait que JJSS, non content de jeter l'argent par les fenêtres, prenait des positions politiques absurdes, irresponsables, qui affectaient gravement l'image du journal. Bref, Jean-Jacques Servan-Schreiber était fou. Une direction qui se révoltait, une base qui perdait confiance, qui ne le suivait plus : pris dans cette tenaille, il pouvait tomber, croyaient beaucoup d'observateurs.

Le camp Chevrillon s'installa dans un *statu quo* provisoire, usant d'astuces juridiques et s'appuyant sur Jean Riboud pour empêcher que le conseil d'administration ne soit démis. Riboud est passé chez l'ennemi, très inquiet des foucades de son ami d'hier. Le conseil comprend six membres : Olivier Chevrillon, Émeric Gros, Jacques Huteau, Pierre Barret, Roger Priouret, Bruno Monnier. Jean-Jacques y a trois alliés sûrs, Gros, Huteau, Monnier. Chevrillon un seul, Barret, mais Priouret peut tomber de son côté : dans cette hypothèse, trois contre trois, il l'emporterait, sa voix de président étant prépondérante.

Roger Priouret ne le rejoindra pas, et quelles que soient les gesticulations des uns ou des autres. La crise n'avait donc qu'une issue : ou une réconciliation Chevrillon - Jean-Jacques ou la démission à terme d'Olivier Chevrillon. Le droit de propriété dans le système capitaliste et libéral a ses règles qu'il n'est pas facile d'enjamber. Qu'on le veuille ou non, Jean-Jacques était propriétaire de *L'Express*.

Avec le recul, cette crise qui électrisa la corporation médiatique, semble à la fois moins tragique et moins romanesque. Comme le confiait, quelques mois avant sa mort, Aram J. Kevorkian qui fut l'avocat du camp Chevrillon, « cette bataille n'était qu'un baroud d'honneur, sauf à croire que Servan-Schreiber se laisserait impressionner par la fronde de ses rédacteurs et qu'il jetterait l'éponge. Je ne le connaissais pas du tout, mais j'ai dit à mes clients : "Si vous ne cédez pas un pouce de terrain, vous devrez négocier votre départ et je ne vois pas d'autre solution."

Et ça s'est passé comme ça. Je n'ai pas suivi le dossier jusqu'au bout. C'est maître Sarda qui a pris le relais. »

De fait, le député de Lorraine, revenu de Nancy, convoque les délégués du personnel et attaque : « La réalité, c'est que la direction de *L'Express* a partie liée avec le gouvernement. Ils font le pari classique du chantage. Ils jugent qu'un homme politique doit être tellement intimidé à l'idée même qu'une campagne de calomnies puisse se développer contre lui que, comme ils disent, "je lâcherai prise" et que je céderai ma part à *L'Express* à ceux qu'ils me désigneront... Eh bien, je peux vous dire qu'ils se trompent. Je n'ai nullement envie de reprendre la direction de *L'Express*. Mais je n'ai pas l'intention, non plus, de le laisser devenir un instrument au service de l'UDR. »

Son discours ébranle les plus anti-schreibériens et les représentants des syndicats – CGT, CFDT, CJF – affirmeront leur neutralité tout au long du conflit. Sa réapparition rue de Berri calme quelque peu les esprits. Tim qui jouit d'une aura dans la rédaction lui manifeste publiquement son soutien. Le journal sort comme si de rien n'était, conduit par Claude Imbert et Françoise Giroud. Pour tenter de renouer le dialogue avec JJSS, Olivier Chevrillon imagine des solutions à l'américaine, genre « trust » qui aurait géré ses actions et mis *L'Express* à l'abri de ses folies. Jean-Jacques les refuse toutes. Devant le *statu quo* qui se prolonge, Chevrillon convoque le 30 mai, dimanche de la Pentecôte, le conseil d'administration auquel n'assisteront que trois membres sur six : lui-même, Pierre Barret et Roger Priouret. Il n'en sortira rien.

Le mardi suivant, Jacques Huteau annonce qu'il demandera à l'assemblée générale des actionnaires de trancher et de mettre un terme au conflit. C'est alors que tous les membres de la rédaction en chef, de plus en plus solidaires de Chevrillon, publieront une motion de défiance en forme de déclaration de guerre. Rappelant le principe d'indépendance sur lequel repose l'hebdomadaire, ils menacent : « Toute mesure qui ramènerait à la direction de *L'Express*, directement ou non, un homme politique, modifierait *de facto* la nature du journal. Cette transformation, ils ne pourraient l'accepter. » Le communiqué est signé par Claude Imbert, Georges Suffert, Jean-Jacques Faust, Marc Ullman, Pierre Billard, Henri Trinchet, Robert Franc, Jacques Duquesne, Henri Moraldo, Jean Schmitt, Jean-Noël Gurgand et René Guyonnet. « Les salauds », explosera Jean-Jacques. Les ponts étaient coupés.

Mais il ne s'agissait désormais, comme disait Aram J. Kevorkian, que d'un baroud d'honneur : dès lors que l'assemblée générale des actionnaires se réunissait, Jean-Jacques avec Émeric Gros et sa sœur Bernadette Gradis étaient sûrs de l'emporter, disposant de 96 % du capital.

Chaque camp n'avait plus qu'à préparer sa sortie au mieux de ses intérêts. La crise de *L'Express* passait aux mains des avocats : François Sarda du côté des rebelles, Georges Izard du côté de JJSS. « Mon argumentation découlait de la situation elle-même, explique Olivier Chevrillon. J'ai fait dire à Jean-Jacques, que je ne voyais plus : si vous voulez défaire ce que vous avez fait et que *L'Express* redevienne un journal de combat, vous devez en payer le prix aux gens que vous avez attirés sur la base du *news magazine*. Donc, vous ne vous en débarrasserez pas en versant trois mois d'indemnités. Vous leur verserez toutes les indemnités que le contrat d'entreprise que vous avez signé vous oblige à payer. »

Le 10 juin, Jean-Jacques adressait une note confidentielle à Françoise Giroud : « (…) Comme vous le savez, l'avocat de Chevrillon et Barret, maître Sarda, a indiqué officiellement à notre avocat, maître Izard, qu'une solution transactionnelle pour le départ de Chevrillon et Barret pouvait être discutée… J'ai donné à maître Izard mandat plénipotentiaire pour négocier cette transaction avec maître Sarda dans la journée de demain, vendredi.

« (…) Je donne mon accord à maître Izard pour qu'il négocie également et, sans délai, pour tous ceux qui décideront de se solidariser avec Chevrillon et Barret sur la base proposée par maître Sarda… »

Le lendemain, dix membres de la rédaction en chef démissionnaient, les mêmes que lors de la motion de défiance, moins Jean-Noël Gurgand et René Guyonnet, tandis que Marc Ullman et Jean-Jacques Faust reprendront leur démission. Ils seront huit journalistes à quitter *L'Express*.

Quelques heures plus tard, Olivier Chevrillon publiait un communiqué : « Face à la volonté de M. Jean-Jacques Servan-Schreiber, fondateur et principal actionnaire du groupe Express, aujourd'hui député de Nancy, de reprendre le contrôle du journal et de la société qui l'édite, j'avais refusé de démissionner de la présidence de la société. Cette fonction me faisait le garant de l'indépendance de *L'Express* pour ceux qui le font et ceux qui le lisent. Mme Françoise Giroud, fondatrice et directrice de *L'Express*, a été pressentie pour me remplacer dans mes fonctions. Il ne m'est plus possible de les conserver en maintenant dans le journal l'indispensable climat d'unité. Je choisis, avec Pierre Barret, directeur général, la clarté. Nous quittons le journal en même temps que les rédacteurs en chef qui ont obtenu les indemnités qu'ils auraient perçues s'ils avaient fait jouer la clause de confiance. M. Dominique Ferry, contrôleur de gestion, a également quitté *L'Express* aujourd'hui. »

La volonté de Jean-Jacques de vider l'abcès le plus rapidement possible transparaît dans toutes ses notes à Françoise Giroud. L'idée que le journal, brusquement orphelin de sa rédaction en chef, puisse ne pas sortir, ne l'a pas effleuré. Françoise Giroud, habituée aux coups de feu, a, une fois encore, retroussé les manches. Elle est secondée par Jacques Bœtsch, qui donne ses derniers jours de condamné à *L'Express* – atteint d'un cancer, il souffre le martyre –, porté par un courage inouï. Après la crise traumatisante, l'étalage des dissensions, des aigreurs dans les journaux, le tout suivi du départ en vacances de la moitié du personnel, eh bien, *L'Express* tourne.

Les indemnités pour les huit journalistes, Olivier Chevrillon et Pierre Barret – définitivement baptisés les « dix salopards » par Jean-Jacques –, se monteront à deux millions quatre cent mille francs. « Comme d'habitude, j'ai signé les chèques, dit Émeric Gros. Jean-Jacques ne s'est occupé de rien. Ils ont touché entre deux cent et huit cent mille francs, au centime près ce à quoi ils avaient droit. Moi, je trouvais que ça ne se terminait pas trop mal. »

Le conseil d'administration est renouvelé. Aux côtés d'Émeric Gros, Bruno Monnier, Jacques Huteau, cinq nouveaux membres sont cooptés : Françoise Giroud, Claude Charmont, Louis de Fouquières, Jean-Jacques Pic et Jean-François Revel. Celui-ci, dont les idées recoupent souvent celles de Jean-Jacques, devient éditorialiste politique. Enfin, Françoise Giroud est élue présidente de *L'Express*. Tout a été réglé en moins de quarante-huit heures.

Les « dix salopards » s'en allaient voguer vers d'autres eaux. Jean-Jacques ne démordait pas de sa conviction première : victime d'un complot fomenté par les pompidoliens et les gaullistes, on voulait le chasser de son journal.

« J'étais de l'avis de Jean-Jacques, dit Jackie Mignon. Certains ont noirci délibérément le tableau pour créer l'affolement, pour faire baisser la valeur de *L'Express* et le racheter à meilleur prix. J'étais bien placée pour recueillir des tas de rumeurs et aussi des informations précises. J'alertais Jean-Jacques, il feignait de ne rien entendre. Peut-être que toutes ces manœuvres ne rimaient à rien, qu'elles étaient complètement irréalistes, mais quelques-uns ont vraiment cru pouvoir s'emparer du journal ! »

Si, dans l'esprit de Jean-Jacques, tous les démissionnaires étaient complices, il concentrait ses foudres sur Simon Nora, principal conseiller de Jacques Chaban-Delmas. Il avait la certitude que Nora devenu le « traître de Matignon » avait tiré les ficelles de ce « coup tordu ». Pendant toute la période où Olivier Chevrillon et Claude Imbert travailleront au lancement d'un nouvel hebdomadaire qui s'appellera *Le Point*, ses échanges avec Philippe Grumbach et Françoise Giroud attestent de son idée fixe : l'Élysée, Matignon et l'UDR veulent lui « casser les reins ». Une note de Grumbach du 28 novembre 1971 est éclairante à moins qu'elle ne soit « abracadabrantesque » : « Jacques Fauvet était au dernier Dîner du Siècle*. À sa table, il n'a été question que du projet Chevrillon and Co. Ce serait pour bientôt. Un financier, Vuillez (le connaissez-vous ?), qui vit en Suisse aurait proposé d'entrer dans l'opération. Ce Vuillez, un capitaliste immobilier, est proche de l'UDR. Surtout de Jacques Chirac, le protégé de Pompidou. Il a mis à sa disposition un studio avenue Montaigne où Chirac reçoit ses belles de jour. Mais BQ** ne croit pas que Chevrillon et Imbert feront affaire avec Vuillez. BQ partage votre point de vue : c'est Hachette qui les soutiendra. À propos de Chirac, BQ pense que Pompidou va le nommer ministre de l'Intérieur ! Je vais essayer d'en savoir un peu plus sur ce Vuillez. »

---

* Un club d'influence qui réunit des chefs d'entreprise, des hauts fonctionnaires, des journalistes connus…

** Il s'agit sûrement de Bérard-Quélin. En fait Chirac ne sera pas nommé ministre de l'Intérieur mais ministre de l'Agriculture en juillet 1972. Ce n'est qu'en mars 1974 qu'il ira à l'Intérieur.

En tout cas, Chevrillon et Imbert ne s'étaient pas trompés sur ses intentions : il voulait reprendre le contrôle de *L'Express*. Début août Jacques Bœtsch s'éteignait douloureusement à l'Hôpital américain. Il téléphonait encore mais on ne le reverra plus rue de Berri. Il avait pris le temps de prévenir Henri de Turenne : « Jacques était un ami intime. Il est allé droit au but : "Henri, je vais bientôt mourir, je veux que ce soit toi qui prennes ma place, Françoise Giroud est d'accord." Je respectais beaucoup Françoise Giroud, j'avais une réelle admiration pour son talent. J'ignorais ce qui se concoctait du côté de Jean-Jacques. Or Philippe Grumbach m'appelle : "Je sais que Françoise Giroud t'a proposé de remplacer Jacques Bœtsch. Jean-Jacques que je n'avais pas vu depuis des années m'a reçu chez lui et m'a fait la même proposition. Je crois qu'il faut que l'on se voie. Nous sommes amis et je ne veux pas revenir à *L'Express* dans cette situation des plus équivoques." J'ai été très touché par sa franchise, son attitude amicale, ce n'est pas si fréquent dans notre profession… Maintenant que Grumbach et moi, nous nous étions concertés, il fallait évidemment que Françoise Giroud et Jean-Jacques trouvent une sortie sans avoir l'air de nous utiliser l'un contre l'autre. C'est ainsi que j'ai découvert, entre les deux fondateurs de *L'Express*, une sourde rivalité, une compétition rentrée. Ce fut, je l'avoue, une surprise. On a fait semblant de tomber d'accord sur un organigramme imaginé par Françoise et qui n'était qu'un leurre. Elle occupait le haut de la hiérarchie, présidente, directrice-rédactrice en chef, je suivais comme directeur adjoint, puis Philippe directeur politique. C'était ridicule. En fait, Philippe Grumbach était au sein de la rédaction le représentant de Jean-Jacques, et il assumait franchement ce rôle. Très vite, il s'est imposé comme le vrai rédacteur en chef. »

Pour qu'il n'y ait aucun malentendu sur ses ambitions, Jean-Jacques, à la mi-août, écrivit de Veulettes à Françoise : « (…) La nouvelle étape pour *L'Express* à la rentrée du mois prochain ne peut être que militante. La situation du pays et la psychologie des lecteurs le permettent et l'appellent.

« Nous savons ce que nous voulons, ce que nous avons à dire et ainsi dans quel cadre intellectuel s'inscrit cette nouvelle contestation. Je vous sens en accord avec moi sur cet essentiel. À partir de là, nous pouvons bâtir le “troisième” *Express* dont la nécessité me paraît aussi urgente, en septembre 71, qu’elle le fut, chaque fois à sa manière, en mai 53 puis en septembre 64.

«(…) Avec un système rédactionnel qui réunisse autour de vous Henri de Turenne, Philippe Grumbach et JJ Faust, je pourrai participer régulièrement à la conception et à l’animation, sans lien formel. Mais c’est là le noyau critique minimum pour le faire avec le sentiment d’être efficace.

«Le fait que Philippe Grumbach ait prouvé, à côté de nous et pendant huit ans, sa capacité et son courage intellectuels, est, pour moi, déterminant. Car, à cet égard, les autres me sont inconnus…

«(…) Il s’agit que je puisse être aussi pleinement associé que possible afin d’assurer la réussite et, par conséquent, la durée de *L’Express*, que vous dirigez à ma place.

«C’est mon intérêt (être assez libre pour l’action politique mais en symbiose avec le journal), comme le vôtre (avoir la maîtrise des décisions journalistiques mais en communauté intellectuelle avec moi).»

Le «troisième» *Express* repartait sous sa vigilante tutelle. On ne l’avait pas connu, depuis longtemps, si déterminé à tenir les manettes. Il redevenait celui qui donne le coup de talon au fond de la piscine. Il est en même temps rassuré : il écrira quand il veut des éditoriaux – il recommencera à beaucoup écrire – et si ses journalistes continueront de le suivre avec un œil critique, plus aucun ne s’autorisera à l’exécuter à la manière de Suffert.

22

Les grandes croisades

Le sentiment d'avoir été trahi et d'être pris dans une machination gaullo-pompidolienne qui cherche à lui nuire recadrait son énergie. Ce n'était que temps. Sa carrière politique avait été aussi chaotique que la crise de *L'Express* fut tempétueuse. Ballotté au gré de ses humeurs, il fut violemment opposé aux socialistes puis favorable à un rapprochement tantôt avec François Mitterrand, tantôt avec Jean Lecanuet.

L'événement politique majeur de l'année 1971 fut, sans aucun doute, la naissance du Parti socialiste au congrès d'Épinay. Toutes les formations de la gauche non communiste, à l'exception du PSU, fusionnaient sous la baguette du thaumaturge François Mitterrand. C'était le 13 juin, le jour où la crise de *L'Express* se dénouait. Jean-Jacques ne réagira pas. Il aurait transmis à Mitterrand, disait-on, dans l'entourage de celui-ci, un message qui expliquait en substance : « Restons amis, nous ne sommes pas rivaux. Ce qui m'intéresse, c'est la présidence de l'Europe, je vous laisse volontiers la présidence de la République. »

Puis il se mit en congé du secrétariat général du Parti radical, en conservant un bureau place de Valois. Cette fois, c'était aux dirigeants radicaux qu'il s'opposait, en particulier Maurice Faure, président du parti, celui qui l'avait introduit dans la maison. Maurice Faure commençait à le regretter.

Sa tactique serpentine qui le conduit ou vers le centre ou vers la gauche contrastait avec son nouvel objectif claironné début 1971 : le pouvoir régional. Ce n'était pas une soudaine lubie. À Nancy, à travers son combat lorrain, il menait, répétait-il, le combat des régions. La décentralisation, la réforme régionale, le fédéralisme, le désenclavement, la diffusion des responsabilités sont des thèmes qu'il aborde dans ses éditoriaux dès 1960, qu'il reprend dans *Le Défi américain* – l'ordinateur, entre autres choses, sera, affirme-t-il, l'instrument de la décentralisation des pouvoirs – et qu'il synthétise dans un chapitre de *Ciel et Terre*, *Le Manifeste du Parti radical.*

Morvan Lebesque, chroniqueur au *Canard enchaîné*, peu suspect de sympathie schreibérienne, mais militant fédéraliste, lui avait écrit : « La lecture du *Manifeste* a confirmé tous mes espoirs… Connaissez-vous la déclaration du radical Émile Desvaux en 1926 : "Dans cinquante ans, on ne dira plus : untel est conservateur ou untel est socialiste mais : untel est étatiste ou untel est fédéraliste." Desvaux avait compris que l'État régnait en marge de la France physique – comme son histoire – et qu'il n'y aurait pas d'énergie française sans une exaltation des pluralismes et une révolution des structures. Régionalisation égale décolonisation de la France. Faire enfin une démocratie qui commence par le commencement : les pouvoirs de base… Le régionalisme du *Manifeste* est encore vague. Il parle de régions économiques, de grands ensembles et c'est fort bien. N'oubliez pas cependant l'entité culturelle… Aucun homme, en France, ne doit plus nourrir en lui une part maudite dont l'expression est refusée par l'État – qu'il soit breton, prolétaire, jeune ou vieillard. Tout se tient, tout constitue l'*être*. Par là nous sortirons du "Français abstrait" que l'État a fabriqué. Il ne s'agit plus d'avoir des "prises de conscience" mais une conscience permanente et évolutive… Quoi qu'il arrive les idées du *Manifeste* sont trop fortes et trop neuves pour ne pas trouver une structure, alors, nous combattrons. Et nous ne serons pas seuls : le grand parti invisible attendait sa doctrine. »

Quand JJSS publie, en février 1971, *Le Pouvoir régional* qu'il a écrit avec ses deux plumes, décidément assermentées, Michel Albert et Guy Sorman, il ne vient donc pas sur une terre inconnue. Mais le titre, éloquent raccourci, siffle aux oreilles de la France jacobine et choque plus encore. Le sujet est tabou. Les gaullistes et les communistes crient à la mort de la République une et indivisible. Les socialistes se montrent très discrets. Jean-Jacques ne se privera pas de les interpeller vertement au point que Maurice Faure dut se désolidariser de son collègue. Jean Lecanuet prend ses distances et insiste, comme les gaullistes, sur l'indivisibilité de la République…

En résumé, JJSS a mis dans le mille : on lui tombe dessus de partout, il est le centre du champ de bataille. Et il dit ce qu'il croit, ce qu'il pense. Durant la décennie soixante-dix, il utilisera toutes les tribunes dont il dispose – la Lorraine, l'Assemblée nationale, *L'Express* – pour défendre avec une vigueur indéniable le pouvoir régional. Il attaquera de front les gaullistes et on lui doit la formule L'« État-UDR », qui fit florès avant qu'il ne la décline en « État-RPR ». Vilipendant « le seul héritage sacré du général de Gaulle », c'est-à-dire le « respect fétichiste de l'État, centralisé, monopoliste et hiérarchique », il estime que « l'État-UDR devient la source de tous les maux et le symbole même des difficultés de la vie quotidienne ».

Cinq ans plus tard, en 1976, il dénoncera les hésitations de Valéry Giscard d'Estaing à donner des pouvoirs aux assemblées régionales. « Sans doute, suis-je lassant, écrit-il dans une tribune du *Monde*, lorsque je persiste à prêcher, année après année, ce choix radical de la prédominance de l'homme et de l'être sur la bureaucratie. » La même année, Jacques Chirac déclarait : « Les régions ne seront jamais des collectivités territoriales... »

Le pouvoir régional toutefois n'est pas son seul souci : il guigne la place de Maurice Faure, le fauteuil présidentiel du Parti radical. Pour tous ceux qui le regardent s'agiter dans le bocal de la place de Valois, leur opinion est faite : il n'a pas la culture des partis, des appareils. Les poignées de main, la modestie, le sens des compromis, la discussion de bistrot, c'est très ingrat et il n'est pas, pas du tout, de cette planète. De surcroît, la rénovation promise du parti aura été sans lendemain. Passé l'euphorie des premiers mois, sous la conduite du maestro Nick Maloumian, elle a sombré dans la pagaille.

Pendant la campagne des municipales en mars 1971, Jean-Jacques est absent, en voyage d'études aux États-Unis. Les radicaux seront lessivés. On a vu qu'il s'était mis en congé du secrétariat général. En septembre, il reprend son poste, ce qui provoque la démission de Maurice Faure et déclenche l'affrontement fauristes contre schreibériens. Il va se régler au congrès de Suresnes en octobre. Qui de Maurice Faure ou de JJSS remportera la présidence du parti ? Les fauristes revendiquent l'union de la gauche, c'est-à-dire l'accord avec le PS et le PCF ; les schreibériens récusent tout rapprochement avec la coalition socialiste-communiste et penchent vers les centristes de Lecanuet et, pourquoi pas, les giscardiens. Maurice Faure a proclamé : « Je répudie la famille Giscard d'Estaing-Lecanuet-Servan-Schreiber, en admettant qu'elle puisse un jour se former... »

JJSS réplique : « Père, gardez-vous à droite ; Père, gardez-vous à gauche ! La révolution qui a commencé dans un sourd grondement de tonnerre, c'est la Réforme de la politique. » Il mène une tournée de propagande dans les fédérations radicales. « Il achète le parti », grognent ses adversaires. Jamais pourtant l'organisation d'un congrès radical n'aura donné lieu à tant de précautions et de contrôles à l'égard des délégations départementales, souligneront les journalistes. Tracasseries bien irritantes pour les anciens militants qui aimaient le désordre et la bonne franquette d'antan.

JJSS réveille la foi d'une nouvelle génération qui rêvait d'un avenir radieux, qui ne voulait plus d'un parti de notables, qui n'en pouvait plus des vieilles lunes idéologiques du XIXe siècle. À Suresnes, dans une atmosphère houleuse, passionnée, il gagna le match face à Maurice Faure.

Le voilà président du Parti radical. Va-t-il se caler dans sa nouvelle fonction, essayer de se constituer une base logistique – certes modeste – d'où partir et monter une à une les marches vers le pouvoir ? Ce ne serait plus JJSS. Ce sont les idées qui l'entraînent et son horizon est plus large : il veut créer le Mouvement réformateur. Son « idéologie » – l'Europe, la région, la révolution informatique, la Réforme, le contrôle des dépenses publiques, bientôt le gel des essais nucléaires – est d'une exemplaire continuité. Son comportement personnel est imprévisible, versatile, dérangeant. Ses convictions ne s'écarteront jamais de six ou sept combats immuables, et, chez lui, l'idée d'un « mouvement réformateur » est aussi ancienne que celle du « pouvoir régional » ou du « changement ». Il parviendra à rallier à son projet le Centre démocrate de Jean Lecanuet, et si la naissance du Mouvement réformateur, le 30 novembre 1971, à Saint-Germain-en-Laye, ne retiendra pas l'attention, en dépit des « claironnades » de Jean-Jacques, ce fut sa seule initiative stratégique qui aurait pu, à long terme, bousculer notre paysage politique.

Mais, étourdi par le foisonnement de ses initiatives, on ne parvenait plus à distinguer l'essentiel de l'accessoire. Certes, le contrecoup immédiat de la naissance du Mouvement réformateur – la scission du Parti radical – excita davantage les commentateurs : les fauristes quittèrent la place de Valois pour fonder le MRG (Mouvement radical de gauche) qui s'enrôlera dans l'Union de la gauche et recueillera, en 1981, les fruits de la patience. Plusieurs MRG seront ministres sous François Mitterrand, dont Maurice Faure.

Pourtant, le Mouvement réformateur marquera des points. Au premier tour des législatives de mars 1973, il recueillera plus de 12,5 % des suffrages. Il est l'arbitre du second tour dans beaucoup de circonscriptions, et la droite comme la gauche viendront lui faire des risettes. Georges Pompidou avait flairé le danger que représentait cet « ovni schreibérien », comme il disait. Il avait depuis plusieurs mois demandé au général de Bénouville, député UDR de Paris, d'assurer une liaison discrète entre le gouvernement et le Mouvement réformateur. Des déjeuners eurent lieu, a révélé Éric Roussel, dans un appartement de la rue Barbet-de-Jouy, réunissant, autour de Bénouville, Jean Lecanuet, JJSS et un ou deux conseillers de Chaban-Delmas quand il était Premier ministre, puis de Pierre Messmer quand celui-ci le devint en juillet 1972. Le chef de l'État savait qu'il disposait, le cas échéant, d'une soupape de sécurité. Il n'hésita pas à s'en servir et les désistements réciproques entre candidats de la majorité et candidats réformateurs vont se multiplier.

Mais ces désistements seront calamiteux pour le Parti radical, le Centre démocrate de Jean Lecanuet étant l'unique gagnant de l'opération… Le directeur de *L'Express* avait été roulé dans la farine, comme lui fera remarquer, avec diplomatie, Roger Priouret. Il manquait cruellement d'expérience dans les marchandages électoraux. « Les réformateurs, devait d'ailleurs confier Pompidou, le lendemain du scrutin, ne m'inquiètent pas du tout. Je n'ai rien contre M. Lecanuet, je serais même heureux qu'il entre au gouvernement… Quant à une autre personnalité qui a révélé davantage de qualités dans la presse que dans la politique, je tiens moins à sa présence. De toute façon, nous n'en sommes pas là[112]. »

Jean-Jacques, réélu à Nancy, avec moins de voix qu'en 1970, ayant mené le Parti radical à l'abattoir, est, tel qu'en lui-même, d'un optimisme doctoral. « Aucun réformateur, Jean Lecanuet, pas plus qu'un autre, ne deviendra un otage. La preuve sera rapidement faite, croyez-moi, qu'il n'y a jamais eu aucun accord pour un gouvernement, ni une politique, entre la majorité et les réformateurs. Le seul Programme commun est entre M. Mitterrand et M. Marchais. Et il n'existe plus. »

Derechef, il renforça les structures du Mouvement réformateur, recomposa le bureau exécutif. Il était le seul à y croire. Si, en effet, avec trente-quatre députés, les réformateurs ont pu constituer un groupe à l'Assemblée nationale, ils ne seront jamais cette force d'arbitrage que se promettait JJSS.

Dès lors, le député de Lorraine va transporter ses batteries d'artilleur dans son journal et dans tous les médias qui voudront bien l'accueillir.

À *L'Express*, le nombre de pages accordé à JJSS, au Mouvement réformateur et au Parti radical, provoquera quelques remous. Mais, sous la poigne de Philippe Grumbach qui harcèle quotidiennement ses journalistes, chacun admet que l'hebdomadaire a retrouvé la vigueur, la pugnacité de ses heures héroïques. Une affaire Ben Barka par semaine : tel est le mot d'ordre de Grumbach.

Le régime de Georges Pompidou, riche d'une activité tourmentée et de turpitudes, lui offrira l'embarras du choix. Le pays est secoué, pendant près de trois ans, par une agitation étudiante et lycéenne, parfois aussi violente qu'en mai 68, toujours plus pernicieuse et régulière. Après l'insaisissable, l'indéfinissable révolution soixante-huitarde, la fracture, entre la jeunesse et les pouvoirs, est devenue notre pain quotidien, tandis que les scandales financiers éclaboussent, mois après mois, le gouvernement, comme si, de Gaulle disparu, les vannes s'ouvraient : Garantie foncière, La Villette, Patrimoine foncier, affaire Dega, affaire Aranda... Ce dernier, ancien chargé de mission au cabinet d'Albin Chalandon, alors ministre de l'Équipement, menaçait de publier des documents compromettants sur la collusion entre la majorité UDR et l'argent, si le gouvernement continuait de livrer des Mirage à la Libye. Édouard Dega, inspecteur des impôts, dont le frère fut naguère au cabinet de Chaban-Delmas, était inculpé de corruption : il arrangeait avantageusement les dossiers fiscaux de certains riches contribuables de la capitale....

L'Express est sur tous les coups et monte à l'assaut du

« gaullisme immobilier » – les scandales, pour la plupart, concernent des grosses opérations immobilières –, lequel est indissociable de l'« État-UDR », la cible privilégiée de l'éditorialiste JJSS. « (...) Ainsi va l'État-UDR, d'autant plus corrupteur qu'il est corrompu. D'autant plus prétentieux qu'il est aveugle. D'autant plus coûteux qu'il est méprisant. »

Dans la gamme de ses campagnes tumultueuses, il en est deux qu'il n'a pas encore propulsées sur la scène nationale : le contrôle des dépenses publiques et l'arrêt des essais nucléaires.

Le premier sujet était ingrat, et si beaucoup de leaders politiques – Pierre Mendès France en tête – dénonçaient régulièrement la gabegie, les incohérences budgétaires, il ne passionnait pas les foules. Pour mener son rodéo, JJSS allait simplifier le problème et partir d'un exemple très populaire, qui flattait l'ego de tous les Français, le Concorde.

Concorde etait, comme Airbus, un projet franco-anglais. Le prototype Concorde volait depuis mars 1969 et avait conduit Georges Pompidou au sommet franco-américain des Açores en mai 1971, où le président Nixon fut invité à l'admirer. Concorde, pour Jean-Jacques, était l'exemple éclatant du gaspillage de l'argent public. Il tira sa première cartouche de la une du *Monde*, et non de *L'Express*, en juin 1972 : « (...) Choisir la poursuite du Concorde, c'est retirer à l'Airbus ses chances essentielles. Trois données essentielles condamnent le Concorde : (...) l'appareil ne pourra pratiquement pas atterrir. En raison d'un rayon d'action beaucoup trop faible... L'appareil ne pourra pratiquement pas décoller. À cause du niveau du bruit... L'appareil ne pourra pratiquement pas voler. C'est une question de prix. »

Échec industriel, erreur intellectuelle, chance gâchée, temps perdu, le réquisitoire pour ses ennemis était celui du prophète maudit, du messager de mauvais augure, et lorsqu'il monta à la tribune de l'Assemblée, il fut accueilli dans un climat qui confina à l'hystérie collective. Loin de nuancer son propos, il terminera par l'impardonnable prédiction : « Vous ne souhaitez pas écouter, nous le voyons, ce que je puis vous apporter, non pas contre

Concorde mais pour Airbus. Le programme que vous proposez, M. le Ministre, indique l'objectif de cent quarante appareils Concorde vendus. Or ce programme ne repose sur aucune réalité. Vous devez savoir que vous n'en vendrez pas cent quarante, vous n'en vendrez pas vingt-cinq ni même, hélas, les seize déjà fabriqués. La vérité est que vous n'en vendrez pas un ! »

Il devenait le pestiféré, l'« anti-France », qui avait osé s'en prendre à notre « bel oiseau ». *L'Express* consacrera plusieurs numéros à l'affaire Concorde, lui-même s'en ira à Toulouse défier les ingénieurs et employés de l'Aérospatiale, reçu comme un chien dans un jeu de quilles. Tout au long de sa vie, il aura cette singulière et fascinante capacité à condenser sur son nom les haines, les aigreurs et les jalousies. Il n'en disait pas moins des vérités, désagréables à entendre, mais des vérités, dont certaines, trente-cinq ans plus tard, n'ont pas pris une ride, en particulier l'opacité qui entoure l'utilisation des fonds publics. À ses yeux, les menaces sur l'emploi dans plusieurs secteurs névralgiques, sur la compétitivité des produits dans de nombreuses branches, sur la croissance des investissements, sur les conditions de travail étaient dues à la bureaucratisation de notre économie, à la centralisation de notre pouvoir politique, et à leur collusion.

Le supersonique n'est donc qu'une allégorie d'un drame autrement plus vaste qui forme la trame de ses rares interventions au Palais-Bourbon ou de son action en Lorraine.

L'ampleur des aides de l'État à des secteurs aussi variés que l'aéronautique, la sidérurgie, l'industrie des armements, la force de frappe, les transports, les autoroutes, les charbonnages et tant d'autres, n'était pas, à cette époque, discutée. Les élus de tous bords réclamaient toujours plus, et rien ne leur était plus détestable que l'on veuille s'immiscer dans leur cuisine. Les députés pratiquaient depuis des années la politique de l'autruche, ils ne voulaient savoir ni le coût exact du Concorde, ni celui de Fos-sur-Mer, des gratte-ciel de La Défense, du Front de Seine, et tout allait bien ainsi… Pourquoi changer ? Or, pour JJSS, « l'utilisation des fonds publics détermine l'intérêt national et fixe le critère d'intégrité ».

C'est le test de vérité. Il n'a jamais été entendu, ni même écouté – sauf dans un tohu-bohu – par ses pairs. Jamais. Pourtant, visant autant la majorité pompidolienne que la « gauche officielle », ce qu'il professait ne vaudrait-il pas encore d'être médité ? « La droite est à l'opposé même du libéralisme, du respect de la concurrence, du pluralisme, de l'initiative individuelle… La gauche promet bien des changements, sauf un, celui dont tout dépend : le système étatique… Entre cette droite d'État et cette gauche étatique, il n'y a qu'une différence superficielle… Dans les deux cas, c'est le même processus colonial, le même refus de nous émanciper. »

Un mot sur l'axe autoroutier nord-sud, avant d'aborder un de ses derniers tournois, contre les essais nucléaires. « Ce que nous devons à Servan-Schreiber, dit Jean-Marie Raush, maire de Metz, c'est l'autoroute Lorraine-Bourgogne. Pierre Messmer sous Pompidou était contre. Quand Jacques Chirac devint Premier ministre sous Giscard, il fut contre. Les faits, aujourd'hui, parlent d'eux-mêmes : ce tronçon Nancy-Langres est parmi les plus fréquentés de France ! »

Jean-Marie Raush, personnalité d'une intégrité exemplaire et doué d'un bon flair politique, soutiendra, avec les centristes, JJSS quand celui-ci briguera et obtiendra la présidence du Conseil régional de Lorraine contre Pierre Messmer en janvier 1976. « Sans lui, ce tronçon praticable au début des années quatre-vingt, n'aurait été construit que cinq ou dix ans plus tard, affirme Jean-Marie Raush. Jusqu'au bout de son mandat qui s'achèvera en 1978, il en fit sa priorité. Comme pour le pouvoir régional, il s'est battu sans relâche. On ne peut non plus négliger ce bol d'air frais qu'il nous a apporté dans le domaine de l'informatique, du management. Il a ouvert, à beaucoup de parlementaires, de maires, comme à moi-même, les portes de ce monde qui nous était complètement étranger. Pour la Lorraine, il ne fut pas seulement un haut-parleur, il a agi concrètement. »

L'autoroute et le pôle technologique sur le plateau de Brabois resteront les témoins de son passage.

Le mercredi 20 juin 1973, JJSS atterrissait à Papeete via Los Angeles sur un vol d'Air France. Il était accompagné du père Avril, du pasteur Richard-Mollard, d'Anne-Marie Fritsch, député réformateur de Forbach. Répondant à l'accueil traditionnel des habitants de l'île, colliers et couronnes de fleurs, il déclara : « Nous sommes venus écouter les Français de Polynésie. Il y a dix ans que vos élus demandent qu'on vienne vous voir et vous entendre. En 1940, la Polynésie a répondu la première à l'appel de la France libre par le légendaire bataillon du Pacifique. Aujourd'hui, nous sommes le petit noyau d'un bataillon qui va se former très vite : le bataillon de la paix. »

Le général de Bollardière, ami fidèle depuis l'Algérie, l'abbé Jean Toulat, auteur de *La Bombe ou la vie*, Jean-Marie Muller, animateur d'une communauté de non-violents et le jeune Brice Lalonde, écologiste, président des Amis de la terre, l'attendaient. Les socialistes Louis Besson, député d'Aix-les-Bains, et Charles Josselin, député de Dinan, les rejoindront deux jours plus tard. Les « Dix », avant-garde du « bataillon de la paix », s'étaient retrouvés à Papeete pour dire « non » aux essais nucléaires.

L'escapade tahitienne de Jean-Jacques allait être son dernier grand coup médiatique. Il ne va pas abandonner les projecteurs de l'actualité, mais il ne conduira plus, au bruit des tambours, d'actions spectaculaires, dont il aura lui-même écrit le scénario.

La première explosion en atmosphère d'une bombe atomique française avait eu lieu en 1966 dans le Pacifique. En juin 1973, nous en étions, sur l'atoll de Mururoa en Polynésie, à la septième campagne. Or, le mois d'avril précédent, dans une « Lettre aux Français », des parlementaires polynésiens venaient d'interpeller leurs concitoyens de la métropole : « Si nous nous adressons à vous, aujourd'hui, c'est parce que le gouvernement refuse obstinément de nous entendre. Or le sujet est trop grave pour rester étouffé dans le silence officiel. C'est à vous de dire si vous estimez juste et bon que la Polynésie française serve de champ d'expérimentations aux bombes atomiques et que vos compatriotes, qui l'habitent, en subissent les conséquences actuelles et futures. »

Jean-Jacques, aussitôt, publia la pétition et décida de consacrer une vingtaine de pages de *L'Express* aux essais nucléaires, en affichant clairement sa position. Un numéro choc : en couverture, la photo d'un terrifiant champignon atomique, surtitrée « Vive la France ». Dans son éditorial, JJSS en appelait « à cette jeunesse intrépide qui se lève, à ces héros à venir », et c'est sur eux qu'il comptait pour « mettre un terme à ce risque terrible de dissémination commerciale des armes de l'apocalypse ».

Mururoa, à mille deux cents kilomètres de Tahiti, gardait son secret sur les expériences nucléaires. On parlait du CEP (Centre d'expérimentations du Pacifique), des installations du CEP, des hauts salaires du CEP, mais le danger des retombées radioactives ne semblait guère émouvoir la population. La Bombe était un sujet tabou : la force de frappe était le cœur du dispositif militaire français. Aux protestations de quelques élus polynésiens – dont Francis Santford, membre du groupe réformateur à l'Assemblée nationale – le gouvernement répondait par un silence méprisant et par la poursuite des essais nucléaires.

Lorsque le ministère de la Défense, ignorant la « Lettre aux Français », annonça une prochaine campagne d'essais – de quatre à huit – fin juin 1973, Jean-Jacques n'attendra pas une seconde pour réagir. Le soir même, il réunit le groupe des réformateurs à l'Assemblée, s'explique, lance quelques idées d'une contre-défensive, sans convaincre ses collègues. Il a deux alliés dans la place, Francis Santford et le docteur Anne-Marie Fritsch. Les autres écoutent sans enthousiasme. Est-ce la vocation des réformateurs de se mettre dans la roue du mouvement pacifiste international – Néo-Zélandais et Autrichiens, surtout – qui proteste contre les essais nucléaires ? Jean Lecanuet prend ses distances.

Jean-Jacques appelle Bollardière dans sa maison de Bretagne, et c'est au cours de cette conversation que naîtra l'idée d'envoyer un « bataillon de la paix » dans le Pacifique. Avant leur départ, les « Dix » ont signé ensemble une déclaration contre la Bombe qui profère dans sa conclusion : « (...) Le problème posé par la poursuite des essais nucléaires est, pour nous Français, le plus élevé qui soit. Il s'agit du sens même de notre civilisation et de la vie de chacun. (...) Oui, il faut agir. »

À Papeete, le « bataillon » fut bien accueilli. Pour la première fois depuis longtemps, un défilé traversa le centre-ville, une foule, jamais vue, manifesta dans les jardins de la mairie, et la presse, la radio, la télévision, renoncèrent à l'autocensure habituelle pour couvrir largement l'événement. Bon gré, mal gré, le débat sur la Bombe s'instaura, provoquant une prise de conscience à laquelle, jusque-là, la population se refusait. Fait sans précédent, la télévision locale, sous tutelle de Paris, consacra une demi-heure d'édition spéciale à lire intégralement – en français et en tahitien – la déclaration des « Dix ». En France, comme à l'Assemblée territoriale, les ténors de l'UDR écumaient de rage.

Du Pacifique, Jean-Jacques écrivait à sa mère : « Je confie en hâte ce mot au pasteur Richard-Mollard qui repart. Les autres restent encore avec moi. Toute l'équipe a été splendide et l'arrivée des deux jeunes députés socialistes, en renfort, a eu un effet considérable. Le père Avril est le plus rayonnant de tous. C'est lui qui a fait le discours de clôture de la grande manifestation à Papeete.

« J'ai demandé au pasteur de faire une petite réunion pour vous expliquer comment tout s'est déroulé. Remercie de tout cœur Bernadette de l'avoir entraîné avec nous. C'est un homme de grande valeur, et de courage intrépide. J'ai vu que sa femme était également militante, et résolue.

« Je serai dans le Pacifique mais je ne serai pas dans la zone. Bollardière, seul Bollardière (admirable) et ses compagnons y vont.

« Je compte bien sur toi pour que mon David comprenne tout et n'ait pas la moindre crainte. C'est Bollardière qui prend tous les risques ; ce n'est pas moi. »

L'expédition tahitienne n'eut pas de retombées concrètes : Bollardière et son « bataillon » furent arraisonnés par un bateau de la Marine nationale et les essais se déroulèrent comme prévu. En revanche, elle eut, psychologiquement, un impact indiscutable sur une opinion alors assez peu sensible aux conséquences des expériences nucléaires.

Jean-Jacques fut parmi les fondateurs de l'association « Les Français contre la Bombe » que présidait le général Bollardière. Celui-ci renverra au président Pompidou sa plaque de grand officier de la Légion d'honneur, nourrissant un peu plus la fermentation médiatique. L'année 1973 marquera, chez nous, un tournant dans la mobilisation contre les essais, contre la Bombe puis, dès 1974 et 1975, contre l'énergie nucléaire elle-même.

Mais, comme dans toutes ses batailles, l'opposition frontale de JJSS à la Bombe rassemble et résume tous les autres conflits où il est engagé : des conflits qui, répète-t-il, se développent dans chaque région, dans chaque commune, dans chaque catégorie sociale, et opposent les citoyens et l'État. Comme Concorde, la Bombe est le symbole de la « religion d'État ».

Le député de Lorraine ne s'éloigne jamais d'une posture messianique. Si elle le plaçait souvent dans l'œil du cyclone de l'actualité, elle brouillait de plus en plus l'image de *L'Express*. Les effets négatifs de cette gesticulation mettront plusieurs mois avant d'être sensibles, mais la pente descendante de l'hebdomadaire s'est amorcée au milieu de l'année 1973. Les dissidents, Olivier Chevrillon et Claude Imbert, avaient fini par convaincre le groupe Hachette – que dirigeait maintenant Simon Nora – de lancer *Le Point.* Le premier numéro parut le 27 septembre 1972. Dans les mois qui suivirent, il s'imposa lentement sans mordre sur le lectorat de leur concurrent.

Le duel entre les deux titres qui paraissaient le même jour – le lundi – n'en était pas moins engagé. *Le Point*, à grand renfort de publicité, avait clairement affiché son ambition : il est le seul *news magazine* français. Sous-entendu *L'Express* ne l'est plus puisqu'il est un journal engagé. Les croisades de JJSS confortaient, semaine après semaine, cette impression et, au bout de quelque temps, des lecteurs allaient décrocher de *L'Express* et certains sont allés naturellement vers *Le Point.* « Nous observions, bien sûr, très attentivement les ventes de *L'Express* en kiosque, dit Olivier Chevrillon. Les obsessions de Jean-Jacques, en particulier, son combat contre les essais nucléaires, ont fini par provoquer une inflexion très nette des courbes. Cela nous a considérablement aidés. En sept mois, j'avais compté neuf couvertures de *L'Express* sur la Bombe ! C'était meurtrier pour un *news magazine.* Les lecteurs avaient l'impression d'un déraillement. »

De près de sept cent mille exemplaires en 1973, la diffusion tombera à cinq cent vingt mille en 1977, quand Jean-Jacques vendra son journal à Jimmy Goldsmith.

23

L'éphémère ministre de la Réforme

L'apôtre brûlant n'avait aucune envie d'écouter ceux qui, à la direction de *L'Express*, l'alertaient sur la baisse de la diffusion : de toute façon, sa vocation – il le disait, le redisait – n'était plus celle d'un homme d'entreprise, c'était celle d'un homme politique.

Or un événement, justement politique, bousculera l'agenda de ses priorités, la mort de Georges Pompidou. Dès que l'hypothèse d'un septennat interrompu devint, début mars 74, une certitude, il dévoila sa stratégie : il y aura, déclara-t-il, un candidat réformateur et celui-ci, après le premier tour, discutera au plus offrant son soutien au second tour par une mise aux enchères publiques des réformes qu'il proposera. Si sa méthode, conforme à son tempérament, n'avait aucune chance d'être retenue, elle avait au moins le mérite d'être claire : il envisageait de se mettre sur les rangs. « Les Français, à l'évidence, écrivait-il, veulent le changement. Qui le leur refusera ?... Voici qu'approche, et plus vite qu'on ne l'attendait, l'heure d'un certain courage. »

Le chef de l'État mourut le 2 avril. Jacques Chaban-Delmas entra en lice dès le 4 avril. Valéry Giscard d'Estaing, décidé à se présenter, ne se précipite pas. Il consulte. D'abord Alain Poher. Celui-ci ne renouvellera pas sa tentative de 1969 ; il observera une stricte neutralité, assurant pour la seconde fois l'intérim. Ensuite, Jean Lecanuet : « Si nous nous présentons tous les deux, lui explique-t-il, le candidat gaulliste arrivera devant nous, et je ne sais pas lequel de nous deux sera devant l'autre. Je crois que nous devons trouver un arrangement. Ou vous ou moi ? » Lecanuet lui demandera quelques heures de réflexion. Enfin, JJSS qui se pose en candidat potentiel et répète : « Ce sera Lecanuet, Giscard ou moi. » Chaque fois que VGE cherche à le joindre, il est très occupé, le fait lanterner au bout du fil, avant de répondre, sibyllin : « Je réfléchis, je réfléchis… Je n'ai rien décidé. »

Le 7 avril, la candidature de François Mitterrand est imminente, et, le soir du même jour, Jean Lecanuet appelle Giscard : « Nous ne pouvons pas, en effet, être tous les deux candidats, sinon à prendre le risque d'un face-à-face Chaban-Mitterrand au second tour et, dans ce cas, Mitterrand l'emporte. Alors, vous ou moi ? Eh bien, je pense que vous devez y aller dans la mesure où, au second tour, vous rassemblerez, j'en suis convaincu, plus de voix que moi. En effet, le report des voix gaullistes sur votre nom se fera relativement bien. Dans mon cas, le report sera mauvais[113]. »

L'analyse était pertinente : pour les gaullistes, c'était lui et non pas Mitterrand qui avait mis de Gaulle en ballottage au scrutin de 1965.

Quelques minutes plus tard, Jean-Jacques joignait à son tour Giscard : lui aussi renonçait. Il ne va néanmoins rallier aucun candidat avant le premier tour. Après avoir lui-même tristement constaté, lors d'une conférence de presse, qu'il ne pourrait pas être élu, il choisit de s'installer dans le fauteuil du témoin, du sage, et de mesurer l'évolution des deux candidats qui, à ses yeux, peuvent servir la France : François Mitterrand et Valéry Giscard d'Estaing. Comment le premier se dégagera-t-il du « Programme commun socialo-communiste » ? Comment le second s'écartera-t-il de l'État-UDR ?

Après quoi, seulement, il s'engagera. Cette position d'attente avantageait objectivement Giscard : toute candidature réformatrice contrariait le concept de majorité nouvelle ou de majorité élargie qui sert de clé de voûte à sa stratégie.

Il n'y a donc plus de Mouvement réformateur, il est pulvérisé. La branche Lecanuet – la plus représentative – s'est mise sans ambiguïté au service de Giscard ; les autres branches ou ramilles dont le Parti radical se contorsionnent.

Mais Jean-Jacques a déjà changé de jumelles et explore le ciel giscardien.

S'il n'a pas pris officiellement parti, il est en relation étroite et permanente avec Giscard. On se demande d'ailleurs comment il a pu rester dans l'ombre sans esclandre. Il a oublié les jugements sans appel qu'il portait à l'encontre de l'ancien ministre des Finances du général de Gaulle. Ne le traita-t-il pas en 1973 « d'homme le plus néfaste de la politique française » ? On se souvient, *a contrario*, qu'il lui avait ouvert quelques années plus tôt les colonnes de son journal.

Selon Samuel Pisar, la reprise de son dialogue avec Giscard a eu lieu chez lui, avenue Bosquet. « Nous étions cinq au dîner. Valéry et Anémone, Jean-Jacques venu seul, ma femme Judith et moi. Je connaissais très bien Valéry. Je louais, pour les week-ends, une dépendance de sa propriété d'Authon. Lui et Jean-Jacques avaient chacun préfacé un de mes livres, je leur ai dit : "N'est-ce pas le signe que vous devez avancer ensemble, vous épauler l'un l'autre dans le contexte actuel ?" Ils ont discuté. Jean-Jacques pesait 1 ou 2 % sur l'échiquier politique. Je pensais que ces 1 ou 2 % feraient la différence. Et en effet, ça s'est joué à 0,5 %... Aux États-Unis, les conseillers des candidats sont habitués à ces calculs tactiques à la marge, ici en France, j'ai l'impression que l'on voit moins les choses sous cet angle. En tout cas, de ce dîner est sortie une alliance et je savais que les hésitations de Jean-Jacques n'étaient qu'artifices. »

La principale inconnue, comme l'enjeu essentiel du premier tour, le 5 mai, renvoyait aux rapports de force entre le républicain indépendant Giscard, et l'UDR Chaban. Celui-ci, parti avec quelque 30 % des intentions de vote, est tombé en moins d'une semaine à 25 % tandis que son challenger s'est stabilisé à 26-27 %. Cet effet de « ciseaux », irréversible pour tous les experts lucides des deux clans, n'a pas échappé au nouveau et récent ministre de l'Intérieur, l'UDR Jacques Chirac, qui, épousant la rancune de feu Pompidou contre Chaban, va rendre public le fameux Appel des 43*. Brandissant l'esprit de rassemblement de la Vᵉ République, les 43, sans le dire explicitement, donnaient le coup de grâce au maire de Bordeaux et ralliaient Giscard. Une atmosphère de suspicion empoisonnera le camp majoritaire : Chaban avait été trahi par les siens ; Giscard était circonspect à l'égard de ces 43 très pompidoliens, qui roulaient apparemment pour lui.

Jacques Chirac avait quarante et un ans. Dégingandé, maladroit, un peu crâneur, il avait le contact facile, l'allant, le goût

* Trois autres ministres et trente-neuf députés de la majorité signeront cet « appel ».

des meetings et des tréteaux. Le menton impérieux, le nez en avant, il s'était fait la réputation d'un fonceur, parfois sommaire, excessif, mais emportant l'adhésion par son enthousiasme. Face à la froideur d'un Valéry Giscard d'Estaing, il donnait l'étrange impression de n'être pas encore adulte. S'il avait déjà sept années d'expérience gouvernementale comme secrétaire d'État ou ministre, il n'était sorti de la demi-obscurité que récemment, en juillet 1972, lors de sa nomination à l'Agriculture. Depuis, il appartenait aux huit ou dix personnalités de l'UDR auxquelles s'intéressaient les journaux, dont *L'Express*. Dans tous ses portraits revenait la même ritournelle, « le jeune protégé de Pompidou ».

Jean-Jacques ne l'avait jamais rencontré, mais il ne lui était pas inconnu : dans son enquête sur l'affaire Dega – cet inspecteur des impôts inculpé pour son excessive bienveillance à l'égard de quelques contribuables –, Jacques Derogy avait mis en cause Jacques Chirac, alors ministre de l'Agriculture. Celui-ci avait porté plainte en diffamation contre *L'Express*. Voilà qui augurait mal des futures relations entre ces deux hommes, déjà si loin l'un de l'autre par leur personnalité et leurs convictions. Ils ne se verront qu'après la victoire de Valéry Giscard d'Estaing.

Jusque-là, le responsable du Mouvement réformateur n'est que l'allié clandestin du candidat de la droite modérée. Il a fait venir, incognito des États-Unis, son ami Joe Napolitan, qui remplira auprès de VGE le rôle qu'il avait rempli auprès de lui pendant la campagne de Nancy.

Dans *L'Express*, il s'abandonne au dilemme qu'il ressent, sans conclure. Une semaine, il interroge : « Peur de Mitterrand ? » Il répond : « (...) Le drame n'est pas tant la participation éventuelle communiste, c'est bien le *Programme commun*... Tant que cet œuf n'est pas brisé, le danger mortel est là. C'est lui qu'il ne faut pas quitter du regard... »

La semaine suivante, même questionnement : « Confiance à Giscard ? » Il répond : « (...) A-t-il fait un pas vers la Réforme ? Oui... Mais il est resté si imprécis, lui qui connaît la valeur des engagements de gestion, qu'on ne peut pas conclure à sa conversion... »

Les résultats du premier tour seront sans surprise : le face-à-face François Mitterrand-Valéry Giscard d'Estaing sortira des urnes, comme sondeurs, politologues et journalistes l'avaient prévu.

Jean-Jacques ne s'est toujours pas prononcé. Il a vu en tête à tête François Mitterrand, il attend de voir Giscard afin de discuter du projet réformateur et juger de celui qui sera le plus capable d'y adhérer. Bref, sortir de son dilemme. Sa danse du ventre est lassante, il en est conscient, mais il ne se sent pas encore le cœur de prendre parti.

Et si Giscard et Mitterrand donnaient tous les deux leur accord sur son « projet » ? Perfide, son frère Jean-Louis consigne dans son journal : « Il m'a demandé de quel côté je préférerais alors qu'il se poste. J'ai dit plutôt "Mitterrand". Il a laissé échapper : "Moi aussi." Parole historique dans sa bouche. À marquer au compte des bonnes intentions car la probabilité, c'est qu'il penchera pour Giscard. »

La famille est divisée. Les Ferniot sont pro-Mitterrand et ils désertent les dîners de la rue Clément-Marot. Mme Émile, comme ses deux gendres Émeric Gros et Henri Gradis, est une véhémente giscardienne. Le dimanche soir, 12 mai, Jean-Jacques a eu, enfin, une longue conversation avec VGE. Extrait du journal de Jean-Louis : « Ils ont enfin parlé de perspectives d'avenir. "Vous serez président pour quatorze ans, deux fois sept, ou quinze ans, trois fois cinq. Cela veut dire que, pour ma génération, il n'y aura plus de conflit d'homme. Je n'ai jamais songé à devenir président de la République (?). Maintenant j'aurai un président avec qui je peux travailler efficacement, après nous prendrons notre retraite", *dixit* J.J. Quant à VGE, il aurait dit : "Il faut une équipe, à la tête de cinq ou six personnes qui décideront de tout. On ne peut pas travailler avec les ministres." Alors qui ? demande J.J. "Eh bien vous (!), Michel (Poniatowski), et puis, et puis..." Suit un échange entre eux d'où il ressort qu'ils ne peuvent trouver de vraie clarté de dialogue avec personne d'autre. J.J. en conclut qu'il peut être le Premier ministre. VGE n'a-t-il pas dit qu'il faudrait à ce poste un homme jeune, nouveau, provocant... Bref, c'était à la fois la grande scène d'amour de l'acte II et la veille d'Austerlitz. Une fois de plus, J.J. gamberge et se voit au sommet. Enfin, tout près du sommet... »

On est à moins d'une semaine du round final. Personne ne prend de pari sur le dénouement. Jamais l'incertitude n'aura été si grande dans une élection présidentielle. Tous les sondages sont sur la médiane cinquante-cinquante et y resteront. Chacun des deux blocs gauche-droite se soudent et Jacques Chaban-Delmas, qui s'était réfugié dans le mutisme, rend plus explicite son ralliement à VGE. Les deux prétendants durcissent et personnalisent leurs attaques. C'est seulement à ce moment-là que Jean-Jacques, le 14 mai, se prononce enfin en faveur de Giscard. « Il ne s'agit pas d'un pari, déclare-t-il, il s'agit maintenant d'une conviction qui s'est forgée. Elle est ferme. » Olivier Guichard laisse tomber, d'un ton sépulcral : « Une voix de plus pour Giscard... »

Valéry Giscard d'Estaing qui ne veut rien négliger et qui songe, peut-être, au calcul de Sam Pisar, récupère JJSS sur sa gauche : « Cette communauté de vue dissipera peut-être le mythe empoisonné, selon lequel la campagne présidentielle de 1974 serait un combat entre la droite et la gauche. »

Françoise Giroud restée, pour sa part, très attachée à ce mythe, avait prévenu Jean-Jacques : « Si vous prenez position pour Giscard, je me déclare officiellement pour Mitterrand. » Entre Jean-Jacques qui aime à donner un sens clair à toutes choses, même un sens farfelu ou impossible, et François Mitterrand qui affectionne l'ambiguïté, les relations ne furent jamais que de surface. JJSS n'était pas non plus sensible à la dimension romanesque que l'on prêtait à François Mitterrand et il n'avait pas du tout pour le leader socialiste cette tendresse mauriacienne qu'éprouvait Françoise Giroud. Celle-ci, le vendredi 17 mai, dans un article du *Provençal* de Gaston Defferre, se prononce en faveur du leader socialiste.

À *L'Express*, c'est la énième tornade. Cent vingt journalistes sur cent quarante signent une déclaration – rédigée par Michèle Cotta et Guy Claisse – en faveur du candidat de l'Union de la gauche.

Les ordinateurs attendent que les premières données exploitables viennent ouvrir le labyrinthe de leurs circuits. Il fait beau sur Paris ce dimanche 19 mai. Rue de la Bienfaisance, quartier général des giscardiens, le compte à rebours a commencé dans une atmosphère feutrée. Une journée presque sans parole. Giscard? Mitterrand? Vingt heures. C'est Giscard. Celui-ci était alors seul dans son bureau du ministère des Finances devant sa télévision. L'immeuble du VIIIe arrondissement s'anime en quelques secondes, envahi par les invités. Dans la rue, quatre tentes à raies rouges et blanches abritent les buffets campagnards. À vingt-trois heures, quand arrive le vainqueur, précédé de Michel Poniatowski et de Michel d'Ornano, c'est le délire. Avec 50,8 % des suffrages, Giscard est élu président de la République. « Je sais que de ce jour, déclare-t-il, date une ère nouvelle de la politique française, celle du rajeunissement et du changement de la France. »

Jean-Jacques ne se montrera pas à la fête. Pourtant, tous les mots, changement, ère nouvelle, rajeunissement, qui colorent depuis plus de quinze ans le vocabulaire schreibérien, ne viennent-ils pas d'inaugurer la république giscardienne? Au dîner du mercredi suivant, rue Clément-Marot, il ne marchanda pas sa confiance dans la volonté réformatrice du nouveau président qui, pendant ce temps, s'était replié à la campagne avec Michel Poniatowski, pour réfléchir à la composition du gouvernement. Qui sera le futur Premier ministre? Des rumeurs, comme toujours, se répandent, mais, dès le samedi 25, on sait que ce sera Jacques Chirac, un choix qui n'est pas pour JJSS le meilleur: soutenir VGE pouvait se justifier, mais être ministre d'un néo-gaulliste, d'un pompidolien, était-ce possible?

Alors? Rentrer au gouvernement ou rester sur la touche? S'il ne savait pas ce qu'on lui proposerait, il savait qu'on lui proposerait quelque chose. « Nous avons vite compris, se rassure Jean-Louis, qui était chez son frère, boulevard de Courcelles, le soir du dimanche 26 mai. Il n'avait pas encore vu Chirac, mais il attendait un appel avec la nervosité réjouie d'une jeune fille au moment de son premier rendez-vous d'amour. Il avait opté, il accepterait sûrement ce qu'on lui donnerait (puisque Giscard et Chirac s'arrangeraient pour que ça soit convenable). Nous buvions un verre en l'écoutant expliquer que d'une part Chirac était tout à fait acceptable, et que d'autre part il aurait un rôle limité de chef d'état-major. Liliane, la caméristе, annonce : "M. Chirac au téléphone." Et voici J.J., avec ses cinquante ans, qui roucoule devant ce "M. le ministre" de quarante-deux ans. J.J., l'éternel jeune homme, sera-t-il ministre pour la première fois dans une équipe où le président de la République et le Premier ministre sont plus jeunes que lui? Il serait donc bien temps! J.J. a pris rendez-vous avec Chirac pour une heure plus tard. Nous sommes vite allés manger une sole chez Marius et Jeannette où il révisait ses papiers écrits au crayon rouge, sur les points importants à traiter avec son interlocuteur. Qui dois-je prendre comme chef de cabinet ? Faut-il accepter l'Équipement ou l'Industrie ? Une meilleure idée ? »

Le mercredi 28 mai, il a décroché sa timbale. Il est ministre. Ministre de la Réforme. Pouvait-il trouver un titre qui s'accordât mieux avec ses combats ? On lui a proposé l'Industrie et l'Énergie. Il craignait d'avoir à gérer une lourde administration, et d'être le ministre des « subventions ». En créant spécialement pour lui un ministère de la Réforme, le chef de l'État confiait à son « ami » un portefeuille vide de moyens en argent et en effectifs, mais s'offrait un joli pied de nez en direction de l'UDR.

JJSS est, on le conçoit, euphorique. Il a visité son ministère, rue de Varenne, un petit hôtel particulier où logeait, sous Pompidou, le secrétariat d'État chargé du Parlement.

Pour la première fois depuis vingt-cinq ans, il n'est plus dans l'opposition. Quel virage ! Et quelle reconversion : il va siéger à la même table que ses pires ennemis, il y a seulement deux mois, les complices de l'État-UDR. Pourra-t-il, avec l'appui du Président, tirer le gouvernement vers cette ère nouvelle si prometteuse ? Il le croit et il a fait venir de Nancy François Pontet, directeur de son cabinet lorrain, pour l'aider à constituer son équipe ministérielle.

« Giscard, dès la formation du gouvernement, confie Pontet, a son petit groupe informel de trois membres, ce que Jean-Jacques appelait la *task force*, c'est-à-dire Lecanuet, Poniatowski et lui, dans le but avoué de mettre Chirac sous tutelle. Il réunira cette *task force* pour préparer le discours d'investiture de Chirac. Le malentendu est parti de là. En effet, quand Chirac est arrivé avec son projet de discours, qu'il l'a lu, chacun a été invité à donner son avis. Lecanuet : "Un peu plus d'Europe." Poniatowski, pervers : "Pas une virgule à changer." Jean-Jacques : "Je vais réfléchir, y travailler et je ferai des propositions." Jean-Jacques, avant de donner ses corrections, a eu plusieurs fois Chirac au bout du fil. Nouvelle réunion à l'Élysée : tout le monde tombe d'accord sur la version finale. Or, le 5 juin, Chirac est à la tribune de l'Assemblée nationale. Jean-Jacques ne pouvait y être, je ne sais plus pourquoi, et j'écoutais avec lui dans son bureau le Premier ministre. Je l'ai vu sursauter : "Mais il est en train de lire son premier discours. Le changement, c'est foutu !" Le soir même, devant moi, il aura au téléphone Jacques Chirac. Celui-ci lui expliquera que le discours remanié avait provoqué un tollé au groupe UDR et qu'il avait donc repris la première mouture, la sienne. Sans autre justification ou commentaire. Ça partait mal ! »

Trois jours plus tard, le vendredi 7 juin, un décret du ministère de la Défense, publié au *Journal officiel*, annonce la reprise des essais nucléaires sur la base d'une décision arrêtée par le gouvernement précédent.

« Quelqu'un, dit François Pontet, venait d'allumer la mèche. Personne ne lit le *Journal officiel*, mais, là, tous les journalistes étaient au courant. Nous avons reçu des coups de fil du monde entier. Jean-Jacques avait, tout de même, et plusieurs fois, j'en suis témoin, supplié le Président d'ouvrir son septennat par "le silence nucléaire", comme il disait et Giscard abondait dans son sens. D'ailleurs le mercredi au Conseil des ministres, le seul auquel il assistera, il avait rappelé sa position : la France doit s'engager à ratifier les traités internationaux interdisant les essais nucléaires en atmosphère. Nous n'avons pas répondu aux appels téléphoniques. Jean-Jacques a joint Jérôme Monod qui était à Matignon au cabinet de Chirac. Il fallait que nous fassions quelque chose face à la pression des journalistes. Il a été décidé, en accord avec Monod, que Jean-Jacques publie un communiqué. Celui-ci a été béni par Matignon. Là-dessus, nous sommes allés à la foire-exposition de Nancy. »

Le communiqué est mesuré, équilibré, et le ministre de la Réforme aurait pu s'en tenir là. Or on apprend qu'il tiendra le dimanche à Nancy une conférence de presse. Il prétend s'en être entretenu avec Jacques Chirac qui lui aurait donné le feu vert. Jackie Mignon, qui ne l'a pas quitté durant toutes ces tribulations, est catégorique : « Il n'a jamais eu le Premier ministre. Il s'est fait balader. En tout cas, c'est un membre du cabinet, sans doute de permanence ce week-end-là qui m'a répondu. Il m'a dit qu'il prévenait tout de suite Chirac et que celui-ci rappellerait. Il n'a pas rappelé. J'ai eu Pierre Juillet dont j'ignorais jusqu'à l'existence ; il m'a confirmé que le Premier ministre était injoignable. Je lui ai passé Jean-Jacques. Juillet lui a expliqué qu'il pouvait, sans problème, donner son opinion sur les essais nucléaires. Personne ne s'en offusquerait puisqu'elle était connue de tous. Ça s'est passé comme ça. »

Matignon a-t-il tendu un piège au ministre de la Réforme ? Le dimanche matin, à sa conférence de presse, il ne se limitera pas à délivrer son opinion sur la Bombe, il s'en prendra directement au ministre de la Défense et aux militaires : « Ce sont ceux-ci, déclare-t-il, qui ont placé le gouvernement devant le fait accompli. » Dans l'heure qui suit, Jacques Soufflet, ministre UDR de la Défense, alerte son ami Jacques Chirac qui est en Corrèze : « Ou je démissionne ou tu désavoues Servan-Schreiber. » Soufflet publie un communiqué dans ce sens. Désavouer JJSS, c'était lui reprendre son tablier. Entre un UDR, numéro quatre dans la hiérarchie gouvernementale, et un réformateur qui ne représentait politiquement que lui-même, la décision du chef de l'État était dictée.

Ce funeste dimanche 9 juin, alors qu'il sortait d'une soirée théâtrale où jouait son fils David, Jean-Jacques apprendra, en même temps que les journalistes, qu'il est révoqué par le président de la République pour son manquement à la solidarité gouvernementale. Il avait demandé à René Mayer, major de Polytechnique où il l'avait connu en 1947, de diriger son cabinet : « Pendant que je préparais le décret définissant ses attributions et que je recrutais les membres de son cabinet, il est venu au ministère une seule fois. Je sentais qu'on le redoutait, que nous étions surveillés et sûrement sur table d'écoute. Je le lui ai dit. Il ne me croyait pas, il était très innocent, il ne connaissait rien aux mécanismes de l'administration. Je n'ai donc pas été surpris de l'affaire des essais. Pour moi, c'était un traquenard. Il aurait pu ne pas y tomber. Mais chez lui l'éthique de la conviction l'emporte sur le calcul tactique, sur le cynisme. Naïveté ? Sûrement, si l'on brigue les premiers rôles en politique. Au moins ne peut-on pas lui dénier sa sincérité. »

Il ne manquera pas de panache lorsqu'il viendra commenter son renvoi devant la presse. Le cercle des intimes est là, sa mère, Sabine et sa sœur Ariane de Fouquières, Jean-Louis, Brigitte, Bernadette, Philippe Grumbach, Françoise Giroud, François Pontet. Il n'est ni battu ni morveux, il est plus que jamais convaincu de la justesse de ses thèses et résolu à les défendre jusqu'au bout.

S'il fait confiance, explique-t-il, au chef de l'État, il en appelle à la liquidation de l'UDR qui a manipulé Giscard, ce qui revenait à dire que celui-ci était un pantin. Il découvrait aussi un nouvel ennemi, Jacques Chirac, et il va convertir son antigaullisme congénital en antichiraquisme viscéral.

En somme, de l'avis de tous les commentateurs, un intermède de neuf jours sous les ors du pouvoir aura suffi pour le carboniser. Il n'était ni déshonoré ni ridiculisé, mais il n'avait pu, ni sans doute voulu, résister à ce mot de trop, à cette phrase de trop, qui le tuent bien plus qu'ils ne blessent ses adversaires. Que peut-il, en effet, attendre des hommes en place, après avoir réclamé la liquidation de l'UDR dont les cent quatre-vingts députés constituent l'armature de la majorité gouvernementale ? « Je vois bien qu'il s'est discrédité, se désole Jean-Louis. Il a épuisé son crédit. On ne lui fera plus confiance pour de vraies responsabilités, pour faire partie d'une équipe. Son image déjà ternie s'est aggravée et figée pour bien longtemps. J'en suis navré pour lui et je crains de graves conséquences psychologiques. Mais j'en tire aussi quelques conclusions personnelles. Je ne crois pas que je ferai de politique. Ni en fonction de sa réussite qui n'aura pas lieu ni après son échec, handicap trop lourd. Il faut rêver ailleurs et c'est nouveau. »

24

Il crée l'UDF… Il vend *L'Express*

« Cet homme-là est un mystère, je n'en ai connu aucun de pareil, se réjouit Jean Riollaci, la voix pleine des parfums de sa Corse natale. Son petit tour et puis s'en va n'avait pas rompu ses liens avec l'Élysée. Je crois que le Président ne s'ennuyait jamais avec lui. Moi aussi, il venait me voir, un peu comme on vient voir un plouc de la tambouille électorale. Les élections le passionnaient même s'il disait le contraire, en cela il ressemblait à Giscard. Après les tragiques événements d'Aléria en Corse, l'été 75, il me répétait : "Il faut libérer Siméoni et discuter avec lui comme hier avec Bourguiba ou Ben Bella. C'est fini la France centralisée ! Il faut donner l'indépendance à la Corse." Nous étions évidemment en total désaccord et je craignais toujours qu'il n'interpelle le Président sur ce sujet. Combien de fois l'ai-je mis en garde : "Je vous en prie, monsieur Servan-Schreiber, gardez ces idées pour vous ! Surtout n'écrivez pas des choses comme ça !" Je ne sais s'il m'écoutait, toujours est-il qu'il s'est contenu dans les limites de ce pouvoir régional qu'il réclamait à cor et à cri. En tout cas, vu de l'Élysée, il a été loyal après son départ du gouvernement. Très turbulent, mais loyal. Un jour il formulait ses espoirs, un jour il exprimait ses doutes, ce qui est le jeu normal. En tout cas, il est indiscutablement le promoteur de l'UDF. Sans son obstination à convaincre Giscard, l'UDF n'aurait pas existé. »

Jean Riollaci était le conseiller politique du chef de l'État. L'histoire du septennat giscardien et celle de la droite furent marquées, on ne le sait que trop, par l'affrontement entre Jacques Chirac et Valéry Giscard d'Estaing. Ce bras de fer qui, d'indifférent, conduira à la crispation, enfin à la rupture, sera pour l'ensemble des Français une évidence, dès la spectaculaire démission de Jacques Chirac le 25 août 1976. À la télévision, il se montre crispé, pressé d'abandonner son fauteuil. Il signifie à ses concitoyens, par les inflexions de sa voix, qu'il s'agit d'un départ volontaire, non d'un arrangement conforme à l'usage et détache la phrase clé : « Je ne dispose pas des moyens que j'estime aujourd'hui nécessaires pour assurer efficacement mes fonctions de Premier ministre. »

C'est un éclat, sans précédent sous la Ve République. Raymond Barre remplace Jacques Chirac. Dans *L'Express*, depuis longtemps, JJSS dénonçait la duplicité du Premier ministre, le complot contre Giscard, les pressions convergentes de l'UDR et de Matignon pour bloquer toute évolution vers la réforme. « Un gouvernement qui a perdu une bataille électorale et qui n'a pas gagné son combat économique devrait céder la place », écrivait-il en mai 1976, après la défaite de la majorité aux élections cantonales. « L'échec de Chirac », titrait-il en avril. « Notre seule force, notre atout maître (…) c'est la foi dans la supériorité de la Réforme. Que ceux qui n'y adhèrent pas, qui s'en méfient… soient mis à l'écart. »

Il n'a jamais tant écrit, et de très longs articles, que durant le printemps et l'été 1976, ressassant les thèmes qu'on lui connaît, dramatisant notre situation économique, bravant l'UDR et Chirac.

Celui-ci, après sa démission, n'a pas tardé à sortir de son silence. D'Égleton, dans son fief de Corrèze, il va donner le coup d'envoi de l'aventure chiraquienne, évoquant le « vaste mouvement populaire que la France a toujours su tirer de ses profondeurs lorsque le destin paraît hésiter ».

Deux mois plus tard, devant quarante-cinq mille « compagnons » réunis porte de Versailles, il fondait, le 5 décembre 1976, le RPR, le Rassemblement pour la République. Giscard refusera de prendre en compte cette nouvelle donne sur l'échiquier politique, comme la détermination de son ancien Premier ministre, maintenant président du RPR.

JJSS se précipitera à l'Élysée pour alerter le chef de l'État, sans être plus écouté que les autres.

Dans une note à Philippe Grumbach du 18 décembre, il résume son entretien : « Vu Giscard d'Estaing. Nous avons parlé de la création du RPR. Voici notre dialogue :

« – Vous étiez bien sûr au courant ? ai-je demandé.

« – Oui.

«– Vous savez, il va essayer de vous tuer. C'est un bagarreur…

«– Non. Vous vous trompez, c'est un chien couchant.

«Je ne partage pas du tout son avis, mais il ne veut rien entendre. Il m'a demandé de venir le voir régulièrement. Je vous tiens au courant.»

En réalité, soumise au double clivage Chirac-Giscard et droite-gauche, la France va, désormais, vivre une campagne électorale quasi permanente. Chaque élection partielle deviendra l'occasion, dans les divers camps, de compter ses troupes et de radicaliser ses positions. Quant aux quatre scrutins nationaux prévus au calendrier – les municipales de 1977, les législatives de 1978, les européennes de 1979 et, bien sûr, la présidentielle de 1981 –, ils pousseront jusqu'à l'exacerbation cette guerre politicienne.

JJSS n'aura pas de rôle déterminant jusqu'à la gestation de l'UDF. La tornade Chirac, en revanche, a sérieusement transformé la carte électorale du pays. L'ancien Premier ministre a été élu maire de Paris et, partout, la majorité se déchirait. Dans les esprits, l'image du chef de l'État se troublait un peu plus chaque jour. On était à un an des législatives de 1978 et la classe politique, les médias, se projetaient déjà dans l'«après-Mitterrand» comme si le premier secrétaire du PS était à la veille d'entrer à Matignon : les uns pour exorciser ce spectre, les autres pour s'installer allégrement dans cet avenir idéal n'avaient de cesse d'évoquer cette échéance électorale.

Désormais, VGE ne peut plus éluder les problèmes politiques qui minent le régime. JJSS, fidèle aux habitudes prises avec Mendès France, lui fait passer des messages qui tous se résument en une phrase : il faut, très vite, constituer un deuxième pôle de la majorité face au RPR.

Le processus d'élaboration de l'UDF est né dans l'appartement de Michel Pinton. Maniant l'ordinateur, la sociologie politique et l'analyse des scrutins électoraux, ce polytechnicien a d'emblée séduit le directeur de *L'Express*. VGE était très réticent devant ce projet. Jean Lecanuet manifestait des états d'âme. Plusieurs dirigeants du PR, le Parti républicain – la nouvelle formation giscardienne –, étaient contre. Il y a trois hommes pour :

Jean-Pierre Soisson, responsable du PR, Michel Pinton et JJSS. Ce dernier jouera, dans cette affaire, un rôle très important, et il est assez singulier que, sur l'instant, ses adversaires l'aient totalement sous-estimé.

Réunions secrètes sur rencontres clandestines allaient être organisées à l'hôtel de Clermont rue de Varenne, au pavillon de la Lanterne dans le parc du château de Versailles, ou encore au pavillon de Musique dans le jardin de Matignon... S'y croiseront une vingtaine de personnes qui vont avancer en ordre dispersé, au gré des impressions qu'elles détectent dans les diverses interventions du Président, et selon l'humeur du frère ennemi, Jacques Chirac.

Pour se résumer : du côté de l'Élysée, on souhaite officiellement que les candidatures uniques de la majorité soient la règle générale ; au RPR, on préférerait des élections primaires, que chaque parti ait son candidat au premier tour et que le peuple choisisse « son champion », selon la formule de Chirac. Alors que VGE attend de sa majorité un programme qu'elle puisse opposer à celui de la gauche, le maire de Paris refuse cette solution.

On en est là quand s'ouvre, avec un léger retard, le sommet de la majorité, le 19 juillet 1977 au siège du CDS. Jean-Jacques a décliné l'invitation de ses partenaires. Il considère que ce sommet est précipité. Le ton va monter autour de la table en losange. Jacques Chirac ne poursuit qu'un but : obtenir un désistement automatique en faveur du candidat de la majorité placé en tête au premier tour. Ce but, il l'atteint. Pour l'ancien Premier ministre, toutes les rencontres qui suivront serviront essentiellement à amuser le tapis. En vérité, comme dans la fable de La Fontaine, le président du RPR qui croyait prendre, va être pris. Il ignore la substance des mercredis secrets du pavillon de Musique où le PR, le CDS et JJSS concoctent un regroupement autour des giscardiens qui n'est autre qu'un front anti-RPR. Chirac sait évidemment que des rendez-vous ont lieu, mais n'y prête aucune attention.

C'est alors que JJSS, à l'issue d'un entretien d'une heure avec le Premier ministre, Raymond Barre, annonce le 7 septembre que les dirigeants des formations de la majorité, à l'exception du RPR, se sont mis d'accord pour ne présenter qu'un seul candidat aux prochaines élections, face à celui du mouvement gaulliste. Et ce sera la célèbre réplique de Chirac : « M. Servan-Schreiber est un turlupin... un simple amalgame excessif sur le plan de la philosophie politique et de l'inspiration politique. »

Le maire de Paris ne croyait pas si bien dire. Un turlupin dans le *Robert* est un mauvais plaisant. Ne vient-il pas d'être victime d'une méchante plaisanterie ?

VGE et Raymond Barre se garderont de cautionner immédiatement le député de Lorraine. Le chef de l'État conserve un doute sur la stratégie d'un « parti du Président ». Le trio Soisson-Pinton-JJSS lui forcera la main.

Le 17 novembre 1977 dans *Le Monde*, Jean-Jacques pousse un peu plus ses pions : il invite tous ceux qui soutiennent le président de la République à s'unir derrière lui. Dans les coulisses, l'âpreté des discussions impose des heures de marchandage. On se fait toutefois discret, l'Élysée l'a explicitement demandé. Giscard, enfin, donne son feu vert et l'UDF (Union pour la démocratie française) naît dans la douleur le 1er janvier 1978, presque clandestinement comme si la presse et la classe politique n'y croyaient pas.

Jean-Jacques pourtant, avant que l'accord ne soit paraphé par le PR, le CDS et le Parti radical, a prévenu l'AFP, tant il avait peur d'un couac de dernière minute. Il a également demandé à un maquettiste de *L'Express* de dessiner le logo de l'UDF... Jacques Chirac aura raison quand il affirmera : « M. Servan-Schreiber a été le père fondateur de l'UDF. »

Il n'y a plus de temps à perdre les élections législatives ont lieu dans six semaines.

Depuis l'avènement du septennat giscardien, *L'Express* avait beaucoup changé. Françoise Giroud, nommée secrétaire d'État à la Condition féminine en juillet 1974, ne dirigeait plus l'hebdomadaire. Sa promotion, qui venait juste après le pataquès du ministre de la Réforme, provoqua quelques surprises dans le milieu politique et suscita des aigreurs dans les rangs des gaullistes.

Philippe Grumbach, bras droit de JJSS, dirigeait seul une rédaction aussi désemparée par les éditoriaux du député de Lorraine que par le choix de certaines couvertures. Jean-François Revel, souvent son allié dans les combats d'idées, supportait de moins en moins les interventions directes, ou par Grumbach interposé, de son patron. En août 1975, à l'occasion de la sortie sur les écrans d'*Histoire d'O*, Jean-Jacques franchira une nouvelle étape dans l'innovation : il manigança, avec Madeleine Chapsal, la publication intégrale du livre sado-masochiste, l'illustrant par des plans du film... Des militantes du MLF débarquèrent rue de Berri et occupèrent son bureau. L'écrivain Paul Guimard démissionna, des lecteurs indignés se désabonnèrent, des annonceurs menacèrent de rompre leurs contrats. Comme de bien entendu, l'affaire se déplaça sur le terrain politique et Françoise Giroud dut retirer son nom du journal où il figurait toujours bien qu'elle n'y travaillât plus. Deux députés, un giscardien et un radical, avaient demandé au Premier ministre, Jacques Chirac, si la secrétaire d'État à la Condition féminine « approuve ou désapprouve la publication dans un hebdomadaire dont elle fut l'éditorialiste d'un texte littéraire qui est une invitation au déchaînement de la violence, à l'esclavage de la femme et à une bestialité de bas empire ».

Histoire d'O boostera la diffusion du numéro, mais de celui-là seulement. Rien ne parvient à freiner la lente érosion des ventes. Le slogan qui fit la fortune du journal, « Les moyens de savoir, le courage de dire », s'effaçait derrière les poudroiements dignes de Crécy ou d'Azincourt du chevalier JJSS.

L'Express battait de l'aile. Le train de vie de son propriétaire ne ralentissait pas, témoigne Jacques Huteau. « On s'arrachait les cheveux, Bruno Monnier n'en dormait plus. Il était à la fois très présent quand il décidait de monter un coup, et en même temps il s'éloignait insensiblement. Il nous disait de plus en plus : Je cherche un associé... Nous pensions que ça permettrait peut-être de resserrer les écrous. Il nous parlait de sa lassitude à porter l'entreprise, il n'en pouvait plus d'entendre les revendications, les accusations des uns et des autres. Et puis, il a rencontré, par l'intermédiaire de Sam Pisar, Jimmy Goldsmith avec qui il a mené, secrètement, des négociations. Sam Pisar a été son conseil pendant toutes les tractations. Nous, à *L'Express*, nous ne savions rien, jusqu'à ce 17 mars 1977 où il nous a réunis, Bruno Monnier, Philippe Grumbach et moi, dans son bureau de la rue de Berri : "J'ai enfin trouvé l'oiseau rare, Jimmy Goldsmith prend 45 % du journal, mais je reste bien entendu l'animateur, etc." Il se lève, se dirige vers les toilettes qui jouxtaient son bureau sur le palier. Nous avons attendu, dans un silence pesant, qu'il revienne. Cinq minutes, dix minutes, vingt minutes... Nous étions là comme des idiots et on est partis. Nous ne l'avons plus revu. Qu'il ait d'abord vendu 45 %, puis le solde un peu plus tard, ou qu'il nous ait menti, ayant dès cet instant tout cédé, n'a guère d'importance. Il venait d'abandonner *L'Express.* »

La politique, la lassitude, était-ce assez pour larguer *L'Express*, son enfant qui lui avait permis toutes ses fantaisies ? *L'Express* payait, payait tout. Jean-Jacques écrira jusqu'au 21 novembre 1977, date où il signe son dernier éditorial : « Tactiques en vue des législatives », celles de mars 1978. Mais il n'ira plus rue de Berri et fera déposer ses articles par son chauffeur.

Dans le numéro qui suivra sa réunion avec ses trois plus proches collaborateurs, il rendra compte de ses décisions. « En prenant un associé, détenant désormais 45 % des parts du journal, j'offre à *L'Express*, avec Jimmy Goldsmith, un stratège de premier plan qui a fait, en Europe, depuis dix ans, la réussite la plus systématique et la plus ingénieuse en matière d'entreprise... Je resterai, naturellement et étroitement, associé au journal. Mais lui, ne sera plus aussi lié à moi. »

Homme d'affaires flamboyant de quarante-cinq ans, Jimmy Goldsmith, qui fut député britannique, avait fondé un empire industriel et financier parmi les plus puissants d'Europe. En France, il contrôlait une banque et la Générale occidentale, énorme groupe né de la fusion et de l'absorption de très nombreuses entreprises de conserves, de confiseries, de condiments, de biscuiteries... L'aspect *family business* de *L'Express* ne laissa pas de distraire Jimmy Goldsmith. Le contrat généreux de Madeleine Chapsal, en particulier, aiguisa son humour : « Je découvre les subtilités du droit français. Je ne savais pas qu'une femme pouvait épouser un journal et que celui-ci, après divorce, devait lui payer une pension alimentaire. »

À l'époque, le prix de vente de *L'Express*, soixante-dix-sept millions de francs, étonna les spécialistes qui le jugeaient au-dessous de la valeur réelle du journal. « Jimmy a fait une très belle affaire », murmurait-on. N'avait-il pas dû, également, effacer les dettes ?

« Personne, à l'exception de Schreiber et de Guy de Roquemaurel, président de la Société continentale de banques, ne connaissait l'ampleur de l'endettement, estime Claude Charmont.

De plus, Émeric Gros avait eu de sérieux déboires et ne pouvait plus l'aider comme avant. Au-delà des questions pécuniaires, Schreiber avait une autre obsession : tout faire pour que *L'Express* ne tombe pas sous la dépendance de l'État, par le biais d'Havas. Le produit de la vente lui a laissé, à lui, autour de soixante millions de francs. Il a cru que cette somme le rendait financièrement indestructible. Lui, si soucieux de la gestion de l'argent public, était incapable de la moindre discipline pour son propre argent. Nous en avons parlé. Je lui ai dit trois choses. D'abord qu'il perdait les ressources financières qu'il tirait de son journal ; il en est convenu. Ensuite que sa position à *L'Express* était un atout important auprès des électeurs ; à quoi il m'a rétorqué que je me trompais, qu'il avait interrogé les Lorrains et que ceux-ci l'appréciaient pour lui-même et non plus à travers *L'Express*. Enfin, je lui ai démontré qu'il mangerait son capital en moins de sept ans, s'il ne modérait sérieusement son train de vie et ses dépenses en faveur du Parti radical et des candidats qu'il soutenait ici ou là. Je prêchais dans le désert. Je sais également qu'il a fait de très mauvais placements. Hélas, mon pronostic s'est avéré très juste. Schreiber s'est ruiné. »

Ses anciens amis, ceux de Janson, ceux des années quarante, l'appellent toujours « Schreiber ».

Le voilà avec lui-même et ses fantômes politiques. Il a cinquante-trois ans. Au conseil régional de Lorraine, dont il est président, des élus giscardiens et centristes qui le soutenaient jusque-là se sont rapprochés du RPR et de Pierre Messmer. On lui reproche de ne pas être assez présent à Nancy. Au Parti radical, dont il est également président, on ne se relève pas des échecs électoraux qui se suivent et se ressemblent depuis 1973. Il ne peut légitimement revendiquer qu'une victoire, la création de l'UDF.

C'est dans ce contexte incertain qu'il enclenche la campagne des législatives de mars 1978. « Il était très confiant, raconte François Pontet. Il venait d'imposer à Giscard et Poniatowski la candidature du général Bigeard à Toul. Le Président et Poniatowski voulaient absolument qu'il se présente à Verdun. En une nuit, on a arrosé Toul de tracts, appelant Bigeard l'"enfant du pays". Celui-ci m'appelle : "Pontet, c'est vous qui avez joué au con?" À midi, Bigeard était investi. Jean-Jacques lui a donné deux cent mille francs de sa poche pour la campagne. Il a dépensé un fric fou ! On a poussé, également, Rossinot à Nancy, toujours contre l'avis de Poniatowski qui détestait Jean-Jacques. En fait, nous allions le payer très cher. »

À l'inverse de sa campagne de 1970 qui fit couler tant d'encre, il va privilégier la bataille nationale, se posant en allié du chef de l'État, en allié du gouvernement sous l'étiquette UDF. S'il n'avait pas d'autre choix, il n'était pas obligé d'en rajouter : il fait distribuer un journal, *UDF, Lorraine Première*, où on le voit auprès de VGE ; il insère dans le logo UDF la photo du même VGE ; il a, répète-t-il, le soutien de Raymond Barre pour défendre les intérêts des Lorrains... Il a perdu l'appui de *L'Est républicain*. La machinerie schreibérienne, telle que nous la connaissons, fonctionne sans raté, mais aussi sans élan. Jean-Jacques était fatigué, ses derniers mois à *L'Express* l'avaient épuisé et, au sein même de l'UDF, il était isolé. Il sera réélu au second tour avec vingt-deux voix d'avance sur son adversaire socialiste, Yvon Tondon, un ouvrier militant CFDT. Le Conseil constitutionnel annulera l'élection.

« Les gaullistes nous renvoyaient l'ascenseur, affirme François Pontet. Le Conseil constitutionnel, présidé par Roger Frey, n'était-il pas dominé par les gaullistes ? Il y avait aussi du Poniatowski derrière tout ça. Celui-ci nous a toujours emm... en Lorraine. Il avait nommé Jean Delplanque comme préfet, grand pêcheur à la truite, épicurien, intarissable sur les crus de Bourgogne, dont il savait parfaitement qu'il ne pourrait s'entendre avec Jean-Jacques. L'élection partielle eut lieu en septembre 1978. Le RPR – déjà ! – fit passer la consigne : voter socialiste. »

Yvon Tondon, un bon candidat, humainement irréprochable, se présentait après un été secoué par la crise de la sidérurgie. Vingt mille licenciements étaient prévus. La Lorraine se mit en grève. L'opposition et les syndicats avaient plus d'arguments qu'ils n'en attendaient pour « casser du Barre », « casser du Giscard ».

Le président du Parti radical – il n'avait plus que cette fonction officielle – revendiqua néanmoins la caution du chef de l'État, et s'afficha avec lui sur tous les murs de la circonscription. Joe Napolitan, le gourou des élections américaines, revint quarante-huit heures à Nancy. On téléphona aux électeurs, surtout les abstentionnistes repérés sur les listes d'émargement, on envoya des lettres très personnalisées. On réalisa un montage audiovisuel confirmant le parrainage présidentiel… Des affichettes, en lettres blanches sur fond bleu, proclamaient : « Allez Jean-Jacques ! » Primesautier, sportif, vêtu de son légendaire survêtement blanc, il recevait les visiteurs dans son bureau au plafond laqué chocolat de son appartement, rue du Haut-Bourgeois.

Le style n'avait pas changé ; les Lorrains, eux, avaient changé. Au second tour, il sera largement distancé par Yvon Tondon, qui obtient 58,5 % des suffrages. « Ce fut terrible, raconte Sabine. Il avait la gorge serrée mais il n'a pas pleuré. Nous avons traversé, tous les deux avec les quatre enfants, la place Stanislas pour aller à la préfecture, répondre à la presse. Une foule compacte hurlait, en un mélange de haine et de respect. On nous a jeté des pierres. Jean-Jacques, qui avait pourtant l'habitude des renversements de situation, a eu un choc physique, et moi aussi. Nous avancions face à ce balcon où nous avions été huit ans plus tôt reçus avec des fleurs. Le choc des deux images n'a pas pu ne pas impressionner Jean-Jacques. Il a monté l'escalier de la préfecture. Quand il a parlé, ce n'était plus l'émotion d'être battu, c'était l'émotion du moment, ce lieu, cette foule. La fin d'une vie, oui, c'était dur. Mais je me demande s'il n'était pas soulagé. Nous étions épuisés. Neuf campagnes en huit ans ! Et les enfants en 1978 habitaient Paris. Oui, c'était la fin d'une vie, oui, c'était dur. »

25

Le chevalier de l'informatique

« Jean-Jacques et Sabine Servan-Schreiber, David, Émile, Franklin et Édouard vous souhaitent de tout cœur une révolution fraternelle et un avenir créateur. » Jean-Jacques est à *Nanouk* dans son chalet megévan, le soir du 31 décembre 1978, et c'est de là qu'il a envoyé à des amis, des élus, des journalistes, cette étonnante carte de vœux en forme de programme. Il s'en explique dans *Le Figaro Magazine* : « La révolution de 1979 commencera avec la campagne pour les élections européennes. Il s'agit de proposer toutes les réformes qui traînent depuis tant d'années en raison des compromis permanents auxquels nous ont obligés deux mensonges politiques : l'union de la gauche et l'unité de la majorité. »

Et tournez manège ! En 1974, Giscard a sous-estimé la pesanteur de l'État-UDR qui avait installé ses hommes partout. Jean-Jacques Servan-Schreiber persiste à sous-estimer l'État-RPR. Pour rompre avec ce passé, avec ce boulet attaché à la cheville des réformateurs, il faut, assure-t-il, « ne tenir aucun compte de ce qu'on appelle l'union de la majorité. Ce n'est plus qu'un alibi. En 1979, l'UDF ne doit accepter ni compromis ni fausses alliances. Que le PS dise non aux oukases du PC et que nous en fassions autant de l'autre côté ! »

Qui pourra jamais le suivre, alors que la France est entrée dans une phase d'opposition frontale droite-gauche, qui se durcira de plus en plus jusqu'en mai 1981 ? Comment imaginer à cette date-là que les socialistes puissent changer de stratégie et flirter avec le centre ?

Cette ultime obstination l'élimine définitivement de la scène politique. Pour exister, il est condamné à entrer dans la mouvance du giscardisme et il choisit d'en sortir. Contre toute logique, contre tout bon sens, alors que Simone Veil conduit la liste UDF au scrutin européen du 10 juin 1979 – le premier dans l'histoire de la construction de l'Europe – il décide d'avoir sa liste. Il quitte, avec Françoise Giroud, l'UDF – elle était une des vice-présidentes –, et les deux fondateurs de *L'Express*... fondent la liste « Emploi-Égalité-Europe ».

Il y eut une réunion houleuse au domicile de Jean-Jacques dans l'immense appartement du boulevard de Courcelles. Chaque liste devait déposer un million deux cent mille francs de garantie. Jean-Jacques, royal, avait signé le chèque. « J'ai tenté de m'opposer, soupire Sabine. Françoise Giroud était là. Je l'ai suppliée, “Au nom du ciel, Françoise, arrêtez Jean-Jacques, c'est un crime, un naufrage ! S'il vous plaît, ne cautionnez pas ça.” Ma sœur Ariane est arrivée : “Sabine, c'est une réunion professionnelle. Tu n'as rien à y faire.” Et j'ai dû quitter mon propre salon ! Françoise Giroud pensait probablement qu'il n'y avait plus rien à faire. C'est dire ! Tout a été nul dans cette campagne. L'affiche était d'une laideur ! »

La liste Emploi-Égalité-Europe obtiendra 1,83 % des voix. Une Berezina. Soyons juste : elle fut la seule à défendre la supranationalité, l'intégration européenne, l'idée d'une monnaie commune, et l'Europe des régions.

Jean-Jacques a perdu *L'Express*, il n'a plus aucun mandat d'élu, il n'est plus au Parti radical, il n'est plus à l'UDF. Il n'ira plus à l'Élysée s'entretenir avec son « ami Valéry ».

A-t-il tout perdu? Les Français s'étaient habitués à ses intrusions mirifiques et quelques journaux s'interrogeaient parfois sur sa subite disparition. Elle dura plus d'un an quand, soudain en octobre 1980, les médias se remplissent de pages publicitaires : après *Le Défi américain*, *Le Défi mondial* de Jean-Jacques Servan-Schreiber. L'auteur et son éditeur Fayard n'ont pas fait dans la demi-mesure. On a deviné : JJSS est remonté dans son bolide. L'ouvrage paraît simultanément dans quinze pays. Sa thèse : la révolution des ordinateurs, des microprocesseurs, telle que les Japonais ont su la maîtriser, est en passe tout à la fois de débloquer l'économie des sociétés occidentales, de convertir les pétrodollars arabes en croissance, de permettre au tiers-monde d'accéder à un niveau de vie digne du XXe siècle en sautant les étapes de l'industrialisation. Seul bémol à son enthousiasme : cette métamorphose générale de la planète exigera une détente entre les nations et une conjonction d'intérêts entre le Japon et les milliards de l'OPEP.

Depuis longtemps, l'ordinateur avait envahi son champ de conscience. Désormais, c'était l'ouvre-boîte universel. Mettez un ordinateur entre les mains des Tutsis et des Hutus et le Burundi, le Rwanda deviendront les nations les plus pacifiques et les plus civilisées du monde... Il ne croyait plus au management, aux sociétés multinationales, il croyait moins à l'hégémonie des États-Unis. Qu'importe. La baguette magique s'appelle microprocesseur et le magicien reste identique à lui-même.

Ce diable d'homme n'a pas changé d'un micron : il est toujours à la recherche d'un modèle de rationalisation, d'explications rationnelles, ne trouvant de réponses que dans un formidable pari sur l'intelligence humaine. Comme dans *Le Défi américain*, *Le Défi mondial* n'offre qu'une alternative : c'est ça ou rien. Rien, c'est-à-dire la catastrophe dans tous les pays du globe à commencer par le nôtre... La boucle est bouclée : intelligence, raison... N'était-ce pas à quinze ans en classe terminale, sur l'intelligence et la raison, qu'il voulait bâtir son destin ? Il lui manquera toujours, dans sa vision de l'Histoire, la dimension passionnelle, cette épaisseur inaccessible à la rationalité.

Le succès du *Défi mondial* sera très loin de celui du *Défi américain*. Selon la publicité de l'éditeur, les ventes auraient atteint cinq cent mille exemplaires. Le tiers serait plus proche de la vérité. Mais les débats télévisés, les articles, la polémique – on le soupçonne, à juste titre, d'avoir inventé des dialogues Eisenhower-Eden, Chou En-lai Nasser – lui redonnèrent une place dans le paysage national, surtout occupé par le scrutin présidentiel de mai 1981.

Grâce au *Défi mondial*, il renoue le dialogue avec François Mitterrand, sans avoir joué un rôle quelconque dans l'organisation de la bataille présidentielle. « Je voyais beaucoup Jean-Jacques à ce moment-là, raconte le préfet Paul Camous, alors chargé de mission auprès de Christian Beullac, ministre de l'Éducation nationale. Il voulait créer un comité d'experts sur les applications de la microélectronique et demandait que l'on installe des ordinateurs dans toutes les écoles, les collèges et lycées. Il nous avait remis à Christian Beullac et à moi-même un projet. Il voulait également le vendre à Mitterrand. Il a fait son siège. Un jour, il m'a amené à Latché, et on s'est installés comme des paparazzi pour essayer de croiser Mitterrand ! Il a fini par le voir, mais à Paris. C'est la force de Jean-Jacques, celle de tous ceux qui veulent bousculer le système. Ils peuvent être généreux, exaltés ou dangereux mais ils sont tous totalitaires. Ils ont tous une idée, une cible très précise qu'ils attaquent au rayon laser. Sinon ils ne passent pas. Jean-Jacques avait la vision anticipatrice et cet élan monolithique, une force de conviction absolument stupéfiante. »

Lorsque Mitterrand est élu président de la République, on ne croise toujours pas Jean-Jacques dans les allées ou les antichambres du pouvoir. N'est-ce pas la « gauche antique » qui s'installe, celle du Programme commun, des nationalisations ? Il séjourne beaucoup dans les universités américaines, Stanford, Berkeley, Harvard, Carnegie Mellon à Pittsburgh.

Il est aussi en relation étroite avec son ami Gaston Defferre, ministre d'État, ministre de l'Intérieur et de la Décentralisation. Il ne sera pas étranger aux lois Defferre, « la grande affaire du septennat », selon la formule du Premier ministre, Pierre Mauroy : abolition de la tutelle de l'État sur les communes, les départements, les régions ; élections des conseils régionaux au suffrage universel. Jean-Jacques suivra l'élaboration des textes et ne se privera pas d'adresser des suggestions, des commentaires au ministre d'État. Le pouvoir régional qu'il attendait de Giscard, c'est François Mitterrand qui va l'imposer.

Pendant ce temps, son projet touchant à l'informatique chemine. Dominique Peccoud, un jésuite de trente-six ans, docteur en informatique, directeur des études à Ginette (école Sainte-Geneviève), lui rédige de longues notes. Peccoud, très brillant théologien, avait choisi, après son succès au concours de Polytechnique, d'entrer dans la Compagnie de Jésus. Il l'intrigue, il est, comme lui, parfaitement bilingue français-anglais. Il le voit beaucoup, discute religion, ordinateur, tiers-mondisme, agriculture. Son projet s'affine. Gaston Defferre sera son meilleur avocat auprès du président de la République. « Irremplaçable Defferre, un véritable homme d'État », écrira-t-il.

Dès le 2 juillet 1981, le ministre d'État en a parlé à François

Mitterrand. Il s'agit de créer un centre d'informatique, qui ferait venir travailler à Paris les plus grands chercheurs du monde. Dans son volumineux *Verbatim*, Jacques Attali consigne : « Le président est enthousiaste. Pour lui, la science est le facteur essentiel du progrès, et la modernisation de la France passe par l'introduction, à marche forcée, des dernières technologies. Carte blanche est donnée à Gaston Defferre pour aider Jean-Jacques Servan-Schreiber[114]. »

JJSS remettra un rapport sur ce projet le 27 octobre 1981. Il lui a donné un nom : « Centre mondial de l'informatique » ou « Centre mondial pour la promotion des usages sociaux de l'informatique ».

L'entourage de Mitterrand est très critique. « Aucun chiffrage sérieux ni aucune stratégie », note encore Attali qui précise : « mais le Président y tient et tous les directeurs de cabinet des ministres réunis doivent dégager des ressources grâce à des économies opérées dans chaque ministère pour financer ce centre ».

Enfin, en février 1982, le « Centre mondial de l'informatique et des ressources humaines », son dernier nom, s'ouvre avenue Matignon, le quartier le plus cher de Paris. L'immeuble, en face du *Figaro*, a été réaménagé et la façade refaite dans un style futuriste qui tranche avec cette artère très *old society*. Jean-Jacques veut disposer d'un premier budget de cent millions de francs et entend décider seul du programme scientifique et de l'usage des crédits. Mitterrand accepte.

L'intuition était bonne. JJSS avait une avance sur tout le monde. Mais, comment le chef de l'État, visiblement fasciné, a-t-il pu lui confier la gestion du Centre ? En tout cas, l'intuition de Jean-Jacques, combinée à la volonté de puissance et de grandeur de François Mitterrand, va déboucher sur un énorme coulage financier.

Le Centre mondial donnera naissance et prendra part à des actions, dont le succès fut indéniable, telle l'opération « Volontaires pour une formation informatique » en 1982 et 1983, qui passionna des milliers de jeunes et mobilisa universités et grandes écoles.

Ouvert sept jours sur sept, le hall de l'avenue Matignon bourdonnait d'une foule d'« accros », plus de quarante mille en trois ans, qui viendront s'initier gratuitement aux techniques de l'ordinateur. On ouvrira des antennes en province. Les recherches sur l'application de l'informatique à la médecine et à l'agriculture eurent également des retombées très positives.

Mais Jean-Jacques ne géra pas plus le Centre mondial qu'il n'avait géré *L'Express*. Il lançait des idées, donnait l'impulsion, réunissait savants et chercheurs du monde entier. Aucun des ministres de tutelle, dont c'était le rôle sinon le devoir, n'exercera le moindre contrôle sur son action débridée. Il avait l'onction de Mitterrand et cela suffisait à l'absoudre de tous les péchés. Les objectifs du Centre furent modifiés à plusieurs reprises, les projets et les équipes chargées de les mener à terme, remis fréquemment en question.

On se perdait dans le maquis des programmes aux intitulés souvent abscons. Certains « Médias interactifs » et « Médecine tiers-monde » sont poursuivis ; d'autres « Interface homme-machines », « Systèmes et architectures » sont arrêtés ; celui des « Langues et linguistes » n'a jamais démarré, « Anthropologie culturelle » est abandonné au bout d'un an… Acheté ou prêté au Centre, le matériel informatique est mal inventorié. La gestion du personnel est aberrante : salaires disproportionnés par rapport à ceux de la Fonction publique, voitures et logements de fonction, invraisemblables indemnités d'expatriation pour les collaborateurs étrangers.

Un universitaire américain, directeur général du Centre jusqu'en 1983, s'installa dans un appartement loué par le Centre au prix de vingt-quatre mille quatre cents francs par mois et dont la restauration coûta six cent cinquante mille francs*. Les experts qui venaient surtout des États-Unis et du Japon descendaient, lors de leur séjour parisien, au Bristol – un de nos plus prestigieux hôtels – aux frais de la République. Le président du Centre n'avait perdu aucune de ses bonnes habitudes : voyages en Concorde (!), locations d'avions-taxis, de voitures, week-ends de travail dans les palaces… Jean-Jacques appartient à la cour du chef de l'État. Il est reçu régulièrement à l'Élysée, vers dix-huit heures dans la bibliothèque du rez-de-chaussée, avec Charles Salzmann, André Rousselet, Jean Riboud, Pierre Bérégovoy, Laurent Fabius et quelques fois, Jacques Attali. On les baptisera les « visiteurs du soir », et ils ne seront pas sans influence sur le cours du septennat.

* Soit environ huit mille euros actuels de loyer et deux cent cinq mille euros pour la restauration.

« Servan-Schreiber avait un grain de génie, mais c'était un flambeur, convient Dominique Peccoud. En 1983, il m'a proposé la direction générale du Centre, j'ai refusé. J'ai accepté d'y travailler à la condition de conserver mon indépendance. L'appui qu'il avait reçu de Raj Reddy, président de l'Association américaine pour l'intelligence artificielle, me rassurait. Raj Reddy représentait un symbole très fort. J'étais alors directeur du laboratoire d'informatique à l'École supérieure d'agriculture de Purpan, près de Toulouse. J'ai dit à Servan-Schreiber que je ne voulais aucun de mes chercheurs à Paris, et que tous mes travaux se feraient à Purpan, sous mon contrôle. Je suis allé avec lui et le professeur de médecine, Jean-François Boisvieux, à Latché voir Mitterrand. Nous avions développé plusieurs outils dans les domaines agricole et médical. Mitterrand semblait s'y intéresser. Jean-Jacques lui parlait avec déférence, mais autorité. Avant l'entretien, il s'était allongé une demi-heure sur un divan pour méditer, m'avait-il précisé.

« J'ai aussi été à Carnegie Mellon, à Pittsburgh, l'ancienne capitale de l'acier où il avait ses entrées partout. Pittsburgh a été un déclic pour Servan-Schreiber : après la crise de la sidérurgie américaine, la ville sinistrée de Pittsburgh avait réussi une reconversion spectaculaire dans la technologie de pointe et c'est de cela qu'il voudra convaincre Mitterrand au moment où celui-ci, à son tour, se trouvera confronté aux graves difficultés de la sidérurgie française. Il faut, lui expliquait-il, arrêter de subventionner la sidérurgie et préparer un plan de reconversion. “C'est un acte de courage qui vous fera entrer dans la compétition économique moderne”, disait-il. Dans son livre sur Mitterrand, je m'en souviens, Catherine Nay, comme tous les éditorialistes à l'époque, est très surprise par le choix du gouvernement socialiste qui, avec le Plan acier de mars 1984, rompt brusquement avec la politique de subventions à la sidérurgie. C'était un tournant idéologique considérable, le premier d'une longue série. Je puis attester que Servan-Schreiber a beaucoup chauffé le chef de l'État dans ce sens. Il se trouve que le Conseil des ministres qui prit cette décision eut lieu juste après que Mitterrand eut reçu Raj Reddy. Or, ce matin-là, Servan-Schreiber, devant moi, discuta plus d'un quart d'heure avec le Président du sort de la sidérurgie. Si le

Centre mondial n'avait apporté que cela, n'est-ce pas assez pour compenser toute l'énergie et tout l'argent qu'on y a mis ? »

Très vite, une divergence de fond opposera JJSS au ministre de l'Industrie et de la Recherche, Laurent Fabius : celui-ci souhaite acheter des micro-ordinateurs aux sociétés françaises Thomson et Bull ; celui-là préfère le Macintosh, fabriqué par la firme américaine, Apple. JJSS envisage une commande de deux cent cinquante mille machines pour équiper vingt-cinq mille « ateliers informatique » ; Fabius n'en veut que cent mille.

Le président du Centre mondial écrit le 2 août 1983 à François Mitterrand : « L'urgence dont je me suis permis de vous entretenir concerne l'équipement du réseau des dix centres régionaux de formation des volontaires (grandes écoles) pour le programme des jeunes chômeurs. Les matériels étrangers sont en France et disponibles. »

Le chef de l'État notifie à Laurent Fabius : « JJSS a tout à fait raison. Ne pas prendre de retard est la priorité. Surtout si on ne dépense pas de dollars. Il nous faut le meilleur matériel. J'insiste sur l'urgence[115]. »

Le ministre de l'Industrie ne va pas se presser : il n'y a pas d'argument technique fondamental qui plaide en faveur du Centre mondial. Jean-Jacques ira plusieurs fois à San Francisco discuter avec Steeve Jobs, génial fondateur d'Apple, mais lorsque Laurent Fabius est nommé Premier ministre, le 17 juillet 1984, il perd toute chance d'imposer son choix.

Le 31 décembre suivant, par lettre personnelle, il informe le président de la République de son intention de ne pas demander le renouvellement de son mandat à la tête du Centre. « J'ai tapé sa lettre à Mitterrand, entre cinq heures trente et sept heures du matin, raconte Sophie Lebrun. On est parti à l'Élysée dans ma Renault 5. Il faisait froid. Le gendarme ouvre la grille. Jean-Jacques descend de la voiture et va vers l'huissier : “Je veux voir Jean-Louis Bianco… – Mais, monsieur Servan-Schreiber, il n'est que sept heures.” Je me gare dans la cour d'honneur et je descends à mon tour. Je ne le vois plus. J'interroge l'huissier qui me dit qu'il est parti et qu'il reviendra dans une heure. Il pouvait ainsi disparaître, sans vous prévenir, surtout dans ces moments où il sentait que la partie était perdue. Il s'en allait marcher, seul.

Comme il pouvait se retirer, seul, à l'hôtel Bristol ou au Trianon à Versailles. En même temps, il lui fallait des repères et j'en étais un. J'étais une personne rassurante. Mais, à la fin du Centre mondial, il se sentait seul, très seul. N'est-ce pas le propre d'un grand dépressif ? Il passait des heures au téléphone avec Madette et Sam Pisar. Sa connivence avec Michelle Gaillard était très forte, c'était sa muse intellectuelle. »

Laurent Fabius, fin janvier 1985, présenta son « Plan informatique pour tous », sous les lambris des salons de Matignon. Il se garda d'inviter JJSS qui démissionna de ses fonctions le 15 mars. « (...) Je ne veux pas, dans cet environnement, écrivait-il, officiellement cette fois, à François Mitterrand, conserver la responsabilité du Centre. Ne voulant pas gêner l'action du gouvernement, et moins encore la vôtre. De justes choix informatiques, avancés, audacieux s'il le faut, peuvent seuls libérer les immenses ressources humaines de notre peuple. C'est vous qui avez, le premier, su nous aider à donner à la France, et tant d'autres, conscience de cette richesse. Je compte donc me consacrer, selon ma déontologie – de *Lieutenant en Algérie* au *Défi mondial* –, à un ouvrage sur les voies et moyens de cette belle croisade pour l'avenir. »

Il n'écrira jamais cet ouvrage. Jean-Louis Funck-Brentano lui succédera pour préparer, avec Gaston Defferre, la liquidation du Centre mondial et c'est Alain Juppé, ministre du Budget, sous le gouvernement de cohabitation de Jacques Chirac, qui signera le décret de dissolution. Tout se déroulera en catimini.

Avant cela, en juin 1985, la Cour des comptes avait publié un rapport accablant sur les graves anomalies dans la gestion du Centre mondial, dont les crédits d'origine exclusivement publique se sont élevés à près de trois cent dix millions de francs entre 1982 et 1985*. Mais le train de vie somptuaire de son président n'avait pas enrichi ce dernier. Le sombre présage de Claude Charmont était consommé : Jean-Jacques était ruiné.

Beau prince, Gaston Defferre, un des ministres de tutelle, aurait autorisé le transfert de cinq millions de francs, au profit de l'université Carnegie Mellon, sans que le contrôleur financier en

* Trois cent dix millions de francs, soit environ cent millions d'euros actuels.

fût informé. Était-ce le solde de tout compte ? Trois mois plus tard, Jean-Jacques quittait Paris, sans bruit, pour habiter Pittsburgh où il allait présider le Comité international de Carnegie Mellon.

« Son départ a été très organisé, dit Sabine. Nos trois aînés se trouvaient déjà aux États-Unis. En septembre, Édouard devait entrer en seconde à l'École bilingue. Jean-Jacques, qui ne m'avait pas informée de ses projets américains, n'a pas voulu me le laisser, j'étais brisée. *Stabat Mater.* Je pleurais, assise, sur le trottoir du boulevard de Courcelles en les regardant partir. Il m'a dit que les enfants reviendraient à Noël. Ils sont revenus, mais à Megève. J'ai téléphoné pour les voir. Ce n'était pas possible. Ma belle-mère était avec eux pour la dernière fois. J'ai pris ma voiture et foncé à Megève. Mais le temps que j'arrive, la maison avait l'air fermée et j'ai dormi dans ma voiture. Oui, *Stabat Mater.* En janvier 1986, Jean-Jacques est passé à Paris et, soudain, je n'ai pas pu rentrer chez nous, les serrures avaient été changées ! Il m'avait pris un rendez-vous avec un avocat pour organiser une séparation de biens. Le protocole était prêt, je n'avais qu'à le signer. À la lecture du paragraphe dix-neuf, j'ai pas pu : il était stipulé que j'abandonnais les enfants à leur père, que je renonçais à me considérer comme leur mère ! Ce paragraphe a probablemen sauvé mon mariage... »

Dès cette époque, un médecin qui suivait Jean-Jacques avait détecté des symptômes de dégénérescence neurologique, mais chaque fois que Sabine voulut l'interroger sur son état, elle était rembarrée sans égards : « Vous n'avez pas à vous mêler de ça. » Jean-Jacques était-il conscient, en s'éloignant de la France, que le temps lui était compté ?

Pittsburgh achevait sa mue. Les célèbres aciéries, qui avaient fourni les arsenaux des deux guerres mondiales, avaient cédé la place à deux nouveaux gros employeurs : l'université la plus informatisée du monde et un centre hospitalier avant-gardiste. Les Servan-Schreiber habitaient une belle maison de trois étages sur Morewood Avenue. Liliane, à leurs côtés depuis 1963, les avait rejoints : « C'était magnifique. Tous les enfants avaient leur chambre, disposaient d'une salle de jeux, d'une piscine. Annick, la nurse, avait appris à parler anglais. Jean-Jacques dînait souvent avec ses fils. "Je leur donne tout ce que j'ai jusqu'à la fin de leurs études, mais après ils se débrouilleront", disait-il. Il s'en occupait énormément. »

Il faisait des allers-retours à Paris, le front toujours soucieux, torturé par de violentes migraines, l'esprit toujours préoccupé par l'avenir de la France. Mais il ne se manifestait plus. De Pittsburgh, il adressait des petits mots à sa mère, pleins de son amour filial et de détails sur les faits et gestes des garçons. Madame Émile allait avoir quatre vingt-sept ans et sa santé déclinait. Bernadette Gradis était souvent auprès d'elle. « À chacun de ses passages à Paris, Jean-Jacques lui rendait de longues visites, rue Clément-Marot. Quelques semaines avant sa mort, quand elle allait très mal, il est venu avec David. Je le croise dans l'escalier et je lui demande s'il compte revenir la voir avant de repartir aux États-Unis. "Je ne sais pas", me répond-il. Quand j'ai retrouvé ma mère, sur son lit de malade, elle m'a dit : "Sais-tu quelle est la dernière question qu'il m'a posée en partant ? Est-ce que tu crois que Balladur* va sauver la France ? C'est inouï, c'est inouï..." Notre mère mourra le 28 avril 1987 et sera enterrée à Veulettes. Jean-Louis lui a rendu un dernier hommage. Ni Jean-Jacques ni ses garçons n'étaient là. Je crois qu'il n'a jamais pu accepter la mort de sa mère. »

Dans ses dernières volontés, elle demanda qu'on l'enterre dans la « petite chemise de nuit de coton blanc, très blanc, plissée » qu'elle portait la nuit de la naissance de son fils adoré et qu'elle avait conservée, depuis, pour le jour du grand voyage. « Quel talent, écrivit Jean-Jacques de Pittsburgh à Madeleine. Quelle passion intime et sans mesure. Elle a su que son ambition ne verrait pas son accomplissement avec moi, mais avec plusieurs des quatre fils, et David d'abord médecin comme son père. Franklin et David lui ont parlé dans les tout derniers jours et sauront partager son message avec leurs frères. »

Ces quatre petits-fils avaient été absorbés par l'université américaine où ils iront jusqu'au doctorat. David en neuropsychiatrie, Émile en sciences cognitives, Franklin en informatique et histoire, Édouard en économie, puis mathématiques appliquées à Berkeley L.A.

Jean-Jacques avait soixante-trois ans. Il s'investissait avec

---

* Édouard Balladur était alors ministre d'État, ministre des Finances dans le gouvernement de cohabitation de Jacques Chirac.

son ardeur coutumière dans ses nouvelles fonctions au sein de Carnegie Mellon. Il n'avait plus, en France, de journaux où s'exprimer. Guy Sorman, qui signait dans *Le Figaro Magazine*, séjournait souvent aux États-Unis et le voyait de loin en loin. « Est-ce que vous accepteriez d'écrire chez nous, ce serait formidable, lui ai-je un jour demandé. C'est ainsi que j'ai organisé une rencontre avec Louis Pauwels. Ce fut une fascination réciproque. Comme je n'avais jamais connu Jean-Jacques autrement qu'obsessionnel dans ses combats d'idées, ni Louis ni moi n'avons perçu de faiblesses dans l'agilité intellectuelle. C'est après, quand j'ai travaillé avec lui à son enquête, que j'ai senti qu'il n'était plus, par moments, tout à fait lui-même. »

Jean-Jacques commença une série de reportages, « Le monde nouveau est arrivé », qui furent publiés par *Le Figaro Magazine*, entre septembre et décembre 1988. Il dépensa dix fois la somme qui lui avait été allouée et adressa au journal des notes de frais faramineuses. Il restera jusqu'au bout d'une prodigalité hors normes. Robert Hersant, habitué pourtant aux dépenses intempestives de quelques-unes de ses grandes plumes ferma le robinet.

Puis, en mai 1992, il livra un commentaire, toujours dans *Le Figaro Magazine*, sur Ross Perot, le « corsaire milliardaire », candidat à la Maison-Blanche, enfin, en mars 1996, une critique du film *Nixon*, dans lequel Richard Nixon était interprété par Antony Hopkins. Ce fut son dernier article.

Ses deux livres autobiographiques *Passions* et *Les Fossoyeurs* paraîtront en 1991 et 1993. Il eût mieux valu, sans nul doute, qu'il se gardât de les écrire ou qu'on l'aidât à les écrire. Était-il nécessaire qu'il se délivre de son passé dans deux ouvrages sans densité où la frontière entre la fiction et la réalité n'est jamais tracée ?

Épilogue

Depuis 1995, Jean-Jacques Servan-Schreiber vit avec Sabine. Celle qu'il avait abandonnée au chagrin l'a recueilli avec une noblesse qui mérite l'admiration. Elle n'a pas toujours été sage – quelle femme, avec lui, aurait pu l'être ? – mais elle n'a jamais cessé de l'attendre ou d'être là. Jean-Jacques et Sabine se sont remariés en 1996 à Berkeley.

JJSS a quitté le monde. Dans des instants de lucidité, il retrouve encore son étoile, il redevient le redresseur de torts, le rédempteur du pays. En 1998, il rendit visite, place de Valois, à Yves Galland, ancien ministre, à l'occasion de l'élection de François Loos, polytechnicien comme lui, à la présidence du Parti radical. « Il m'est apparu épuisé, absent, mais il a eu cette phrase qu'il m'avait si souvent répétée vingt ans plus tôt avec une gravité luthérienne : "Yves, il faut sauver la France." Il a refait le monde, la tête dans les mains, nous étions au bord de l'abîme, en même temps, une force intérieure le galvanisait. »

Il fut dans la vie, il n'a vécu que pour les vivants, jamais pour le passé ou pour les tombes. Rien en dehors des difficultés, des espoirs, des revendications des hommes et des femmes de sa génération, n'a mobilisé son intelligence, ses sentiments. Il a voyagé dans le monde entier, il n'a vu, observé, que la marche des peuples. Où allons-nous et avec quels outils scientifiques, technologiques, institutionnels ? Telle fut la seule question qui le hantait. Le charme de Kyoto, la splendeur de Venise, la majesté des temples d'Angkor, les paysages d'une beauté écrasante de Bora Bora ou des canyons du Colorado le laissaient de marbre. Il ne palpitait pas davantage à l'écoute d'un concert, d'un opéra ou d'un chanteur de variétés. Pas plus que devant un tableau ou le frontispice d'une cathédrale. Il n'allait pas dans les musées, très rarement au cinéma ou au théâtre. La vie dans sa réalité quotidienne, et seulement cette vie-là.

La place qu'il a occupée sur la scène politique, au sens politicien, a été dérisoire. Il s'est laissé emporter par un rêve, plus que par une ambition, celui d'être un leader. Il n'avait pas le sens du temps politique qui est celui du moyen terme. Ou il était dans le court terme, l'impatience, ou il était dans ses constructions futuristes. Il s'est pensé en Kennedy français, jouant de sa ressemblance avec JFK, et cette projection, dans une France pétrie de traditions – encore à son époque – était vouée à l'échec.

Son rôle a été plus profond. Il fut l'initiateur auprès d'une opinion, alors totalement étrangère à ces notions du capitalisme transnational, de ce que l'on appelle aujourd'hui la « mondialisation ». Il fut le meilleur et le premier pédagogue de la révolution informatique, de la société « postindustrielle » dans laquelle nous sommes dorénavant installés.

Enfin, si l'on se retourne sur les croisades qu'il a menées avec la fougue et l'absolutisme d'un Saint-Just de la Réforme, le bilan est plutôt glorieux.

L'Express, après l'enquête sur la « nouvelle vague », a eu un rôle d'entraînement considérable dans la libération de la femme.

Ne va-t-on pas vers une Europe supranationale ? On n'est pas sûr, loin s'en faut, d'y parvenir. Mais c'est le chemin que la majorité de nos dirigeants nous invite à emprunter.

La monnaie européenne existe.

Le pouvoir régional est institutionnalisé et contrarie peu à peu l'hégémonie qu'exerçait Paris sur nos provinces.

Les essais nucléaires ont été interrompus.

Le Concorde qu'il condamnait n'a pas trouvé de clients et ne vole plus ; l'Airbus qu'il défendait concurrence Boeing.

« L'ordinateur pour tous », dans les lycées et les universités, devient une réalité.

Le défi américain est toujours une donnée constante dans le rapport des forces économiques et militaires de la planète.

Aucun sentiment nostalgique du passé, aucune vénération des héros de notre histoire ne réussit jamais à mobiliser son énergie. En cela, il fut en porte à faux avec sa génération qui avait le culte de la grandeur et des célébrations. « Je ne me suis pas vraiment entendu avec la France[116] », confessera-t-il. La classe dirigeante qu'il dérangeait autant qu'elle le détestait, a su stigmatiser son discours et l'expulser du tournoi politique. Les Français finirent aussi par se lasser de son « moi » encombrant, de son style tapageur, de ses déclarations fracassantes. A-t-il souffert des attaques, des calomnies, des défigurations ? Toujours dans l'action, dans le travail, novateur en journalisme, franc-tireur dans les combats d'idées, apologiste du modernisme et de la modernité – deux mots désormais rebattus –, il était trop pressé pour que les flèches ennemies l'atteignent au cœur. Ceux qui l'ont connu, qu'il s'agisse de ses amis, ses collaborateurs, ses alliés ou ses adversaires politiques, aboutissent dans leur témoignage à une même conclusion : « Nous avons tous été, un jour ou l'autre, ses disciples, tant il fut visionnaire. Il avait comme aucun des antennes qu'il n'a pas su, curieusement, utiliser pour lui-même. »

Le rideau est tombé. « J'étais un homme d'action ; vers quoi vais-je agir ? » se désolait au soir de sa vie, Pierre Nioxe, *L'Homme pressé* de Paul Morand. Comme lui, JJSS n'avance plus. Tout lui est devenu sempiternel ou immobile.

Bibliographie

AMOUROUX Henri, SAINDERECHIN Pierre et l'équipe de *Sud-Ouest*
La Bataille de Bordeaux, Fayard, 1970.

ATTALI Jacques
Verbatim, tome 1, 1981-1986, Fayard, 1993.

AURIOL Vincent
Mon septennat, 1947-1954, Gallimard, 1970.

BARBEROT Roger
À bras le cœur, Robert Laffont, 1972.

BERGER Françoise
Journaux intimes, Robert Laffont, 1992.

BOLLARDIÈRE général Pâris de
Bataille d'Alger, bataille de l'homme, Desclée De Brouwer, 1972.

CHAPSAL Madeleine
L'Homme de ma vie, Fayard, 2004.

DANIEL Jean
Œuvres autobiographiques, Grasset, 2002.

DEMORY Jean-Claude
Georges Bidault, Julliard, 1995.

DIDIER Chantal
L'Est Républicain *et l'élection de M. Servan-Schreiber*, Mémoire présenté à l'IEP – Paris, 1972.

ELGEY Georgette
Histoire de la IVe République, tome 1 : *La République des illusions* ; tome 2 : *La République des contradictions*, Fayard, 1993.

FOUQUIÈRES Pénélope de
L'Engagement politique de Jean-Jacques Servan-Schreiber. 1970-1978. Mémoire de maîtrise d'histoire contemporaine, université Paris-IV-Sorbonne, 1998.

GIROUD Françoise
Si je mens..., Paris, Stock, 1972.

Arthur ou le Bonheur de vivre, Fayard, 1997.
On ne peut pas être heureux tout le temps, Fayard, 2001.
Leçons particulières, Fayard, 1990.

GRALL Xavier
Mauriac journaliste, Le Cerf, 1960. Réédité par Le Bateau-livre, 1994.

GREILSAMER Laurent
Beuve-Méry, Fayard, 1990.

JAMET Michel
Les Défis de L'Express, Le Cerf, 1981.

LACOUTURE Jean
Pierre Mendès France, Le Seuil, 1981.
François Mauriac, Le Seuil, 1980.

LEMIERRE François-David
L'Express et *Jean-Jacques Servan-Schreiber de 1969 à 1974. Journalisme d'opinion et action politique.* Mémoire de maîtrise d'histoire contemporaine, université du Maine, 2003.

LOUIS Patrick
La Table ronde : une aventure singulière, La Table ronde, 1992.

OCKRENT Christine
Françoise Giroud, une ambition française, Fayard, 2003.

MAURIAC Claude
Le Temps immobile. Journal intime et Mémoires, en dix volumes. Le premier est paru en 1974, le dernier en 1988, Grasset.

MAURIAC François
Nouvelles Lettres d'une vie, Grasset, 1989.

PLANÈTE ACTION
JJSS, la politique différente, novembre-décembre 1970.

POPEREN Jean
La Gauche française. Le nouvel âge 1958-1965, Fayard, 1972.

REVEL Jean-François
Les Plats de saison. Journal de l'année 2000, Le Seuil, 2001.

RUSTENHOLZ Alain et TREINER Sandrine
La Saga des Servan-Schreiber, tome 1 : *Une famille dans le siècle*, Le Seuil, 1993. Tome 2 : *Le Temps des initiales*, Le Seuil, 1993.

ROTH Françoise et SIRITZKY Serge
Le Roman de L'Express, Marcel Jullian, 1979.

ROUSSEL Éric
Georges Pompidou 1911-1974, J.-C. Lattès, 1994.
Jean Monnet, Fayard, 1995.

SERVAN-SCHREIBER Jean-Claude
Le Huron de la famille, Calmann-Lévy, 1979.

SOULIE Michel
De Ledru-Rollin à JJSS, le Parti radical entre son avenir et son passé, EPI, 1971.

TOURNOUX Jean-Raymond
La Tragédie du Général, Plon, 1967.

VAJOU Jean-Claude
JJSS par JJSS, La Table ronde de Combat, 1971.

VIANSSON-PONTÉ Pierre
Histoire de la république gaullienne, en deux tomes, Fayard 1971.

Ouvrages de Jean-Jacques Servan-Schreiber

Lieutenant en Algérie, Julliard, 1957.
Le Défi américain, Denoël, 1967.
Le Manifeste radical, Denoël, 1970.
Forcer le destin, Presses de la Cité, 1970.
Le Pouvoir régional, Grasset, 1971.
Le Défi mondial, Fayard, 1980.
Knowledge Revolution, CMU Press, 1986.
Le Choix des Juifs, Grasset, 1988.
Passions, Fixot, 1991.
Les Fossoyeurs, Fixot, 1993.

INDEX

Notes

Pour éviter une accumulation de notes superflues, nous avons pris le parti suivant : tous les témoignages recueillis par l'auteur – c'est-à-dire la grande majorité – ne sont pas annotés, sauf s'il s'agit de témoignages liés à un autre livre que celui-ci et qui remonte à plusieurs années.

1. Entretiens inédits de Jean-Jacques Servan-Schreiber avec Jean-Noël Gurgand, alors un des rédacteurs en chef de *L'Express*, mars 1970.
2. *Le Monde*, 7 juin 1972.
3. J.-N. Gurgand, *op. cit.*
4. *Le Défi américain*, Denoël, 1967.
5. Conversation de l'auteur avec Michel Jobert en 1981.
6. Lettre à Pierre Brisson, directeur du *Figaro*, du 13 août, in François Mauriac, *Lettres d'une vie*, Grasset, 1981.
7. J.-N. Gurgand, *op. cit.*
8. *Passions* de J.-J. Servan-Schreiber, Fixot, 1991.
9. *La Saga des Servan-Schreiber* d'Alain Rustenholz et Sandrine Treiner, Le Seuil, 1993. Cet énorme travail – en deux tomes – s'appuie sur une documentation exceptionnelle et un nombre considérable de témoignages. C'est une « somme » qui raconte trois générations de Servan-Schreiber de 1870 à 1977 JJSS y occupe une place relativement modeste dans la mesure où les auteurs n'ont pas eu accès à ses archives personnelles. En revanche, plusieurs des faits que je rapporte dans ce premier chapitre sont tirés de cette « saga ». Je dois toute ma reconnaissance à Alain Rustenholz et Sandrine Treiner.
10. *Ibid.*
11. *Ibid.*
12. *Ibid.*
13. *Ibid.*
14. *Ibid.*
15. Le livre ne paraîtra qu'en 1917 en raison de la Grande Guerre qui débute le 2 août 1914.
16. *La Saga*, *op. cit.*
17. *Ibid.*
18. J.-N. Gurgand, *op. cit.*
19. Émile Servan-Schreiber, *On vit pour 1 franc par jour*, Baudinière, 1935.
20. *Passions*, *op. cit.*

21. *La Saga*, *op. cit.*
22. *Passions*, *op. cit.*
23. *La Saga*, *op. cit.*
24. *Passions*, *op. cit.*
25. *Ibid.*
26. *Ibid.*
27. *Ibid.*
28. Jean-Claude Vajou, *JJSS par JJSS*, La Table ronde de Combat, 1971.
29. *Passions*, *op. cit.*
30. *Ibid.*
31. *JJSS par JJSS*, *op. cit.*
32. *Ibid.*
33. J.-N. Gurgand, *op. cit.*
34. Madeleine Chapsal, *L'Homme de ma vie*, Fayard, 2004.
35. *Ibid.*
36. J.-N. Gurgand, *op. cit.*
37. *Ibid.*
38. *La Saga*, *op. cit.*
39. Laurent Greilsamer, *Beuve-Méry*, Fayard, 1990.
40. *Passions*, *op. cit.*
41. Conversation de l'auteur avec Philippe Vianney en 1978.
42. *L'Homme de ma vie*, *op. cit.*
43. Vincent Auriol, *Mon septennat 1947-1954*, Gallimard, 1970.
44. *Choisir. Entretiens avec Pierre Mendès France*, Stock, 1974.
45. *Ibid.*
46. *Ibid.*
47. Conversation avec l'auteur en 1973.
48. *L'Homme de ma vie*, *op. cit.*
49. Françoise Giroud, *Leçons particulières*, Fayard, 1990.
50. Françoise Giroud, *On ne peut pas être heureux tout le temps*, Fayard, 2001.
51. Françoise Giroud, *Arthur ou le Bonheur de vivre*, Fayard, 1997.
52. *Leçons particulières*, *op. cit.*
53. Christine Ockrent, *Françoise Giroud, une ambition française*, Fayard, 2003.
54. *Leçons particulières*, *op. cit.*
55. J.-N. Gurgand, *op. cit.*
56. Georgette Elgey, *Histoire de la IVe République. La République des illusions « 1951-1954 »*, Fayard, 1993.
57. J.-N. Gurgand, *op. cit.*
58. *Passions*, *op. cit.*
59. *Choisir*, *op. cit.*
60. Jean Lacouture, *Pierre Mendès France*, Le Seuil, 1981.
61. *Françoise Giroud, Une ambition française, op. cit.*
62. *JJSS par JJSS*, *op. cit.*
63. *Histoire de la IVe République. La République des illusions « 1951-1954 »*, *op. cit.*
64. Jean Lacouture, *François Mauriac*, Le Seuil, 1980.
65. François Mauriac, *Nouvelles Lettres d'une vie*, Grasset, 1989.
66. Xavier Grall, *Mauriac journaliste*, Le Cerf, 1960. Réédité par Le Bateau-livre, 1994.
67. Claude Mauriac, *Le Temps immobile*, tome 3 : *Et comme l'espérance est violente*, Grasset, 1988.
68. Patrick Louis, *La Table ronde : une aventure singulière*, La Table ronde, 1992.
69. *Passions*, *op. cit.*
70. J.-N. Gurgand, *op. cit.*
71. Serge Siritzky et Françoise Roth, *Le Roman de* L'Express, Atelier Marcel Jullian, 1979.

72. *Passions*, *op. cit.*
73. *Choisir*, *op. cit.*
74. In Jean Lacouture, *Pierre Mendès France*, *op. cit.*
75. J.-N. Gurgand, *op. cit.*
76. In Jean Lacouture, *Pierre Mendès France*, *op. cit.*
77. Jean Daniel, *Œuvres autobiographiques*, Grasset, 2002.
78. *Choisir*, *op. cit.*
79. *Ibid.*
80. J.-N. Gurgand, *op. cit.*
81. *Ibid.*
82. *Passions*, *op. cit.*
83. J.-N. Gurgand, *op. cit.*
84. In *La Saga*, *op. cit.*
85. « Lettre à sa femme » in *Nouvelles lettres d'une vie*, *op. cit.*
86. *Choisir*, *op. cit.*
87. Conversation en 1973 avec l'auteur qui travaillait alors au livre *Choisir*.
88. In Jean Lacouture, *Pierre Mendès France*, *op. cit.*
89. *Œuvres autobiographiques*, *op. cit.*
90. Général de Bollardière, *Bataille d'Alger, bataille de l'homme*, Desclée De Brouwer, 1972.
91. *La Saga*, *op. cit.*
92. *Bataille d'Alger, bataille de l'homme*, *op. cit.*
93. J.-N. Gurgand, *op. cit.*
94. *La Saga*, *op. cit.*
95. *Françoise Giroud, Une ambition française*, *op. cit.*
96. *La Saga*, *op. cit.*
97. *Ibid.*
98. J.-N. Gurgand, *op. cit.*
99. Pierre Viansson-Ponté, *Histoire de la république gaullienne*, tome 2 : *Le Temps des orphelins*, Fayard, 1971.
100. *Ibid.*
101. *Œuvres autobiographiques*, *op. cit.*
102. J.-N. Gurgand, *op. cit.*
103. *Ibid.*
104. *Ibid.*
105. *Ibid.*
106. *Ibid.*
107. In *Planète 1970.*
108. In L'Est républicain et *l'élection de M. Servan-Schreiber*. Mémoire présenté par Chantal Didier à l'IEP, Paris, 1972.
109. *L'Engagement politique de Jean-Jacques Servan-Schreiber. 1970-1978.* Mémoire de maîtrise d'histoire contemporaine présenté par Pénélope Becq de Fouquières, université Paris-IV-Sorbonne, 1998. Un travail très fouillé qui a facilité mes recherches. Que Pénélope Becq de Fourquières en soit ici remerciée.
110. In Henri Amouroux, Pierre Sainderichin et l'équipe de *Sud-Ouest*, *La Bataille de Bordeaux*, Fayard, 1970.
111. *Ibid.*
112. Éric Roussel, *Georges Pompidou, 1911-1974*, J.-C. Lattès, 1994.
113. Conversation avec André Danet qui fut témoin direct de ces échanges téléphoniques.
114. Jacques Attali, *Verbatim*, tome 1 : 1981-1986, Fayard, 1993.
115. *Ibid.*
116. *Passions*, *op. cit.*

Table

Achevé d'imprimer sur les presses de

BUSSIÈRE

GROUPE CPI

à Saint-Amand-Montrond (Cher)
pour le compte des Éditions Robert Laffont
en février 2005

Photocomposition Interligne

N° d'édition : 45607/01. — N° d'impression : 050650/4.
Dépôt légal : février 2005.

Imprimé en France